●Practical Design of Building Foundations

改訂版

実務から見た基礎構造設計

上野嘉久

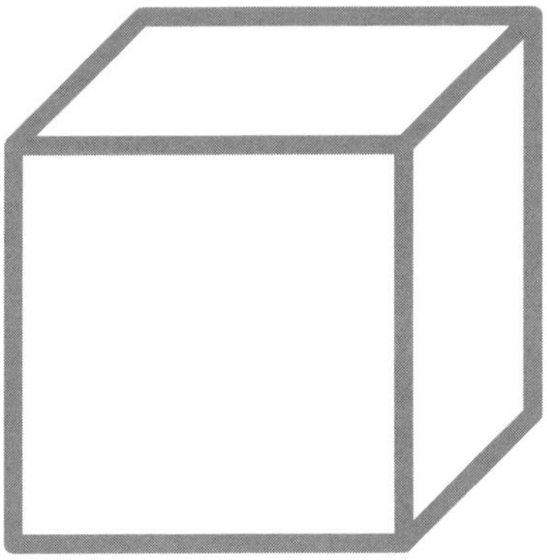

学芸出版社

ま　え　が　き

建築構造設計は「力学」「法律」「経験」の総合されたものである.

特に「経験」のウエイトが大きく，構造設計は実務での経験の積み重ねによって成り立っている．この経験によって生み出された実務的な設計法が多くあるが，裏付け資料に乏しいこともあり，一般に公開されることは稀であった.

本書は，建築主事として，確認申請の構造計算書の審査を通して知り得た実務設計法を，筆者の実務経験と，公開されている先達の論考に照らし，「力学的」「法律的」裏付けを行い，編集したものである.

とりわけ，基礎設計においては，これといって決定的な指針がなく，実務設計者は何冊もの指針，規準を前に戸惑うことが多かったが，本書はこれらを実務的な観点から整理し，これ1冊で実務設計が可能なように必要な情報を整理することをめざした．すなわち，本書は一般には公開されていないが実際に広く行われている実務設計法と，法律的な，あるいは学問的な設計法を総合し，安全かつ経済的な基礎を設計するうえで，実務上もっとも便利な設計法は何かを示したものである.

ただし，基礎梁設計を必要とする複合基礎，布基礎，基礎梁付独立偏心基礎およびべた基礎については，RC関連事項として，続けて刊行した『改訂版　実務から見たRC構造設計』にまとめている.

そのほかの本書の特徴は以下の5点である.

1．**構造設計の定石**　：実務経験から生み出された実務設計術をまとめたものである.
2．**実務図表**　：構造設計に必要な資料を使いやすい図表にまとめたものである.
3．**設計例**　：5階建程度の建物の実際の設計例をもとに作成し，計算手順の理解に役立てるとともに，設計参考資料としても役立つものとした.
4．**法令を網羅**　：関係する法令，告示，通達の要旨を掲載した.
5．**指針，規準を網羅**：日本建築学会の規準•指針，日本建築センターの指針等の設計方法の要旨を網羅し，条件に応じ，採用すべき設計方法を示した.

これらは，建築主事として構造計算の審査を通して教えられたもの，巻末に記した参考文献より教えられたものである．関係の皆様に，この場を借り，お礼を申し上げたい.

また，本書は事実，『行政からみた建築構造設計』シリーズ（㈱建築知識刊）の続編であり，このような形で誕生できたのは，前シリーズが昭和56年の建築基準法令の改正にともない絶版になったあと，改訂するように励まして下さった読者の皆様のおかげである.

なお，本書は昭和62年より『建築士と実務』に連載した「実務から見た建築構造設計／建築基礎構造」に，大幅に加筆訂正したものである．連載の機会を与えて下さった『建築士と実務』編集部（株)オーム社）にお礼を申し上げたい.

読者が本書を「礎」として，地盤に適した基礎の設計を行われるように願うとともに，より良き設計法の確立のために今後ともご指摘，ご叱正をお願いいたしたい.

おわりに，本書をまとめるにあたって，並々ならぬ援助をいただいた学芸出版社，とりわけ前田裕資氏に感謝する.

上野嘉久

改訂版にあたって

平成元年に誕生して17年，8刷を数え，多くの方々に御活用いただいた.

平成12年にはSI単位に基づく建築基準法令の改正，新たな告示も発せられ，日本建築センターの指針改訂，さらに学会規準においても性能規定型の『建築基礎構造設計指針』(2001）が発刊され，基礎に関する文献が多岐にわたり，構造設計に苦慮するというのが現状である.

そこで，本書は守らなければならない法令・告示を基本にして全面改訂した.

労多き実務書の編集は森國洋行氏によるもので，二人で本書は誕生した.

末永くお役に立つことを祈ります.

平成17年師走

上野嘉久

改訂版　実務から見た基礎構造設計・目次

実務図表リスト

付　録

この『改訂版　実務から見た基礎構造設計』では，次のような略称を用いている．

法――――――――建築基準法
令――――――――建築基準法施行令
告示――――――――建設省告示，国土交通省告示
建告――――――――建設省告示
国交告――――――――国土交通省告示
通達――――――――建設省通達
JIS――――――――日本工業規格
JSF――――――――土質工学会基準
基指――――――――『建築基礎構造設計指針』（日本建築学会）
RC 規――――――――『鉄筋コンクリート構造計算規準・同解説』（日本建築学会）
地調指――――――――『建築基礎設計のための地盤調査計画指針』（日本建築学会）
改地指――――――――『改訂版　建築物のための改良地盤の設計及び品質管理指針』（日本建築センター）
地震指――――――――『地震力に対する建築物の基礎の設計指針』（日本建築センター）
RC――――――――『改訂版　実務から見た RC 構造設計』（上野嘉久著，学芸出版社）
S――――――――『第三版　実務から見た鉄骨構造設計』（上野嘉久著，学芸出版社）

その他の使用記号は，日本建築学会規準・指針に準じる．

また引用文献についてはその書名をそのつど記したが，著者，発行所，発行年等については，巻末の引用・参考文献一覧表で確認いただきたい．

SI 単位と工業単位について

工業単位（旧単位）が SI 単位（国際単位系）へと建築基準法令も 2000 年に改正された．

SI 単位：力の単位は N（ニュートン）＝質量×加速度．

換算：旧単位の 1 kgf は質量 1 kg に地上での重力加速度（$g=9.80665\ \mathrm{m/s^2}$）を乗じた力 9.80665 N となる．実務上は 1 kgf≒10 N に換算する．

応力の単位：Pa（パスカル）で $1\ \mathrm{m^2}$ に 1 N の力が作用した時の応力 $\mathrm{N/m^2}$ である．実務上は，$\mathrm{N/mm^2}$, $\mathrm{kN/mm^2}$ を採用．

実務上（本書が使用する）の単位

接頭語：k（キロ） 10^3　M（メガ） 10^6

長さ：$1\ \mathrm{m}=100\ \mathrm{cm}=1000\ \mathrm{mm}=10^3\ \mathrm{mm}$

$1\ \mathrm{cm}=10\ \mathrm{mm}$

$1\ \mathrm{mm}=0.1\ \mathrm{cm}=0.001\ \mathrm{m}=10^{-3}\ \mathrm{m}$

面積：$1\ \mathrm{m^2}=10{,}000\ \mathrm{cm^2}=10^4\ \mathrm{cm^2}=1{,}000{,}000\ \mathrm{mm^2}=10^6\ \mathrm{mm^2}$

$1\ \mathrm{cm^2}=100\ \mathrm{mm^2}=10^2\ \mathrm{mm^2}$

力：$1\ \mathrm{kgf}=1\ \mathrm{kg}\times 9.80665\ \mathrm{m/s^2}=9.80665\ \mathrm{N}\fallingdotseq 10\ \mathrm{N}$

$1\ \mathrm{N}=0.001\ \mathrm{kN}=10^{-3}\ \mathrm{kN}$

$1\ \mathrm{kN}=1000\mathrm{N}=10^3\ \mathrm{N}$

モーメント：$1\ \mathrm{N\cdot mm}=10^{-3}\ \mathrm{kN}\cdot 10^{-3}\ \mathrm{m}=10^{-6}\ \mathrm{kN\cdot m}$

$1\ \mathrm{kN\cdot m}=10^3\ \mathrm{N}\cdot 10^3\ \mathrm{mm}=10^6\ \mathrm{N\cdot mm}$

応力：$\dfrac{\mathrm{kN}}{\mathrm{m^2}}=\dfrac{10^3\ \mathrm{N}}{10^6\ \mathrm{mm^2}}=\dfrac{10^{-3}\ \mathrm{N}}{\mathrm{mm^2}}$　$\dfrac{\mathrm{kN}}{\mathrm{cm^2}}=\dfrac{10^3\ \mathrm{N}}{10^2\ \mathrm{mm^2}}=\dfrac{10\ \mathrm{N}}{\mathrm{mm^2}}$　$\dfrac{\mathrm{N}}{\mathrm{mm^2}}=\dfrac{100\mathrm{N}}{\mathrm{cm^2}}$

$\dfrac{\mathrm{kgf}}{\mathrm{cm^2}}=\dfrac{9.80665\ \mathrm{N}}{100\ \mathrm{mm^2}}=\dfrac{0.0980665\ \mathrm{N}}{\mathrm{mm^2}}\fallingdotseq\dfrac{10\ \mathrm{N}}{100\ \mathrm{mm^2}}=\dfrac{0.1\ \mathrm{N}}{\mathrm{mm^2}}$

改訂版　実務から見た基礎構造設計

100　基礎と地盤

基礎は「縁の下の力持ち」と称され，人前に現われることはないが，建物の荷重を大地に伝える「礎(いしずえ)」となるものである．したがって，基礎の設計が悪いと「砂上の楼閣」となる．

「基礎」「基礎構造」とは，基礎スラブと杭とを総称したものである．

「基礎スラブ」は，上部構造の荷重を直接または杭を介して地盤に伝えるために設ける構造部分で，フーチング基礎ではフーチング部分を，べた基礎ではスラブ部分を指す．

110　基礎の分類と索引　（実務図表1·1～1·5）

基礎は，性能的には直接基礎（上部荷重を基礎スラブから直接地盤に伝える）と杭基礎（杭を介して地盤に伝える）に分類することができる．一方，設計的には，地盤設計 と 杭設計，そして 基礎スラブ設計 と 基礎梁設計 に分類することができる（実務図表1·1）．

実務図表 1·1　基礎構造の大分類と索引

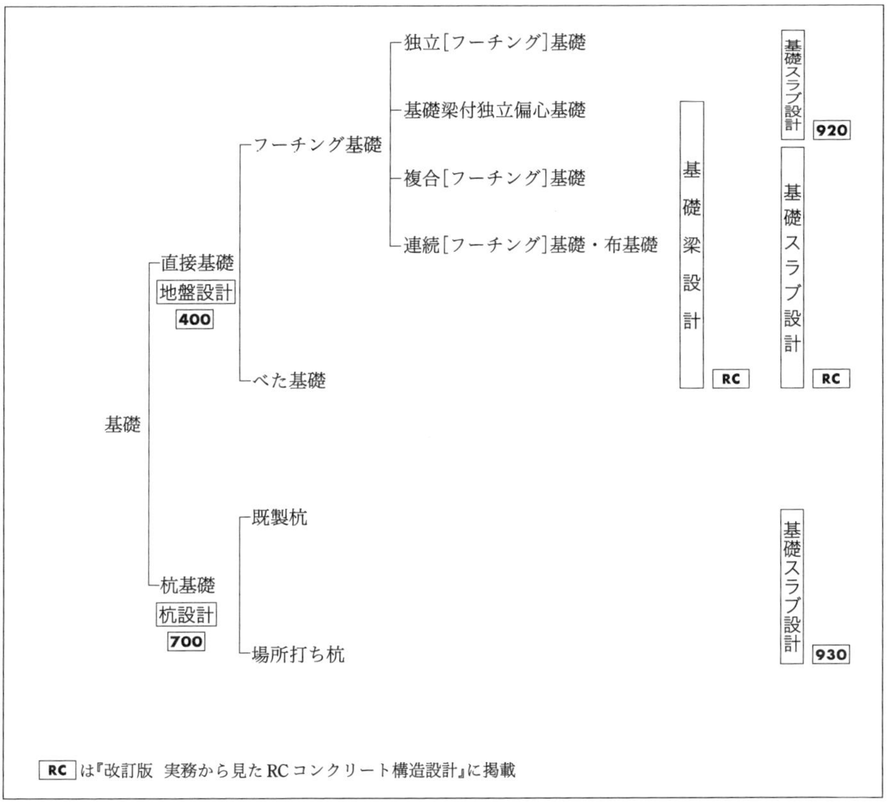

実務図表1·2　実務から見た基礎の分類と索引

- 基礎
  - 直接基礎 **310**
    - 砂利地業
    - 直接地業
    - 地盤改良
      - 深層混合処理工法 **520**
      - 浅層混合処理工法 **530**
      - 置換工法—栗石コンクリート **1110**（ラップルコンクリート）
    - 埋込み基礎 **1120**
    - （上記を受けて）
      - フーチング基礎
        - 独立基礎
          - 直接独立基礎 **921**
          - 偏心独立基礎 **923**
          - 基礎梁付独立偏心基礎 **1010**
        - 複合基礎
          - 複合基礎 **RC**
          - 台形基礎 **RC**
          - 偏心複合基礎 **RC**
          - 基礎梁付偏心複合基礎 **RC**
        - 連続基礎（布基礎）
          - 1方向布基礎 **RC**
          - 両方向布基礎 **RC**
          - 小梁付布基礎 **RC**
          - 偏心布基礎 **RC**
      - べた基礎
        - べた基礎 **RC**
        - 耐圧板付独立基礎 **941**（水圧板付）
  - 杭基礎 **320**
    - 支持杭 **711**
      - 既製コンクリート杭
        - 高強度プレストレストコンクリート杭（PHC杭） **725**
        - 外殻鋼管付きコンクリート杭
      - 鋼杭
        - 鋼管杭 **725**
        - H形鋼杭
      - 場所打ちコンクリート杭 **750**
    - 摩擦杭 **712**——既製コンクリート杭
      - 高強度プレストレストコンクリート杭（PHC杭）
      - 異形杭（節付杭） **760**
    - （上記を受けて）
      - フーチング基礎
        - 独立基礎
          - 杭独立基礎 **933**
          - 偏心杭独立基礎 **934**
          - 基礎梁付独立偏心杭基礎 **1000**
        - 複合基礎
        - 連続基礎

実務図表1·5　地盤設計の分類と索引

- 地盤 地盤設計
  - 試掘，ボーリング，既往調査 **230**
  - ボーリング
    - 砂質地盤——N値 **413** **414**
    - 中間土
    - 粘土質地盤
      - N値 **413** **414**
      - 土質試験（粘着力c） **413** **414** **640**
  - 平板載荷試験 **420**

実務図表 1·3　杭工法の分類と索引

- 杭
  - 既製杭
    - 打込み杭 **730**
      - 打撃工法
      - 圧入工法
      - 振動工法
    - 埋込み杭 **740**
      - セメントミルク工法
      - 回転埋設工法
      - 中掘り工法
      - 回転圧入工法
  - 場所打ち杭 **750**
    - アースドリル工法
    - リバースサーキュレーション工法
    - オールケーシング工法（ベノト工法）
    - 深礎工法（手掘り工法）

実務図表 1·4　基礎スラブ工法の分類と索引

- 独立基礎
  - 直接基礎
    - 直接独立基礎　921
    - 偏心独立基礎　923
  - 杭基礎
    - 杭独立基礎　933
    - 偏心杭独立基礎　934, 942
- 基礎梁付独立偏心基礎
  - 基礎梁付独立偏心基礎　1010　RC
  - 基礎梁付独立偏心杭基礎　1032（PHC杭）, 1031（場所打ち杭）
- 布基礎
  - 両方向布基礎　RC
  - 1 方向布基礎（1 スパン）　RC
  - 1 方向布基礎（連続梁）　RC
  - 小梁付布基礎　RC
- 偏心布基礎　RC
- 複合基礎
  - 複合基礎　RC
  - 台形基礎　RC
  - 偏心複合基礎　RC
  - 基礎梁付偏心複合基礎　RC
- べた基礎
  - べた基礎　RC
  - 耐圧板付独立基礎（水圧板）　941
- 栗コン地業　1110
- 広告塔の基礎　1120

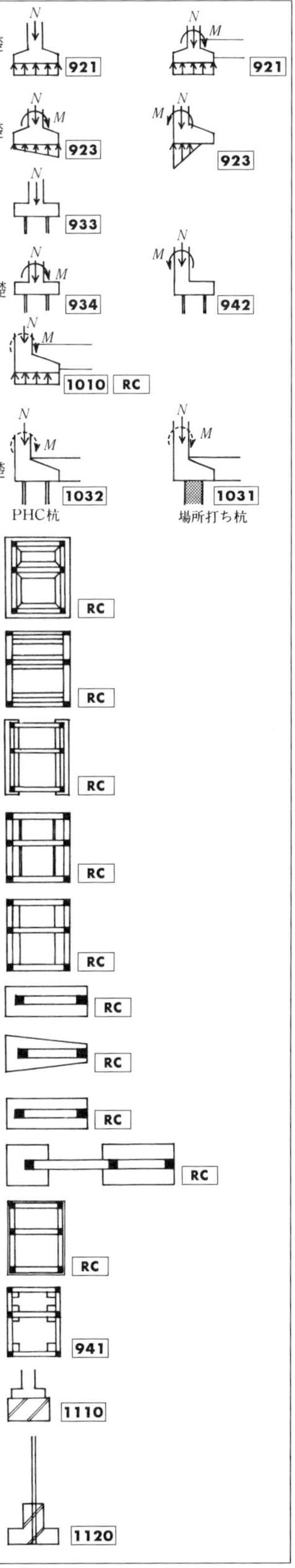

なお基礎設計を実務的な見地から分類したものが，実務図表 1•2，1•3，1•4，1•5 である．一覧表に示す［　］の数値は設計方法または設計例を解説している見出しを示しているので，索引として使用していただきたい．

120　主要用語

この書で用いる主要用語のポイントを，主に日本建築学会『建築基礎構造設計指針』に基づき示す．

基礎　　　：直接基礎での基礎スラブ（フーチング）と杭基礎での基礎スラブ（パイルキャップ）と杭を総称したもの．

基礎構造　：上部構造に対するもの．

基礎スラブ：フーチング基礎のフーチング部分，べた基礎ではスラブ部分．

パイルキャップ：杭基礎の構造部分（基礎スラブ）．

直接基礎　：基礎スラブからの荷重を直接地盤に伝える基礎．

フーチング基礎：フーチングにより荷重を地盤に伝える基礎．

①独立［フーチング］基礎（図 1•1(a)）

②複合［フーチング］基礎：2 本以上の柱を支持

③連続［フーチング］基礎・布基礎：壁または一連の柱を帯状に支持

べた基礎　：上部構造の荷重を単一の基礎スラブで地盤に伝える基礎．

杭基礎　　：パイルキャップからの荷重を，杭を介して地盤に伝える基礎（図 1•1(b)）．

鋼杭　　　：鋼管杭，H 形鋼杭．

既製コンクリート杭：既製鉄筋コンクリート杭（RC 杭），既製プレストレストコンクリート杭（PC 杭），既製鋼管巻きコンクリート杭（SC 杭）．

打込み杭　：既製杭を地盤中に打ち込むまたは押し込む杭．

埋込み杭　：既製杭を地盤中に埋め込む杭．

場所打ち［コンクリート］杭：削孔された孔内に鉄筋かごを挿入し，コンクリートを打設することにより現場で造成する杭．

摩擦杭　　：主として周面摩擦で支持させる杭．

支持杭　　：軟弱な地層を貫いて硬い層まで達し，主として先端抵抗で支持させる杭．

極限［鉛直］支持力：構造物を支持し得る最大の鉛直方向抵抗力．

①直接基礎の極限支持力

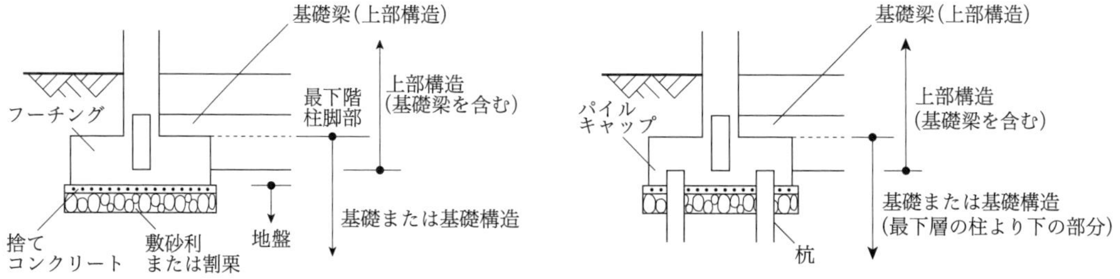

(a) 独立フーチング基礎　　(b) 杭基礎

図 1•1　基礎の名称（『建築基礎構造設計指針』図 1 より）

②杭の極限支持力

③地盤の極限支持力［度］

基準支持力：極限支持力に達するときの沈下量が大きすぎる場合，極限支持力に代わって基準とする支持力．杭の場合には，杭径の10％の沈下量を生じるときの支持力．

許容支持力：極限支持力または基準支持力を安全率（3.0）で除した値で，かつ部材の許容応力度以内の力．

①直接基礎の許容支持力

②杭の許容支持力

③地盤の許容支持力［度］

許容耐力　：許容支持力（地盤の固有の値）内で，沈下または不同沈下が許容限度内（建物の規模によって異なる）におさまるような耐力．

①直接基礎の許容耐力

②杭の許容耐力

③許容地耐力［度］（地盤の許容応力度）

接地圧　　：基礎スラブより地盤に作用する力で，基礎自重を含めた軸方向力に対する力（スラブ底面積設計用）．

$$\sigma_e = \frac{N}{A} \quad \cdots\cdots\cdots\cdots \text{（1•1）式}$$

σ_e：接地圧

N：軸方向力（基礎自重を含む）

A：基礎底面積

地反力　　：基礎スラブに作用する力で，基礎自重を含まない軸方向力に対する反力（スラブ筋設計用）．

$$\sigma_e' = \frac{N'}{A} \quad \cdots\cdots\cdots\cdots \text{（1•2）式}$$

σ_e'：地反力

N'：軸方向力（基礎自重を含まない）

A：基礎底面積

130　構造関係法令の基礎知識　（実務図表 1•6，1•7）

構造関係法令の読み方，法文の構成に関する基礎知識について解説する．

【a】 法令の読み方

建築基準法令を読むに当っての慣用語句を一覧にしたのが，実務図表 1•6 である．

【b】 法令の構成

構造耐力については，建築基準法（以下「法」と略す）20 条［構造耐力］に，建築基準法施行令（以下「令」と略す）の技術的基準に適合することと定められている．その技術基準が「令」第 3 章構造強度の第 1 節から第 7 節の 2 に，構造計算（表 1•1）については第 3 章第 8 節構造計算の第 1 款第 81 条～第 4 款第 99 条に規定されている．その法令の構成を実務図表 1•7 に示す．また，条文の項番号の付け方等については図 1•2 に示しておく．

実務図表 1・6　建築基準法令読み方便覧（慣用語句等の一覧）

用　語	解　説	
以上 以下 以内	数量の比較や限定 100 m^2 以上　は 100 m^2 を含む 100 m^2 以下　は 100 m^2 を含む 1 月以内　　は 1 か月目の日を含む （起算点を含む）	≧100 m^2 ≦100 m^2 ≦ 1 か月
超える 未満	数量の比較や限定 100 m^2 を超える　は 100 m^2 を含まない 100 m^2 未満　　は 100 m^2 を含まない （起算点を含まない）	＞100 m^2 ＜100 m^2
及び	併合される目的の用語 2 個の時　（A 及び B） 3 個以上の時　（A，B，C 及び D） はじめの方は読点でつなぎ，最後の語句を「及び」で結ぶ.	A と B の両方 A と B と C と D の全部
並びに	大小文章の併合的連結 {(A 及び B）並びに（C 及び D)} 大きな意味の併合的連結には「並びに」を用い，小さい意味の併合的連結には「及び」を用いる.	（A と B）グループと （C と D）グループの全部
又は	選択される目的の用語 2 個からの選択（A 又は B） 3 個以上からの選択（A，B，C 又は D） はじめの方は読点でつなぎ，最後の語句を「又は」で結ぶ.	A か B かどちらか A か B か C か D の内のどれか
若しくは	大小文章の選択的連結 （A 若しくは B）又は（C 若しくは D） 大きな選択的連結には「又は」を用い，小さな選択的連結には「若しくは」を用いる．なお，併合的連結の「及び，並びに」の場合と逆である.	（A か B）グループか （C か D）グループか
かつ 準用する この限りでない	A かつ B A を準用する 適用しないの意味	A と B の両方 A に当てはめる

表 1・1　構造計算が必要な建築物

法		構造種別	規　模
「法」20 条 1 項二号	「法」6 条 1 項二号 建築物	木造	階数≧3 延べ面積＞500 m^2　高さ＞13 m　軒高＞9 m
	「法」6 条 1 項三号 建築物	木造以外	階数≧2 延べ面積＞200 m^2
「法」20 条 1 項三号　建築物		石造，れんが造等	高さ＞13 m　軒高＞9 m

実務図表 **1·7**　法令の構成

「法」 2章　建築物の敷地，構造及び建築設備
「法」20条　構造耐力
「令」 3章　構造強度

章		節		款	条
第3章	仕様規定	第1節　総則			第36条～第36条の3
		第2節　構造部材等			第37条～39条
		第3節　木造			第40条～49条
		第4節　組積造			第51条～62条
		第4節の2　補強コンクリートブロック造			第62条の2～62条の8
		第5節　鉄骨造			第63条～70条
		第6節　鉄筋コンクリート造			第71条～79条
		第6節の2　鉄骨鉄筋コンクリート造			第79条の2～79条の4
		第7節　無筋コンクリート造			第80条
		第7節の2　構造方法に関する補則			第80条の2，80条の3
		第8節　構造計算	構造計算規定	第1款　総則	第81条
				第1款の2　保有水平耐力計算	第82条～82条の4
				第1款の3　限界耐力計算	第82条の5
				第1款の4　許容応力度等計算	第82条の6
				第2款　荷重及び外力	第83条～88条
				第3款　許容応力度	第89条～94条
				第4款　材料強度	第95条～99条

[例]

第46条［構造耐力上必要な軸組等］

┌ □……1項の項番号は付けない
　　条文の第2項以下の各項の頭に，その順番に応じ，
　　2，3，4と項番号を算用数字で付ける
└ 2項 ┌ 一号 ┌ イ
　　　│　　　│ ロ
　　　│　　　└ ハ……カタカナ
　　　└ 二号……号の数字は漢字
3項
4項 ┌ 表1
　　│ 表2
　　└ 表3

図**1·2**　条文の条・項・号

140 基礎に関する「法」「令」「告示」

基礎に関する「法」「令」「告示」の主たる規定のポイントを示す.

141 「令」38条

【a】 異種基礎の併用について

「令」38条［基礎］2項で「建築物には，異なる構造方法による基礎を併用してはならない」と定められているが，同条4項においては「国土交通大臣が定める基準に従った構造計算によって構造耐力上安全であることが確かめられた場合においては，適用しない」と規定されている.

ここでいわれている異種基礎の併用とは，直接基礎と杭基礎，あるいは支持杭と摩擦杭の組合わせなどが該当する．構造方法を異にする基礎は，それぞれ固有の性質を持っているため，併用するとどうしても沈下量に差が生じて障害を起こしがちであり，また地震時には異種基礎相互の境界に破壊が生じやすいことから，併用不可とされているものである.

4項では，安全性が確認されたときには併用が認められるとされてはいるが，これはあくまでも建物の一部が地階となるような場合（図1･3）で，現実問題として併用が避けられないときの方便と考えるべきであり，なるべく併用工法はとらないという方針で設計するようにしたい.

やむなく異種基礎を併用せざるを得ない場合には，次に示すような措置を講じることによって，構造耐力上の安全性を確保することが肝要である.

①建物は同一支持層によって支持させること．図1･3の場合についていうと，地下部分Ⓑは礫層で直接支持するようにし，地下のない部分Ⓐは杭基礎（場所打ち杭が理想）として同一の礫層に支持させるようにすればよい.

②種類を異にすることによって生じる基礎の沈下量の相違を，できるだけ少なくするための手立てを講じること．図1･3の場合でいうと，Ⓐの杭基礎とⒷの直接基礎との沈下量がアンバランスになるので，均衡をとるためⒶの杭を支持層にできるだけ深く打ち込み，かつ杭本数を増して杭1本当りの支持力を小さくするようにする.

③不同沈下を予想して基礎梁を補強すること．図1･3だと，Ⓒ部の補強が必要になる.

【b】 構造方法

「令」38条3項で，建築物の基礎の構造は，建築物の構造，形態および地盤の状況を考慮して平12建告1347に定められた構造方法を用いることが規定されている（☞142）.

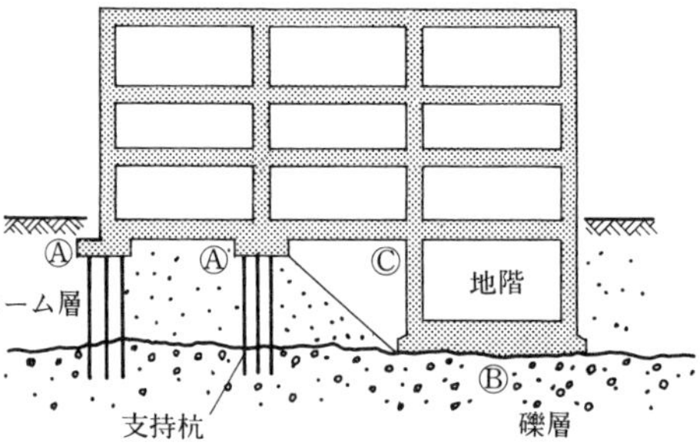

図1･3　やむを得ず異種基礎を併用した例

【c】 支持地盤

「令」38条3項において，高さ＞13 m または延べ面積＞3000 m² の建築物で，最下階の床面積1 m² 当りの建物荷重＞100 kN/m² のものの基礎の底部（杭の場合は杭の先端）は，良好な地盤に達していなければならないと規定されている．ただし，構造計算によって安全性が確認された場合には適用されない（同条4項）．したがって5，6階建以上の規模の建築物の設計に当っては，地盤調査結果に基づいて良好な地盤を確認し，基礎設計を行うのが原則である．

142　平12建告1347

「令」38条3項，4項の規定を受けて，平12建告1347［建築物の基礎の構造方法及び構造計算の基準を定める件］に基礎の構造方法および構造計算の基準が定められている．

【a】 基礎の構造（「令」38条3項に基づく）

1 許容応力度

地盤の長期許容応力度 f（改良地盤は改良後の許容応力度）	基礎の種類
$f < 20$ kN/m²	杭基礎
20 kN/m² $\leqq f < 30$ kN/m²	べた基礎（杭基礎可）
30 kN/m² $\leqq f$	布基礎（べた基礎，杭基礎可）

2 杭基礎

1） 木造等の建築物の土台の下には，鉄筋コンクリートの基礎梁を設ける

2） 基礎杭の構造

イ 場所打ちコンクリート杭

①主筋は異形鉄筋6本以上，帯筋と緊結

②主筋の断面積は，杭断面積の0.4%以上

ロ 高強度プレストレストコンクリート杭　JIS製品

ハ 遠心力鉄筋コンクリート杭　JIS製品

ニ 鋼管杭　肉厚6 mm以上かつ直径の1/100以上

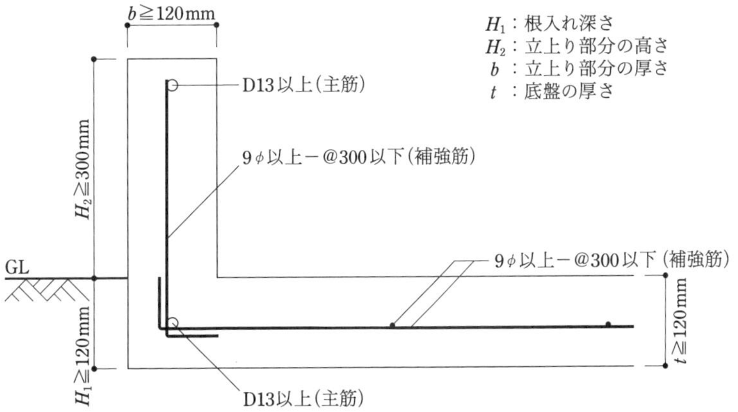

図1·4　べた基礎の告示規定配筋

3 べた基礎（図1•4）

1） 一体の鉄筋コンクリート造とする（地盤の長期許容応力度 $f \geqq 70$ kN/m^2 で，不同沈下等のおそれのない地盤にあり，基礎に損傷を生ずるおそれのない場合には無筋コンクリート造可）

2） 木造等の建築物の土台の下には，連続した立上り部分を設ける

3） 立上り部分の高さ $H_2 \geqq 30$ cm（地上部分），厚さ $b \geqq 12$ cm，底盤の厚さ $t \geqq 12$ cm

4） 根入れ深さ $H_1 \geqq 12$ cm（基礎の底部を雨水等の影響を受けるおそれのない密実で良好な地盤（地盤改良等）に達したものとした場合を除く）かつ凍結深度以上（雪国）

5） 鉄筋コンクリート造の基準

イ 立上り部分の主筋　径12 mm以上の異形鉄筋，上端および下端に1本以上配置，かつ補強筋と緊結

ロ 立上り部分の補強筋（縦筋）　径9 mm以上，間隔30 cm以下

ハ 底盤の補強筋　径9 mm以上，間隔縦横30 cm以下

ニ 換気口周辺に径9 mm以上の補強筋

4 布基礎（図1•5）

1） 一体の鉄筋コンクリート造とする（地盤の長期許容応力度 $f \geqq 70$ kN/m^2 で，不同沈

表1•2 布基礎とする場合の底盤の幅［cm］

地盤の長期許容応力度 f	木造，鉄骨造		その他の建築物
	平家建	2階建	
30 kN/m$^2 \leqq f <$ 50 kN/m^2	30	45	60
50 kN/m$^2 \leqq f <$ 70 kN/m^2	24	36	45
70 kN/m$^2 \leqq f$	18	24	30

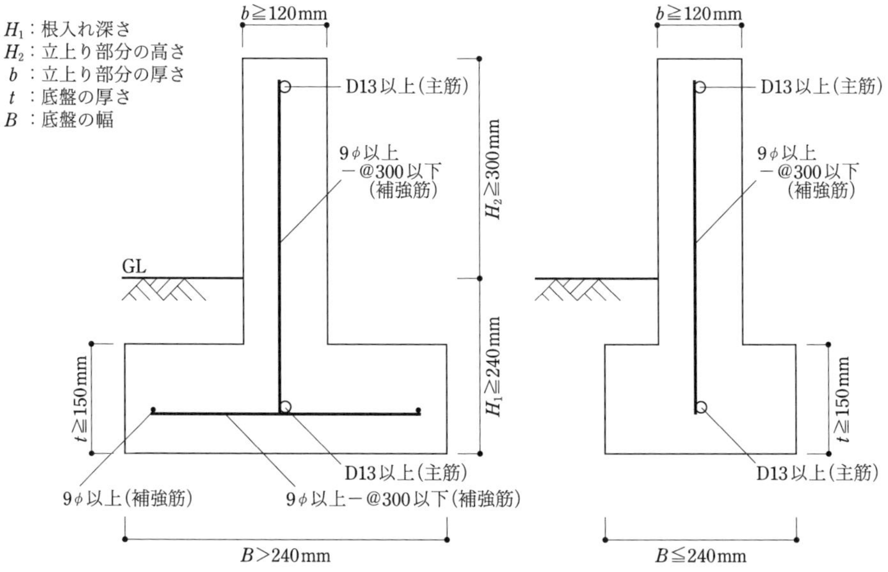

図1•5 布基礎の告示規定配筋

下等のおそれのない地盤にあり，基礎に損傷を生ずるおそれのない場合には無筋コンクリート造可）

2） 木造等の建築物の土台の下には，連続した立上り部分を設ける

3） 立上り部分の高さ $H_2 \geqq 30$ cm（地上部分），厚さ $b \geqq 12$ cm，底盤の厚さ $t \geqq 15$ cm

4） 根入れ深さ $H_1 \geqq 24$ cm（基礎の底部を雨水等の影響を受けるおそれのない密実で良好な地盤に達したものとした場合を除く）かつ凍結深度以上（雪国）

5） 底盤の幅（表1•2）

6） 鉄筋コンクリート造の基準

イ 立上り部分の主筋 径12 mm以上の異形鉄筋，上端および下部の底盤に1本以上配置かつ補強筋と緊結

ロ 立上り部分の補強筋（縦筋） 径9 mm以上，間隔30 cm以下

ハ 底盤の幅が24 cmを超える場合 基礎底盤の補強筋 径9 mm以上，間隔30 cm以下，底盤の両端部に配置した径9 mm以上の鉄筋と緊結

ニ 換気口周辺に径9 mm以上の補強筋

【b】 構造計算の基準（「令」38条4項に基づく）

実況に応じた土圧，水圧等の荷重および外力に基づき，「令」82条［保有水平耐力計算］および平12建告1459［建築物の使用上の支障が起こらないことを確かめる必要がある場合及びその確認方法を定める件］（梁のたわみ条件式）による．

143 「令」93条

「令」93条［地盤及び基礎ぐい］において，地盤の許容応力度および基礎杭の許容支持力は，平13国交告1113に規定された方法により地盤調査を行い，その結果に基づいて算定することが定められている（☞**144**）．ただし，表1•3に掲げる地盤の許容応力度については，地盤の種類に応じて表の数値によることができる．

表1•3 地盤の許容応力度

地盤	長期許容応力度［kN/m²］	短期許容応力度［kN/m²］
岩盤	1000	長期の2倍
固結した砂	500	
土丹盤	300	
密実な礫（れき）層	300	
密実な砂質地盤	200	
砂質地盤（地震時に液状化のおそれのないものに限る）	50	
堅い粘土質地盤	100	
粘土質地盤	20	
堅いローム層	100	
ローム層	50	

（「令」93条より）

144 平13国交告1113

「令」93条の規定を受け，平13国交告1113［地盤の許容応力度及び基礎ぐいの許容支持力を求めるための地盤調査の方法並びにその結果に基づき地盤の許容応力度及び基礎ぐいの許容支持力を定める方法等を定める件］において，地盤の許容応力度および基礎杭の許容支持力を求めるための地盤調査の方法（第1）とその結果に基づく算定方法（第2～第8）が定められている．

その概要を一覧にしたものが表1•4である（告示条文については付4参照）．表中に示した□の数値は，該当項目について解説している見出しを示す．

表1•4　平13国交告1113の概要と索引

第1　地盤調査の方法　☞210
第2　地盤の許容応力度を定める方法
　(1)項　ボーリング調査結果等による算定式　☞410
　(2)項　平板載荷試験結果による算定式　☞420
　(3)項　スウェーデン式サウンディングによる算定式　☞430
第3　セメント系固化材による地盤の改良体の許容応力度を定める方法　☞510
第4　その他改良地盤の許容応力度を定める方法（平板載荷試験結果による算定式）　☞510
第5　基礎杭の許容支持力を定める方法
　一号　支持杭　☞711
　　(1)項　杭載荷試験結果による算定式
　　(2)項　支持力算定式
　二号　摩擦杭　☞712
　　(1)項　杭載荷試験結果による算定式
　　(2)項　摩擦力算定式
　三号　引抜き方向の許容支持力算定式　☞713
第6　第5以外の基礎杭の許容支持力算定式
第7　地盤アンカーの引抜き方向の許容応力度算定式　☞713
第8　杭体，地盤アンカー体に用いる材料の許容応力度を定める方法
　一号　場所打ちコンクリート杭に用いるコンクリート　☞722
　二号　遠心力鉄筋コンクリート杭，振動詰め鉄筋コンクリート杭に用いるコンクリート　☞722
　三号　外殻鋼管付きコンクリート杭に用いるコンクリート　☞722
　四号　プレストレストコンクリート杭に用いるコンクリート　☞722
　五号　遠心力高強度プレストレストコンクリート杭，これに類する杭体に用いるコンクリート　☞722
　六号　その他杭体に用いるコンクリート
　七号　杭体，地盤アンカー体に用いる緊張材　☞722
　八号　1項　杭体，地盤アンカー体に用いる鋼材等　☞722
　　　　2項　杭体に継手を設ける場合の長期圧縮許容応力度の低減　☞723

145 「法」90条，「令」136条の3　（実務図表1•8～1•13）

根切り工事，山留め工事等の基礎工事における現場の危害の防止については，「法」90条［工事現場の危害の防止］により「令」136条の3［根切り工事，山留め工事等を行う場合の危害の防止］に定めるとされている．

【a】 根切り工事における留意事項（3項）

「令」136条の3第3項において，建築物等に近接して根切り工事を行う場合に危害発生の防止措置を講ずることが義務づけられている．

根切り工事および基礎設計に当っては，次の点について注意する必要がある．

[1] 建物の基礎深さが異なる場合

浄化槽，水槽，エレベーターピット，一部地下室等，建物の基礎深さに差がある場合は，浄化槽等の根切り時に建物の基礎地盤を荒らし地耐力を低下させるおそれがあるので，下記のような配慮が必要である．

①建物基礎を下げる．

②建物基礎の下部に栗石コンクリートを打ち，載荷位置を下げる（図1･6）．

③根切り時に鋼製矢板等を打ってそのまま埋め込み，地盤を荒らさないように施工する．

[2] 隣地建物基礎に対する配慮

隣地建物の基礎についても注意が必要である．

①隣地建物の基礎を荒らすので，施工上必要な隣地とのあきを十分に見込む．

②市街地では根切りによるトラブルが多い．

③地階がある場合，図1･7のように隣接建物の基礎が浅いときは，その基礎からの付加荷重を考慮する必要がある．

④市街地での計画は，隣接地を掘削されても支障がないように，基礎をある程度下げておくことも必要である．

【b】 山留めの設置（4項）

深さ1.5 m以上の根切り工事は，原則として山留めを設けて施工しなければならない．

【c】 山留めの構造（5項）

山留めの切梁・矢板・腹起し等（図1･8）については，[1]の計算式で求められる土圧により山留め断面に生じる応力度が[2][3]の計算式による許容応力度を超えないことを確かめる．

[1] 土圧の算定式（実務図表1･8）

①土質および工法に応じた数値．ただし，深さ3 m以内の根切り工事を行う場合の土圧は$5H$としてもよい．

②隣接する建築物等がある場合には，載荷荷重を①に加える．

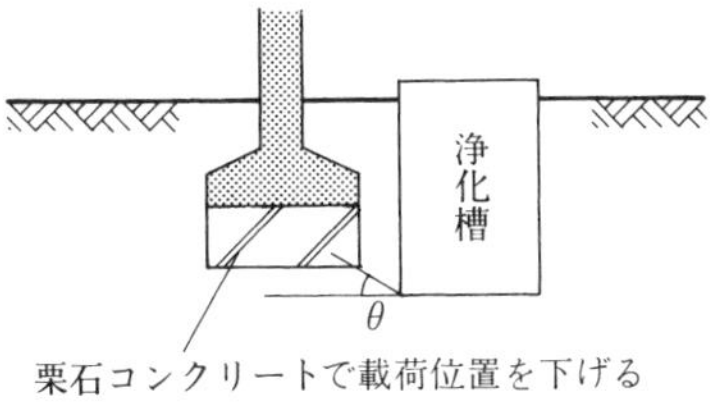

図1･6 隣接構造物（浄化槽等）の根切り工事による地耐力の低下への対策例

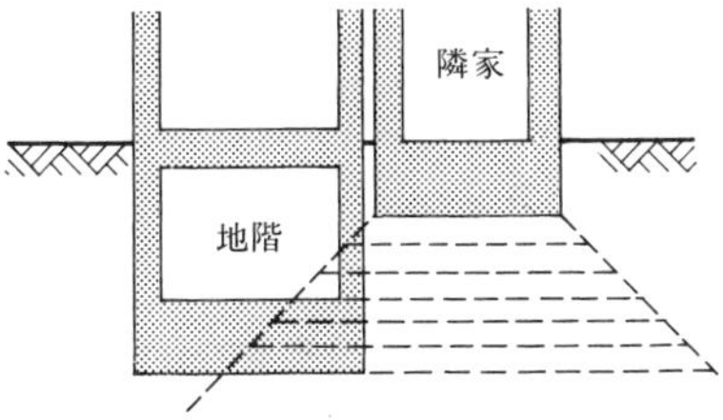

図1･7 隣地建物からの付加荷重の考慮が必要

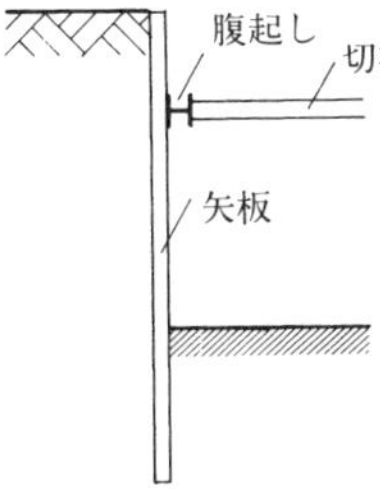

図1･8 切梁・矢板・腹起し

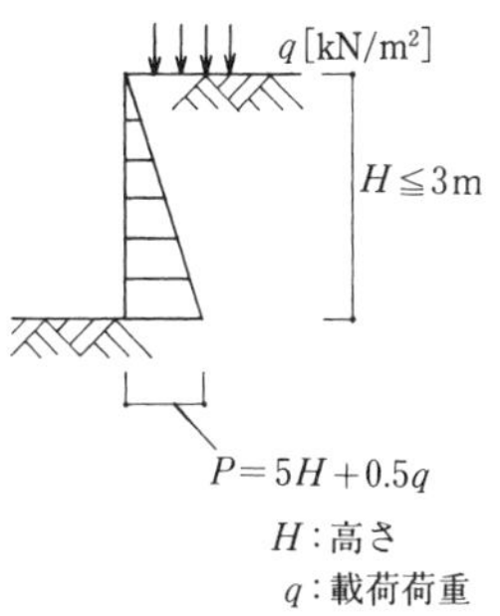

実務図表1･8 土圧Pの算定式（$H \leqq 3$ m の場合）

実務図表 **1·9**　切梁，矢板に用いるときの木材の許容応力度［N/mm²］

樹種		圧縮	引張り	曲げ	せん断
針葉樹	あかまつ，くろまつ，べいまつ	11.47	9.145	14.57	1.24
	からまつ，ひば，ひのき，べいひ	10.695	8.37	13.795	1.085
	つが，べいつが	9.92	7.595	13.02	1.085
	もみ，えぞまつ，とどまつ，べにまつ，すぎ，べいすぎ，スプルース	9.145	6.975	11.47	0.93
広葉樹	かし	13.95	12.4	19.84	2.17
	くり，なら，ぶな，けやき	10.85	9.3	15.19	1.55

（「令」89 条，平 12 建告 1452 より）

実務図表 **1·10**　腹起しに用いるときの木材の許容応力度［N/mm²］

樹種		せん断	めりこみ中間値 θ		
			$\theta \leqq 10°$	$10° < \theta < 70°$	$70° \leqq \theta \leqq 90°$
針葉樹	あかまつ，くろまつ，べいまつ	1.6	14.8	中間値（直線補間）	6
	からまつ，ひば，ひのき，べいひ	1.4	13.8		5
	つが，べいつが	1.4	12.8		4
	もみ，えぞまつ，とどまつ，べにまつ，すぎ，べいすぎ，スプルース	1.2	11.8		4
広葉樹	かし	2.8	18.0		8
	くり，なら，ぶな，けやき	2.0	14.0		7

（「令」89 条，昭 56 建告 1105，平 12 建告 1452 より）

実務図表 **1·11**　山留めに用いるときの鋼材の許容応力度［N/mm²］

鋼材の種類	圧縮	引張り	曲げ	せん断
SS400　$t \leqq 40$ mm	235	235	235	135

t：板厚　（「令」90 条，平 12 建告 2464 より）

実務図表 **1·12**　山留めに用いるときの鉄筋の許容応力度［N/mm²］

鉄筋の種類	引張りおよび圧縮	せん断補強
SD295	295	295

（「令」90 条，平 12 建告 2464 より）

実務図表 **1·13**　山留めに用いるときのコンクリートの許容応力度［N/mm²］

設計基準強度	圧縮	引張り	せん断	異形鉄筋付着	
				梁上端	その他
21	14	1.4	1.4	2.8	4.2
24	16	1.46	1.46	3.08	4.62

（「令」91 条，平 12 建告 1450 より）

2 切梁・矢板・腹起し等に用いるときの木材の許容応力度

①切梁・矢板等……$\dfrac{\text{長期許容応力度}+\text{短期許容応力度}}{2}$の値（実務図表 1•9）

②腹起し……………昭 56 建告 1105（実務図表 1•10）

3 切梁・矢板・腹起し等に用いるときの鋼材・コンクリートの許容応力度

①鋼材………………短期の値（実務図表 1•11，1•12）

②コンクリート……短期の値（実務図表 1•13）

200 地盤調査

「令」93条で，地盤の許容応力度と基礎杭の許容支持力の決め方が規定されている．それによると，国土交通大臣が定める方法（平13国交告1113）によってそのつど地盤調査を行い，その結果に基づいて決めるのが原則とされている．

本章では，平13国交告1113および日本建築学会『建築基礎設計のための地盤調査計画指針』（以下「地調指」と略す）に基づき，地盤調査を発注するための仕様書作成を主眼にして解説する．

210 地盤調査の種類と方法

地盤の許容応力度および基礎杭の許容支持力を求めるための地盤調査の方法が，平13国交告1113で具体的に定められている．そこで，「告示」に示された調査方法の種類と，そのポイントを解説する．

1 ボーリング調査

地表からの掘削により，地盤構成の確認，地下水位測定，土質試験用の試料の採取等を行う．一般には，ビット（刃先）を付けたロッド（鋼管）を動力にて回転させて掘進するロータリー式ボーリングが採用されている．必ず標準貫入試験を併行する．

- ボーリング孔径
  - 一般　66 mm
  - 不かく乱資料を採取する場合
    - シンウォールサンプラー（$N<4$）　86 mm
    - デニソン型サンプラー　（$N\geqq 4$）116 mm

2 標準貫入試験

地盤調査で最も大切な値である N 値を測定する試験であり，ボーリング調査と併行して行う．

ボーリング用ロッドの先端に標準貫入試験用サンプラーを付け，63.5 kg のおもりを 75 cm の高さから自由落下させ，サンプラーを 30 cm 打ち込むのに要する打数回数が N 値である．サンプラーからは試料を採取する．

3 静的貫入試験

原位置の静的貫入抵抗を測定し，土層の硬軟，締まり具合，構成を判定する．2つの方法がある．

①スウェーデン式サウンディング（図2•1）

スウェーデンで国有鉄道敷設の際に不良地盤調査を目的として使用され，現在では世界中で活用されている．先端にスクリューポイントを付けたロッドに，おもり 0.1

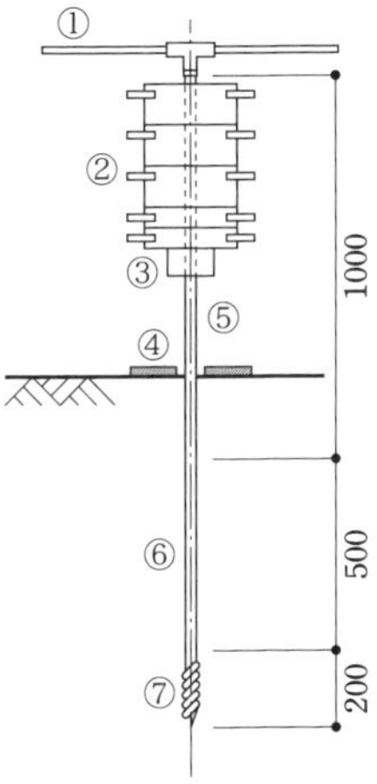

図 **2·1**　スウェーデン式サウンディング試験機

kN×2 個，0.25 kN×3 個，載荷用クランプ（50 N）を取り付け，荷重 W_{SW}（全荷重 1 kN）にて 1 m ねじ込むのに必要な半回転数 N_{SW}（180°の回転が 1 回）を求める．音や貫入抵抗および採取試験等により，砂質地盤か粘土質地盤かの判別もできる．戸建住宅や小規模住宅等の地盤調査において最も採用されている方法である．

②オランダ式二重管コーン貫入試験

ロッドの先端にコーンを取り付け，押し込むことによって土の静的貫入抵抗を測定する．

4　ベーン試験

粘土層のせん断強さを測定する．十字形の抵抗翼（ベーンと呼ぶ）をロッドの先端に取り付けて地中に押し込み，回転させることで得られる最大抵抗値から粘土のせん断強さを求める．

5　土質試験

サンプル試料により，土の物理的，力学的，化学的な性質を調査・試験する．

物理的性質：含水比，比重，塑性限界など　☞ **221**

力学的性質：内部摩擦角，圧縮強度，圧密係数など　☞ **222**

化学的性質：pH，塩化物含有量など　☞ **223**

6　物理探査

地表面での測定から地下の状態を調べる方法（地表探査法）で，地震探査法，電気探査法等がある．ボーリング孔を利用した孔内探査法（物理検層法）もある．

7　平板載荷試験

原位置地盤に剛な載荷板を通じて荷重を加え，荷重の大きさと載荷板の沈下との関係から，載荷板幅（直径 30 cm の円形）の 1.5～2 倍の深さ（45～60 cm）までの地盤の変形性状や強さ等を調べる．

8　載荷試験

地盤に静的な荷重を加え，耐力，変形性状，破壊性状等を調べる．ボーリング孔内載荷試験，深層載荷試験等がある．杭の設計用資料を目的とする杭の鉛直載荷試験もある．

9 杭打ち試験

打込み杭が損傷しないか，所定の地層まで打ち込むことができるかを確認し，支持力を推定するとともに騒音等の資料を得る．

10 引抜き試験

地震や風により動的な転倒力が働く杭においては，引抜き耐力（圧縮耐力より小さい），引抜きばね定数を確認する．

220　土質試験について

土は土粒子，水，空気で構成され，その性質は土粒子の大きさや含水量等により決まる（図2•2）．試掘やボーリングによって採取された試料から土の性質を調べるために行われるのが土質試験である．

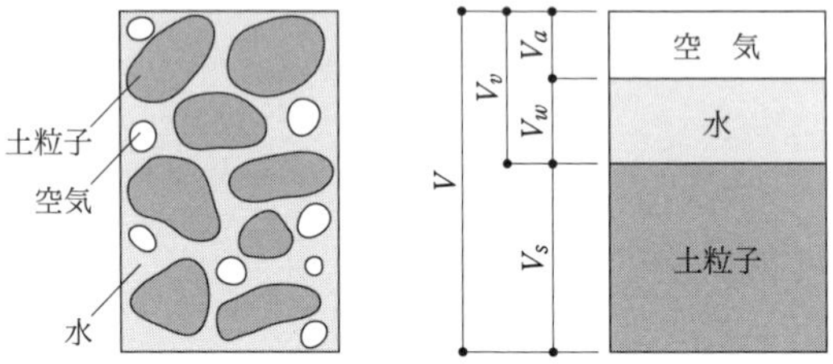

図**2•2**　土の構成

土質試験は，目的別に分類すると「物理試験」「力学試験」および「化学試験」の3つに大分類できる．

以下に，土質試験に関わる用語について解説する．

間隙(げき)比 e　：土には隙間があり，隙間は水と空気で満たされている（図2•2）．その構成割合を体積比で示したもの．

$$e=\frac{\text{空気の体積}+\text{水の体積}}{\text{土粒子の体積}}=\frac{V_v}{V_s}$$

砂　：密の状態0.5，ゆるい状態1.0

粘土：洪積粘土1.5，沖積粘土3.0

含水比 w　：土粒子の質量 m_s と水の質量 m_w の比．

$$w=\frac{m_w}{m_s}\times 100\ [\%]$$

砂　：20～40%

粘土：洪積粘土30%前後，沖積粘土100%

コンシステンシー：土は含水比 w によって性質が変わる．その性質のことで，含水比にて表現する（コンシステンシー限界）．

液性限界 w_L：液体を示す下限の含水比

塑性限界 w_P：塑性体を示す下限の含水比

収縮限界 w_S：半固体と固体の境界の含水比

塑性指数 I_P ：塑性体を維持できる含水比の範囲を示す指数．

$I_P = w_L - w_P$

シルト，砂：I_P 小さい

粘土　　　：w_L，w_P，I_P 大きい

鋭敏比 S_t ：土を乱すと強度が下がる．この強度の低下比をいう．

$$S_t = \frac{乱さない状態の強度}{乱した状態の強度} \quad S_t \geqq 1.0$$

沖積粘土　：10～20

乱した粘土：100（泥水）

砂　　　　：1.0

圧密　　　：静的な荷重（建造物荷重）を受けて，排水しながら土の体積が減少し，密度を増す現象．

圧密沈下　：圧密によって長時間かけて地盤が沈下する現象．

圧密係数 C_v：圧密の進行の速さを表す係数．

圧縮指数 C_c：圧密試験により得られる指数．砂を含む粘土は小，間隙比 e の大きい有機質土は大．

$$C_c = \frac{\Delta e}{\Delta(\log p)}$$

e ：間隙比

p ：圧力

透水係数 K：土中の水の流れやすさを表す係数．砂は大，粘土は小．

せん断強度 τ：土の強さを示す値で，粘着力 c と摩擦力 $\sigma\tan\phi$ の和で表される．

$$\tau = c + \sigma\tan\phi$$

砂　：$c=0$，$\tau=\sigma\tan\phi$

粘土：$\phi=0$，$\tau=c$

粘着力 c　：粘りのない砂は $c=0$，粘土は $c>0$．

内部摩擦角 ϕ：せん断面に作用する垂直応力 σ とせん断強度 τ のなす角度．

221　物理試験

物理的性質の試験で，土の分類および土質試験値を求めるための基礎資料値を求めることができる．

1　簡易粒度試験

土質工学会基準 JSF-T 22「土の標準網ふるい 75 μm 通過質量試験方法」に規定されている試験方法である．

ボーリング資料の土質名の判定は，調査技術者の目視や感触等で行われており，統一した判定結果を得ることはむずかしい．土質分類は JIS 規格に基づく粒度分析試験結果による方法が理想であるが，相当の費用と時間を要し，実用的でない．そのため，「地調指」では，この簡易粒度試験に基づく土質分類を提案している．

分類
- 砂質土…粗粒土の含有率 80％以上
- 中間土…細粒土の含有率 20～50％
- 粘性土…細粒土の含有率 50％以上

粗粒土：粒径 0.074 mm 以上の土粒子
細粒土：粒径 0.074 mm 以下の土粒子

なお，計算式（地盤の許容応力度算定式等）において中間土の表現はない．中間土は，より詳細な試験を行って，砂質土か粘性土に分類するか，設計上安全側になる土質の方に分類する．

2 土粒子の比重試験（JIS A 1202）

土粒子の比重 G_s は，各種の土質試験値の算定における基礎資料として用いる．

代表値：$G_s=2.65\sim2.9$　　標準値：2.7

用いられる式の例：間隙比 $e=\dfrac{G_s}{\gamma_t}\left(1+\dfrac{w}{100}\right)-1$

γ_t：土の単位体積重量

w：含水比

3 含水量試験（JIS A 1203）

土の中の水分の量を知る試験．土の性質は含水量によって大きく変化する．一般に，砂，シルト，粘土，腐植土の順で含水量が大きくなる．含水比 w で表す．

代表値：砂質土　$w=10\sim30\%$

粘性土　$w=30\sim80\%$ （沖積粘土 $40\sim80\%$，洪積粘土 $30\sim70\%$）

4 粒度試験（JIS A 1204）

砂質土・粘性土の分類，透水係数，液状化の判定に利用する試験．土を構成する土の粒子の大きさを粒径別に重量百分率で表す．粗粒土は，ふるいによって測定し，細粒土は沈降分析によって測定する．

5 コンシステンシー試験

土は土中の水分の量によって，固体→半固体→塑性→液体となる．このように，土中の水分の量によって示す性質をコンシステンシーといい，液性限界試験と塑性限界試験のセットで試験を行う．

①液性限界試験（JIS A 1205，w_L[%]）：これ以上は土とは認められない限界の含水比．

代表値：$w_L=45\sim50\%$

用いられる式の例：圧縮指数 $C_c=0.009(w_L-10)$ [%]

②塑性限界試験（JIS A 1206，w_P[%]）：これ以下は塑性とは認められない限界の含水比．

代表値：$w_P=28\sim30\%$

6 単位体積重量試験（湿潤密度試験）

土の単位体積当りの重量を求める試験で，不かく乱資料にて測定する．

代表値：粘性土　$\gamma_t=13\sim18\ \mathrm{kN/m^3}$ （沖積粘土 $13\sim18\ \mathrm{kN/m^3}$，洪積粘土 $16\sim18\ \mathrm{kN/m^3}$）

砂質土　$\gamma_t=19\sim21\ \mathrm{kN/m^3}$

222　力学試験　（実務図表 2•1）

力学的性質の試験で，土の強さ，圧密，締固め等の試験値を求めるための試験である．

1 圧縮試験，せん断試験，圧密試験

1軸圧縮試験，3軸圧縮試験，直接せん断試験および圧密試験の概要を一覧表にしたのが，実務図表 2•1 である．

2 CBR 試験

道路路床・路盤の支持力を調べる試験で，CBR 値によって道路路床を設計する．現場CBR 試験と室内 CBR 試験がある．

223 化学試験

化学的性質の試験で，主に埋設管の腐食の影響を検討するために行う．

1 pH 試験

埋設管等の腐食の影響を知るための試験である．試験数は，敷地ごとまたは棟ごとに 1 カ所を目途とし，試料採取の深さは地盤面より 1.0 m の部分とする．試験結果が pH 4.5 以下（酸性）の場合には，埋設管の腐食の影響を検討する．なお，pH 値は pH 7 は中性，pH 8.5 以上はアルカリ性である．

2 塩化物含有量試験

埋設管等の塩化物に対する腐食の影響を知るための試験で，試験数等は pH 試験と同様である．試験結果が塩化物含有量 0.01% を超える場合には，埋設管の腐食の影響を検討する．

実務図表 2·1　力学試験一覧表

	機構	試験方法	求められる土の性質	特記
1軸圧縮試験	JIS A 1216 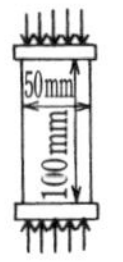 	円筒形の試験体に圧縮力を加えて破壊する．	1 軸圧縮強度：q_u [N/mm²] $c=\frac{1}{2}q_u$ 鋭敏比$(S_t)=\frac{\text{乱されない土の1軸圧縮強度}}{\text{練り返した土の1軸圧縮強度}}$ ヤング係数：E	不かく乱試料を使用． 粘土質の土の強さを調べる最も簡単な方法で，一番多く採用されている． S_t が大→土質不安定
3軸圧縮試験	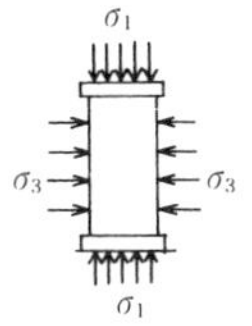 	円筒内にゴム膜をかぶせた試験体を置き，円筒内に水を満たして圧力を加える． 2 つ以上の σ_3 についてテストする．	モールの円より算出する． c，ϕ 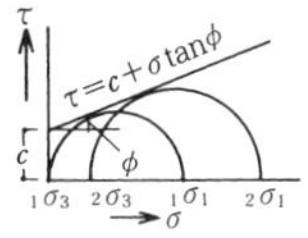 	不かく乱試料を使用． あらゆる土に使える． 理論的にもよい． 操作は複雑．
直接せん断試験	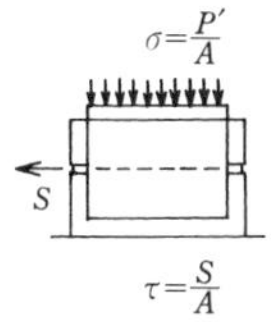 	上下 2 段になっている箱に土試料を入れ，鉛直圧 σ を加えて，水平力 S によりせん断する． 2 つ以上の σ についてテストする．	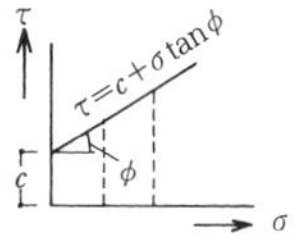 砂　：$c=0$ $\tau=\sigma\tan\phi$ 粘土：$\phi=0$，$\tau=c$	不かく乱試料を使用． あらゆる土に使える． 正確な値が得にくい． 操作は簡単．
圧密試験	JIS A 1217 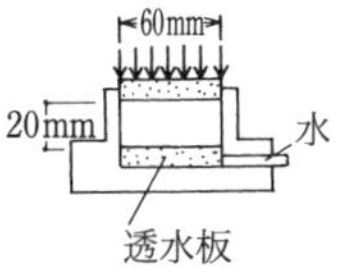 	金属製のリングの中に試料を入れ，上下を透水板ではさんで，荷重をかけ，各荷重段階ごとに 24 時間変形量を測定する．	圧縮指数：C_c 圧密係数：C_v 透水係数：K	不かく乱試料を使用． 粘土質地盤の圧密沈下計算に必要．

c：土の粘着力，ϕ：土の内部摩擦角

230　構造設計の定石　地盤調査の仕様　（実務図表2•2，2•3）

地盤調査は，「予備調査」「本調査」および「追加調査」に分けて行うのが理想である．「予備調査」のデータを基にして「本調査」の地盤調査の仕様を決めて発注し，「本調査」の調査結果（ボーリングの結果，支持層が粘土層であった等の理由）により，さらに詳細な調査が必要な場合には「追加調査」（土質調査等）をするようにする．

なお，地盤調査の仕様は，「一般用」と「地盤が良好な地域用」に分けて実務図表を作成した（実務図表2•2，2•3）．ただし，中小規模建築物については「一般用」「地盤が良好な地域用」で特に相違はないので，後者の実務図表2•3「建物規模別による調査項目選定表（地盤が良好な地域用）」によって仕様書を作成することができる．

1．「予備調査」について

既往の地盤調査資料，地盤図等の資料により，地盤の概要を把握する．支持地盤および基礎形式を想定し本調査の計画をたてるために行うものである．

2．「本調査」について

【a】 ボーリング・標準貫入試験について

1 本数

①地盤構成が想定できる場合

建築面積300～500 m² につき1カ所

②地盤構成が想定できない場合

建築面積100～300 m² につき1カ所

2 調査位置

調査位置は，想定地層断面図が作成しやすい位置とし，建物の形状別に図2•3を参考にして決める．

3 ボーリング深さ

既往の地盤調査資料によって想定した支持地盤の深さを目安とする．またパイロットボー

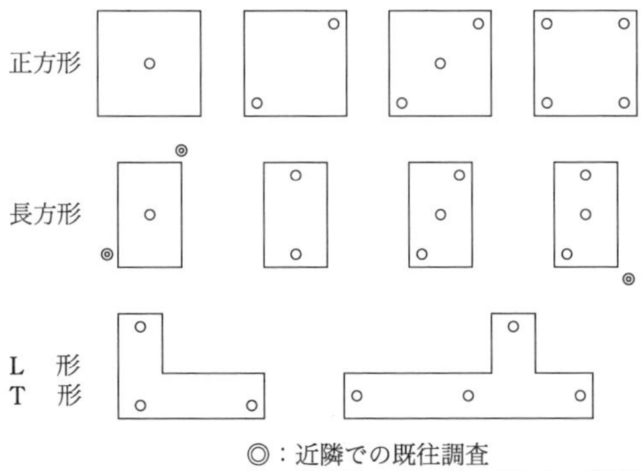

図2•3　建物の形状とボーリングによる調査位置の指針
（『建築基礎設計のための地盤調査計画指針（1985年版）』図4•3より）

リング（試験的なボーリングで，最初に行う）については，支持地盤を5 m以上確認することを原則とする．

なお，基礎荷重が地盤に影響をおよぼす範囲は，基礎スラブ短辺長さの2倍，基礎幅の狭い基礎では建物幅の1.5～2倍といわれているので，この深さを考慮して，ボーリング深さを決める．

④ ボーリング孔径

一般的なボーリングは孔径66 mmで行う．

不かく乱試料を採取する必要がある場合で，試料採取予定の地層（粘性土）のN値が$N<4$の場合は，シンウォールサンプラーにて採取する必要があるため，径86 mmで行う．

$N\geqq4$の地盤の場合には，デニソン型サンプラーにて採取しなければならないので，径116 mmのボーリングを行う必要がある．

【b】 試掘

地層および土質を観察しながら，人力等で地盤を掘り進める．必要に応じ，不かく乱試料も採取する．

特に直接基礎では，支持地盤周辺部の地盤を調べることができ，その地盤面での平板載荷試験も可能である．試掘の径は1.2 m程度，深さは2 m程度までだが，山留め等を設けて掘る場合には5 m程度まで可能である．

【c】 試料採取

標準貫入試験用サンプラー（直径51 mm，長さ810 mm）の貫入により，乱した土が深さ1 mごとに採取できる．なお，粘土質で土質試験（1軸圧縮試験等）が必要な場合には，【a】④に示した径によるボーリングを行い，不かく乱試料を採取する．

【d】 地下水位測定

原則として無水掘（水を使用しないで掘る）したボーリングの孔内水位を測る．孔内水位は常水面と一致しにくいので，なるべく長期間放置し水位が安定してから測定する．ボーリング孔内水位が異常に高い（噴出する場合あり）場合には，被圧地下水頭測定を行う．

【e】 ボーリング孔内横方向載荷試験（K値測定）

杭基礎を用いることが予想され，その杭に地震力を負担させる場合には，杭設計の資料を求めるために実施することが望ましい．

調査深さは杭頭より5 m，地盤面より7 mの位置が標準で，試験本数は敷地の想定地層断面図より判断する．

【f】 CBR試験

敷地内に車両が通行する通路がある場合には，路盤の設計資料を求めるため，この試験を実施することが望ましい．

試料採取は地盤面より約1.5 mの深さの部分とする．試験数は，車両の交通量区分により舗装厚等の設計をするので，その設計種別ごと，かつ通路延長50～100 mに1カ所を目途に決める．

【g】 簡易粒度試験

土質（砂質土・中間土・粘性土）の判別のために実施する．なお試験は，パイロットボーリングの標準貫入試験によって採取した全試料について行うのが理想である．

実務図表 2・2　建物規模別による調査項目選定表（一般用）

調査項目	構造 規模	低層 RC造：2階以下 S造：3階以下	中低層 RC造：3～6階 S造：4～6階	中高層 各種構造 7～9階	低層 中低層 中高層	備考
	地下室	無	無	無	有	
ボーリング標準貫入試験	径 66 mm	◉	◉	◉	◉	パイロットボーリング，標準貫入試験（N 値）深さ 1 m ごと
	径 86 mm		○	◎	○	不かく乱試料採取用 粘性土　$N<4$ のとき
	径 116 mm		○	◎	○	不かく乱試料採取用 粘性土　$N \geqq 4$ のとき
試掘		▲	▲			地層および土質の観察 不かく乱試料採取可
試料採取	乱した試料	◉	◉	◉	◉	標準貫入試験用サンプラーにて採取する．深さ 1 m ごと
	不かく乱試料		○	◎	○	粘性土で力学試験が必要な場合
地下水位測定	自由地下水位	●	◉	◉	◉	ボーリング孔内水位を測る 無水掘による
	被圧地下水頭測定			◎	○	帯水層の上下が難透水層（粘土）にはさまれている場合
ボーリング孔内横方向載荷試験（K 値測定）			□	⧈	□	杭に地震力を負担させる場合
杭の載荷試験				□		特殊な杭で，設計値の確認が必要な場合，杭工事時に行う
平板載荷試験			□	□		直接基礎で設計地耐力>300 kN/m² の場合，根切り工事時に行う
土質試験　物理試験	簡易粒度試験		●	◉		パイロットボーリングの標準貫入試験で採取した全試料について
土質試験　物理試験	土粒子の比重試験		砂質土 ○　粘性土 ○	砂質土 ◎　粘性土 ◎	砂質土 ○　粘性土 ○	他の土質試験値の基礎資料（砂の液状化調査も兼ねる）
土質試験　物理試験	含水量試験		砂質土 ○　粘性土 ○	砂質土 ◎　粘性土 ◎	砂質土 ○　粘性土 ○	他の土質試験値の基礎資料（砂の液状化調査も兼ねる）
土質試験　物理試験	粒度試験		砂質土 ○　粘性土 ○	砂質土 ◎　粘性土 ◎	砂質土 ○　粘性土 ○	土の分類 透水性の推定（砂の液状化調査も兼ねる）
土質試験　物理試験	液性限界試験		粘性土 ○	粘性土 ◎	粘性土 ○	粘性土のコンシステンシー，水分の量によって，固体→半固体→塑性→液体となる性質
土質試験　物理試験	塑性限界試験		粘性土 ○	粘性土 ◎	粘性土 ○	
土質試験　物理試験	単位体積重量試験（湿潤密度試験）		粘性土	粘性土 ○注	粘性土 ○注	不かく乱試料による：土の単位体積当りの重量
土質試験　力学試験　せん断試験	1軸圧縮試験		粘性土 ○	粘性土 ◎	粘性土 ○	不かく乱試料による：供試体を上下より圧縮し，粘着力 c，鋭敏比 S_t を求める
土質試験　力学試験　せん断試験	3軸圧縮試験		粘性土	粘性土 ○	粘性土 ○	不かく乱試料による：供試体に側圧を加え圧縮し，粘着力 c，内部摩擦角 ϕ を求める
土質試験　力学試験	圧密試験		粘性土	粘性土 ○	粘性土 ○	不かく乱試料による：粘土層の圧密沈下量の予測 C_c
土質試験　力学試験	CBR試験		□			道路路盤の支持力を調査
土質試験　化学試験	pH試験		□			土層の化学的性質を調査 埋設管等に与える影響の判定
土質試験　化学試験	塩化物含有量試験		□			地盤への海水による影響の判定

注）単位体積重量試験から圧密試験までの4つの試験については，粘着力 c のみが必要なときは1軸圧縮試験を行い，さらに詳細な資料が必要なときは他の3つの試験を行う．

実務図表 **2·3**　建物規模別による調査項目選定表（地盤が良好な地域用）

調査項目	構造 規模	低層 RC造：2階以下 S造：3階以下	中低層 RC造：3〜6階 S造：4〜6階	中高層 各種構造 7〜9階	低層 中低層 中高層	備考
	地下室	無	無	無	有	
ボーリング標準貫入試験	径66 mm	◉	◉	◉	◉	パイロットボーリング，標準貫入試験（*N*値）深さ1mごと
試掘		▲	▲			地層および土質の観察 不かく乱試料採取可
試料採取	乱した試料	◉	◉	◉	◉	標準貫入試験用サンプラーにて採取する．深さ1mごと
地下水位測定	自由地下水位	●	◉	◉	◉	ボーリング孔内水位を測る 無水掘を原則とする
	被圧地下水頭測定			○	◎	帯水層の上下が難透水層（粘土）にはさまれている場合
ボーリング孔内横方向載荷試験（*K*値測定）			●	●		杭に地震力を負担させる場合
杭の載荷試験				□		特殊な杭で，設計値の確認が必要な場合，杭工事時に行う
平板載荷試験			□	□		直接基礎で設計地耐力>300 kN/m^2 の場合，根切り工事時に行う
土質試験	簡易粒度試験		●	●		パイロットボーリングの標準貫入試験により採取した全試料について
	1軸圧縮試験		○	○	○	不かく乱試料の供試体の圧縮試験（粘性土）
	CBR試験	□				道路路盤の支持力を調査

実務図表 **2·2**，**2·3** の凡例

本調査
- ◉　必ず実施する
- ●　実施することが望ましい
- ▲　地盤状況によっては実施しないこともあるが，調査計画には入れる必要がある．

追加調査
- ◎　ボーリングの結果により実施する
- ○　ボーリングの結果により実施することが望ましい
- ⊡　その他の条件により実施する
- □　その他の条件により実施することが望ましい

3.「追加調査」について

追加調査は，次の２つに大別することができる．ひとつは，ボーリング結果に基づいての「土質試験の追加」および「ボーリング数・深さの追加」である．もうひとつは，設計値の確認を目的として，工事施工時に実施する「杭の載荷試験」または「平板載荷試験」である．

なお，前者の追加調査に当っては，土質・基礎関係専門家と協議して決めるようにする．

【a】 土質試験

1 砂質土の場合

地盤が砂で「液状化のおそれのある地層」および根切り工事で透水性等の資料が必要な場合には，物理試験の「土粒子の比重試験」「含水量試験」「粒度試験」を実施する．試験数は砂の質が大きく変わる層ごとが原則である．

なお，試料は，標準貫入試験で採取した乱した試料による．

2 粘性土の場合

地盤が粘土で「支持地盤とする」「圧密沈下のおそれがある」または「摩擦杭とする」「杭に負の摩擦力が作用するおそれがある」等の場合には，力学試験および物理試験を実施する．力学試験の内，粘着力 c のみが必要な場合には「１軸圧縮試験」，さらに詳細な資料が必要な場合には「３軸圧縮試験」，圧密沈下の検討が必要な場合には「圧密試験」を行う．

物理試験としては「土粒子の比重試験」「含水量試験」「粒度試験」「液性限界試験」「塑性限界試験」を行って粘土の性質を調べる．

なお，力学試験の試料は不かく乱試料でなければならない．また，土質試験数については土質層ごと（層厚２～５ｍにつき１試料を目安）に行う．

【b】 ボーリング数・深さの追加

パイロットボーリングの結果，「予備調査」で想定した地層と大きく相違した場合には，本数や深さを変更・追加する．

【c】 杭の載荷試験

大規模建築物の杭，特殊な杭を採用した場合には，設計耐力を確認する目的のために，工事着工後の杭打工事時に載荷試験を実施するのが理想である．

【d】 平板載荷試験

直接基礎で設計地耐力 f_e が $300\ \mathrm{kN/m^2}$ を超える値を採用した場合には，根切り完了後に基礎接地地盤面にて試験して，設計値の確認をするのが理想である．

載荷板の荷重─沈下関係から直接求めることができるのは，極限支持力（基準支持力），地盤のヤング係数である．

240　土と地盤

土と地盤に関する基礎知識を解説する.

241　地盤の分類　（表 2•1）

地盤は岩盤，土，その中間的な性質を持つ土丹，砂盤に分類できる．土は土粒子の粒径の大きさによりさらに細分される（表 2•1）.

表 2•1　地盤の分類とその成分

- 地盤
  - 岩盤……岩
  - 土丹……シルト，粘土が固結したもの
  - 砂盤……砂が固結したもの
  - 土
    - 礫（れき）（砂利）
      - 粗礫（玉石，転石）……20～75 mm
      - 中礫……5～20 mm
      - 細礫……2～ 5 mm
    - 砂
      - 粗砂……0.42～2 mm
      - 細砂……0.074～0.42 mm
    - （粗礫～細砂）粒子が肉眼で見える
    - シルト……0.005～0.074 mm　粒子が球形に近い形で，粘りが少ない
    - 粘土……0.001～0.005 mm　粒子は薄片状の結晶で，粘りがあり，水を通しにくい
    - コロイド……0.001 mm 以下
    - ローム……砂，シルト，粘土の混合物
    - 火山灰土……赤土，関東ローム（粒子的には，砂，シルト，粘土の混合物）

242　日本統一土質分類法

社団法人土質工学会は土質工学会基準（JSF）として土木，建築，農業土木等の広い分野に関係する土質の分類法を「日本統一土質分類法」として規定している.

ボーリング調査の結果は柱状図によって示されるが，その柱状図は日本統一土質分類法の土質名，土質記号に基づいて作成される．以下に関係分を示す.

1 粒径の区分と呼び名（表 2•2）

2 工学的土質分類体系（表 2•3）

3 柱状図用図式記号（図 2•4）

表 2•2　粒径の区分と呼び名

<table>
<tr><td colspan="10">1 μm　5 μm　74 μm　0.42 mm　2.0 mm　5.0 mm　20 mm　75 mm　30 cm</td></tr>
<tr><td colspan="3">細粒分</td><td colspan="5">粗粒分</td><td colspan="2"></td></tr>
<tr><td>コロイド</td><td>粘土</td><td rowspan="2">シルト</td><td>細砂</td><td>粗砂</td><td>細礫</td><td>中礫</td><td>粗礫</td><td rowspan="2">コブル</td><td rowspan="2">ボルダー</td></tr>
<tr><td colspan="2"></td><td colspan="2">砂</td><td colspan="3">礫</td></tr>
<tr><td colspan="8">土　質　材　料</td><td colspan="2">岩石質材料</td></tr>
</table>

注 1）土質材料の粒径区分による粒子名を意味するときは，上記粒径区分名に「粒子」という言葉をつけ，上記粒径区分幅の構成分を意味するときは，上記区分名に「分」という言葉をつけて，分類名，土質名と区分する.

2）土質材料の 74 μm 以下の構成分を「細粒分」，74 μm から 75 mm までの構成分を「粗粒分」という.

（土質工学会基準—日本統一土質分類による）

表 2・3　工学的土質分類体系（日本統一土質分類による）

(a) 粗粒土の工学的分類大系

- 粗粒土 Cm（粗粒分＞50%）
  - 礫質土〔G〕礫分＞砂分
    - 細粒分＜15%
      - 礫（砂分＜15%）
      - 砂礫（15%≦砂分）
    - 15%≦細粒分 → 細粒分まじり礫
  - 砂質土〔S〕砂分≧礫分
    - 細粒分＜15%
      - 砂（礫分＜15%）
      - 礫質砂（15%≦礫分）
    - 15%≦細粒分 → 細粒分まじり砂

(b) 主に細粒土の工学的分類体系

- 細粒土 Fm（細粒分≧50%）
  - 粘性土〔Cs〕
    - シルト（塑性図上で分類）
    - 粘土（塑性図上で分類）
  - 有機質土〔O〕──有機質土　有機質，暗色で有機臭あり
  - 火山灰質粘性土〔V〕──火山灰質粘性土　地質的背景
- 高有機質土 Pm ── 高有機質土〔Pt〕── 高有機質土　有機物を多く含むもの
- 人工材料 Am ── 人工材料〔A〕
  - 廃棄物
  - 改良土

図 2・4　柱状図用図式記号（日本統一土質分類法 MI-1979）

区分	分類名	電算機プリンター・コード	手書き図式記号
岩石質材料	硬岩	|||||||	縦線
	中硬岩	|||||	縦線（粗）
	軟石または風化岩	|||||	縦線（疎）
	ボルダー	B B B B B	○楕円
	コブル	c c c c c	○小
簡易分類	礫 |G|	0 0 0 0 0	○○○
	礫質土 |GF|	0 0 0 0	○○（点付）
	砂 |S|	・・・・・	・・・
	砂質土 |SF|	・・・・・	・・・
	シルト |M|	− − − −	− −

区分	分類名	電算機プリンター・コード	手書き図式記号
簡易分類	粘性土 |C|	− − − −	− −
	有機質土 |O|	Y Y Y Y	|||||
	火山灰質粘性土 |V|	/////	～～
	高有機質土 |Pt|	Y Y Y Y Y	r r r r
	廃棄物 |W|	w w w w	|W|
やや詳しい分類の例	きれいな礫 \[G\]	00000000	○○○
	細粒分混じり礫 \[G-F\]	0 0 0 0	○○（点）
	礫質土 \[GF\]	0 0 0 0	○○
	きれいな砂 \[S\]	・・・・・	・・・
	細粒分混じり砂 \[S-F\]	・・・・・	・・・

区分	分類名	電算機プリンター・コード	手書き図式記号
やや詳しい分類の例	砂質土 |SF|	・・・・・	・・・
	粘質土 (CL)	− − − −	− −
	粘土 (CH)	− − − −	──
	有機質粘質土 (OL)	Y Y Y Y	||||
	有機質粘土 (OH)	Y Y Y Y	||||
	有機質火山灰土 (OV)	///// Y Y Y Y	～～
	(VH₁), (VH₂)は|V|の図式記号，ピート(Pt), 黒泥(Mk)は高有機質土 Pt の図式記号を用いる。		
特殊記号	貝殻	θ θ Q Q Q Q Q	θ θ θ θ
	浮石	P P P P P	△ △ △
	表土・埋土	|SF|	埋土材料を記号で記入

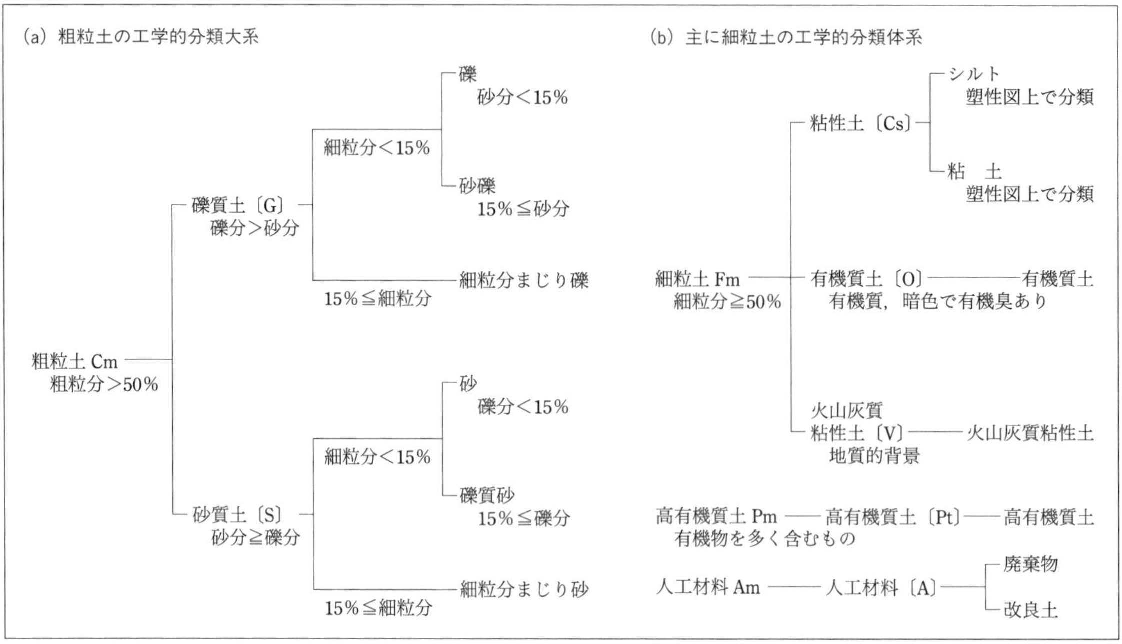

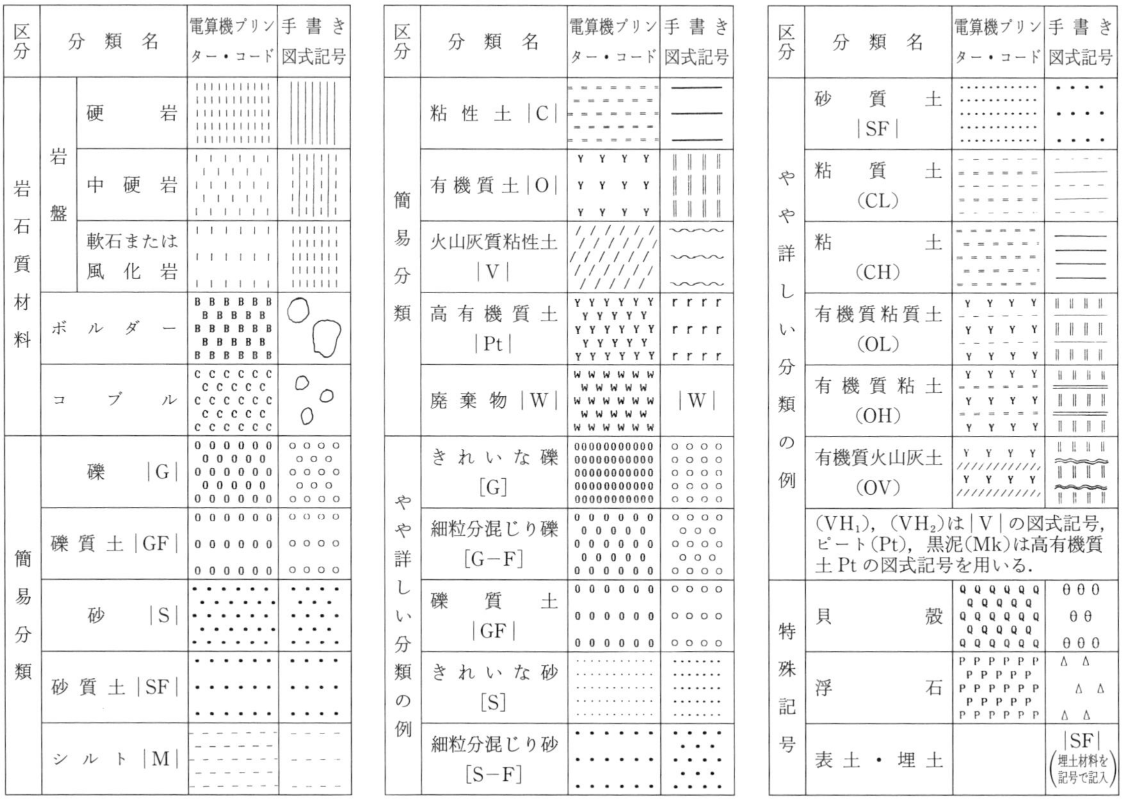

250 地盤の実務的分類

251 実務で用いられる土質名，土質記号と N 値

【a】 土質名，土質記号

ボーリング結果の報告書である柱状図に記載されている土質名は，現場技術者が観察によるものを記入している．その土質名，土質記号は，建設省計画局が定めた土質分類によっているのが一般的である（図 2•5）．

【b】 換算 N 値について

標準貫入試験において，サンプラーを 30 cm 貫入させるのに必要な打ち込み回数が N 値であるが，軟弱地盤において 1 回の打ち込みで 30 cm 以上貫入する場合や強硬地盤で 50 回以上打ち込んでも 30 cm 貫入しない場合がある．これらの場合の柱状図への表示方法と N 値換算方法を示す．

①表示方法……打ち込み回数を分子に，貫入深さを分母にとって表す

［例］ 3 回の打ち込みで 50 cm 貫入した場合……3/50

50 回で打ち込みを打ち切り，その間の貫入量が 25 cm であった場合……50/25

②N 値換算方法……N＝30/貫入量×回数

［例］ 3/50……N＝30/50×3＝1.8

50/25……N＝30/25×50＝60

252 許容地耐力を求めるための分類 （実務図表 2•4）

許容地耐力を求める場合には，地盤を砂質地盤か粘土質地盤かに分類し，その地盤に応じた式で算定する．地盤の分類は「地調指」によれば「簡易粒度試験」によって判定することになっている（☞ 221 1）．これらの見分け方，力学上の特徴をまとめたのが実務図表 2•4 である．

なお，簡易粒度試験での中間土については，通常，両方の土質について算定し，その結果の安全側の値を，許容地耐力としている．

253 土，地盤の種類の現場的識別方法 （表 2•4）

建設大臣官房官庁営繕部監修『建築工事施工監理指針』において，土の種類の現場における識別法は表 2•4 のように示されている．

254 地震力に係わる地盤種別 （表 2•5，実務図表 2•5）

「令」88 条で，建築物に作用する地震力は地盤の性状によって増減することになっている．その地盤の種別は，昭 55 建告 1793 において表 2•5 のように示されている．

また，地盤種別の判定に当っては，支持地盤の厚さや支持杭等の支持層に対する条件を考慮して決めなければならない．その地盤種別の判定方法を実務図表 2•5 に示しておく．

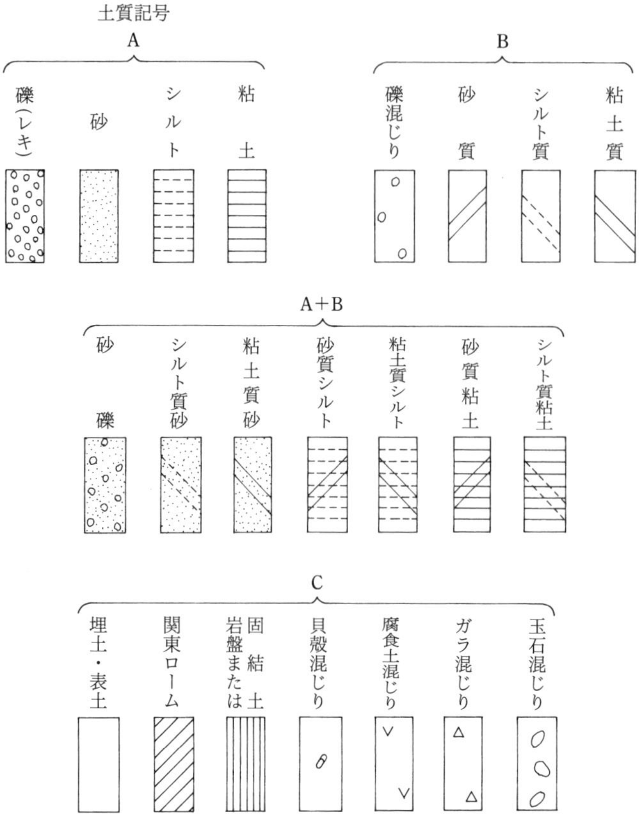

ただし，必要に応じ上記以外のものを追加使用してもよい．

図2·5　土質名，土質記号

実務図表2·4　砂質地盤・砂質土と粘土質地盤・粘性土の比較

土質	簡易粒度試験	観　察	組　織	力学特性	特　徴
砂質地盤 砂質土	粗粒土の含有率80%以上	礫，砂を多く含み，粘着力を無視してもよい土 ロームは砂質土と見る	単粒構造 粒子大 粒子の形は球形	内部摩擦角 ϕ 大 透水係数大 間隙比小 可塑性なし 不かく乱試料を採集しにくい	●粒子の質や大きさ，形状，詰まり方によって強さが決まる（ϕ が大）． ●力が加わると，粒子から粒子へと直接力が伝わり，沈下しにくく，沈下しても即時沈下する． ●粒子間の隙間は大きいが，体積当りの隙間は少なく（間隙比小），その隙間の水は逃げやすく（透水係数大），粒子間の水が減っても体積の変化はない（沈下にしくい）．
中間土[注]	細粒土の含有率20～50%				
粘土質地盤 粘性土	細粒土の含有率50%以上	シルト，粘土を多く含み，内部摩擦角を無視してもよい土	蜂窩構造 線毛構造 粒子小 粒子の形は薄片状	粘着力 c 大 透水係数小 間隙比大 含水すると塑性化する 乾燥すると硬化収縮する 不かく乱試料を採集できる	●扁平な粒子の堆積で，粒子の表面積が大きく，吸着力の影響を大きく受け，粒子と粒子が固く結びついている．これが粘着力である． ●粒子間の隙間は小さいが，体積当りの隙間は多い（間隙比大）．その隙間に水がたまっているが，水は通しにくい（透水係数小）．そのため力が加わっても粒子間の水が抜け去らないと粒子がずれないので，体積は減小しにくい．一方，粒子間の水が逃げ出すのに時間がかかるので，沈下に時間がかかる．この現象を圧密沈下という．

注）中間土については，許容応力度を両方の土質について算定し，安全側の値をとる．

表 2・4　土の種類の現場的識別方法

土の名称	土粒子の見た感じおよび土の一般的外見	手で締めた後，圧力を除いたとき		湿潤時に，手の平と指の間でひも状に伸ばしたとき
		空気乾燥時	湿　潤　時	
砂	各粒子が肉眼で一つ一つ見える．乾燥状態ではサラサラしている．	固まらない．圧力を除いたときバラバラになる．	軽く触れると崩れるような塊になる．	ひも状にできない．
砂質ローム	粒子が大体分かる程度の土でいくらか粘り気のある程度にシルト分と粘土分を含んでいる（砂としての性質の方が優勢である）．	塊にできるが触ると容易にバラバラになる．	注意して取扱えば壊れないような塊になる．	ひも状にできない．
ローム	砂，シルト，粘土の各成分が均等に混合したもの．砂分の粒度は粗粒から細粒のものまで均等に含まれているもの．幾分ザラザラした感じがするが，かなり滑らかで少しプラスチックである．	注意して取扱えば壊れない程度の塊にできる．	壊れないで自由に取扱えるような塊になる．	ひも状にできない．
シルト質ローム	適当な細砂分を含み，粘土分その他を少量含む．粒子の半分以上はシルトである．乾燥すると簡単に壊れて粉状になりそうな塊に見える．	自由に取扱える程度の塊を作りうる．これを粉にすれば軟かい小麦粉のような感じがする．	自由に取扱えるような塊になる．水分を多量に含めばドロドロになりやすい．	ひも状にならずに壊れたように見え，軟らかな感じで，少しプラスチックである．
シルト	80％以上のシルト粒子中に極めて少量の砂分と粘土分を含む．乾燥すれば塊状になり，簡単に軟らかい小麦粉のような感じのする粉になる．	壊れないで取扱いうるような塊になる．	自由に取扱える塊になる．水分を多量に含めばすぐドロドロになる．	ひも状になり，しかも壊れたように見える．滑らかな感じがする．
粘土質ローム	きめの細かい，乾くと壊れにくい土塊になる．シルト質ロームより多く粘土分を含む．乾燥すれば粘土と類似しているが，湿った土の物理的性質で識別区分する．	壊れないで自由に取扱える塊を作れる．	壊れないで取扱える塊になる．ち密な塊を作ることができる．	簡単に薄いひも状になる．自重を支える程度で壊れやすい．
粘土	きめの細かい土，乾くと極めて堅くて，壊れにくい塊になる．乾いたときには軟らかい小麦粉状の粉に粉砕するのが難しい．湿った土のねばねばした性質により識別し区分する．	壊れないで自由に取扱える塊を作れる．	壊れないで自由に取扱える塊になる．	長くて薄い，たわみやすいひも状になる．ち密な塊になる．極めてプラスチックである．

（『建築工事施工監理指針（昭和56年版）』表3・5・3より）

表 2·5　地盤の種類（地震力算定用）

地盤種別	地　　盤
第 1 種地盤（硬質）	岩盤，硬質砂礫層その他主として第 3 紀以前の地層によって構成されているものまたは地盤周期等についての調査もしくは研究の結果に基づき，これと同程度の地盤周期を有すると認められるもの
第 2 種地盤（普通）	第 1 種地盤および第 3 種地盤以外のもの
第 3 種地盤（軟弱）	腐植土，泥土その他これらに類するもので大部分が構成されている沖積層（盛土がある場合においてはこれを含む.）で，その深さがおおむね 30 m 以上のもの，沼沢，泥海等を埋め立てた地盤の深さがおおむね 3 m 以上であり，かつ，これらで埋め立てられてからおおむね 30 年経過していないもの，または地盤周期等についての調査もしくは研究の結果に基づき，これらと同程度の地盤周期を有すると認められるもの

（昭 55 建告 1793 より）

表 2·6　地質時代

<table>
<tr><th>年　数</th><th colspan="4">地　質　時　代</th><th>生物等</th></tr>
<tr><td></td><td rowspan="6">新生代</td><td colspan="2" rowspan="2">第四紀</td><td>沖積世</td><td>人類</td></tr>
<tr><td>1 万年</td><td>洪積世</td><td>大氷河時代</td></tr>
<tr><td>100 万年</td><td rowspan="4">第三紀</td><td rowspan="2">新第三紀</td><td>鮮新世</td><td>ほ乳類</td></tr>
<tr><td></td><td>中新世</td><td>貝類</td></tr>
<tr><td>200 万年</td><td rowspan="2">古第三紀</td><td>漸新世</td><td>アルプス造山運動</td></tr>
<tr><td></td><td>始新世</td><td>現世植物</td></tr>
<tr><td>7000 万年</td><td colspan="4">中　生　代</td><td>は虫類</td></tr>
<tr><td>2 億年</td><td colspan="4">古　生　代</td><td>魚類，三葉虫</td></tr>
<tr><td>5 億年</td><td colspan="4">原　生　代</td><td></td></tr>
<tr><td>8 億年</td><td colspan="4">始　生　代</td><td></td></tr>
</table>

実務図表 2・5　地震力に係わる地盤種別の判定表

- 支持層の厚さ：3 m 以上，5〜10 m が望ましい
- 剛強な支持杭：略算的には $l \leqq 5d$（場所打ち RC 杭等，l：杭長，d：杭径）

		支持状態	地盤種別の判定
直接基礎または剛強な支持杭	深くなるにしたがって硬い地盤となる例	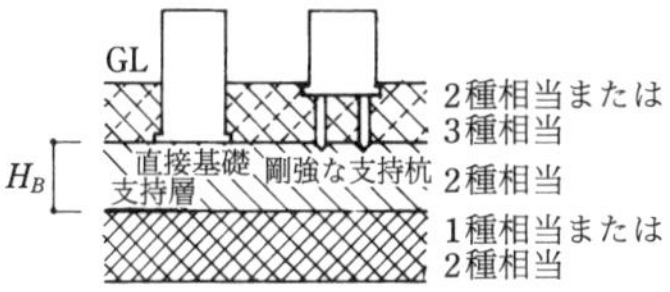 地盤種別の判定例 I	H_B の厚さに無関係に 2 種相当となる.
	深さ方向の分布に乱れのある例	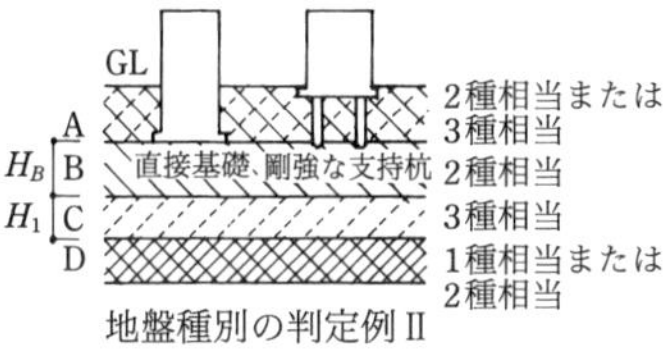 地盤種別の判定例 II	① $H_B \geqq 3$ m → 2 種相当 ② $H_B < 3$ m の時 → 2 種相当 ただし ・沖積層：$H_1 \geqq 30$ m ・埋立地：$H_1 \geqq 3$ m，かつ 30 年未満 } 3 種相当
	深さ方向に3種と2種とが交互に重なっている例	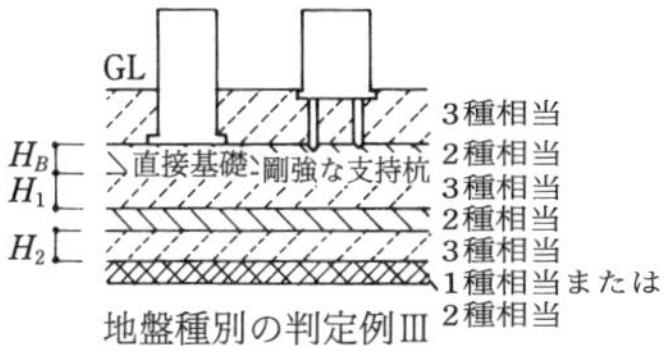 地盤種別の判定例 III	① $H_B \geqq 3$ m → 2 種相当 ② $H_B < 3$ m の時 ・沖積層：$H_1 + H_2 \geqq 30$ m → 3 種種当 $H_1 + H_2 < 30$ m → 2 種相当 ・埋立地：$H_1 + H_2 \geqq 3$ m → 3 種相当 $H_1 + H_2 < 3$ m → 2 種相当
長い支持杭、長い支持杭と剛強な支持杭、または直接基礎の併用、摩擦杭	地層分布が整然としており、杭の接する部分が一つの地盤	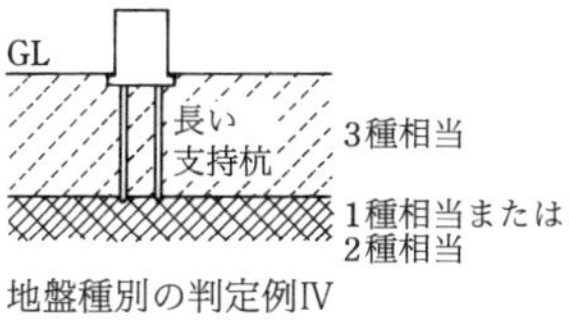 地盤種別の判定例 IV	杭の周囲に接する地盤で行う. この例は 3 種.
	地層分布は整然としているが、杭の接する部分が複数である地盤	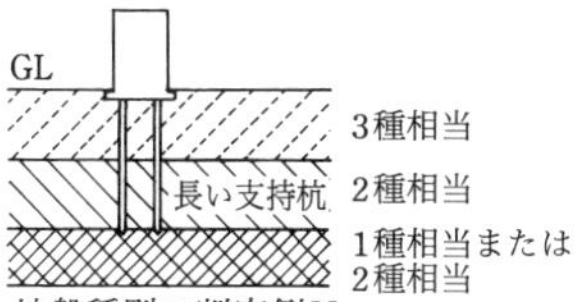 地盤種別の判定例 V	杭の接する地盤の最も支配的なものをとればよい．3 種相当が， ・沖積層：30 m 以上 ・埋立地：3 m 以上，かつ 30 年未満 なら 3 種相当であり，そうでなければ 2 種相当である.
	3種と2種の地層が交互に重なっている地盤	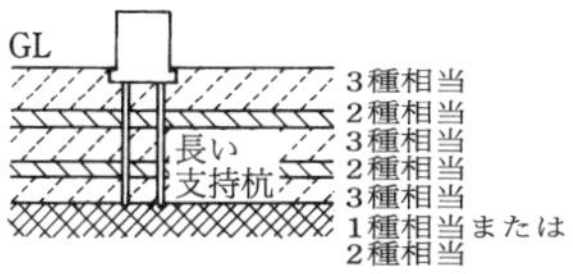 地盤種別の判定例 VI	各層の厚さに関係なく，3 種相当の層の合計が 3 種の条件を満足している時は 3 種，そうでなければ 2 種となる.

（『構造計算指針・同解説』図 2・6—6〜11「地盤種別の判定について」，および『川建コラムデザインマニュアル』より作成）

255	地層と地質時代 (表 2•6)

建築物を支える地層は，p. 46 の表 2•6 に示した第四紀の沖積世，洪積世および第三紀に堆積した地盤である．

【a】 第三紀層

第三紀の時代，すなわち今から 100 万年前より以前に形成された地盤で，岩盤，硬質砂礫層等の堅固な地層である（第 1 種地盤）．

【b】 第四紀層

第四紀の時代は，洪積世と沖積世に分けられる．

1 洪積層

洪積世の時代，大氷河時代に形成された地層で，砂層，礫層等で構成されていて支持地盤に適している（第 2 種地盤）．

2 沖積層

沖積層は，沖積世，すなわち大氷河時代がすんだ，今から 1 万年ほど前から堆積した地盤で，シルト，粘土，砂，礫等で構成されており，一般に軟弱な地盤が多い（第 2 種地盤または第 3 種地盤）．

【c】 堆積について（図 2•6）

岩石が，気温差や雨水の浸入による風化作用によって崩壊し，洪水により低地に向かって運ばれる．傾斜が大きい所では，大きな石も運ばれるが，傾斜がゆるくなる平野に近づくと，礫，砂，シルトと順次堆積していく．この現象は洪水により何回もくり返され，地層を形成していく．

このように堆積してできた層を堆積層（土）といい，堆積した時代によって分類している．沖積世（現世）にできた層が沖積層である．沖積層は，平野や盆地の平坦地，台地や丘陵地の谷間に多く，わが国の主要都市はこの沖積低地にある．したがって多くの高層建築物は，沖積層に建設されている．

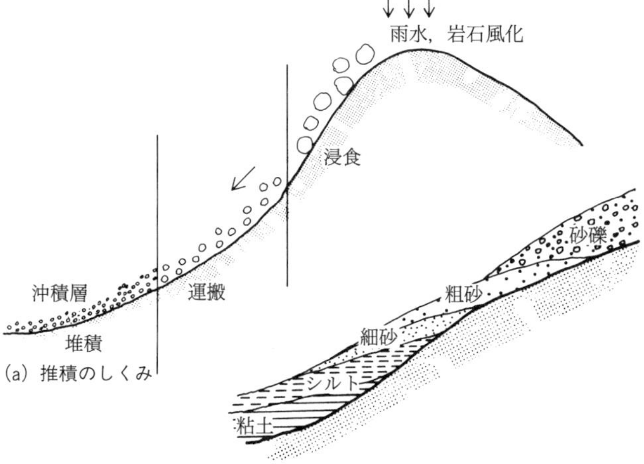

(a) 推積のしくみ

(b) 沖積層

図 2•6 堆積と地層

300　基礎構造の選定

基礎構造は，200 の地盤調査結果（「予備調査」「本調査」「追加調査」等），経済性，建物条件，環境条件等を総合的に検討して選定する．

直接基礎とするか，杭基礎にするかは，実務図表 3•2「直接基礎の選定表」および実務図表 3•4「杭基礎の選定表」を参考にして判断する．

なお，一般的な建築物の基礎は，直接基礎を基本とする．したがって実務図表 3•2 による検討の結果，直接基礎では設計がむずかしい場合に，杭基礎を採用することになる．

基礎構造が決まれば，実務図表 3•1 に示した順序にしたがって，その基礎の地業および杭工法を実務図表 3•3～3•8 に基づいて選定する．

310　直接基礎と地業の選定　（実務図表 3•1）

311　構造設計の定石　直接基礎か杭基礎かの選定表　（実務図表 3•2）

200 の地盤調査結果の資料等を基にして，「直接基礎」とするか，「杭基礎」とするかを，選定することになるが，その選定に当っては，まず p. 51 の実務図表 3•2「直接基礎の選定表」により直接基礎での設計が可能かどうかを検討する．

312　地業の選定　（実務図表 3•3）

地業は，接地地盤の締固めと，捨てコンクリート打設のための地ならしが主な目的である．そのため，地質調査または根切りの結果，支持地盤の床付面の地質が「水切れがよく，鋤取りがうまくいく地盤」や「砂礫で地耐力の大きい地盤」等では，砂利地業とするか，または直接締固める直接地業を採用する．

実務図表 3•3 は地業の選定表である．

実務図表 3･1　基礎構造の選定順序図

- 基礎
  - 直接基礎（実務図表 3･2　直接基礎の選定表）
    - 地業（実務図表 3･3　地業の選定表）
    - 地盤改良 ☞ **500**
  - ↓ 直接基礎では不可能
  - 杭基礎（実務図表 3･4　杭基礎の選定表）
    - 既製杭（実務図表 3･5　既製杭の選定表）
      - 埋込み杭（実務図表 3･6　既製コンクリート杭の施工法の分類／実務図表 3･7　埋込み杭工法の選定表）
    - 場所打ち杭（実務図表 3･8　場所打ちコンクリート杭工法の選定表）

実務図表 3･3　地業の選定表

地業の種類	特徴		採用地盤
割り石地業 玉石地業 割り栗地業	厚さ 100～200 mm 以上のせいのある硬質の石または割った石を，小端立（原則として一層）にして，大きな隙間のないように敷き並べる．敷き並べ後，目つぶし砂利（切り込み砂利または切り込み砕石（砂と砂利または砕石の混合））を充填して，十分に締固める方法である．締固めにより，割り石に加わった力は，直接地盤に伝達されることになり，堅密な版状の地業となる．		●床付面の地質のよくないもの ●中高層建築の基礎 ●手間がかかるので一般的でない
砂利地業 砕石地業	砂利（最大粒径 45 mm 程度の切り込み砂利または切り込み砕石）を厚さ 8 cm 以上に敷き均して，十分に締固める．締固めによって，砂利がおどるので，割り石地業よりも突固めを充分に行う必要がある．	 砂利 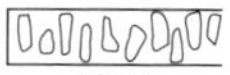 砕石	●床付面の地質のよいもの ●基礎，土間，基礎梁等
直接地業	支持地盤の床付面の地質が「水切れがよく，鋤取りがうまくいく地盤」や「砂礫で地耐力の大きい地盤」等では直接締固める．		密実な砂礫
地肌地業	土丹，岩盤のような堅固な地盤では，接地面を平坦に削り，割れ目や凹版にコンクリート等を充填し，必要に応じて捨てコンクリートを施す．		岩盤等
栗石コンクリート地業 ラップルコンクリート	支持地盤が杭基礎では浅すぎ，一方，基礎フーチングを下げるには深すぎる場合，支持地盤上部の軟弱な土を排土して，その跡に栗コンを打設する．地盤改良地業の一種．		支持地盤が GL より 2～4 m 下にある場合
敷砂利地業	杭基礎，基礎梁等の墨出，配筋および仮枠組立のために必要な捨てコンクリートを打設するための地業として，砂利（砕石）を敷く．厚さ 5 cm 程度．		

実務図表 3·2　直接基礎の選定表

●以下の条件に当てはまるときは，直接基礎とする．当てはまらないときは杭基礎とする．

構造規模		低層 RC 造：2 階以下 S 造：3 階以下		中低層 RC 造：3～6 階 S 造：4～6 階		中高層 各種構造 7～9 階		低層～中低層～中高層 地下室有		備考
必要な地耐力		50 kN/m² 以上		100 kN/m² 以上		200～300 kN/m² 以上		100～200～300 kN/m² 以上		地耐力 f_e＞200 kN/m² の場合は，原則として平板載荷試験を行う．
	地質例	砂質地盤 50 kN/m² ローム層 50 kN/m²		堅い粘土質地盤 100 kN/m² 堅いローム層 100 kN/m²		密実な砂質地盤 200 kN/m² 密実な礫層 300 kN/m² 固結した砂 500 kN/m² 岩盤 1000 kN/m²				
必要なN値の目安	D_f 効果	有	無	有	無	有	無	有	無	建物の密集した市街地においては，D_f 効果は無の値を採用することが望ましい．
	砂質地盤	$N≧5$	$N≧15$	$N≧10$	$N≧20$	$N≧20$	$N≧25$	$N≧10～20$	$N≧20～25$	
	粘土質地盤	$N≧5$	$N≧10$	$N≧8$	$N≧10$	$N≧15～20$	$N≧15～25$	$N≧8～20$	$N≧10～25$	
必要な支持地盤の深さ		1.0～1.5 m（3 m）		1.0～1.8 m（4 m）		1.5～2.5 m（5 m）				（　）は地盤改良または栗コンの場合．
必要な支持層の厚さ		2～3 m 以上		3 m 以上		3 m 以上 5～10 m が望ましい		3～5 m 以上 5～10 m が望ましい		
選定する基礎の種類		独立基礎 布基礎		独立基礎 布基礎		独立基礎 布基礎，べた基礎 独立基礎＋耐圧板		べた基礎 独立基礎＋耐圧板		

●地耐力：建築物の構造・規模によって，その建築物に相応した地盤（地耐力）を示したものである．その必要地耐力は「令」38 条［基礎］の条項を参考にした．

●地質例：前項の必要地耐力に相当する地質を，「令」93 条［地盤及び基礎ぐい］に示されている地盤の種類に応じた値により示したものである．

●必要な N 値の目安：地盤調査報告書等により，砂質土か粘性土かを判別して，その地質，構造規模に相応する N 値によって選定する．

●D_f 効果：土の押え効果である．したがって，建築物が密集している市街地においては，隣地が根切りされると D_f 効果がなくなるおそれがあるので，D_f 効果が「無」の場合の値を採用するのが望ましい．

●必要な支持地盤の深さ：直接基礎の条件として，基礎を支持する地盤の深さおよびその厚さが重要である．その支持地盤の深さの限度は 4～5 m が目安である．地震力の算定にも関係する．実務図表 2·5「地震力に係わる地盤種別の判定表」（p. 47）も参考にして判断する．

なお，地盤改良については **500**，栗コン（ラップルコンクリート）については **1110** を参照していただきたい．

320　杭基礎の選定　（実務図表 3･1）

321　杭基礎の選定表　（実務図表 3･4）

実務図表 3･2「直接基礎の選定表」にて直接基礎では設計不可能な場合に，実務図表 3･4「杭基礎の選定表」によって杭の種類等を選定する．

322　既製杭について　（実務図表 3･5）

既製杭の選定表を実務図表 3･5 に示す．

実務図表 3･5　既製杭の選定表

杭の種類			特　　徴
PHC　杭		プレテンション方式遠心力高強度プレストレストコンクリート杭	有効プレストレス量の大きさにより，A，B，C，D，E，F に区分される．なお，JIS 製品は，A，B，C の 3 種である．有効プレストレス量の大きいものほど許容軸方向力荷重は小さくなる．一方曲げに対する耐力は大きくなる．したがって杭に水平力を負担させる場合には，上杭は大きな曲げモーメントが作用するので B 種以上を使い，下杭は軸方向力を主に負担するので A 種と，使い分けする．
S　杭		鋼杭 ●鋼管杭 JIS A 5525 ●H形鋼杭 JIS A 5526	曲げモーメントに強いので，水平力による大きな曲げモーメントを受ける場合に適する．継ぎ杭により長尺杭も可能で，杭の長さを支持地盤の深さに合わせて調整できる．重量が軽く，取扱いやすい．
SC　杭		外殻鋼管付コンクリート杭	上部構造体，地盤等の条件により，杭に大きな水平力が作用する場合に使用するために開発された杭で，鋼管の内側に膨張性コンクリートを遠心力で張付かせて一体化した杭である．一般的には，大きな曲げモーメントが作用する上杭に SC 杭を，軸方向力が主に作用する下杭には PHC 杭 A 種を組合せて使用する．
特殊杭	Non Nega Pile	コンクリート SL 杭	ネガティブフリクションを低減する杭．
	異　形　杭	摩擦杭用の節付杭	構造物の荷重が 100 kN/m² までの中低層建築物を対象とした摩擦杭．基礎形式は剛性が高い布基礎やべた基礎が理想で，杭間隔は 900～1200 mm が標準である．なお，杭長は 3～9 m とする．

実務図表 **3･4**　杭基礎の選定表（原則として深さ 5 m 以内に支持地盤がない場合）

構造規模		低層 RC 造：2 階以下 S 造：3 階以下		中低層 RC 造：3～6 階 S 造：4～6 階		中高層 各種構造 7～9 階	低層～中低層～中高層 地下室有
必要な N 値の目安	杭の種別	支持杭	摩擦杭	支持杭	摩擦杭	支持杭	支持杭
	砂質地盤	$N \geqq 20$	液状化のおそれのあるものを除く	$N \geqq 30$	液状化のおそれのあるものを除く	$N \geqq 50$	$N \geqq 20$～30～50
	粘土質地盤	$N \geqq 15$	地盤沈下のおそれのあるものを除く	$N \geqq 20$	地盤沈下のおそれのあるものを除く	$N \geqq 30$	$N \geqq 15$～20～30
必要な支持地盤の深さ		5～10 m	10 m 以上	5～20 m	20 m 以上	7～30 m	10～30 m
必要な支持層の厚さ		2～3 m 以上		3 m 以上		3 m 以上 5～10 m が望ましい	3～5 m 以上 5～10 m が望ましい
杭の種別と杭径	既製杭	φ300～450 mm		φ300～600 mm		φ450～600 mm	φ450～600 mm
	場所打ちコンクリート杭	――	――	φ800～1000 mm		φ1000～2000 mm	φ1000～2000 mm
選択する基礎の種類		独立基礎	布基礎 独立基礎	独立基礎	布基礎 独立基礎	独立基礎	独立基礎＋耐圧板

● 必要な N 値の目安：地盤調査の結果，支持地盤が深い場合には，杭基礎を採用することになるが，杭先端の支持地盤の N 値が小さいと，杭の支持力も小さく，不経済な設計となる．

● 摩擦杭は，地盤調査のデータにより判断すべきであるが，一般には中低層以下の構造規模の建築物で布基礎として採用される事例が多い．

● 必要な支持地盤の深さ：杭径，地盤とも関係しているが，杭長が短い「短杭」については原則として地盤改良を行う．

● 必要な支持層の厚さ：支持層の厚さは，3 m 以上あるのが理想である．地震力にも関係する．実務図表 2･5「地震力に係わる地盤種別の判定表」（p. 47）も参考にして判断する．

| 323 | 既製コンクリート杭の施工法 | （実務図表 3・6） |

　既製コンクリート杭の施工方法は，打込み工法と埋込み工法に分けられる．
　前者は，騒音，振動，油煙等の公害問題があり，市街地等では採用されないが，打込み機械の改良が行われ，「防音カバー付ディーゼルハンマー工法」や「油圧ハンマー工法」などの打撃騒音を低減した低公害工法が開発されている．
　後者の埋込み工法は，既製杭の工法の主流である．この工法は，セメントミルク工法が基本であるが，孔壁の崩壊土等による杭の高止まりを起こすことがあるので，これを防ぐ各種の工法が開発されている．
　各工法によって支持力算定式が異なるので，既製杭で設計する場合には，杭の種別および工法を決めて，杭の支持力の算定を行わなければならない．
　実務図表 3・6 は，既製コンクリート杭の施工法の分類を一覧表にしたものである．

| 324 | 埋込み杭工法の選定 | （実務図表 3・7） |

　既製コンクリート杭を使用した無騒音，無振動工法としての埋込み杭工法の種類は，実務図表 3・6 に示した．また，これらの工法の選定条件である施工範囲，泥水，残土，地質，地層，施工管理等についてのポイントを一覧表にしたのが実務図表 3・7 である．
　各工法とも一長一短があるので，施工場所，地盤状況等により，工法を選定する必要がある．
　杭支持力も，その工法に適応した支持力算定式で算定することになる．
　なお，工法の選定がむずかしい場合には，一般工法であるセメントミルク工法の支持力算定式で算定することにする．

| 325 | 場所打ちコンクリート杭工法の選定 | （実務図表 3・8） |

　地盤に，所定の径，深さの穴を掘り，その穴に鉄筋を入れコンクリートを打設して，現場にて築造する鉄筋コンクリート造の杭が場所打ちコンクリート杭で，ピアとも呼ばれる．
　工法の種類と特徴を下記に示す．なお，工法の選定に当っての施工範囲，特徴を一覧表にしたのが実務図表 3・8「場所打ちコンクリート杭工法の選定表」である．

　　　　　　┌ アースドリル工法　　　　　　　　┌「アースドリル工法等
　　工法 ──┼ リバースサーキュレーション工法 ──┤　による場所打ち杭」
　　　　　　├ オールケーシング工法（ベノト工法）└（平 13 国交告 1113）
　　　　　　└ 深礎工法

［特徴］
①低騒音，低振動で施工できる．
②土質に適応した工法が選定できる．
③大口径の鉄筋コンクリート杭の施工が可能．1 本当りの支持力が大きく，杭本数も少なくできる．したがって，基礎構造が単純化され，工期の短縮につながる．
④掘削により排出された土砂によって，土質の実態が分かるので，支持層の判定が確実にできる．
⑤杭径，杭長の変更が容易である．

実務図表3·6　既製コンクリート杭の施工法の分類

- **既製杭工法**
  - 打込み杭工法
    - 打撃（直打ち）工法……各社
    - プレボーリング併用打撃工法……各社
  - 埋込み杭工法
    - プレボーリング工法（先掘工法）
      - プレボーリング最終打撃工法……KSD工法，ニーディング工法，ネオパイル工法
      - プレボーリング根固め工法……BFK工法，ET工法，FP−BESTEX工法，HF工法，MFC工法，NEWMAG工法，アトラスⅢ工法，ジオミキシングトップ工法，スーパーFK工法，セリファーFK工法
      - プレボーリング拡大根固め工法……BESTEX工法，BRB工法，DSS工法，DYNABIG工法，F.I.工法，H·B·M工法，MEGA TOP工法，MRX工法，MRXX工法，ニーディング工法，RODEX工法，SUPERニーディング工法，アトラス工法，ケムン工法，ダイヤモンド工法
    - 中掘り工法
      - 中掘り打撃工法……各社
      - 中掘り根固め工法……各社
      - 中掘り拡大根固め工法……BBB工法，CMJ工法，DANK工法，IBS工法，KDES工法，NAKS工法，STJ工法，TAIP工法，アーガス工法
    - 回転圧入工法
      - 回転根固め工法……T.S.ロータリー工法

実務図表 3·7　埋込み杭工法の選定表

工法	工　法　概　要	施　工　範　囲	泥水・残土の量と対策
①プレボーリング最終打撃工法	アースオーガーによってあらかじめ掘削された竪孔に既製杭を建込む工法である（先に穴を掘削するので，プレボーリング工法，先掘り工法と呼んでいる）． 掘削中は孔壁の崩壊を防止するために掘削液（ベントナイト等）をアースオーガー先端から噴出し，所定の深度に達した後，根固め液に切換え，所定量を注入する．続けて，杭周固定液（掘削液と兼用も可）に切換え，削孔中に充填しつつアースオーガーを引上げる． この削孔中に杭を建込む．そして支持層への定着を確実にするため杭をモンケンで軽打するか，機械反力で圧入する（日本建築センターの埋込み杭施工指針によるセメントミルク工法）．	杭径：ϕ 300～600 mm 杭長（施工深度）：10～30 m 杭先端：閉端（ペンシル型） 杭の3本継ぎ：不可（溶接に時間がかかる）	泥水：多い 掘削時にベントナイト等を使用する． 残土：多い 掘削残土＝杭全断面×杭長
②プレボーリング根固め工法	攪拌用ロッド先端よりセメントミルク（または水）を噴出しながら地盤を掘削し，土とセメントミルク（または水）を混合する．所定の深度に達したら根固め液を噴出しながら支持層を掘削し，上下反復攪拌してソイルセメントを造る．その中へ杭を回転させながら建込む． 杭はソイルセメントと一体になる．なお，次の2つの工法がある． (1)拡大根固め，杭周囲固定液注入方式 (2)拡大根固め方式	杭径：ϕ 300～600 mm 杭長：7～40 m 杭先端：開端（開放形） 杭の3本継ぎ：不可（溶接に時間がかかる）	泥水：少ない ベントナイトは，特殊な地盤以外は使用しない． 残土：少ない 開放杭を使用するため，孔中の泥土が杭の中空部に入り込む．
③中掘り工法	開端杭の中空部に掘削装置を取り付けて，ヘッド先端から水を注入し，土砂を流動化させながら掘り進み，掘削と同時に杭を建込むもので，杭先端が支持層に根入れしたら，水をセメントミルク（根固め液）に切換え，注入して攪拌する．	杭径：ϕ 450～600 mm （ϕ 700，ϕ 800） 杭長：66m以下かつ $l/D \leqq 100$ 杭径の細いものは施工がむずかしい． 杭先端：開端（開放形）	泥水：少ない 掘削時にベントナイト等は使用しない 残土：多い 掘削残土＝杭全断面×杭長×0.8
④回転根固め工法	開端杭の先端に掘削カッターを溶接にて取り付け，杭の中空部に挿入したロッドを回転させて，先端より水を噴出させ土砂を流動化させながら杭を回転圧入する． 支持層に達したら，水をセメントミルク（根固め液）に切換え，所定量を充填する．	杭径：ϕ 300～600 mm 杭長：35 m 以下かつ $l/D \leqq 90$ 杭先端：開端（閉塞型逆円錐体の先端金具を取り付ける）	泥水：多い ベントナイトは使用しない． 残土：少ない 杭自体を回転圧入するため，排出残土が少ない．

D：杭径［m］，l：杭長［m］

地質，地層，地下水との適・不適	施　工　の　問　題　点	高止まり	地盤	施工費	支持力
シルト，粘土，砂：可 礫：要注意 転石：不適 地下水（被圧水・伏流水）：要注意 ○中間層，支持層の礫層は崩落して，削孔底部に堆積するおそれがある.	○杭の高止まりを0.5 m以内にしなければならないが，崩壊しやすい砂礫地盤等では，施工管理がむずかしい. ○支持層の確認がむずかしい. ○杭心ずれが大きい. ・杭挿入時に孔壁が損傷するおそれがある. ・削孔壁の成形が不完全で土砂が崩壊するおそれがある. ・掘削孔の曲りが生じるおそれがある. ○中間層にゆるい砂層，特に層厚3 m以上のゆるい粗砂層があるときには，孔壁の崩壊が生じやすく施工不可能となることもある.	△	△	◎	○
シルト，粘土，砂：可 礫：可 転石：不適 硬質粘土：要注意 地下水（被圧水・伏流水）：要注意 ○ 100 mm以上の礫の混入率が高い地盤や粘性の強い地層には注意.	○掘削孔が泥土化しているため孔壁崩壊が少なく，杭の高止まりの心配が少ない. ○回転埋設することにより，所定の支持層に定着できる. ○掘削液は，通常，水を使用する．ただし崩壊性の強い地盤では，セメントあるいはベントナイトを混合した掘削液を使用する. 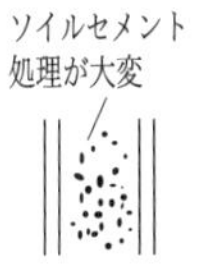 ○工法(1)(2)とも施工費は変わらない. (1)の場合，杭頭部のソイルセメント処理が大変.	○	◎	◎	◎
シルト，粘土，砂：可 礫：不適 転石：不適 硬質粘土：要注意 地下水（被圧水・伏流水）：要注意 ○中間層に50～100 mm以上の礫層，硬質粘土層がある場合には注意. ○ボイリング現象が生じやすい砂地盤でも可.	○杭の沈設から支持層の定着まで，工程は連続した作業で，杭の高止まりがない. ○支持層の確認がむずかしい.　○施工機械大型. ○比較的杭心ずれが少ない.　○隣地をゆるめない. ○杭中空部を通して排土するため，砂礫100 mm以上のものは詰まる．排土が不完全であると中空部の円圧が上がり，杭が破裂するおそれがある. ○固結粘土（N 値≧20）などの層があるとオーガーの掘削能力が著しく低下する. ○杭径より30～40 mm大きく掘削するため，杭周摩擦力は小さい.	◎	○	△	△
シルト，粘土，砂：可 礫：可 転石：不適 硬質粘土：要注意 地下水（被圧水・伏流水）：要注意 ○ 100 mm以上の礫の混入率が高い地盤や硬質粘土地盤には注意. ○地盤に対応した能力のある掘進機を選定することにより，大略ほとんどの地盤に対して施工可能.	○支持層の余掘り，崩壊土，支持層の先行破壊，杭の高止まりがない. ○杭の沈設から支持層の定着まで連続工程. ○支持層深さの変化に対応した，最適な杭長が決定できる. ○杭の垂直精度がよく，偏心が少ない. ○振動が大きい.	◎	◎	○	◎

高止まり……◎：生じない　○：普通　△：生じやすい
地盤…………◎：すべての地盤で施工できる　○：施工しにくい地盤あり　△：地盤により施工不可能
施工費………◎：安い　○：普通　△：高い
支持力………◎：有利　○：普通　△：不利

実務図表 3・8　場所打ちコンクリート杭工法の選定表

工法	工　法　概　要	施工可能な杭径・杭長	特　　徴
①アースドリル工法	地表層部はケーシングを使用し，ベントナイト液を用いて孔壁を保護しながら，円筒形ドリリングバケットで掘削と同時に排土する．支持層に達したら，孔内に鉄筋かごを挿入し，コンクリートを打設して杭を築造する．	杭径：ϕ 600～2000 mm 杭長：40 m 程度	○地下水のない素掘りできる地盤が最適． ○粘土のような比較的堅硬な地盤では素掘りができる． ○狭い場所でも施工可能． △ϕ 100 mm 以上の礫がある場合は困難． △ベントナイト液を使用する． △スライム処理は慎重に． △コンクリートは水中打設であるので，トレミー工法を採用．
②リバースサーキュレーション工法	地表層部はケーシングを使用し，回転ビットを回転させて，土砂を削り，攪拌掘削する．削られた土砂は，ドリルパイプ内を流れる循環水とともに排出される．ベントナイト液で孔壁を保護する．支持層に達したら孔内に鉄筋かごを挿入し，コンクリートを打設して杭を築造する．	杭径：ϕ 800～3000 mm	○水中基礎に適する．水上作業も可能． ○掘削しながら支持層の確認ができる． ○スライムの沈積がない． ○本体とロータリーテーブルを切り離して施工できるので狭い場所でも施工可能． △ϕ 50 mm 以上の礫が多くある地層は，掘削困難． △ベントナイト液を使用する． △コンクリートは，水中打設．
③オールケーシング工法（ベノト工法）	ケーシングチューブを揺動装置で円周方向に往復運動させながら，油圧ジャッキで地盤に押し込み，ハンマークラブによりケーシングチューブ内の土砂を掘削し，支持層に達したら孔内に鉄筋かごを挿入し，コンクリートを打設して杭を築造する．	杭径：ϕ 1000，1100，1300，1500，1800，2000 mm 杭長：40 m 程度	○崩壊性の地質や軟岩でも適応する． ○周囲の地盤に影響を与えず，確実な施工ができる． ○支持層の確認ができる． ○ベントナイト液を使用しない． △スライム処理は慎重に． △コンクリートは水中打設であるので，トレミー工法を採用．
④深礎工法	波形鉄板（矢板）とアングル製リング（腹起し）などを用いた井型の枠を設置して，人力で掘削する．支持層に達したら，コンクリートを打設して杭を築造する．	杭径：ϕ 1200～3000 mm 杭長：3 m～	○水の少ない地盤に用いる． ○支持地盤を目で確認できる． △安全対策上，深い基礎には採用できない．

330 構造設計の定石 支持杭に頼りすぎていないか

「令」38条3項で「高さ13m又は延べ面積3000m²を超える建築物で，……基礎の底部（基礎ぐいを使用する場合にあっては，当該基礎ぐいの先端）を良好な地盤に達することとしなければならない」とあるように，基礎は良好な地盤で支持させることが原則である．

この原則による確認申請時の行政指導の結果によるのか，杭さえ打てば安心という設計者の杭崇拝によるのか，支持杭基礎が多くなっている．とりわけ高性能の杭施工機械および高強度杭の開発により，場所打ち杭でも40m，鋼杭では50mを超える深い基礎杭の施工が可能になるとともに，中間層に建物規模に相応する良好な支持地盤があるのに，その層を貫通し，より深い位置にある砂礫層（$N>50$）や岩盤の基盤層で支持させるといった例も見られるようになった．この支持杭と支持地盤の問題点について述べる．

【a】 支持杭の問題点

建築物の基礎は堅固な支持層に設けるのが理想であるが，その地盤が深い場合には問題が生じる．特に昭和39年に発生した新潟地震以来，基礎設計は支持杭でなければならないといった傾向が強くなり，中層以下の建築物の基礎についても摩擦杭，浮基礎，地盤改良等の基礎が少なくなった．

一方，支持杭の設計において，支持力の算定で摩擦を無視して先端支持力のみにて設計する傾向がある．この支持杭で載荷試験を行えば（試験データ等 719 参照），杭設計支持力の3倍程度の荷重の範囲内であれば，杭先端に伝わる荷重は微々たるもので，主に杭周面の摩擦力によって支えられているのが実体であることが分かる．設計者が先端支持杭として設計した支持杭は，実体は摩擦杭であるといっても過言ではない．なお，支持杭で地盤が沈下すれば，次のような障害が生じる．

①ネガティブフリクション……負の摩擦力の作用により杭が破壊する．

②杭頭部の露出……地盤沈下にともない，杭頭部の土が無くなり，基礎スラブが浮き出した状態になり，地震力が作用した場合に杭頭部の破壊につながる．

③上下水道，ガス等の諸設備の配管が切断される．

④建物が相対的に浮き上り，建物への出入口に段差が生じる．

⑤土間，犬走等にクラックが生じ，陥没する．

【b】 設計方針

「令」38条4項では，3項の規定に対して「国土交通大臣が定める基準に従った構造計算によって構造耐力上安全であることが確かめられた場合においては，適用しない」とある．法令では支持杭を強制しているわけではない．特に深い位置の基盤層を支持層とする支持杭は，沈下を絶対許さないとする過剰設計でもあり，先述のような障害の発生につながるのである．良好な地盤＝基盤層という考え方を改めなければならない．次に設計者として反省しなければならない点を挙げておく．

①行政指導の結果，過度に安全側に設計していないか．

②建築主事の確認をスムーズに取るために設計していないか．

③法令・告示・通達に基づく機械的設計をしていないか．

④地質調査報告書の基礎設計方針によって設計していないか．

地質調査業者は，建築構造設計者ではない．安全側をとった杭基礎の報告となりがちである．

⑤杭を，杭メーカーに設計させていないか．

支持杭の設計が多く，杭長が長くなる．

⑥施工機械の性能を過信していないか．

⑦支持杭崇拝はないか．

⑧杭周面の摩擦力を無視していないか．

【c】 支持層に頼らない基礎

中層程度の建築物の基礎は，地盤といっしょに動いても不同沈下を起こさない，上部構造・基礎・地盤が一体となるような基礎が理想である．したがって，深い支持層（杭）に頼らない基礎として，次の基礎構造の採用を検討しなければならない．

①直接基礎（基本とする）

②地盤改良

③浮基礎

④摩擦杭

⑤異形杭

なお **330** に関しては，「支持層に頼らない基礎工法」（総合土木研究所『基礎工』1983.6）を参考にした．

400　地盤の許容応力度

「令」38条1項で，基礎は建築物に作用する荷重および外力を安全に地盤に伝え，かつ，地盤の沈下または変形に対して安全であることと規定されている．したがって地盤の許容応力度は，「令」93条に基づく平13国交告1113に定められている地盤調査を行い，その結果に基づいて決めるのが原則である．しかしながら，あらゆる建物の敷地に対して逐一地盤調査することは，いろいろな条件から考えて無理である．このため，付近の地質資料や試掘によって地盤の種類を判別し，その種類に応じて，「令」93条に示された数値を地盤の許容応力度とすることができる（表4•1）．

【a】 地盤の許容応力度（許容地耐力 f_e）の決め方

地盤の種類に応じた地盤の許容応力度が，表4•1のように「令」93条に示されている．したがって，地盤調査の結果による算定式により地盤の許容応力度および沈下量（☞ 600）を検討し，許容地耐力を決める場合には参考資料として使用する．また付近の地質資料（ボーリング資料等）や試掘によって許容地耐力を決める場合には，この表の数値を基にして決めることができる．

表4•1　地盤の許容応力度

地　盤	長期許容応力度［kN/m²］	短期許容応力度［kN/m²］
岩盤	1000	長期の2倍
固結した砂	500	
土丹盤	300	
密実な礫層	300	
密実な砂質地盤	200	
砂質地盤（地震時に液状化のおそれのないものに限る）	50	
堅い粘土質地盤	100	
粘土質地盤	20	
堅いローム層	100	
ローム層	50	

（「令」93条より）

【b】 地盤調査の結果により許容応力度を定める算定式

地盤調査の結果に基づいて地盤の許容応力度を算定する方法が，平13国交告1113第2に示されている．

①ボーリング調査，標準貫入試験および土質試験の結果データから算定する．☞ **410**

②平板載荷試験の結果データから算定する．☞ **420**

③スウェーデン式サウンディングの結果データから算定する．☞ **430**

410　ボーリング調査結果等による地盤の許容応力度 q_a の算定

411　q_a 算定式（平13国交告1113第2(1)項）

・地盤の長期許容応力度

$$ {}_Lq_a=\frac{1}{3}(i_c\alpha cN_c+i_\gamma\beta\gamma_1BN_\gamma+i_q\gamma_2D_fN_q) \quad\cdots\cdots（4\cdot1）式 $$

・地盤の短期許容応力度

$$ {}_Sq_a=\frac{2}{3}(i_c\alpha cN_c+i_\gamma\beta\gamma_1BN_\gamma+i_q\gamma_2D_fN_q) \quad\cdots\cdots（4\cdot2）式 $$

q_a　：地盤の許容応力度［kN/m²］

i_c，i_γ，i_q：基礎に作用する荷重の鉛直方向に対する傾斜角に応じて次式で計算した数値

$i_c=i_q=(1-\theta/90)^2$

$i_\gamma=(1-\theta/\phi)^2$

θ：基礎に作用する荷重の鉛直方向に対する傾斜角（$\theta>\phi$ の場合は $\theta=\phi$ とする）［度］

ϕ：内部摩擦角［度］

α，β：基礎荷重面の形状に応じた係数（表4•3）

c　：基礎荷重面下にある地盤の粘着力［kN/m²］

B　：基礎荷重面の短辺または短径長さ［m］

N_c，N_γ，N_q：内部摩擦角に応じた支持力係数（実務図表4•3，表4•4）

γ_1　：基礎荷重面下にある地盤の単位体積重量または水中単位体積重量［kN/m³］

γ_2　：基礎荷重面より上方にある地盤（根入れ部分）の平均単位体積重量または水中単位体積重量［kN/m³］

D_f　：基礎に近接した最低地盤面から基礎荷重面までの深さ（基礎の根入れ深さ）［m］

412　q_a 算定式の解説

この算定式は，以下の 3 つの項から成り立っている．

長期　$_Lq_a=\frac{1}{3}(\boxed{i_c}\,\alpha c\,\boxed{N_c}+\boxed{i_\gamma}\,\beta\gamma_1 B\,\boxed{N_\gamma}+\boxed{i_q}\,\gamma_2 D_f\,\boxed{N_q})$

- α：基礎形状係数
- c：粘着力
- β：基礎形状係数
- γ_1：基礎下地盤の単位体積重量
- B：基礎の短辺長さ
- γ_2：基礎上方地盤の単位体積重量
- D_f：根入れ深さ
- $\frac{1}{3}$：長期に対する安全率
- 第 1 項：土の粘着力による支持力
- 第 2 項：基礎の幅による支持力
- 第 3 項：土の押え効果による支持力

短期　$_sq_a=\frac{2}{3}(\boxed{i_c}\,\alpha c\,\boxed{N_c}+\boxed{i_\gamma}\,\beta\gamma_1 B\,\boxed{N_\gamma}+\boxed{i_q}\,\gamma_2 D_f\,\boxed{N_q})$

- $\frac{2}{3}$：短期に対する安全率

（破線枠）内は，傾斜補正係数

（実線枠）内は，土の内部摩擦角による支持力係数

413　構造設計の定石　q_a 算定の実務式

地盤の設計に当っては，地盤を「砂質地盤」か「粘土質地盤」に分類することが原則である（実務図表 2•4，☞ 252）．その分類別の実務式は次のようになる．

【a】 砂質地盤の実務式

砂質地盤であるので，粘着力 $c=0$ とすると

$$_Lq_a=\frac{1}{3}(i_\gamma\beta\gamma_1 BN_\gamma+i_q\gamma_2 D_f N_q) \quad \text{（4•3）式}$$

$$_sq_a=\frac{2}{3}(i_\gamma\beta\gamma_1 BN_\gamma+i_q\gamma_2 D_f N_q) \quad \text{（4•4）式}$$

さらに，市街地，基礎形式等により，土の押え効果を無視した場合（$D_f=0$），

$$_Lq_a=\frac{1}{3}i_\gamma\beta\gamma_1 BN_\gamma \quad \text{（4•5）式}$$

$$_sq_a=\frac{2}{3}i_\gamma\beta\gamma_1 BN_\gamma \quad \text{（4•6）式}$$

となる．

支持力係数 N_γ，N_q を求めるためには，内部摩擦角 ϕ を知る必要がある．

【b】 粘土質地盤の実務式

粘土質地盤であるので，内部摩擦角 $\phi=0$ とすると，表 4•4 より $N_\gamma=0$ となるので下式となる．

$$_Lq_a=\frac{1}{3}(i_c\alpha cN_c+i_q\gamma_2 D_f N_q) \quad \text{（4•7）式}$$

$$_sq_a=\frac{2}{3}(i_c\alpha cN_c+i_q\gamma_2 D_f N_q) \quad \text{（4•8）式}$$

$\phi=0$ の場合の支持力係数は，表 4•4 によれば $N_c=5.1$，$N_q=1.0$ となる．この値を代入すると，

$$_Lq_a=\frac{1}{3}(5.1i_c\alpha c+i_q\gamma_2 D_f) \quad \text{（4•9）式}$$

$$_{S}q_a=\frac{2}{3}(5.1i_c\alpha c+i_q\gamma_2 D_f)$$ ……（4•10）式

となる．

さらに，市街地，基礎形式等により，土の押え効果を無視した場合，

$$_{L}q_a=1.7i_c\alpha c$$ ……（4•11）式

$$_{S}q_a=3.4i_c\alpha c$$ ……（4•12）式

となる．

414 構造設計の定石 q_a 算定式の係数の求め方

【a】 地盤の単位体積重量 γ

地盤の単位体積重量 γ は，土質試験の単位体積重量試験にて求めることができる．通常，日本建築学会『建築基礎構造設計指針』（以下「基指」と略す）に示されている大崎順彦博士がまとめた東京における主要な地盤の単位体積重量（表4•2）を参考にして決めている．なお，本書の設計例においては実務図表4•1の標準値を用いる．

水中単位体積重量 γ' は，土の単位体積重量から浮力を考慮して 9.8 kN/m³ を差し引いた値である．

$$\gamma'=\gamma-9.8\ [\mathrm{kN/m^3}]$$

表4•2 東京における地盤の単位体積重量

地層	沖積層			関東ローム層	渋谷粘土層	東京層		
	砂質	シルト質	粘土質			砂質	シルト質	粘土質
単位体積重量 [kN/m³]	16.7～18.8	14.8～17.0	13.7～15.7	12.3～14.1	14.0～16.3	17.2～19.2	15.5～17.3	14.1～16.2

（『建築基礎構造設計指針』表5•2•4より）

実務図表4•1 地盤の単位体積重量 γ [kN/m³]

土質	単位体積重量（γ）		水中単位体積重量（γ'）
		標準値	
粘性土	14～17	15	5.2
中間土	15～18	16	6.2
砂質土	16～19	18	8.2

（『基礎工』1982.6等により作成）

【b】 地盤の粘着力 c

粘土質地盤の力学的性質を支配するものは粘着力 c の値である．粘土は扁平な粒子が堆積したもので，その粒子は微細だが扁平なため表面積が大きく，吸着力の影響が大で，粒子と粒子が固く結びついている．これが粘着力 c である．

粘着力は，「1軸圧縮試験」による1軸圧縮強度 q_u より求めるのが一般的である．この「1軸圧縮試験」を行うためには，乱さない試料を採取する必要がある．土質試験を行わない場合には，標準貫入試験結果の N 値より推定する（☞ 718）．

1　1軸圧縮試験結果による算定式

$$c=\frac{1}{2}q_u$$

c ：粘着力［kN/m²］

q_u：1軸圧縮強度［kN/m²］

2　N値からの推定値

$$q_u=12.5N \quad \cdots\cdots（7•24）式$$

$$c=\frac{1}{2}q_u=6.25N \quad \cdots\cdots（7•25）式$$

N：標準貫入試験による打撃回数［回］

【c】 形状係数 α，β

支持力係数は連続フーチング基礎（布基礎）を対象したものであり，その他の基礎については形状によって形状係数を乗ずる．表4•3は「基指」に示されている形状係数である．

表4•3　形状係数

基礎底面の形状	連　続	正方形	長方形	円　形
α	1.0	1.2	$1.0+0.2\frac{B}{L}$	1.2
β	0.5	0.3	$0.5-0.2\frac{B}{L}$	0.3

B：長方形の短辺長さ，L：長方形の長辺長さ
（『建築基礎構造設計指針』表5•2•2より）

【d】 荷重の傾斜に対する補正係数 i_c，i_γ，i_q

基礎底面に作用する傾斜荷重は，基礎梁がない場合については，下式にて低減する．

$$i_c=i_q=(1-\theta/90)^2$$

$$i_\gamma=(1-\theta/\phi)^2$$

θ：荷重の傾斜角（ただし $\theta>\phi$ の場合は $\theta=\phi$ とするので，$i_\gamma=0$ となる）［度］

ϕ：内部摩擦角［度］

【e】 内部摩擦角 ϕ

砂質土の力学的性質を支配するものは，内部摩擦角 ϕ の値である．この値は，土の粒子の質や大きさ，形状などの性質によって異なり，粒子の詰まり方によって違ってくる．砂のようにゆるいものでは ϕ の値が小さく，締まっているほど大きくなる．

いったんほぐした土を自然落下させたときに土の山ができるが，その山の斜面の傾斜角を息角という．内部摩擦角と混同されることがあるが，別のものなので間違えないようにしたい．たとえば，乾燥した砂をゆっくり落下させたときに自然にできる斜面の息角は，ほぼ内部摩擦角に等しくなるが，砂が湿っていたり粘着力 c を有する場合は，内部摩擦角と息角とは一致しない．

砂質地盤では，不かく乱試料の採取が困難なので，土質試験は省略し，標準貫入試験の N 値によって実務図表4•2に示した式から ϕ を推定する．

なお，一般的には，$\phi=\sqrt{20N}+15$ の式にて求めることが多い．

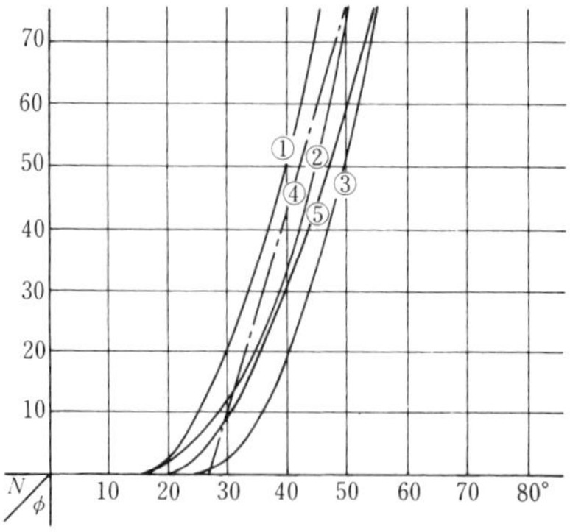

	凡	例
①	$\phi=\sqrt{12N}+15$	Dunham 式
②	$\phi=\sqrt{12N}+20$	〃
③	$\phi=\sqrt{12N}+25$	〃
④	$\phi=0.3N+27$	Peck 式
⑤	$\phi=\sqrt{20N}+15$	大崎式

①丸い粒子で一様な粒径のもの．
②丸い粒子で粒度分布のよいもの，または角ばった粒子で一様な粒径のもの．
③角ばった粒子で粒度分布のよいもの．

実務図表 **4・2**　N 値と内部摩擦角 ϕ の関係

表 **4・4**　支持力係数

ϕ	N_c	N_γ	N_q
0°	5.1	0.0	1.0
5°	6.5	0.1	1.6
10°	8.3	0.4	2.5
15°	11.0	1.1	3.9
20°	14.8	2.9	6.4
25°	20.7	6.8	10.7
28°	25.8	11.2	14.7
30°	30.1	15.7	18.4
32°	35.5	22.0	23.2
34°	42.2	31.1	29.4
36°	50.6	44.4	37.8
38°	61.4	64.1	48.9
40°以上	75.3	93.7	64.2

（『建築基礎構造設計指針』表 5・2・1 より）

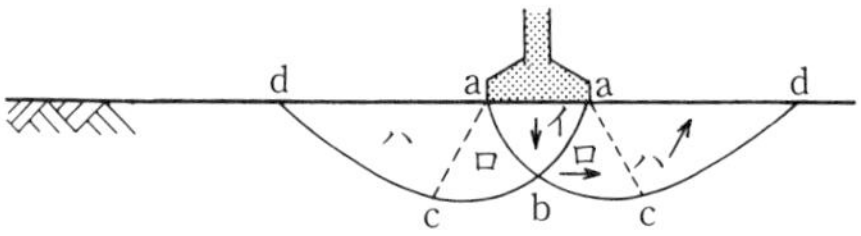

図 **4・1**　地盤の破壊機構の模式図

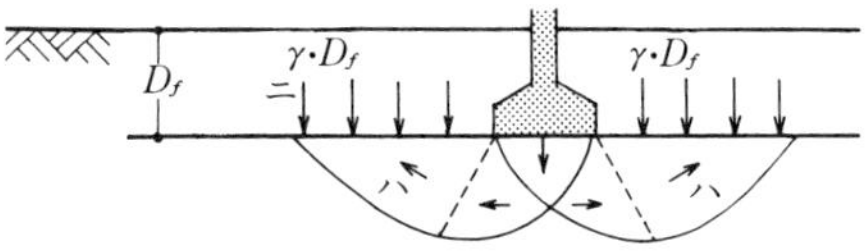

図 **4・2**　D_f 効果の模式図（γ：地盤の単位体積重量）

【f】　支持力係数 N_c，N_γ，N_q

内部摩擦角 ϕ より実務図表 4・3 を用いて求める．ϕ が 40° で頭打ちなのは，この部分で曲線が急激に上昇し，ϕ の測定誤差が過大な危険側の誤差となるためである．

【g】　根入れ深さ D_f

1　D_f 効果（土の押え効果）について

地表面に基礎を設置した場合，その基礎からの荷重によって，地盤の内部は図 4・1 に示すように，a，b，c，d 面に沿ったすべりを起こして，a の部分から破壊することになる．

イの領域はくさび状に拘束された非常に締まった状態で，基礎とともに沈下する．ロの領域はイによって横方向に押し出されせん断破壊する部分，ハの領域は斜め上へ押し上げられる部分である．

次に図 4・2 に示すように，基礎が深さ D_f だけ入っている場合には領域ニの γ・D_f の土の重量が，ハの領域の押し上げ力を押える働きをする．これが D_f 効果である．

2　D_f の取り方

D_f 効果は基礎荷重面下の地盤の破壊を上部から押えて防止するものであり，設計上その効果を見込む場合には，その効果は将来にわたって確保されなければならない．

しかし，のちに隣接の土地が工事されるなどによって D_f 効果に影響が生じないとも限らない．そうした事情への配慮から，建物周囲の状況によっては，設計当初に D_f の値を適当に低減しておく必要がある．

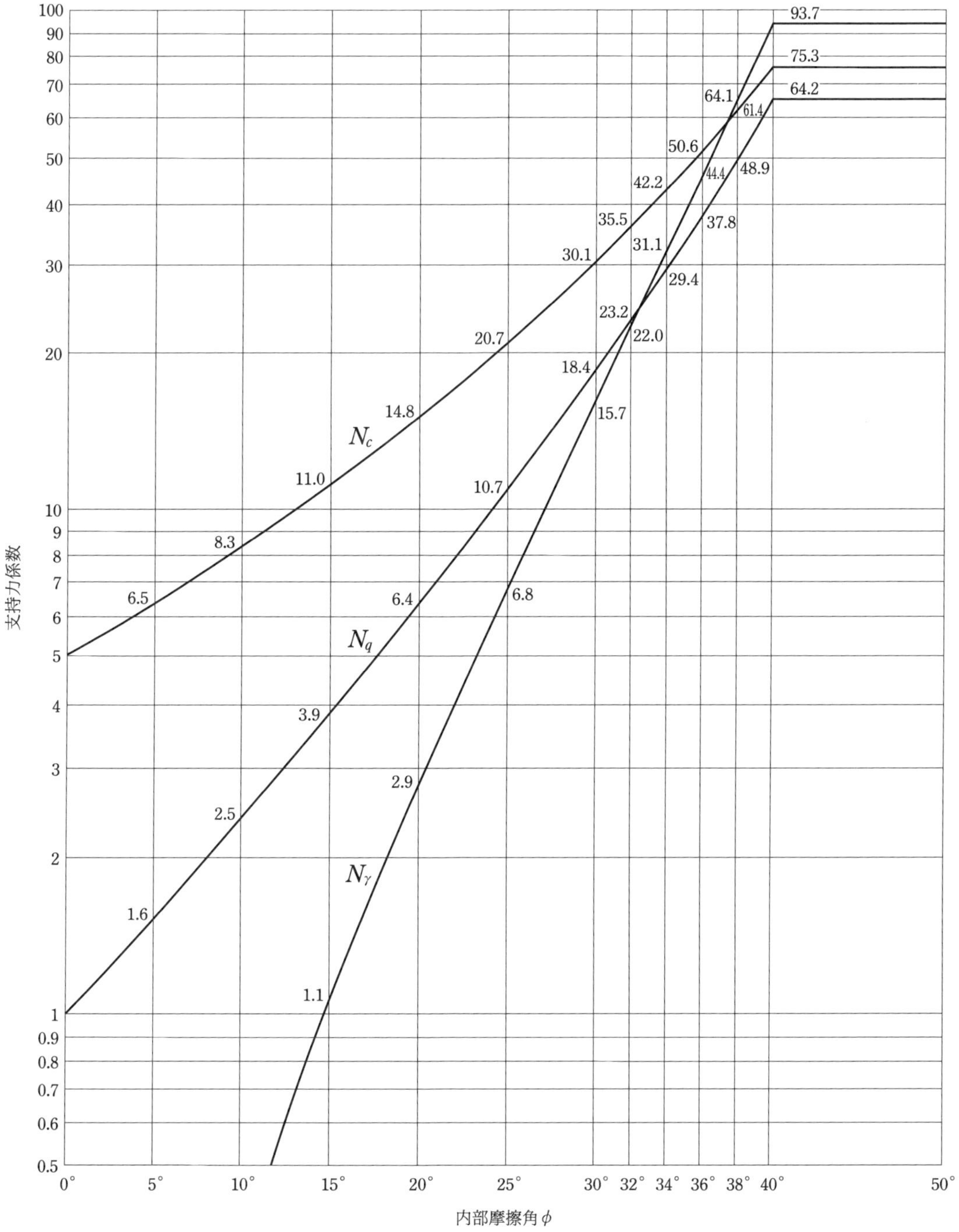

実務図表 **4・3**　支持力係数と内部摩擦角 ϕ の関係（『建築基礎構造設計指針』図 5・2・3 より作成）

設計の当初に D_f をどう見込むか，その要点を以下にまとめておく．

①隣地における将来の工事計画の有無とその規模について，慎重に考慮した上で見込む．

②建物が密集した市街地においては，最初から D_f 効果に期待しない方がよい．

③各種の基礎の D_f の取り方は，図 4•3 による．

なお，耐圧板形式のべた基礎，すなわちスラブの設計に水圧だけを考慮して地盤反力の作用を考えない場合には，図 4•3(c)の D_f 値を採用する．

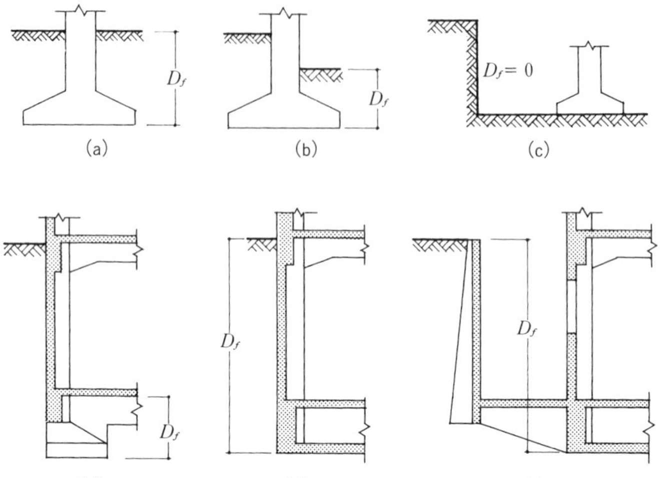

図 4•3　D_f の取り方（『建築基礎構造設計指針』図 5•2•6 より）

415　構造設計の定石　N 値と許容地耐力

標準貫入試験における N 値は，N 値なくして基礎の設計はできないといわれるほど重要なもので，JIS A 1219 では N 値に関して次のような定義がなされている．

「質量 63.5±0.5 kg のドライブハンマーを 76±1 cm 自由落下させて，ボーリングロッド頭部に取り付けたノッキングブロックを打撃し，ボーリングロッド先端に取り付けた標準貫入試験用サンプラーを地盤に 30 cm 打ち込むのに要する打撃回数」

また，標準貫入試験の適用範囲として，

「この規格は，原位置における土の硬軟，締まり具合又は土層の構成を判定するための N 値を求めるとともに，試料を採取する貫入試験方法について規定する」

とされている．

一方，N 値を測定した後，打ち込んだ標準貫入試験用サンプラーの中の土の試料を直接肉眼で見ることができ，さらにその試料を用いて粒度試験等の物理試験を行い，物理定数を知ることができる．

N 値の注意点として，

表 4•5　N 値と長期許容地耐力の関係 [kN/m²]

地盤の種別	砂質地盤	沖積粘性土	洪積粘性土	関東ローム
Dunham 式	$10N$	$11.7N$	—	—
(旧) 日本住宅公団他	$8N$	$10N$	$(20〜50)N$	$30N$

（『小規模建築物基礎設計の手引き』表 4•5 より）

表 4・6 長期許容地耐力表

地盤		長期許容地耐力[注4] [kN/m²]	備考 N 値	備考 N_{SW} 値
土丹盤		300	30 以上	
礫層	密実なもの	600	50 以上	
	密実でないもの	300	30 以上	
砂質地盤	密なもの	300	30～50	400 以上
	中位	200	20～30	250～400
		100	10～20	125～250
	ゆるい[注1]	50	5～10	50～125
	非常にゆるい[注1]	30 以下	5 以下	50
粘土質地盤	非常に硬い	200	15～30	250 以上
	硬い	100	8～15	100～250
	中位	50	4～8	40～100
	軟らかい[注2]	30	2～4	0～40
	非常に軟らかい[注2]	20 以下	2 以下	W_{SW} 1 kN 以下[注5]
関東ローム	硬い	150	5 以上	50 以上
	やや硬い	100	3～5	0～50
	軟らかい[注3]	50 以下	3 以下	W_{SW} 1 kN 以下[注5]

注 1）液状化の検討を要す.
2）過大な沈下に注意を要す.
3）2 次堆積土では長期許容地耐力 20 kN/m² 以下のこともある.
4）短期許容地耐力は長期の 1.5～2.0 倍をとることができる.
5）スウェーデン式サウンディング自重 W_{SW} で自沈する.

（『小規模建築物基礎設計の手引き』表 4・4 より）

表 4・7 試験掘りによる地層の簡易判別法

	地層の硬さ	素掘り	オーガーボーリング	推定 N 値	推定許容地耐力（長期）[kN/m²]
粘性土	極軟	鉄筋を容易に押し込むことができる	孔壁が土圧でつぶれて掘りにくい	2 以下	20 以下[注1]
	軟	シャベルで容易に掘れる	容易に掘れる	2～4	30[注1]
	中位	シャベルに力を入れて掘る	力を入れて掘る	4～8	50
	硬	シャベルを強く踏んでようやく掘れる	力いっぱい回すとようやく掘れる	8～15	100
	極硬	つるはしが必要	掘進不能	15 以上	200
地下水面上の砂質土	非常にゆるい	孔壁が崩れやすく，深い足跡ができる	孔壁が崩れやすく，試料が落ちる	5 以下	30 以下[注2]
	ゆるい	シャベルで容易に掘れる	容易に掘れる	5～10	50[注2]
	中位	シャベルに力を入れて掘る	力を入れて掘る	10～20	100
		シャベルを強く踏んでようやく掘れる	力いっぱい回してようやく掘れる	20～30	200
	密	つるはしが必要	掘進不能	30 以上	300

注 1）過大な沈下に注意を要す.
2）地震時の液状化に注意を要す.

（『小規模建築物基礎設計の手引き』表 4・1 より）

・N 値より地耐力の目安をつけることができる（表 4•5）.

・N 値より日本建築学会『小規模建築物基礎設計の手引き』に示されている長期許容地耐力表（表 4•6）にて地耐力を求める.

・N=5〜10 程度の砂質地盤は非常にゆるい状態である．地震時の液状化に注意する.

・N=5〜10 程度の粘土質地盤は良質な地盤である.

・礫や玉石を含むと N 値が大きめの値となる．深くなると過大となる.

・砂質地盤では，締まっている場合でも N 値は小さめの値となる.

長期許容地耐力表（表 4•6）を参考にして，スウェーデン式サウンディングの半回転数 N_{SW} 値からも地耐力を決めることができる.

表 4•7 は，日本建築学会の試験掘りによる簡易判別法である.

416　設計例 1　q_a の算定（砂質地盤の場合）

【a】 設計条件

・柱軸方向力　　　　：N=1000 kN

・基礎の根入れ深さ：D_f=1.5 m

・基礎底面　　　　　：B=3 m（正方形）

・基礎底面積　　　　：A=9 m^2

・ボーリング資料　　：柱状図（図 4•4）

【b】 算定

算定式（砂質地盤）：$_Lq_a=\dfrac{1}{3}(i_\gamma\beta\gamma_1BN_\gamma+i_q\gamma_2D_fN_q)$ ……………………………（4•3）式

$_Sq_a=\dfrac{2}{3}(i_\gamma\beta\gamma_1BN_\gamma+i_q\gamma_2D_fN_q)={}_Lq_a\times2$ …………………（4•4）式

ボーリング資料

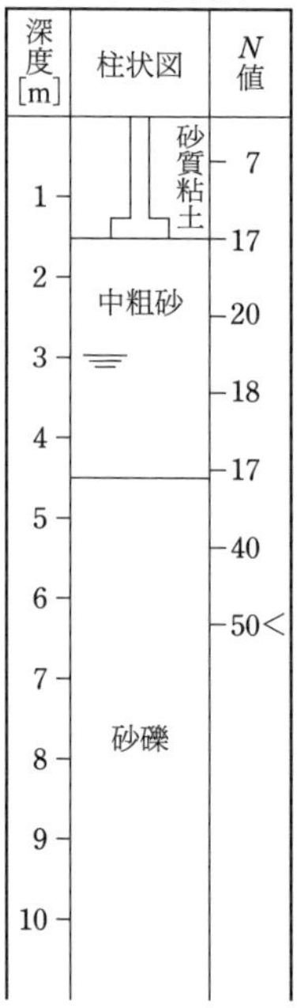

図 4•4　設計例 1
（N=17 を採用）

形状係数　　　　　：表 4•3 より β=0.3（正方形の場合）

N 値　　　　　　　：N=17（基礎荷重が地盤に影響をおよぼす範囲は，基礎スラブ短辺長さの 2 倍程度なので，その範囲の最小 N 値を採用した）

内部摩擦角　　　　：実務図表 4•2 より $\phi=\sqrt{20N}+15\fallingdotseq33°$ → 32° 採用

傾斜荷重補正係数：傾斜荷重なし（θ=0）より　$i_\gamma=(1-0/\phi)^2=1.0$

$i_q=(1-0/90)^2=1.0$

支持力係数　　　　：実務図表 4•3 より，ϕ=32° のとき N_γ=22.0，N_q=23.2

地盤の単位体積重量：実務図表 4•1 より，γ_1=18 kN/m^3（中粗砂）

γ_2=15 kN/m^3（砂質粘土）

・D_f=1.5 m の場合

$$_Lq_a=\frac{1}{3}\times(1.0\times0.3\times18\times3\times22.0+1.0\times15\times1.5\times23.2)$$

$$=\frac{1}{3}\times(356.4+522)=292.8\text{ kN/m}^2$$

$$_Sq_a=292.8\times2=585.6\text{ kN/m}^2$$

・D_f=0 の場合

$$_Lq_a=\frac{1}{3}\times356.4=118.8\text{ kN/m}^2$$

$$_Sq_a=118.8\times2=237.6\text{ kN/m}^2$$

420 平板載荷試験結果による地盤の許容応力度 q_a の算定

平板載荷試験は一種の模型実験であり，載荷板のまわりのごく小範囲の地盤についての検討でしかない．したがって，基礎荷重面からその幅の2倍程度の深さまで，その地層が一様であることが分かっている場合でないと用いてはならない．試験に当ってはボーリング等と併行して調査する．

421 q_a 算定式（平13国交告1113第2(2)項）

・地盤の長期許容応力度

$$ {}_Lq_a = q_t + \frac{1}{3}N'\gamma_2 D_f \quad \cdots\cdots (4{\bullet}13)\text{式} $$

・地盤の短期許容応力度

$$ {}_Sq_a = 2q_t + \frac{1}{3}N'\gamma_2 D_f \quad \cdots\cdots (4{\bullet}14)\text{式} $$

q_a ：地盤の許容応力度［kN/m²］

q_t ：平板載荷試験による降伏荷重度の1/2または極限応力度の1/3のうち小さいもの［kN/m²］

N' ：基礎荷重面下の地盤の種類に応じた係数（表4•8）

γ_2 ：基礎荷重面より上方にある地盤（根入れ部分）の平均単位体積重量または水中単位体積重量［kN/m²］

D_f ：基礎に近接した最低地盤面から基礎荷重面までの深さ（基礎の根入れ深さ）［m］

422 q_a 算定式の解説

【a】 算定式について

土質による係数（N'）／基礎上方地盤の単位体積重量（γ_2）／根入れ深さ（D_f）

$$ {}_Lq_a = \underbrace{q_t}_{\text{平板載荷試験による支持力}} + \underbrace{\frac{1}{3}N'\gamma_2 D_f}_{\text{土の押え効果による支持力}} $$

q_t の取り方 $\left[\begin{array}{l}\text{降伏荷重度}\times\frac{1}{2} \\ \text{極限応力度}\times\frac{1}{3}\end{array}\right]$ のうち小さい値による．

【b】 q_t と載荷板荷重

載荷試験は，30 cm角の載荷板に載荷して行う．載荷板の面積は $0.3\times0.3=0.09\ \text{m}^2$（円板のとき $\phi=0.3\ \text{m}$，$0.15^2\pi=0.0707\ \text{m}^2$）である．したがって，$\text{m}^2$ 当りの荷重に換算するために $1/0.09=11.11$（円板14.14）を乗じることになる．

【c】 地盤係数 N'

基礎荷重面下の地盤係数 N' は表4•8にて求める．

表 4・8　地盤係数 N'

係数＼地盤の種類	密実な砂質地盤	砂質地盤(密実なものを除く)	粘土質地盤
N'	12	6	3

【d】 地盤の単位体積重量 γ_2

基礎荷重面上部の地盤の単位体積重量 γ_2 は **414**【a】の表 4•2 による．水中単位体積重量 γ_2' については，$\gamma_2'=\gamma_2-9.8$ [kN/m^2] にて求める．

【e】 根入れ深さ D_f

D_f 効果および取り方については，**414**【g】を参照．

【f】 降伏荷重の判定

載荷荷重 P と地盤沈下量 S との関係を示した「荷重―沈下曲線」において，荷重が小さいうちはグラフは直線的である．荷重が増加すると直線が急折する点が現われる．その点の荷重が降伏荷重である（図 4•6）．

なお「荷重―沈下曲線」で沈下を対数目盛で作成すると，降伏点が判明しやすい．

【g】 極限荷重の判定

極限荷重は沈下量 S のみ増加して，荷重が維持できない状態での荷重である．通常，載荷板の大きさの 10％（30 cm 角の載荷板の場合には 3 cm）の沈下量の時点の荷重を極限荷重の目安にしている．

【h】 事例：長期 300 kN/m^2 を予測して，載荷試験を行う場合

「告示」では，平板載荷試験を行い，得られた降伏荷重度の値の 1/2，もしくは極限応力度の 1/3 の値を q_t とすることになっている．しかし，実際には，降伏点を明確に知ることはむずかしいことや，荷重材の調達に経費が嵩むため，通常は想定した長期許容応力度から逆算した載荷最大荷重に耐えられることを確かめる．

すなわち，長期許容応力度 300 kN/m^2 を予測したとすると，D_f 効果を無視すれば $q_t=q_a$ であるから，安全率 3 を乗じた $3q_t$（$300\times3=900$ kN/m^2，載荷板荷重では $900\times0.09=81$ kN）の載荷を行い，その位置の地盤が降伏または極限状態にならないことを確認できればよい．

なお，D_f 効果を考慮した場合の q_t を求めるための載荷最大荷重は次式より求める．

（長期）$q_t={}_Lq_a-\dfrac{1}{3}N'\gamma_2D_f$ ……………………（4•15）式

載荷最大荷重$=3q_t$ ……………………（4•16）式

したがって，根入れ深さ $D_f=1.5$ m，${}_Lq_a=300$ kN/m^2 予測の場合の載荷最大荷重は次の値となる（$\gamma_2=16$ kN/m^3（シルト質），$N'=12$（密実な砂質地盤）とする）．

$$q_t=300-\frac{1}{3}\times12\times16\times1.5=204\ \mathrm{kN/m^2}$$

載荷最大荷重：$204\times3=612$ kN/m^2

載 荷 板 荷 重：$612\times0.09=55$ kN

このように，根入れ深さ $D_f=1.5$ m の位置で，長期 300 kN/m^2 の許容応力度を載荷試験にて確認するには，30 cm 角の載荷板に対し最大載荷荷重 55 kN を載荷して，その位置の地盤が降伏または極限状態にならないことを確認できればよい．

423　設計例 2　平板載荷試験による q_a の算定

【a】 試験目的

根切り工事時点で基礎底面位置において平板載荷試験を実施し，設計時の地盤の長期許容地耐力 ${}_Lf_e$＝400 kN/m^2 を確認する．

【b】 試験方法

土質工学会制定の「地盤の平板載荷試験方法」（JSF 規格：T 25-81）による．

【c】 地盤の許容応力度の算定

1 設計条件

- 設計長期許容応力度：400 kN/m^2
- 基礎形式　　　：独立基礎
- 柱軸方向力　　：$N=2000$ kN
- 基礎底面　　　：$B=2.5$ m（正方形）
- 基礎底面積　　：$A=6.25$ m^2
- 基礎の根入れ深さ：$D_f=2$ m
- ボーリング資料　：柱状図（図 4•5）

2 ボーリング調査結果等による地盤の許容応力度の算定

算定式（砂質地盤）：$${}_Lq_a=\frac{1}{3}(i_\gamma\beta\gamma_1BN_\gamma+i_q\gamma_2D_fN_q) \quad \cdots\cdots\cdots\cdots \text{（4•3）式}$$

$${}_Sq_a=\frac{2}{3}(i_\gamma\beta\gamma_1BN_\gamma+i_q\gamma_2D_fN_q)={}_Lq_a\times 2 \quad \cdots\cdots\cdots\cdots \text{（4•4）式}$$

形状係数　　　　：表 4•3 より $\beta=0.3$

N 値　　　　　　：$N=32$（基礎底面 B の 2 倍程度の範囲の最小 N 値を採用した）

内部摩擦角　　　：$\phi=\sqrt{20N}+15 \fallingdotseq 40°$

傾斜荷重補正係数：傾斜荷重なし（$\theta=0$）より $i_\gamma=i_q=1.0$

支持力係数　　　：実務図表 4•3 より，$\phi=40°$ のとき $N_\gamma=93.7$，$N_q=64.2$

地盤の単位体積重量：実務図表4•1より，$\gamma_1=18$ kN/m^3（砂礫），$\gamma_2=16$ kN/m^3（砂質粘土）

- $D_f=2$ m のとき

$${}_Lq_a=\frac{1}{3}\times(1.0\times0.3\times18\times2.5\times93.7+1.0\times16\times2\times64.2)=\frac{1}{3}\times(1264+2054)$$

$$=1106 \text{ kN/m}^2$$

$${}_Sq_a=2\times1106=2212 \text{ kN/m}^2$$

- $D_f=0$ の場合

$${}_Lq_a=\frac{1}{3}\times1264=421 \text{ kN/m}^2 \longrightarrow 400 \text{ kN/m}^2$$（安全側の値へまるめた）

$${}_Sq_a=421\times2=842 \text{ kN/m}^2 \longrightarrow 800 \text{ kN/m}^2$$

- 設計に用いる q_a の値として長期 400 kN/m^2 を採用した．

【d】 平板載荷試験

1 載荷荷重

①載荷板　ϕ 300×25 mm，$A_{載}=0.0707$ m^2

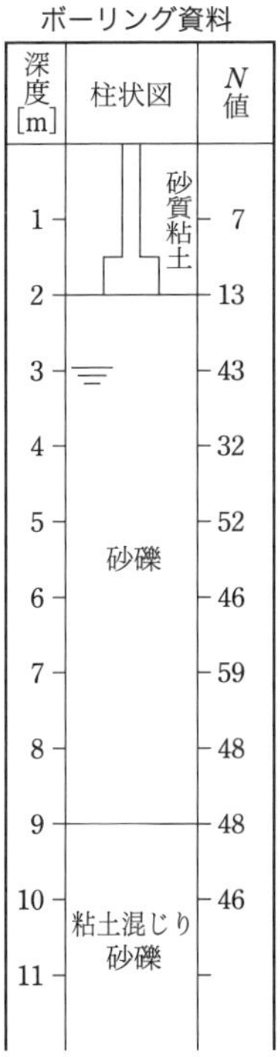

図 4•5　設計例 2（N＝32 を採用）

②試験時の必要最低限の載荷最大荷重 $P_{\max}$ は，採用した q_a の3倍をとる．

$$P_{\max}=400\ \mathrm{kN/m^2}\times3\times0.0707\ \mathrm{m^2}=84.8\ \mathrm{kN}\ \rightarrow\ 90\ \mathrm{kN}\ (1272\ \mathrm{kN/m^2})$$

2 測定結果（図4•6）

報告書の「荷重―沈下曲線」より，荷重 $P=720\ \mathrm{kN/m^2}$ において降伏現象が見られ，それ以降の載荷においても沈下量が増大したので，載荷板の大きさの10%の沈下量3 cm（30 cm×0.1＝3 cm）の位置における載荷荷重 $P=1020\ \mathrm{kN/m^2}$ を極限荷重と見なした．

すなわち，本例においては告示式より求めた載荷最大荷重 $1272\ \mathrm{kN/m^2}$（q_a の3倍）に達する前に地盤が崩壊してしまったため，あらためて平板載荷試験に係わる告示式である（4•13）式にて q_a を算定する．

3 測定値による地盤の許容応力度 q_a の算定

$${}_Lq_a=q_t+\frac{1}{3}N'\gamma_2D_f \quad \cdots\cdots\ (4\text{•}13)\ 式$$

$${}_Sq_a=2q_t+\frac{1}{3}N'\gamma_2D_f \quad \cdots\cdots\ (4\text{•}14)\ 式$$

q_t ：降伏荷重度の$\frac{1}{2}$　$720\ \mathrm{kN/m^2}\times\frac{1}{2}=360\ \mathrm{kN/m^2}$

極限応力度の$\frac{1}{3}$　$1020\ \mathrm{kN/m^2}\times\frac{1}{3}=340\ \mathrm{kN/m^2}$

$\therefore\ \ q_t=340\ \mathrm{kN/m^2}$

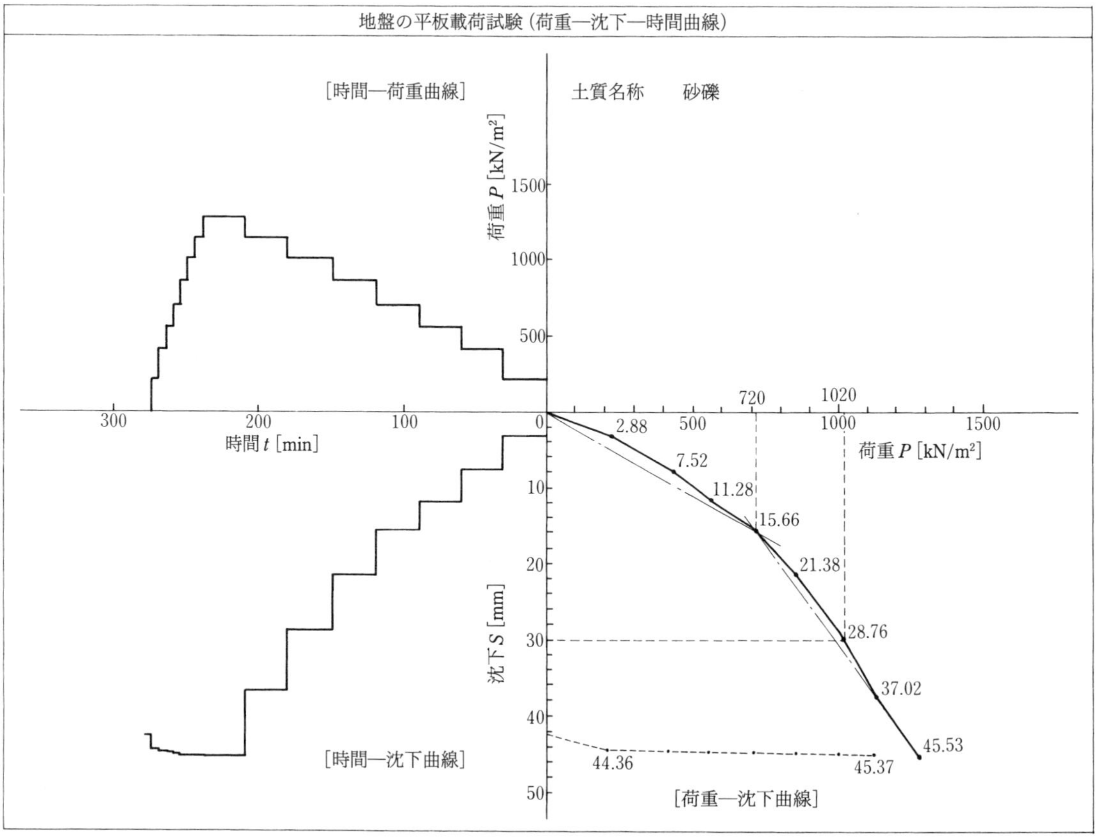

図4•6　設計例2・地盤の平板載荷試験データ

地盤係数：表 4•8 より，砂質地盤 $N'=12$

• $D_f=2$ m の場合（$\gamma_2=16$ kN/m^3）

$${}_Lq_a=340+\frac{1}{3}\times12\times16\times2=340+128=468\ \text{kN/m}^2 \longrightarrow 400\ \text{kN/m}^2$$

$${}_Sq_a=2\times340+128=808\ \text{kN/m}^2 \longrightarrow 800\ \text{kN/m}^2$$

• $D_f=0$ の場合

$${}_Lq_a=340\ \text{kN/m}^2 \longrightarrow 300\ \text{kN/m}^2$$

$${}_Sq_a=680\ \text{kN/m}^2 \longrightarrow 600\ \text{kN/m}^2$$

430 スウェーデン式サウンディングによる地盤の許容応力度 q_a の算定

431 q_a 算定式（平 13 国交告 1113 第 2(3)項）

【a】 算定式

• 地盤の長期許容応力度

$${}_Lq_a=30+0.6\overline{N_{SW}} \quad \cdots\cdots（4•17）式$$

• 地盤の短期許容応力度

$${}_Sq_a=60+1.2\overline{N_{SW}} \quad \cdots\cdots（4•18）式$$

q_a ：地盤の許容応力度［kN/m²］

$\overline{N_{SW}}$：基礎底部から下方 2 m 以内の距離にある地盤のスウェーデン式サウンディングにおける 1 m 当りの半回転数（150 を超える場合は 150）の平均値［回］

ただし，下記の地盤については，沈下等の検討が必要である．一般には，地盤改良を行うか杭基礎とする（図 4•7）．

①基礎底部から下方 2 m 以内の地盤において，スウェーデン式サウンディングの荷重 W_{SW} が 1 kN 以下で自沈する層がある場合

②基礎底部から下方 2 m を超え 5 m 以内の地盤において，スウェーデン式サウンディングの荷重 W_{SW} が 500 N 以下で自沈する層がある場合

【b】 半回転数 $\overline{N_{SW}}$（荷重 $W_{SW}=1.0$ kN の場合）

通常，半回転数は貫入量 $L=250$ mm ごとに求める．したがって，貫入量 1 m 当りの半回

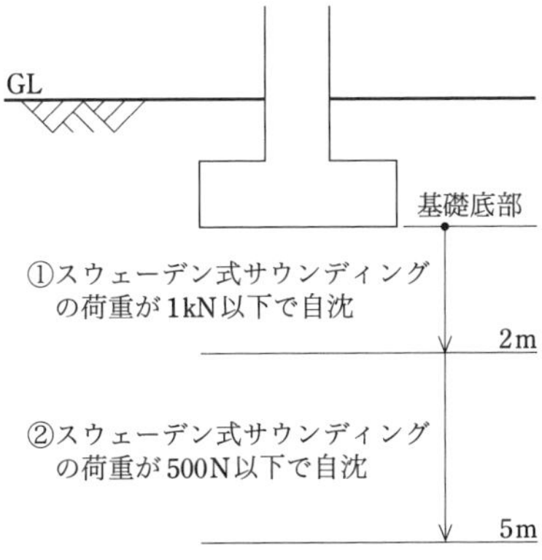

図 4•7 地盤改良を行うか杭基礎とする必要がある地盤

転数 $\overline{N_{SW}}$ は下式にて換算する.

$$\overline{N_{SW}}=\frac{1000}{L}N_a$$

$\overline{N_{SW}}$：貫入量 1 m 当りの半回転数［回/m］

N_a　：貫入量 L mm 当りの半回転数［回］

L　：貫入量［mm］

L=250 mm の場合

$\overline{N_{SW}}=\frac{1000}{250}N_a=4N_a$ …貫入量 L=250 mm の半回転数 N_a の 4 倍の値が貫入量 1000 mm の半回転数 $\overline{N_{SW}}$ である.

$N_a=5$ の場合　$\overline{N_{SW}}=20$

試験結果より，(4•17) 式を用いて，地盤の長期許容応力度 ${}_Lq_a$=30～120 kN/m² (＝許容地耐力 f_e) が得られる (表 4•9).

表 4•9　スウェーデン式サウンディング試験の半回転数 $\overline{N_{SW}}$ と許容地耐力 f_e (長期)

$\overline{N_{SW}}$［回］	25	50	75	100	125	150
$f_e={}_Lq_a$［kN/m²］	45	60	75	90	105	120

432

設計例 3　スウェーデン式サウンディングと許容地耐力

スウェーデン式サウンディング試験による地耐力算定例を表 4•10 に示す.

表 4•10　スウェーデン式サウンディング試験結果と地耐力算定例

スウェーデン式サウンディング試験結果

調査地点：京都市嵐山町
測点番号：NO　1　標高：BM　m
水位　：　m　最終貫入深さ：1.6 m

荷重 W_{SW}［kN］	半回転数 N_a［回］	貫入深さ D［m］	貫入量 L［mm］	1 m 当りの半回転数 $\overline{N_{SW}}$［回］	土質	許容地耐力 f_e［kN/m²］
1.0	—	0.25	250	自沈	表土	—
1.0	5	0.5	250	20[注1]	混合土	42[注2]
1.0	8	0.75	250	32	〃	49.2
1.0	9	1.0	250	36	〃	51.6
1.0	4	1.25	250	16	〃	39.6
1.0	21	1.5	250	84	〃	80.4
1.0	52	1.6	100	520[注3]	〃	120[注4]

注 1) $\overline{N_{SW}}=\frac{1000}{250}N_a=4N_a=20$

2) $q_a=30+0.6\times20=42$ kN/m²

3) $\overline{N_{SW}}=\frac{1000}{100}N_a=10N_a=520$

4) $q_a=30+0.6\times150=120$ kN/m² ($\overline{N_{SW}}\leqq150$ で算定)

500　地盤改良の設計

平13国交告1113第3にセメント系固化材を用いて改良された地盤の改良体（セメント系固化材を改良前の地盤と混合し固結したもの）の許容応力度の算定方法が定められている．一方，セメント系固化材を用いた深層混合処理工法および浅層混合処理工法が，日本建築センター『改訂版 建築物のための改良地盤の設計及び品質管理指針』（以下「改地指」と略す）に示されている．

本章では，「告示」と「改地指」による設計のポイントと設計例を示す．

地盤改良に関する基本用語については下記のとおりである．

深層混合処理工法：柱状にセメント系固化材と土を混合することで地盤を改良する工法（柱状改良工法）．☞ **520**

浅層混合処理工法：面的にセメント系固化材と土を混合・転圧することで地盤を改良する工法（転圧改良工法）．☞ **530**

セメント系固化材：土を固めるためのセメントを主成分とした固化材．

固化土　　　：セメント系固化材と原地盤を混合し，固結化した土．

改良コラム　：１本の柱状の固化土．

改良体　　　：設計上，一体として扱う固化土．

改良地盤　　：改良体とその外周により囲まれる地盤．改良体と改良体間原地盤（改良地盤中の原地盤）からなる（図5•1）．浅層混合処理工法においては，改良された部分の地盤を指す．

周辺地盤　　：改良地盤の外側の地盤（図5•2）．

下部地盤　　：改良地盤の下側の地盤（図5•2）．

設計基準強度：改良地盤の設計において基準となる圧縮強さ．

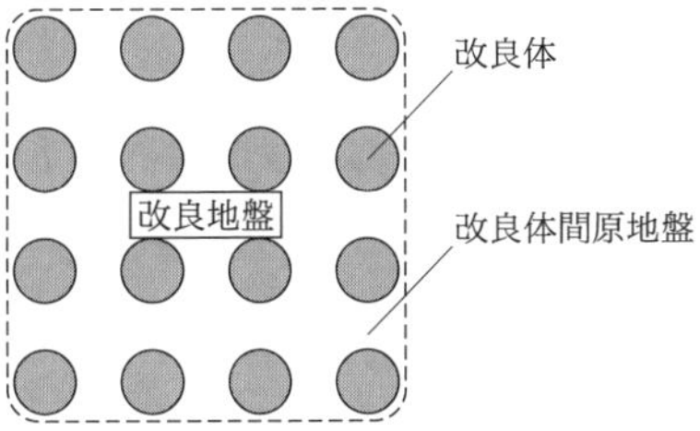

図5•1　改良地盤の構成（『改訂版 建築物のための改良地盤の設計及び品質管理指針』図1•1(b)より）

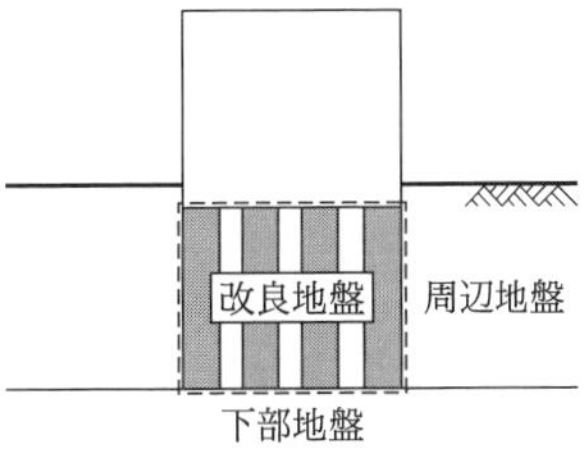

図5•2　周辺地盤，下部地盤（『改訂版 建築物のための改良地盤の設計及び品質管理指針』図1•1(a)より）

510 地盤の改良体の許容応力度

【a】 設計基準強度による算定式（平13国交告1113第3）

セメント系固化材を用いて改良された地盤の改良体の許容応力度は下式により求めることができる．

・長期：$_{L}q_{a}=\frac{1}{3}F$ ……………………………………（5•1）式

・短期：$_{S}q_{a}=\frac{2}{3}F$ ……………………………………（5•2）式

q_a：改良体の許容応力度［kN/m²］

F：改良体の設計基準強度［kN/m²］

改良体の設計基準強度 F は，材齢28日におけるコア供試体の1軸圧縮強度を採用する．1軸圧縮強度試験は，地盤改良工事中に直径67 mm×高さ130 mm または直径50 mm×高さ100 mm のコア供試体を1カ所当り3本以上採取して行う．

【b】 載荷試験結果による算定式（平13国交告1113第4）

種々の改良地盤の許容応力度を求める方法として，平板載荷試験または載荷試験の結果に基づく算定式が示されている．

・長期：$_{L}q_{a}=\frac{1}{3}q_{b}$ ……………………………………（5•3）式

・短期：$_{S}q_{a}=\frac{2}{3}q_{b}$ ……………………………………（5•4）式

q_a：改良地盤の許容応力度［kN/m²］

q_b：平板載荷試験または載荷試験による極限応力度［kN/m²］

520 深層混合処理工法

セメント系固化材と原地盤を機械攪拌または高圧噴射攪拌により混合し，柱状に固結化させた改良コラムを杭形式，壁形式，ブロック形式に配置することで地盤を改良する工法である（図5•3，表5•1）．地盤の深部までを対象とし，中規模程度の建築物に用いられる．

なお，支持地盤が浅く，短杭となる地盤の改良には本工法が採用される（☞ 832【c】3）．

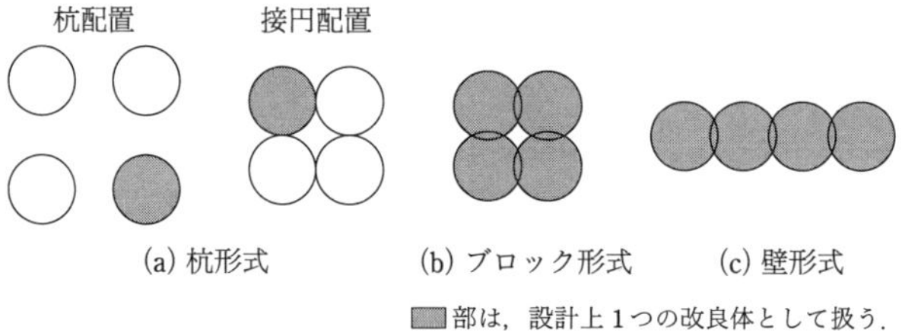

図5•3 改良コラムの配置形式（『改訂版 建築物のための改良地盤の設計及び品質管理指針』図1•1(c)より）

表5･1　改良形式の分類

			改良体の配置による区分		
			杭形式		
改良コラムの間隔による区分	非オーバーラップ配置	杭配置	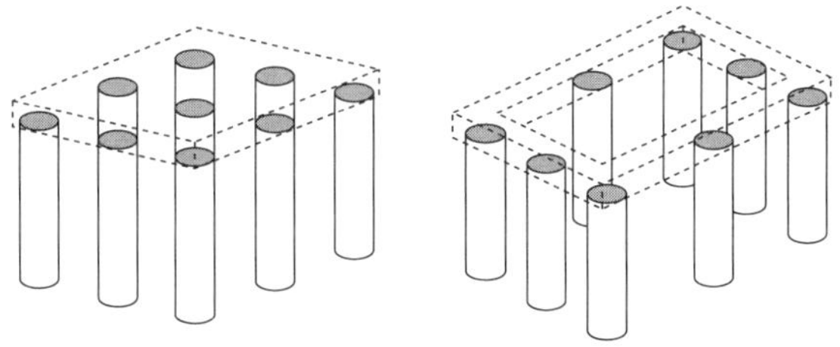		
改良コラムの間隔による区分	非オーバーラップ配置	接円配置	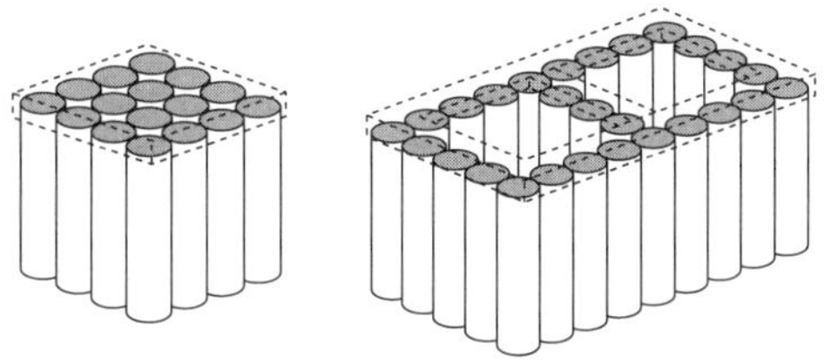		
改良コラムの間隔による区分	オーバーラップ配置		部分改良		全面改良
改良コラムの間隔による区分	オーバーラップ配置		杭形式	壁形式	ブロック形式
改良コラムの間隔による区分	オーバーラップ配置		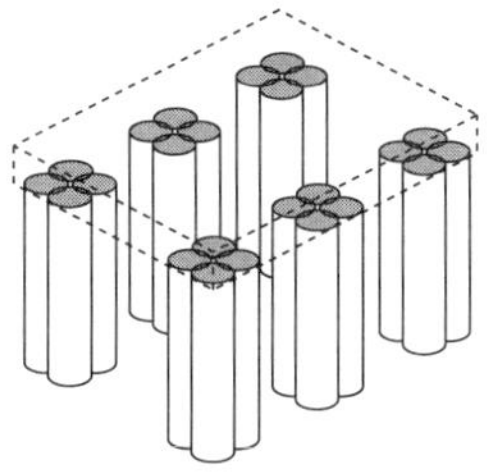	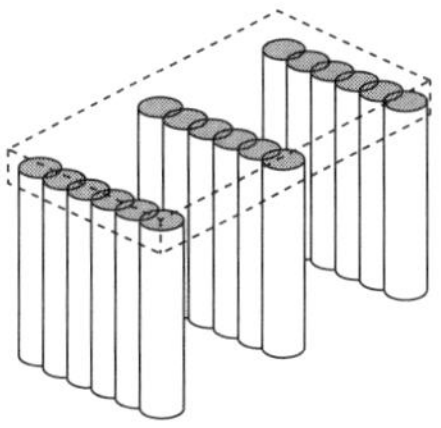	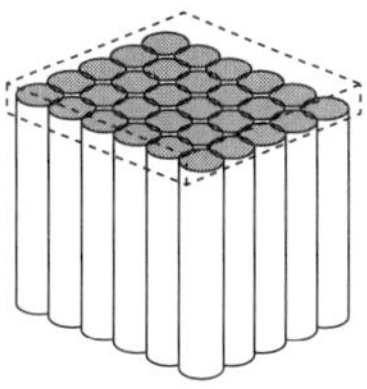

注）破線で示した図は基礎を表す.

（『改訂版 建築物のための改良地盤の設計及び品質管理指針』表2･3･1より）

521　改良地盤の鉛直支持力の検討

「改地指」において，深層混合処理工法による改良地盤の支持力に関して2つの形式が示されている.

①基礎スラブ底面に作用する鉛直荷重は，下部地盤の支持力および周辺地盤の摩擦抵抗により支持される（図5･4(a)）.

②改良地盤頭部に作用する鉛直荷重は，改良体と改良体間原地盤によって分担支持される（図5･4(b)）.

この考え方に基づいて，改良地盤の支持力については下記の2点について検討を行う.

①改良地盤の許容鉛直支持力度の検討

②改良体の鉛直応力度の検討

1．改良地盤の許容鉛直支持力度の検討

基礎スラブ底面に作用する接地圧を改良地盤が安全に支持できることを確認する.

$\sigma_e \leqq q_a$ ……………………………………………………………………………… (5•5) 式

σ_e：基礎スラブ底面に作用する設計用接地圧［kN/m²］

q_a：改良地盤の許容鉛直支持力度［kN/m²］

【a】 基礎スラブ底面における設計用接地圧 σ_e

下式により算定する.

$$\sigma_e = \frac{P}{A_f} \quad \cdots\cdots (5\text{•}6)\ 式$$

σ_e ：設計用接地圧［kN/m²］

P ：基礎スラブ底面に作用する鉛直荷重［kN］

A_f：基礎スラブ底面積［m²］

【b】 改良地盤の許容鉛直支持力度 q_a

改良地盤の鉛直支持力機構として，以下の 2 つが考えられる.

①改良地盤を改良体と改良体間原地盤からなる複合地盤として捉えた場合（図 5•5）

②各改良体が独立して支持する場合（図 5•6）

①の場合では，下部地盤の極限鉛直支持力 q_d と周辺地盤に作用する極限周面摩擦力度 τ_d に基づいて，複合地盤として捉えた場合の許容鉛直支持力度 q_{a1} を算定することができる（(5•7) 式）. また②の場合においては，改良体周辺地盤の先端抵抗および周面摩擦による改良体の支持力度 R_u を合計することにより，改良体が独立支持する場合の許容鉛直支持力度 q_{a2} が求められる（(5•8) 式）. 改良地盤の許容鉛直支持力度 q_a は，上記により算定され

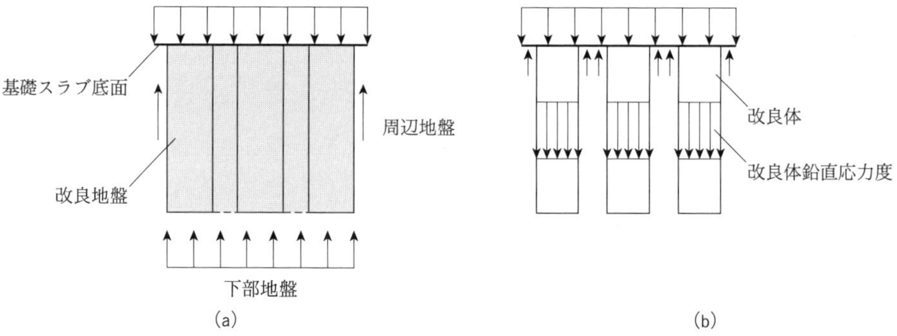

図 5•4 改良地盤の支持力（『改訂版 建築物のための改良地盤の設計及び品質管理指針』図 5•1•1，5•1•2 より）

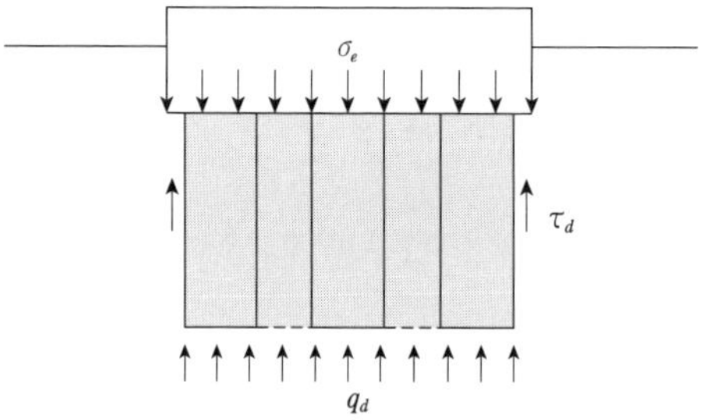

図 5•5 複合地盤としての鉛直支持力機構（『改訂版 建築物のための改良地盤の設計及び品質管理指針』図 5•1•3 より）

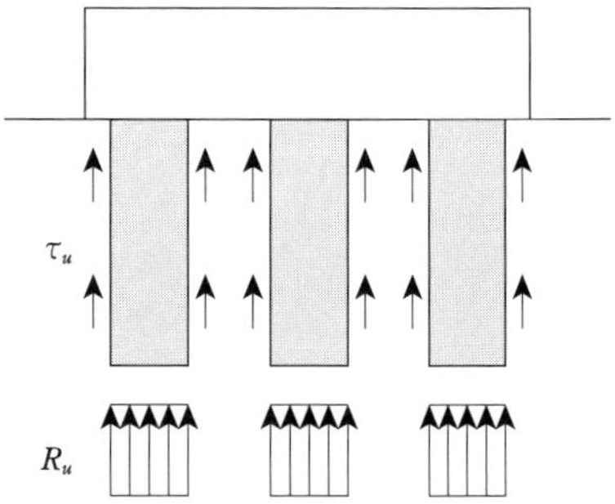

図 5•6 改良体が独立して支持するとした場合の鉛直支持力機構（『改訂版 建築物のための改良地盤の設計及び品質管理指針』図 5•1•4 より）

る q_{a1} と q_{a2} のうちの小さいものとする（(5•9) 式).

$$q_{a1}=\frac{1}{3}\cdot\frac{q_d\cdot A_b+\sum(\tau_{di}\cdot h_i)L_S}{A_f} \quad \cdots\cdots (5\cdot7) \text{ 式}$$

$$q_{a2}=\frac{1}{3}\cdot\frac{n\cdot R_u}{A_f} \quad \cdots\cdots (5\cdot8) \text{ 式}$$

$$q_a=\min(q_{a1},\ q_{a2}) \quad \cdots\cdots (5\cdot9) \text{ 式}$$

q_a ：改良地盤の許容鉛直支持力度［kN/m²］

q_{a1}：複合地盤として捉えた場合の許容鉛直支持力度［kN/m²］

q_{a2}：改良体が独立支持する場合の許容鉛直支持力度［kN/m²］

q_d ：下部地盤の極限鉛直支持力度［kN/m²］

A_b：改良地盤の底面積［m²］

τ_{di}：改良地盤周面に作用する各土層の極限周面摩擦力度［kN/m²］

h_i ：各土層の層厚［m］

L_S：改良地盤の外周長さ［m］(図 5•7)
改良体単体の場合は改良体の周長

R_u：改良体の極限鉛直支持力［kN］

n ：改良地盤内にある改良体の本数［本］

A_f：基礎スラブ底面積［m²］

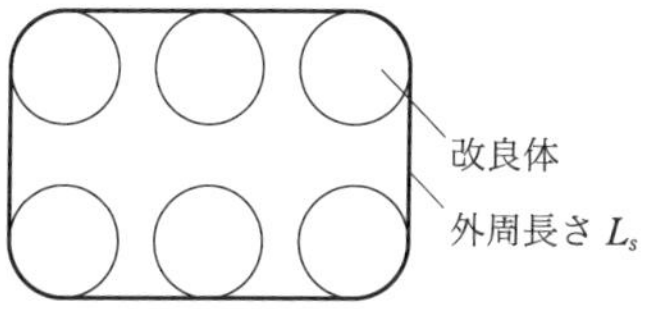

図 5•7　改良地盤の外周長さ L_S

1 下部地盤の極限鉛直支持力度 q_d

地盤調査結果に基づいて，下式により算定する．

$$q_d=i_c\alpha cN_c+i_\gamma\beta\gamma_1B_bN_\gamma+i_q\gamma_2D_f'N_q \quad \cdots\cdots (5\cdot10) \text{ 式}$$

q_d ：下部地盤の極限鉛直支持力度［kN/m²］

i_c，i_γ，i_q：基礎に作用する荷重の鉛直方向に対する傾斜角に応じて下式により求められる数値

$$i_c=i_q=(1-\theta/90)^2$$

$$i_\gamma=(1-\theta/\phi)^2$$

θ：荷重の傾斜角［度］

ϕ：下部地盤の内部摩擦角［度］

α, β：改良地盤の形状係数（表 5•2）

B_b ：改良地盤の短辺または短径の長さ［m］

c ：下部地盤の粘着力［kN/m²］　$c=6.25N$ とする（☞ 414【b】）

N_c, N_γ, N_q：地盤の内部摩擦角に応じた支持力係数（表 5•3）

γ_1 ：下部地盤の単位体積重量［kN/m³］
地下水位以下の部分については水中単位体積重量をとる

γ_2 ：下部地盤より上方にある地盤の平均単位体積重量［kN/m³］
地下水位以下の部分については水中単位体積重量をとる

D_f' ：基礎に近接した最低地盤面から下部地盤までの深さ［m］

表 5・2　形状係数

係数 ＼ 基礎荷重面の形状	円　形	円形以外の形状
α	1.2	$1.0+0.2\dfrac{B_b}{L_b}$
β	0.3	$0.5-0.2\dfrac{B_b}{L_b}$

B_b：基礎荷重面の短辺または短径の長さ［m］
L_b：基礎荷重面の長辺または長径の長さ［m］
（『改訂版 建築物のための改良地盤の設計及び品質管理指針』表 5・1・1 より）

表 5・3　支持力係数

ϕ	N_c	N_γ	N_q
0°	5.1	0	1.0
5°	6.5	0.1	1.6
10°	8.3	0.4	2.5
15°	11.0	1.1	3.9
20°	14.8	2.9	6.4
25°	20.7	6.8	10.7
28°	25.8	11.2	14.7
32°	35.5	22.0	23.2
36°	50.6	44.4	37.8
40° 以上	75.3	93.7	64.2

（『改訂版 建築物のための改良地盤の設計及び品質管理指針』表 5・1・2 より）

2 極限周面摩擦力度 τ_d

改良地盤の周面に作用する極限周面摩擦力度 τ_d は，地盤の種類に応じて各土層ごとに算定する．

砂質土の場合　$\tau_d=\dfrac{10N}{3}$ ……（5・11）式

粘性土の場合　$\tau_d=c$ または $\dfrac{1}{2}q_u$ ……（5・12）式

N：砂質土の N 値［回］
τ_d：極限周面摩擦力度［kN/m²］
c：粘性土の粘着力［kN/m²］
q_u：粘性土の 1 軸圧縮強度［kN/m²］

3 改良体の極限鉛直支持力 R_u

改良体の極限鉛直支持力 R_u は，載荷試験または下式により求めることができる．

載荷試験の方法は杭の載荷試験に準ずる．極限支持力度の値は，コラム頭部における沈下量がコラム径の 10%に到達した時点での荷重度とする．

$R_u=R_{pu}+\psi\cdot\sum\tau_{di}\cdot h_i$ ……（5・13）式

R_u：改良体の極限鉛直支持力［kN］
R_{pu}：改良体先端部における極限鉛直支持力［kN］

砂質土の場合　$R_{pu}=75\overline{N}A_p$ ……（5・14）式

粘性土の場合　$R_{pu}=6cA_p$ ……（5・15）式

$\overline{N}$：改良体先端から下に $1d$，上に $1d$（地表面を上限とする）の範囲の N 値の平均値（d は改良体の最小幅，円形の場合は直径［m］）［回］
c：粘性土の粘着力［kN/m²］
A_p：改良体の先端有効断面積［m²］

ψ：改良体の周長［m］
τ_{di}：各土層の極限周面摩擦力度［kN/m²］
h_i：各土層の層厚［m］

2．改良体の鉛直応力度の検討

基礎スラブ底面に作用する荷重により改良体頭部に生じる鉛直応力度が，改良体の許容応力度以下であることを確認する．改良体の許容応力度の算定方法については，平 13 国交告 1113 による（☞ **510**【a】）．

$$q_p \leqq f = \frac{F}{3} \quad \cdots\cdots (5\cdot16) 式$$

q_p：改良体頭部に生じる鉛直応力度［kN/m²］

f：改良体の許容応力度［kN/m²］

F：改良体の設計基準強度［kN/m²］

【a】 改良体頭部に生じる鉛直応力度 q_p

基礎スラブ底面から改良地盤へと伝達される荷重は，改良体と改良体間原地盤によって分担され，剛性の高い改良体の部分に荷重が集中する（図 5•8）．その集中の度合を考慮して，改良体に生じる鉛直応力度 q_p は下式で表される．

$$q_p = \mu_p \cdot \sigma_e \quad \cdots\cdots (5\cdot17) 式$$

q_p：改良体頭部に生じる鉛直応力度［kN/m²］

μ_p：応力集中係数

σ_e：基礎スラブに作用する設計用接地圧［kN/m²］

【b】 応力集中係数 μ_p

改良体に生じる鉛直応力度と基礎スラブに作用する接地圧との比であり，下部地盤が硬い場合には下式による．

$$\mu_p = \frac{1}{a_p} \quad \cdots\cdots (5\cdot18) 式$$

μ_p：応力集中係数

a_p：基礎スラブ内の改良率（基礎スラブ底面内の改良体面積と基礎スラブ底面積との比）

$$a_p = \frac{\sum A_p}{A_f} \quad \cdots\cdots (5\cdot19) 式$$

$\sum A_p$：基礎スラブ底面内の改良体面積［m²］

A_f　：基礎スラブ底面積［m²］

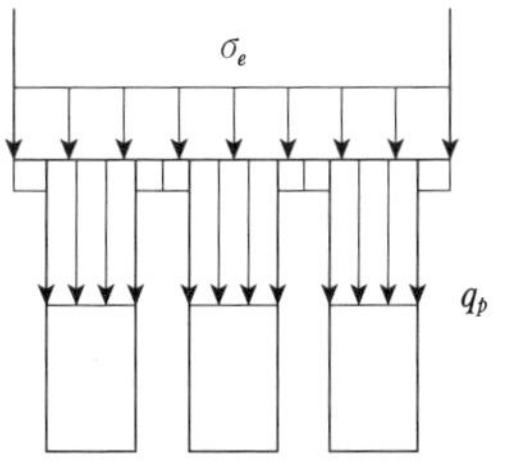

図 5•8　改良体への応力集中
（『改訂版 建築物のための改良地盤の設計及び品質管理指針』図 5•2•1 より）

設計例 4　深層混合処理工法の設計

【a】 設計条件（図 5･9，5･10）

- 改良形式　　：杭形式（接円配置）　$n=4$ 本
- 改良体の直径：1.0 m（断面積 $A_p=0.785\ \mathrm{m^2}$/本）
- 改良体の周長：$\phi=3.14$ m
- 改良体の長さ：3.0 m（改良体頭部 GL-1.5 m，改良深さ GL-4.5 m）
- 改良体の設計基準強度：$F=1200\ \mathrm{kN/m^2}$
- ボーリング資料：柱状図（図 5･11）

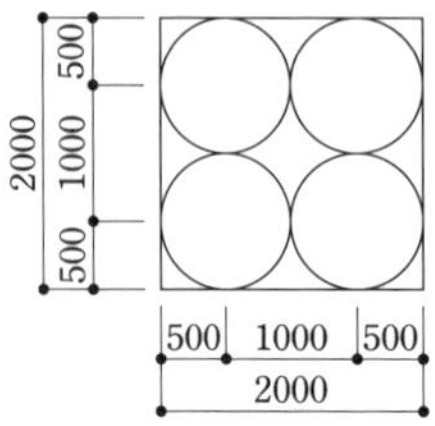

図 5･9　改良体の配置（4 本配置）. [mm]

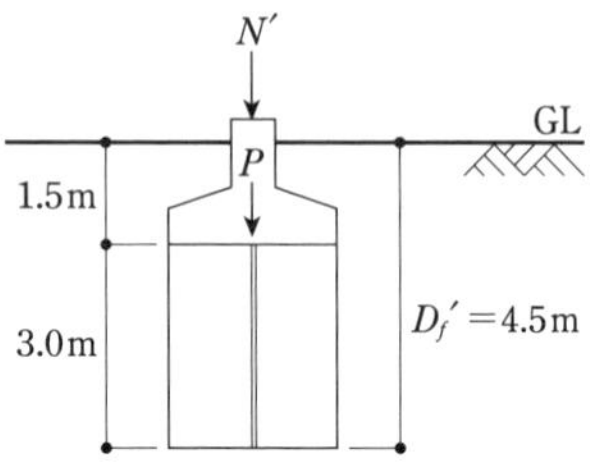

図 5･10　改良地盤断面図

【b】 改良地盤の鉛直支持力の検討

1 設計用接地圧の算定（図 5･10）

基礎スラブ底面に作用する鉛直荷重

$$P=N'+W_f=1100+120=1220\ \mathrm{kN}$$

柱軸方向力：$N'=1100$ kN

基礎自重　：$W_f=20\times1.5\times2.0\times2.0=120$ kN

設計用接地圧

$$\sigma_e=\frac{P}{A_f}=\frac{1220}{2.0\times2.0}=305\ \mathrm{kN/m^2}$$

2 改良地盤の許容鉛直支持力度の検討

①下部地盤（粘土混じり砂礫）の極限鉛直支持力度

算定式：$q_d=i_c\alpha cN_c+i_\gamma\beta\gamma_1B_bN_\gamma+i_q\gamma_2D_f'N_q$ ……………………………（5･10）式

傾斜荷重補正係数：$\theta=0$ より $i_c=i_\gamma=i_q=1.0$

内部摩擦角：$\phi=32°$（土質試験結果より）

支持力係数：$\phi=32°$ のとき，表 5･3 より $N_c=35.5$，$N_\gamma=22.0$，$N_q=23.2$

基礎底面幅：$B_b=L_b=2.0$ m

形状係数　：$\alpha=1.0+0.2\times\dfrac{2.0}{2.0}=1.2$

$\beta=0.5-0.2\times\dfrac{2.0}{2.0}=0.3$

粘着力　　：$N=30$ より $c=6.25N=187.5\ \mathrm{kN/m^2}$

下部地盤の単位体積重量：$\gamma_1=15-9.8=5.2\ \mathrm{kN/m^3}$（地下水位以下）

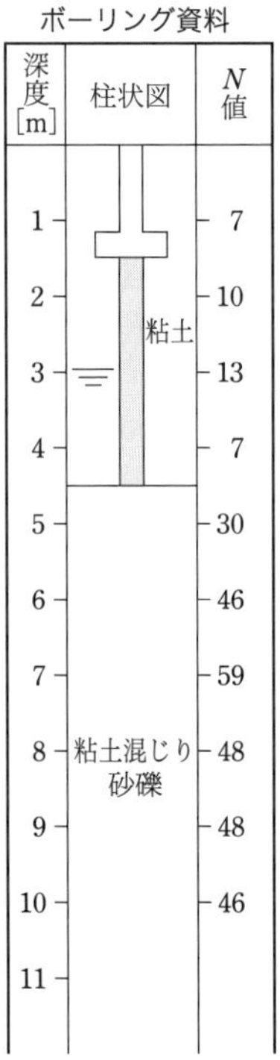

図 5･11　設計例 4

上方地盤の単位体積重量：GL-3 m まで 15 kN/m^3

GL-4.5 m まで $15-9.8=5.2$ kN/m^3

（地下水位以下）

平均値 $\gamma_2=\dfrac{15\times3+5.2\times1.5}{4.5}=11.7$ kN/m^3

GL から下部地盤までの深さ：$D_f'=1.5+3.0=4.5$ m

$q_d=1.0\times1.2\times187.5\times35.5+1.0\times0.3\times5.2\times2.0\times22.0+1.0\times11.7\times4.5\times23.2$

$=9277.6$ kN/m^2

②複合地盤として捉えた場合の許容鉛直支持力度

算定式：$q_{a1}=\dfrac{1}{3}\cdot\dfrac{q_d\cdot A_b+\sum(\tau_{di}\cdot h_i)L_S}{A_f}$ ……………………………………（5•7）式

下部地盤の極限鉛直支持力度：$q_d=9277.6$ kN/m^2

改良地盤の底面積：$A_b=2.0\times2.0=4.0$ m^2

極限周面摩擦力度：安全側に $\tau_d=0$ とする

粘土層の層厚：$h_1=3.0$ m

改良地盤の外周長さ：$L_S=1.0\times4+3.14=7.14$ m

$q_{a1}=\dfrac{1}{3}\times\dfrac{9277.6\times4.0+0\times3.0\times7.14}{2.0\times2.0}=3092.5$ kN/m^2

③改良体が独立支持する場合の許容鉛直支持力度

算定式：$q_{a2}=\dfrac{1}{3}\cdot\dfrac{n\cdot R_u}{A_f}$ ……………………………………………………（5•8）式

改良体本数：$n=4$ 本

改良体の極限鉛直支持力：

$R_u=R_{pu}+\psi\cdot\sum\tau_{di}\cdot h_i=816.5+3.14\times62.5\times3=1405$ kN

改良体先端部の極限鉛直支持力：

砂質土の場合　$R_{pu}=75\overline{N}A_p=75\times18.5\times0.785=1089$ kN

粘性土の場合　$R_{pu}=6cA_p=6\times115.6\times0.785=544$ kN

平均値　$R_u=\dfrac{1089+544}{2}=816.5$ kN

N 値の平均値：$\overline{N}=\dfrac{7+30}{2}=18.5$

粘着力：$c=6.25\overline{N}=6.25\times18.5=115.6$ kN/m^2

極限周面摩擦力度：$\tau_d=c=6.25N=6.25\times10=62.5$

粘土層の N 値：$N=\dfrac{10+13+7}{3}=10$

$q_{a2}=\dfrac{1}{3}\times\dfrac{4\times1405}{2.0\times2.0}=468.3$ kN/m^2

④改良地盤の許容鉛直支持力度

$q_a=\min(q_{a1},\ q_{a2})=468.3$ kN/m^2

⑤接地圧との検討

$q_a=468.3$ kN/m$^2>\sigma_e=305$ kN/m^2 → OK

【c】 改良体の鉛直応力度の検討

1 改良体の許容応力度

$$f=\frac{F}{3}=\frac{1200}{3}=400\ \mathrm{kN/m^2}$$

2 応力集中係数の算定

$$\mu_p=\frac{1}{a_p}=\frac{1}{0.785}=1.27$$

改良率：$a_p=\dfrac{\sum A_p}{A_f}=\dfrac{0.785\times4}{2.0\times2.0}=0.785$

3 改良体頭部に生じる鉛直許容応力度

$$q_p=\mu_p\cdot\sigma_e=1.27\times305=387.3\ \mathrm{kN/m^2}<f=400\ \mathrm{kN/m^2}\ \rightarrow\ \mathrm{OK}$$

530 浅層混合処理工法

地表面が軟弱地盤で，その下に十分な支持層がある場合に，基礎下部地盤を薄層状に転圧改良する工法である．地表面より 2 m 程度を 2 層に分け，セメント系固化材を改良前の地盤と混合し，締固めを行って固結化させる．地耐力 30～100 kN/m² 程度で，①階数≦3，②高さ≦13 m，③軒高≦9 m，④延べ面積≦500 m² の条件を満たす建築物を対象とする．

なお，土 1 m³ に対するセメント系固化材の最低配合量は，砂質地盤の場合には 50 kg，粘土質地盤の場合が 60 kg である．

531 改良地盤の鉛直支持力の検討

「改地指」において，浅層混合処理工法による改良地盤の鉛直支持力に対する検討項目として，以下の 2 点が示されている．

①基礎スラブ底面に作用する接地圧が，改良地盤の許容応力度以下であること．

②下部地盤に作用する接地圧が，下部地盤の許容支持力度以下であること．

【a】 改良地盤の設計基準強度 F の算定

検討項目①は，下式にて表される．

$q\leqq q_a$ ……………………………………………………………… (5•20) 式

q ：設計用荷重度［kN/m²］

q_a：改良地盤の許容応力度［kN/m²］

改良地盤の許容応力度 q_a については，平 13 国交告 1113 に算定式が示されている（☞ 510【a】）．上式に代入すると，改良地盤の設計基準強度 F の算定式が得られる．

$$q\leqq\frac{F}{3}$$

$F\geqq3q$ ……………………………………………………………… (5•21) 式

F ：改良地盤の設計基準強度［kN/m²］

【b】 下部地盤の支持力の検討

検討項目②は，改良地盤を通して伝達される荷重を下部地盤が十分に支持しうることを確認するものである．下式により検討を行う．

$q'\leqq q_e$ ……………………………………………………………… (5•22) 式

q'：下部地盤に作用する接地圧［kN/m²］

q_e：下部地盤の許容支持力度［kN/m²］

1 下部地盤に作用する接地圧 q'

基礎底面に作用する接地圧は，改良地盤による応力分散効果によって接地圧面積が拡大し，下部地盤に作用する（図5•12）．したがって，下部地盤に作用する接地圧 q' は，改良地盤の質量を加えた下式にて算定できる．

$$q'=\frac{q\cdot B\cdot L}{\{B+2(H-D_f)\tan\theta\}\{L+2(H-D_f)\tan\theta\}}+\gamma(H-D_f) \quad \cdots\cdots\cdots\cdots (5\cdot 23)\text{式}$$

q'：下部地盤に作用する接地圧［kN/m²］

q：設計用荷重度［kN/m²］

B：基礎底面の幅［m］

L：基礎底面の長さ［m］

D_f：基礎の根入れ深さ［m］

H：表層から下部地盤までの厚さ［m］

θ：応力の広がり角度

γ：改良地盤の単位体積重量［kN/m³］

応力の広がり角度 θ は，一般に $\tan\theta=\frac{1}{2}$ となる角度とすることが多い．

$$q'=\frac{q\cdot B\cdot L}{(B+H-D_f)(L+H-D_f)}+\gamma(H-D_f) \quad \cdots\cdots\cdots\cdots (5\cdot 23)'\text{式}$$

2 下部地盤の許容鉛直支持力度 q_e

深層混合処理工法における下部地盤の極限鉛直支持力 q_d を安全率（=3）で除することで算定できる．

$$q_e=\frac{1}{3}q_d=\frac{1}{3}(i_c\alpha cN_c+i_\gamma\beta\gamma_1B_bN_\gamma+i_q\gamma_2D_f'N_q) \quad \cdots\cdots\cdots\cdots (5\cdot 24)\text{式}$$

q_e：下部地盤の許容鉛直支持力度［kN/m²］

q_d：下部地盤の極限鉛直支持力度［kN/m²］☞ 521 1.【b】1

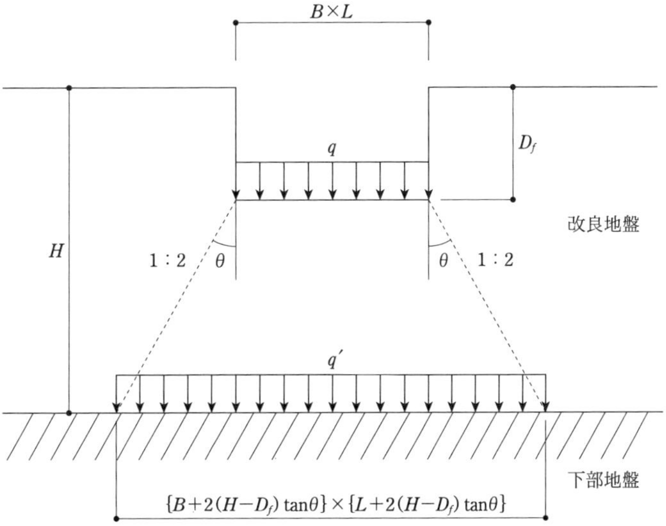

図5•12 下部地盤に作用する接地圧（『改訂版 建築物のための改良地盤の設計及び品質管理指針』図4•2•1より）

設計例5 浅層混合処理工法の設計

【a】 設計条件

- 建物用途　：住宅
- 建築面積　：32.4 m²　　延べ面積：97.2 m²
- 基礎底面積：A=32.4 m²（4.5 m×7.2 m）
- 構造種別　：木造　べた基礎 RC 造
- 建物全重量：N=569 kN（基礎自重含む）
- ボーリング資料：柱状図（図5•13）

【b】 設計用荷重度の算定

$$\frac{N}{A}=\frac{569}{32.4}=17.56\ \mathrm{kN/m^2} \longrightarrow \text{設計用荷重度 } q=20\ \mathrm{kN/m^2}$$

【c】 下部地盤の支持力の検討

べた基礎底面より 1.0 m の範囲を改良対象層とする．

1 下部地盤に作用する接地圧（図5•14）

算定式：$q'=\dfrac{q\cdot B\cdot L}{(B+H-D_f)(L+H-D_f)}+\gamma(H-D_f)$ ……………………………（5•23）′式

設計用荷重度：q=20 kN/m²

基礎底面幅　：B=4.5 m，L=7.2 m

表層から下部地盤までの深さ：H=1.5 m

基礎の根入れ深さ：D_f=0.5 m

改良地盤の単位体積重量：γ=15 kN/m³

$$q'=\frac{20\times4.5\times7.2}{(4.5+1.5-0.5)(7.2+1.5-0.5)}+15\times(1.5-0.5)=29.4\ \mathrm{kN/m^2}$$

ボーリング資料

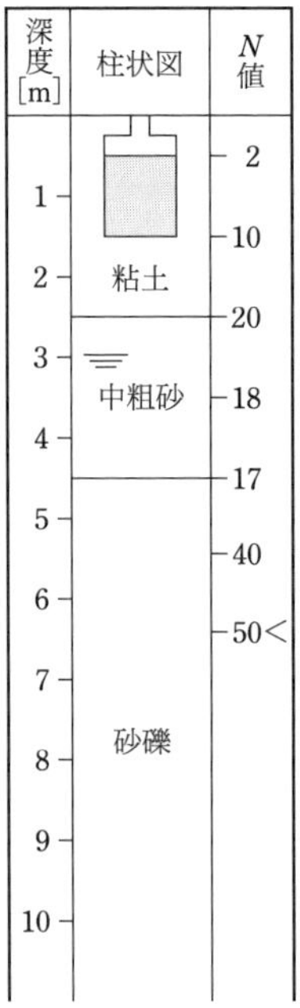

図5•13　設計例5

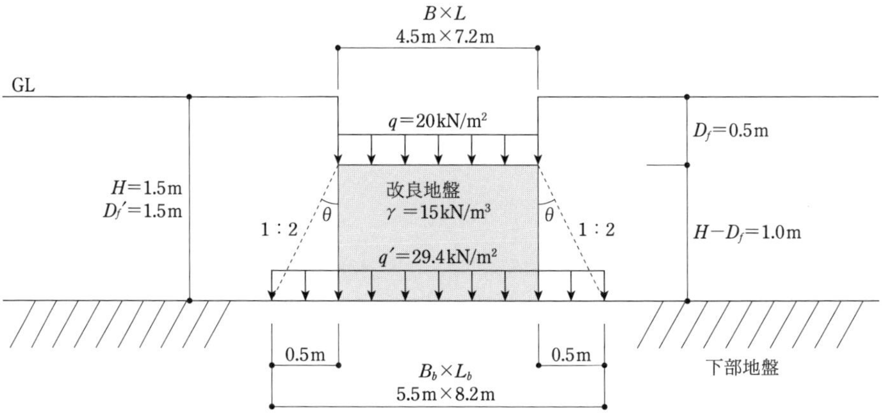

図5•14　下部地盤に作用する接地圧（「改地指」による）

2 下部地盤の許容応力度

算定式：$q_e=\frac{1}{3}(i_c\alpha cN_c+i_\gamma\beta\gamma_1B_bN_\gamma+i_q\gamma_2D_f{}'N_q)$ ……………………………… (5•24) 式

傾斜荷重補正係数：$\theta=0$ より $i_c=i_\gamma=i_q=1.0$

支持力係数：$\phi=0$（粘土）のとき，表 5•3 より $N_c=5.1$，$N_\gamma=0$，$N_q=1.0$

形状係数　：$\alpha=1.0+0.2\times\frac{4.5}{7.2}=1.125$

$\beta=0.5-0.2\times\frac{4.5}{7.2}=0.375$

粘着力　　：$N=10$ より $c=6.25N=62.5\ \mathrm{kN/m^2}$

下部地盤の単位体積重量：$\gamma_1=15\ \mathrm{kN/m^3}$

上方地盤の単位体積重量：$\gamma_2=15\ \mathrm{kN/m^3}$

GL から下部地盤までの深さ：$D_f{}'=1.5\ \mathrm{m}$

改良地盤の短辺長さ：応力分散効果を考慮　$B_b=5.5\ \mathrm{m}$（図 5•14）

$q_e=\frac{1}{3}\times(1.0\times1.125\times62.5\times5.1+1.0\times0.375\times15\times5.5\times0+1.0\times15\times1.5\times1.0)$

$=127\ \mathrm{kN/m^2}>q'=29.4\ \mathrm{kN/m^2}\rightarrow \mathrm{OK}$

【d】 略算設計方法

応力分散効果を無視した略算による設計方法を示す．この場合，下部地盤に作用する接地圧は下式にて算定される（図 5•15）．

算定式：$q'=q+\gamma(H-D_f)$

$=20+15\times(1.5-0.5)=35\ \mathrm{kN/m^2}$

下部地盤の許容応力度 $q_e=127\ \mathrm{kN/m^2}>q'=35\ \mathrm{kN/m^2}\rightarrow \mathrm{OK}$

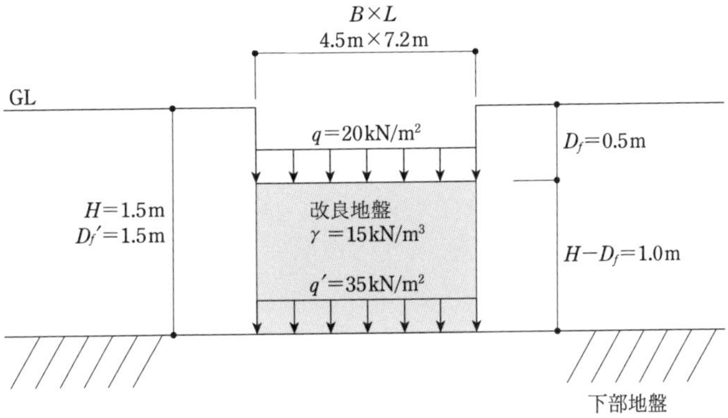

図 5•15　下部地盤に作用する接地圧（略算による）

600　沈下量の検討

「令」38条1項において「建築物の基礎は，建築物に作用する荷重及び外力を安全に地盤に伝え，かつ，地盤の沈下又は変形に対して構造耐力上安全なものとしなければならない」と規定されている．基礎の沈下については，日本建築学会『建築基礎構造設計指針』（以下「基指」と略す）に，その沈下量の計算方法および限界値が示されている．本章では主にこれに基づき沈下量の検討について解説する．

砂質地盤では，沈下量が問題になることは少ない．それは，粘土質地盤に比べてその値が小さいことと，砂質地盤に荷重がかかっても，短時間のうちに沈下が終ってしまう（即時沈下）からである．

鉄筋コンクリート造においては，建物の荷重の大部分が躯体である．しかし躯体工事完了時には，躯体自重による沈下はすでに落ち着いており，竣工後も沈下が進行することはない．そのため，施工時に即時沈下量の分だけGLを下げて施工すれば実用上問題がなく，沈下で問題となるのは不同沈下である．

一方，粘土質地盤では，沈下量も大きく，沈下に時間がかかる．

粘土層の沈下は，圧密沈下（長時間かかって土中の水がしぼり出され，間隙が減少するために起こる）であるため，建物の竣工後も，その層が厚ければ，何年間も沈下を続ける．そのため沈下量および不同沈下の検討が必要である．

610　沈下量の限界値

建物のいくつかの点で沈下量 S_A，S_B，S_C，…を求めたとき，S_A と S_B など2地点間の沈下量の差が相対沈下量である．これが不同沈下と呼ばれているもので，建物の沈下による障害は主としてこの相対沈下量によって生じる．

この相対沈下量は，上部構造の剛性効果によって接地圧が再配分され，値は小さくなる（図6•1）．したがって，上部構造の剛性を考慮して相対沈下量の計算を行えばよいが，解析が非常にむずかしい．表6•1，6•2は「基指」に示されている相対沈下量の限界値である．

一方，総沈下量が大きくなれば相対沈下量も大きくなるという傾向があるので，便宜上，総沈下量の限界値が示されている（表6•3，6•4）．杭基礎にあっても，杭先端以深に圧密沈下を起こす地層があるときの沈下量は表6•3により，即時沈下に対する沈下量は表6•4により検討を行う．

なお，設計に当っては沈下量を限界値内におさめると同時に，適当な箇所にエキスパンションを設けるか，あるいは上部構造を剛にする等，有害な不同沈下を生じないように設計しなければならない．

表 **6・1**　相対沈下量限界値（圧密沈下の場合）[mm]

構造種別	コンクリートブロック造	鉄筋コンクリート造		
基礎形式	連続(布)基礎	独立基礎	連続(布)基礎	べた基礎
標準値	10	15	20	20～30
最大値	20	30	40	40～60

（『建築基礎構造設計指針』表 5・3・5 より）

表 **6・2**　相対沈下量限界値（即時沈下の場合）[mm]

支持地盤	構造種別	コンクリートブロック造	鉄筋コンクリート造	
	基礎形式	連続(布)基礎	独立基礎	連続(布)基礎
風化花崗岩（まさ土）	標準値	―	10	12
	最大値		20	24
砂	標準値	5	8	―
	最大値	10	15	
洪積粘性土	標準値	―	7	―
	最大値		15	

（『建築基礎構造設計指針』表 5・3・5 より）

表 **6・3**　総沈下量限界値（圧密沈下の場合）[mm]

構造種別	コンクリートブロック造	鉄筋コンクリート造		
基礎形式	連続(布)基礎	独立基礎	連続(布)基礎	べた基礎
標準値	20	50	100	100～(150)
最大値	40	100	200	200～(300)

（　）は 2 重スラブなどで十分剛性が大きい場合

（『建築基礎構造設計指針』表 5・3・6 より）

表 **6・4**　総沈下量限界値（即時沈下の場合）[mm]

支持地盤	構造種別	コンクリートブロック造	鉄筋コンクリート造	
	基礎形式	連続(布)基礎	独立基礎	連続(布)基礎
風化花崗岩（まさ土）	標準値	―	15	25
	最大値		25	40
砂	標準値	10	20	―
	最大値	20	35	
洪積粘性土	標準値	―	15～25	―
	最大値		20～40	

（『建築基礎構造設計指針』表 5・3・6 より）

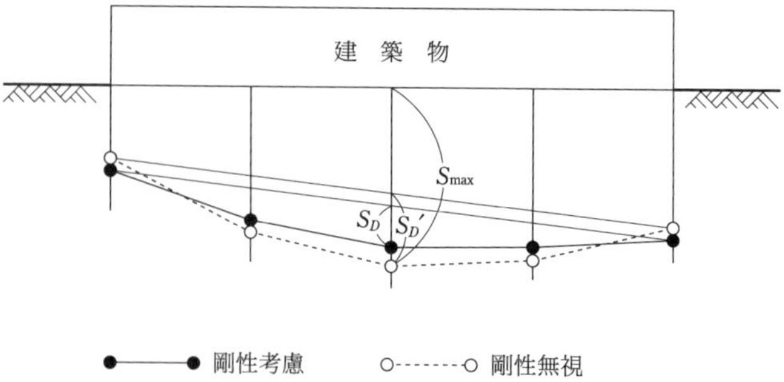

S_D　：剛性を考慮した場合の相対沈下量
S_D'　：剛性を無視した場合の相対沈下量
S_{max}：剛性を無視した場合の最大沈下量

図 6•1　相対沈下量におよぼす建物剛性の効果（『建築基礎構造設計指針』図 5•3•5 より）

620　地中応力の計算

沈下量の計算に当って必要な，地表面に作用する荷重によって地盤中に生じる地中応力の計算式を，「基指」に基づき解説する．

621　集中荷重による地中応力

独立基礎荷重（集中荷重）によって生じる地中応力度の鉛直成分は，（6•1）式で求めることができる（図 6•2）．

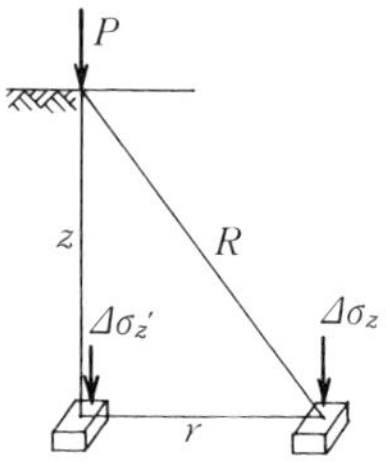

図 6•2　集中荷重による地中鉛直応力

$$\varDelta\sigma_z=\frac{3Pz^3}{2\pi R^5} \quad \cdots\cdots (6•1)\text{ 式}$$

また，荷重点直下の深さ z なる点の応力 $\varDelta\sigma_z'$ は（6•2）式により求められる．

$$\varDelta\sigma_z'=0.4775\frac{P}{z^2} \quad \cdots\cdots (6•2)\text{ 式}$$

$\varDelta\sigma_z$　：地中の任意点における鉛直応力［kN/m²］
$\varDelta\sigma_z'$：荷重点直下の深さ z なる点の応力［kN/m²］
P　：地表面に作用する鉛直集中荷重［kN］
z　：地表面より任意点までの深さ［m］
R　：荷重の作用点より任意点までの距離［m］

622　分布荷重による地中応力（長方形分割法）

べた基礎荷重（分布荷重）により生じる地中応力度の鉛直成分は，下記により求める．

【a】 長方形の隅角の直下

辺長比が B/L である地表面上の長方形面に，等分布荷重 q が作用したとき，この長方形の隅角 O 点の直下で，深さ z なる点における応力度は，（6•3）式で求めることができる（図 6•3）．

$$\varDelta\sigma_z=qf_B(m,\ n) \quad \cdots\cdots (6•3)\text{ 式}$$

q ：等分布荷重［kN/m²］
$f_B(m,\ n)$：図 6•5 によって求める．　$m=B/z$，$n=L/z$

【b】 長方形の中央部の直下

長方形の中央部Eの深さ z なる点の応力度は，長方形ABCDを，その中央点Eが隅角となるような4個の長方形に分割し，それぞれの応力度を（6•3）式にて求め，合成して求める（図6•4）.

したがって，長方形の中央部の直下の応力度 $\Delta\sigma_{zE}$ は（6•4）式により求められる.

$$\Delta\sigma_{zE}=4qf_B(m,\ n) \quad \cdots\cdots（6•4）式$$

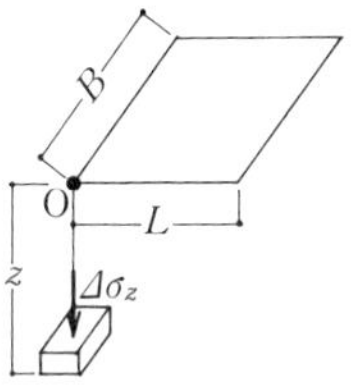

図 **6•3** 長方形隅角下の地中鉛直応力

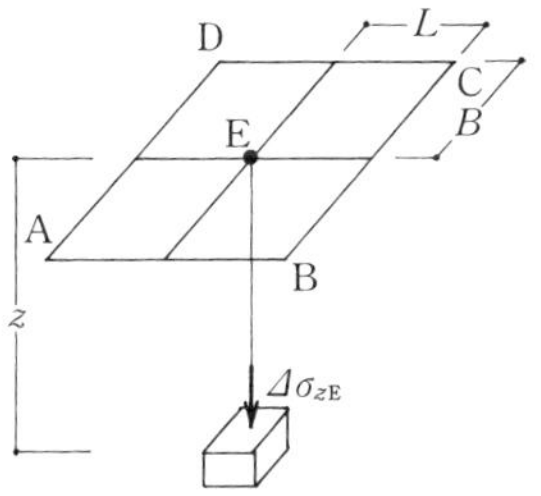

図 **6•4** 長方形中央部直下の地中鉛直応力

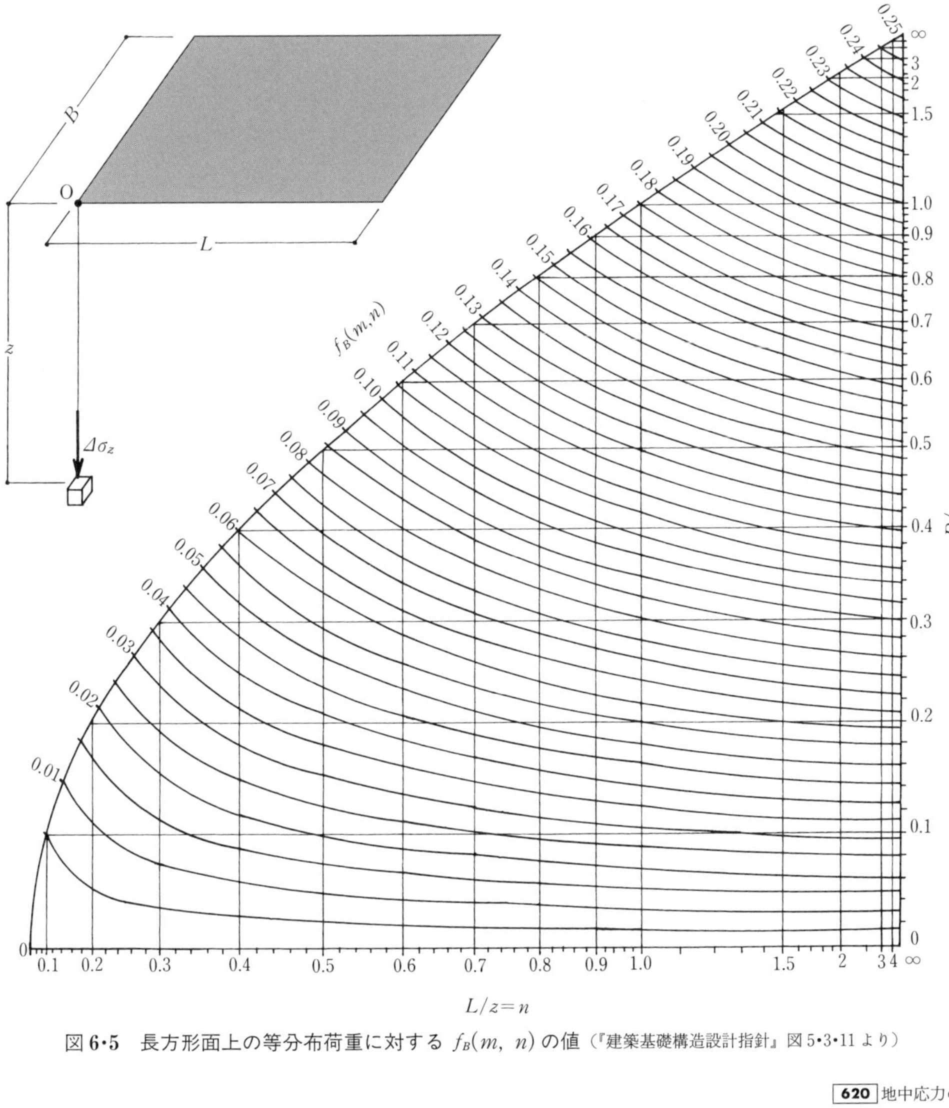

図 **6•5** 長方形面上の等分布荷重に対する $f_B(m,\ n)$ の値（『建築基礎構造設計指針』図5•3•11より）

630　即時沈下量 S_E の算定（砂質地盤）

631　S_E の算定式

有限厚さの地盤上にある基礎の即時沈下量は下式にて求められる（図6•6）．

$$S_E = q\frac{B}{E_S}I_S \quad \cdots\cdots (6•5)\text{式}$$

S_E ：基礎隅角部における即時沈下量［m］

q ：基礎に作用する荷重度［kN/m²］

B ：基礎底面幅［m］

E_S ：地盤のヤング率［kN/m²］

I_S ：沈下係数

【a】 地盤のヤング率 E_S

ヤング率 E_S は単位当りのひずみを起こすのに必要な垂直応力の大きさを示しており，E_S の値が大きいものほどひずみにくい．

$$E_S = \frac{\text{垂直応力度}}{\text{縦のひずみ度}} = \frac{\sigma}{\varepsilon} = \frac{P/A}{\Delta l/l_0}$$

ここで，$\Delta l = l - l_0$（図6•7）

砂質地盤の E_S は，地下水のない場合においては，N 値の平均値 $\overline{N}$ より算定できる．

正規圧密された砂：$E_S = 1.4\overline{N}$ ［MN/m²］ $= 1400\overline{N}$ ［kN/m²］ ………… (6•6) 式

過圧密された砂　：$E_S = 2.8\overline{N}$ ［MN/m²］ $= 2800\overline{N}$ ［kN/m²］ ………… (6•7) 式

（過圧密された砂には，洪積層，砂丘切土，および振動ローラーで締固めた砂を含む）

その他の求め方として，下記が挙げられる．

①平板載荷試験結果値より求める．

②ボーリング孔内水平載荷試験より求める．

③せん断波速度測定値より求める．

【b】 沈下係数 I_S

地盤のポアソン比 ν_S，厚さ H（図6•6）および基礎底面の形状によって決まる係数である．

1 地盤のポアソン比 ν_S

縦のひずみ度と横のひずみ度との間には各地盤で一定の関係があり，横のひずみ度と縦のひずみ度の比をポアソン比という（表6•5）．

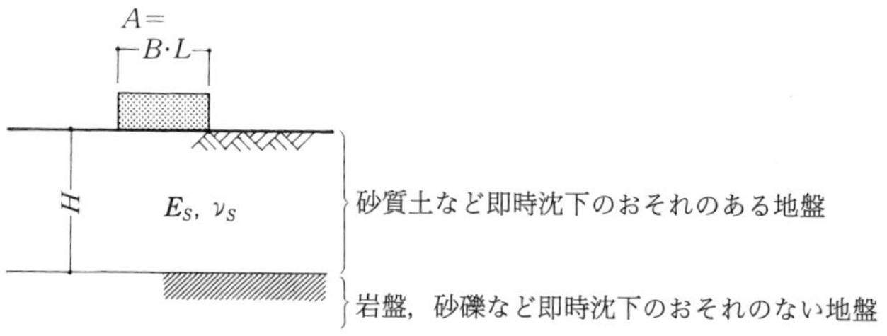

図6•6　有限厚さの地盤

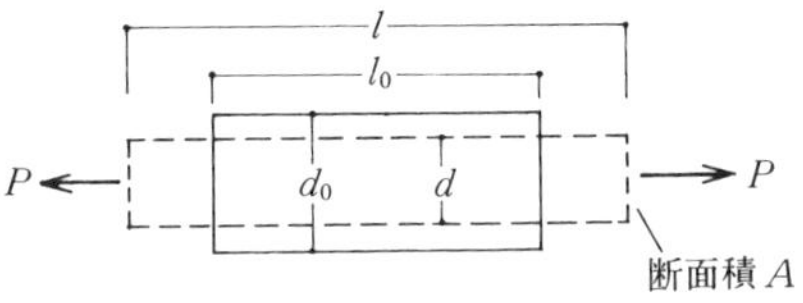

図**6·7**　応力とひずみ

表**6·5**　ポアソン比

	ν_S	
		標準値
飽和粘性土		0.5
砂	0.25 ～ 0.35	0.3
関東ローム		0.3 (0.15[注])

注）間隙比が大きく強度の低い場合
（建築基礎構造設計指針』5•3節2.(2)より）

$$\nu_S=\frac{\text{横のひずみ度}}{\text{縦のひずみ度}}=\frac{\Delta d/d_0}{\Delta l/l_0}$$

ここで，$\Delta d=d-d_0$，$\Delta l=l-l_0$（図6•7）

2　I_s の算定式

$$I_S=(1-\nu_S{}^2)F_1+(1-\nu_S-2\nu_S{}^2)F_2 \quad \cdots\cdots（6•8）式$$

$$F_1=\frac{1}{\pi}\left[l\cdot\log_e\frac{(1+\sqrt{l^2+1})\sqrt{l^2+d^2}}{l(1+\sqrt{l^2+d^2+1})}+\log_e\frac{(l+\sqrt{l^2+1})\sqrt{1+d^2}}{l+\sqrt{l^2+d^2+1}}\right] \cdots（6•9）式$$

$$F_2=\frac{d}{2\pi}\tan^{-1}\frac{l}{d\sqrt{l^2+d^2+1}} \quad \cdots\cdots（6•10）式$$

ν_S：地盤のポアソン比
L：基礎底面長さ［m］
B：基礎底面幅［m］
l：基礎底面における長さと幅の比　$l=L/B$
H：地盤の厚さ［m］
d：地盤の厚さと基礎底面幅の比　$d=H/B$

632　設計例6　S_E の算定

【a】 設計条件

- 柱軸方向力　：$N=1000$ kN
- 基礎底面　：2.5 m×2.5 m（正方形）　$B=2.5$ m，$L=2.5$ m（図6•8）
  底面積 $A=6.25$ m²
- ボーリング資料：柱状図（図6•9）
- 深度1.5～4.5 mの中粗砂層（層厚 $H=3.0$ m）の沈下量を算定する．
  なお砂礫層は $N\geqq40$ あり，密実な礫層なので沈下の検討は必要ない．

【b】 算定

基礎底面を4分割し，1/4の底面における隅角の即時沈下量 S_E' を求め，その値を4倍することで即時沈下量 S_E を算定する（図6•8）．

1　沈下係数 I_S の算定

算定式：$I_S=(1-\nu_S{}^2)F_1+(1-\nu_S-2\nu_S{}^2)F_2$ ……（6•8）式

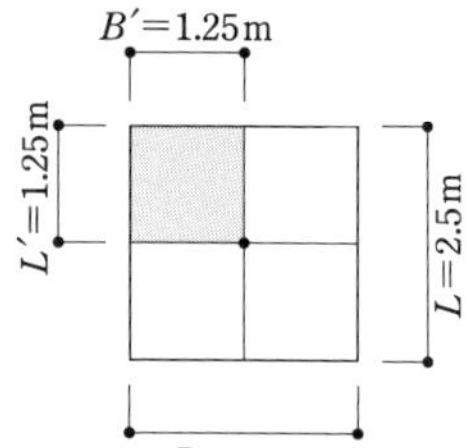

図 6・8　基礎底面

$$F_1=\frac{1}{\pi}\left[l\cdot\log_e\frac{(1+\sqrt{l^2+1})\sqrt{l^2+d^2}}{l(1+\sqrt{l^2+d^2+1})}+\log_e\frac{(l+\sqrt{l^2+1})\sqrt{1+d^2}}{l+\sqrt{l^2+d^2+1}}\right]\cdots(6\cdot9)\text{式}$$

$$F_2=\frac{d}{2\pi}\tan^{-1}\frac{l}{d\sqrt{l^2+d^2+1}}\cdots\cdots(6\cdot10)\text{式}$$

ポアソン比　：表 6・5 より $\nu_S=0.3$（砂）

基礎底面長さ：$L'=1.25$ m（図 6・8）

基礎底面幅　：$B'=1.25$ m（図 6・8）

$$l=\frac{L'}{B'}=\frac{1.25}{1.25}=1.0$$

層厚　　　　：$H=3.0$ m

$$d=\frac{H}{B'}=\frac{3.0}{1.25}=2.4$$

$$F_1=\frac{1}{\pi}\left[1.0\times\log_e\frac{(1+\sqrt{1.0^2+1})\sqrt{1.0^2+2.4^2}}{1.0\times(1+\sqrt{1.0^2+2.4^2+1})}+\log_e\frac{(1.0+\sqrt{1.0^2+1})\sqrt{1+2.4^2}}{1.0+\sqrt{1.0^2+2.4^2+1}}\right]$$

$$=\frac{1}{\pi}\times(1.0\times0.5+0.5)=0.318$$

$$F_2=\frac{2.4}{2\pi}\tan^{-1}\frac{1.0}{2.4\times\sqrt{1.0^2+2.4^2+1}}=\frac{2.4}{2\pi}\times\underbrace{0.047\pi}_{[\mathrm{rad}]\text{にて算定}}=0.0564$$

$$I_S=(1-0.3^2)\times0.318+(1-0.3-2\times0.3^2)\times0.0564=0.319$$

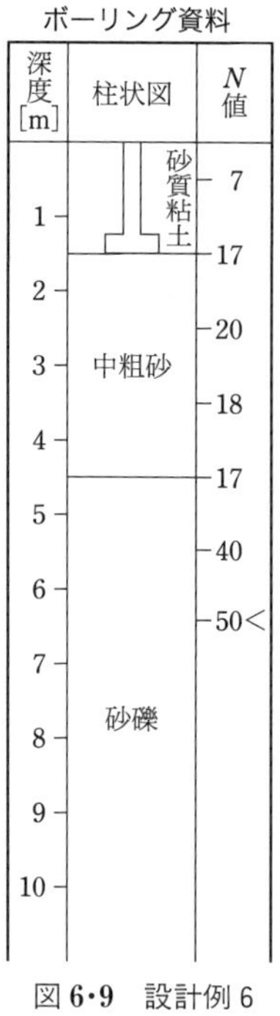

図 6・9　設計例 6
（採用値：17，20
18，17 の平均値）

2 沈下量 S_E の算定

算定式：$S_E=q\dfrac{B}{E_S}I_S$ ……………………………………（6・5）式

荷重度　：$q=\dfrac{N}{A}=\dfrac{1000}{6.25}=160\ \mathrm{kN/m^2}$

ヤング率：$\overline{N}=\dfrac{17+20+18+17}{4}=18$ より

$$E_S=1400\overline{N}=1400\times18=25200\ \mathrm{kN/m^2}$$

$$S_E'=160\times\frac{1.25}{25200}\times0.319=2.53\times10^{-3}\ \mathrm{m}=2.53\ \mathrm{mm}$$

$$S_E=4\times S_E'=4\times2.53=10.12\ \mathrm{mm}<20\ \mathrm{mm}^{\text{注}}\ \rightarrow\ \mathrm{OK}$$

注）総沈下量限界値，砂，RC 造，独立基礎の標準値（表 6・4）

640　圧密沈下量 S の算定（粘土質地盤）

641　S の算定式

圧密沈下量 S は，粘土層の厚さが薄く，正規圧密沈下（建造物荷重で生じる沈下）の場合，下式により求めることができる．

$$S=\frac{C_c \cdot H}{1+e}\log_{10}\left(1+\frac{\Delta\sigma_z'}{p_c}\right) \quad \cdots\cdots (6\cdot 11)\text{ 式}$$

S　：圧密沈下量［m］

C_c　：圧縮指数

e　：間隙比

H　：粘土層の厚さ［m］

$\Delta\sigma_z'$：粘土層の中心点における増加鉛直応力［kN/m²］

p_c　：圧密降状応力（基礎設置前の先行圧密応力（土の重量による圧密応力））［kN/m²］

【a】 圧縮指数 C_c の求め方

次のいずれかにより求める．

1　圧密試験による方法

圧密試験の結果により求める．その他，圧密試験では粘性土の沈下特性の判断に必要な係数が求められる．

- 圧縮指数 C_c
- 先行圧密応力 σ_0
- 圧密係数 C_v
- 体積圧密係数 m_v
- 透水係数 K

2　液性限界値 w_L による算定

液性限界・塑性限界試験で得られる液性限界値 w_L より C_c を求める．鋭敏比の大きくない粘土は，

$$C_c=0.009(w_L-10) \quad \cdots\cdots (6\cdot 12)\text{ 式}$$

または

$$C_c=a(w_L-b) \quad \cdots\cdots (6\cdot 12)'\text{ 式}$$

a，b：地質による定数（各地の地盤図より求める）

【b】 間隙比 e の求め方

間隙比とは，土の粒子だけの体積 V_s と隙間の体積 V_v との比で，$e=V_v/V_s$ である．下記の試験をして（6•13）式で求める．

①土粒子の比重試験：土粒子の比重 G_s

②含水試験：含水比 w

③単位体積重量試験：湿潤密度 γ_t

$$e=\frac{G_s}{\gamma_t}\left(1+\frac{w}{100}\right)+1 \quad \cdots\cdots (6\cdot 13)\text{ 式}$$

642 設計例7 S の算定

【a】 設計条件

- 柱軸方向力　：$N=1000$ kN
- 基礎底面　：2.5 m×2.5 m（正方形）
  底面積 $A=6.25$ m^2
- ボーリング資料：柱状図（図6•10）
- 土質試験結果　：間隙比 $e=2.3$
  圧縮指数 $C_c=0.45$
- 深度 4.5～6.5 m の粘土層（厚層 $H=2.0$ m）の圧密沈下量を算定する．

【b】 算定

1 圧密降伏応力 p_c の算定

基礎設置前の先行圧密応力が p_c であるから，粘土層の中心点 A までの土の重量を求めればよい．

$$p_c=16\ \text{kN/m}^3\times1.5\ \text{m}+18\ \text{kN/m}^3\times1.5\ \text{m}+8.2\ \text{kN/m}^3\times1.5\ \text{m}+6.2\ \text{kN/m}^3\times1\ \text{m}$$
$$=69.5\ \text{kN/m}^2$$

2 増加鉛直応力 $\varDelta\sigma_z'$ の算定

柱軸方向力 $N=1000$ kN を中央荷重 P と考え，荷重点直下における粘土層の中心点 A の応力度を（6•2）式により求める．

$$\varDelta\sigma_z'=0.4775\frac{P}{z^2}=0.4775\times\frac{1000}{4^2}=29.8\ \text{kN/m}^2$$

3 沈下量 S の算定

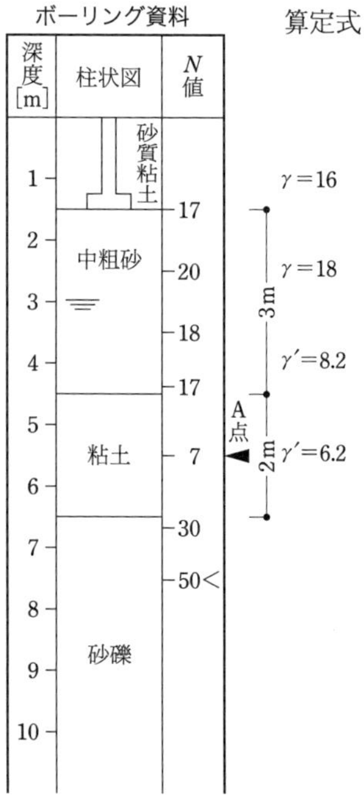

γ：地盤の単位体積重量
γ′：地盤の水中単位体積重量

図6•10　設計例7

算定式：$S=\dfrac{C_c\cdot H}{1+e}\log_{10}\left(1+\dfrac{\varDelta\sigma_z'}{p_c}\right)$ ……………………（6•11）式

$$=\frac{0.45\times2.0}{1+2.3}\times\log_{10}\left(1+\frac{29.8}{69.5}\right)$$

$$=0.27\times\underbrace{\log_{10}1.43}_{0.1553}=0.042\ \text{m}=42\ \text{mm}<50\ \text{mm}^{注}\ \rightarrow\ \text{OK}$$

注）総沈下量限界値，RC 造，独立基礎の標準値（表6•3）

700 杭の許容支持力

杭の許容支持力を定める方法が平 13 国交告 1113 に示されている.

〈支持力算定式〉または〈杭載荷試験結果による算定式〉のいずれかの算定式（実務図表 7•2）によって求めることができるが，設計段階では〈支持力算定式〉で許容支持力を求め，その値で杭基礎を設計し，施工時に杭戴荷試験で設計値を確認するのが一般的である.

〈支持力算定式〉は，支持杭および摩擦杭（摩擦杭においては〈摩擦力算定式〉）並びに杭の材種および工法によって算定式が違うので，注意しなければならない．いずれの算定式で求まった値（地盤に対する支持力）も，抗体の許容耐力の値以下でなければならない.

なお，本章ではまず 710 で許容支持力 R_a について，720 では杭体の許容耐力 P_a について全般的に説明し，730 で打込み杭，740 で埋込み杭，750 で場所打ち杭，760 で摩擦杭について，許容支持力の求め方を詳述する.

710　地盤に対する杭の許容支持力 R_a の求め方

平 13 国交告 1113 に示されている基礎杭の地盤に対する許容支持力の算定式について解説する.

まず，「告示」に示されている杭の種類と認定工法についてポイントを示す．下記の杭の許容支持力については，〈支持力算定式〉（摩擦杭においては〈摩擦力算定式〉）または〈杭載荷試験結果による算定式〉のいずれかにより求める．それ以外の杭については〈杭載荷試験結果による算定式〉を用いる.

1　打込み杭

地盤を傷めずに耐力が得られるが，ハンマーを使用するため騒音・振動が大きく，市街地では施工がむずかしい.

一般には，認定工法のプレボーリング併用打撃工法が採用される．アースオーガーで一定の深度まで掘削して，杭を建込み，打撃する工法である.

2　セメントミルク工法による埋込み杭

アースオーガーにて掘削し，掘削中に孔壁の崩壊を防止するために安定液（通常は水）をアースオーガー先端から噴出させる．所定の深度に達したら，根固め液（セメントミルク）に切り換えて所定量を注入，完了後に杭周固定液（一定の強度のセメントミルク）を注入しながらアースオーガーを引上げて，杭を建込む.

認定工法が多数ある.

- プレボーリング拡大根固め工法
- 中掘り根固め工法

・中掘り拡大根固め工法

・回転根固め工法

3 場所打ち杭

以下の3つの工法が認定されている.

①アースドリル工法

掘削孔の地表面に崩壊防止のための表層ケーシングを建込み，安定液を注入しながらアースドリルで掘削する．所定の深度まで掘削完了後にスライム処理を行い，かご状鉄筋を挿入，トレミー管にてコンクリートを打設し，最後にケーシングを引抜く工法.

②リバースサーキュレーション工法

リバース機を据付けて，スタンドパイプを建込み，満水にして回転ビットにて掘削する．掘削完了後，かご状鉄筋を挿入，トレミー管にてスライム処理を行ってコンクリートを打設し，スタンドパイプを引抜く工法.

③オールケーシング工法

ケーシングチューブを圧入しながら，ハンマークラブにて掘削する．掘削完了後，スライム処理を行い，かご状鉄筋を挿入，トレミー管にてコンクリートを打設し，ケーシングチューブを引抜く工法.

711 支持杭の R_a 算定式

支持杭の地盤に対する許容支持力は，【a】杭載荷試験結果による算定式または【b】支持力算定式によって求められる（認定外の杭については【a】による）.

【a】 杭載荷試験結果による算定式（平13国交告1113第5一号(1)項）

・長期：$_LR_a=\frac{1}{3}R_u$ ……（7•1）式

・短期：$_SR_a=\frac{2}{3}R_u$ ……（7•2）式

R_a：杭の許容支持力［kN］

R_u：杭載荷試験による極限支持力［kN］

ただし，$_LR_a$ は $_SR_a$ 未満かつ限界沈下量（載荷試験において，杭体および建築物に有害な損傷，変形，沈下が生じないと認められる杭頭沈下量）に対応した杭頭荷重の値とすることができる.

【b】 支持力算定式（平13国交告1113第5一号(2)項）

杭先端の地盤の許容応力度と杭周面摩擦力により求める.

・長期：$_LR_a=q_pA_p+\frac{1}{3}R_F$ ……（7•3）式

・短期：$_SR_a=2q_pA_p+\frac{2}{3}R_F$ ……（7•4）式

R_a：杭の許容支持力［kN］

q_p：杭先端の地盤の許容応力度［kN/m²］

打込み杭 $q_p=\frac{300}{3}\overline{N}$ ……（7•5）式

セメントミルク工法による埋込み杭 $q_p=\frac{200}{3}\overline{N}$ ……（7•6）式

アースドリル工法等による場所打ち杭　$q_p=\frac{150}{3}\overline{N}$ ……………………………… (7•7) 式

$\overline{N}$：杭先端付近の地盤の標準貫入試験による打撃回数の平均値（60を超えるときは60とする）[回] ☞ **716**

A_p：杭先端の有効断面積 [m²]

R_F：杭の周面摩擦力 [kN]

1 杭先端の有効断面積 A_p

PHC杭，鋼管杭には，先端が閉鎖型のものと開放型のものがある．特に開放型の杭は工法別に②の値とする．

①先端が閉端の場合

$$A_p=\pi\left(\frac{d}{2}\right)^2=0.25\pi d^2$$

d：杭径

②先端が開端の場合

- 打込み杭（既製コンクリート杭，鋼管杭）

$A_p=A_p'$

A_p'：先端閉そく効果率を考慮した有効面積 ☞ **732**

- 埋込み杭（セメントミルクによる根固め方式）

$A_p=0.25\pi d^2$

先端が閉鎖型の断面積を採用する．

2 杭の周面摩擦力 R_F

杭の周面摩擦力 R_F は下式により求める．

$$R_F=\left(\frac{10}{3}\overline{N_s}L_s+\frac{1}{2}\overline{q_u}L_c\right)\psi \quad \cdots\cdots (7•8) 式$$

$\overline{N_s}$：杭周囲地盤のうち砂質地盤の標準貫入試験による打撃回数（30を超えるときは30）の平均値 [回]

L_s：杭が砂質地盤に接する長さの合計 [m]

$\overline{q_u}$：杭周囲地盤のうち粘土質地盤の1軸圧縮強度（200を超えるときは200とする）の平均値 [kN/m²]

L_c：杭が粘土質地盤に接する長さの合計 [m]

ψ：杭の周長 [m]

712　摩擦杭の R_a 算定式

摩擦杭の地盤に対する許容支持力は，【a】杭載荷試験結果による算定式または【b】摩擦力算定式によって求められる杭と周囲地盤との摩擦力とする（認定外の杭については【a】による）．

【a】 杭載荷試験結果による算定式（平13国交告1113第5二号(1)項）

- 長期：$_LR_a=\frac{1}{3}R_u$ ……………………………… (7•9) 式
- 短期：$_SR_a=\frac{2}{3}R_u$ ……………………………… (7•10) 式

$_LR_a$：杭と周囲地盤との摩擦力［kN］

R_u：杭載荷試験による極限支持力［kN］

ただし，$_LR_a$ は $_sR_a$ 未満かつ限界沈下量に対応した杭頭荷重の値とすることができる．

【b】 摩擦力算定式（平 13 国交告 1113 第 5 二号(2)項）

・長期：$_LR_a=\dfrac{1}{3}R_F$ ……（7•11）式

・短期：$_sR_a=\dfrac{2}{3}R_F$ ……（7•12）式

R_a：杭と周囲地盤との摩擦力［kN］

R_F：杭の周面摩擦力［kN］☞ 711【b】2

713 杭，地盤アンカーの引抜き方向の許容支持力

【a】 杭の引抜き方向の許容支持力（平 13 国交告第 1113 第 5 三号）

建築物に水平力（主に地震力）が作用すると，杭に引抜き力が生じる（図 7•1）．このような場合に検討すべき杭の引抜き方向の許容支持力は，1 引抜き試験結果による算定式または 2 摩擦力算定式によって求められる（認定外の杭については 1 による）．

1 引抜き試験結果による算定式（(1)項）

・長期：$_{Lt}R_a=\dfrac{1}{3}{}_tR_u+w_p$ ……（7•13）式

・短期：$_{st}R_a=\dfrac{2}{3}{}_tR_u+w_p$ ……（7•14）式

$_tR_a$：杭の引抜き方向の許容支持力［kN］

$_tR_u$：引抜き試験による極限引抜き抵抗力［kN］

w_p：杭の有効自重（杭の自重から実況により求めた浮力を減じた値）［kN］

実務図表 7•1 は場所打ちコンクリート杭の自重の一覧表である．

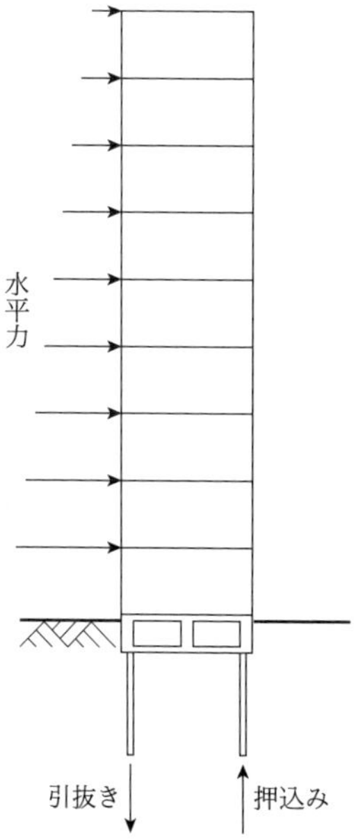

図 7•1 水平力による杭の引抜き

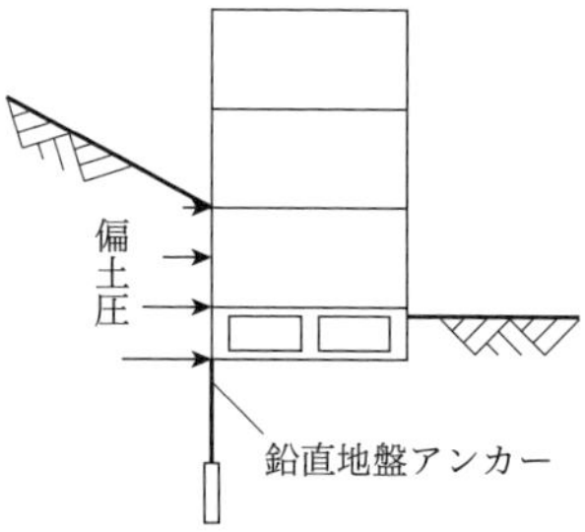

図 7•2 地盤アンカーの引抜き

実務図表 **7・1**　${}_tR_a$ 算定式に用いる場所打ちコンクリート杭の自重 w_p

杭　径 [m]	0.7	0.8	0.9	1.0	1.1	1.2	1.3	1.4	1.5	1.6	1.7	1.8	1.9	2.0
先端閉鎖断面積 A_p [m²]	0.385	0.502	0.636	0.785	0.95	1.13	1.33	1.54	1.77	2.01	2.27	2.54	2.83	3.14
杭周長 ψ [m]	2.19	2.51	2.82	3.14	3.45	3.76	4.08	4.39	4.71	5.02	5.33	5.65	5.96	6.28
自　重 [kN/m]	9.24	12.0	15.3	18.8	22.8	27.1	31.9	37.0	42.5	48.2	54.5	61.0	68.0	75.4
地下水面下の部分の自重 [kN/m]（自重(24)－浮力(10)＝14）	5.39	7.03	8.9	11.0	13.3	15.8	18.6	21.6	24.8	28.1	31.8	35.6	39.6	44.0

② 摩擦力算定式（(2)項）

・長期：$_{Lt}R_a=\dfrac{4}{15}R_F+w_p$ ……（7・15）式

・短期：$_{St}R_a=\dfrac{8}{15}R_F+w_p$ ……（7・16）式

${}_tR_a$：杭の引抜き方向の許容支持力 [kN]

R_F：杭の周囲摩擦力 [kN]　☞ **711**【b】②

w_p：杭の有効自重（杭の自重から実況により求めた浮力を減じた値）[kN]

【b】 地盤アンカーの引抜き方向の許容支持力度（平 13 国交告 1113 第 7）

傾斜地盤における偏土圧等により建築物に転倒モーメントが生じる場合，その引抜き力を地盤アンカーに負担させる（図 7・2）．地盤アンカーの引抜き方向の許容支持力度は，鉛直方向に用いる場合に限り，下式により求められる地盤の引抜き方向の許容支持力と地盤アンカー体の許容耐力のうち小さいものを，地盤アンカー体の種類及び形状により求まる有効面積で除した値とする．

・長期：$_{Lt}R_a=\dfrac{1}{3}\,{}_tR_u$ ……（7・17）式

・短期：$_{St}R_a=\dfrac{2}{3}\,{}_tR_u$ ……（7・18）式

${}_tR_a$：地盤の引抜き方向の許容支持力 [kN]

${}_tR_u$：引抜き試験による極限引抜き抵抗力 [kN]

714　支持杭における負の摩擦力の検討

盛土，地下水位の低下，軟弱地盤（圧密層）などのために沈下が起こるおそれのある地盤を貫通させて支持杭を設置する場合には，「負の摩擦力（ネガティブフリクション）」を考慮して杭を設計しなければならない．地盤沈下が生じると，図 7・3 のように杭に負の摩擦力が作用し，長い杭の場合には杭が破壊されるからである．

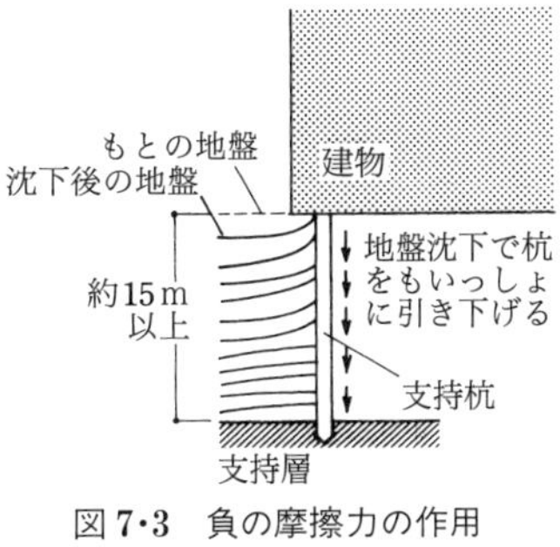

図 **7・3**　負の摩擦力の作用

通達（昭50.1住指発第2号）によれば，沖積粘土の下層面が地盤面下 15 m 以下の場合には，原則として負の摩擦力を考慮することになっている．

なお，負の摩擦力の検討方法は『建築基礎構造設計指針』（以下「基指」）6•5 節による．

【a】 基本事項

1 地盤沈下と負の摩擦力

杭周囲の地盤が軟弱地盤である場合，地盤が沈下すると支持杭をもいっしょに引き下げる負の摩擦力が作用する（図 7•3）．

2 杭材の許容応力度

負の摩擦力は長期荷重の応力で検討するが，杭断面検討時の杭材の許容応力度は短期の値を採用する．

3 短期荷重での検討は不要

建築物には地震や風による短期荷重が作用するが，杭頭に作用する短期荷重は深部に伝達されにくいので，負の摩擦力の検討は短期荷重については行わない．

4 中立点の深さ L_n

杭と地盤の沈下量が等しくなる点を中立点という（図 7•4(a)）．中立点より上部では，杭より地盤の沈下が大きくなるため下向きの負の摩擦力が作用し，下部では逆に地盤より杭の沈下が大きくなるので上向きの正の摩擦力が作用する（図 7•4(b)）．すなわち，中立点とは杭頭荷重と負の摩擦力による下向きの荷重が杭先端支持力と正の摩擦力による上向きの荷重と釣り合う位置であり，杭の軸力は中立点において最大となる（図 7•4(c)）．

$N \geqq 50$ の堅い地盤に支持された支持杭における中立点深さ L_n は，下式により求められる．

$$L_n = 0.9 L_a \quad \cdots\cdots (7•19) 式$$

L_n：地表面から中立点までの深さ［m］

L_a：地表面から圧密層下面までの深さ［m］

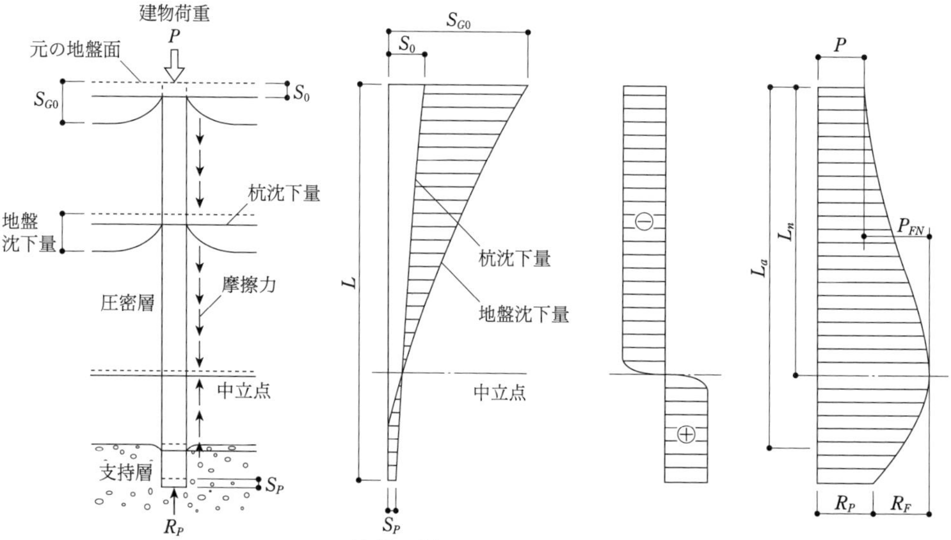

(a) 杭と地盤の沈下量分布　(b) 摩擦力分布　(c) 軸力分布

S_{G0}：地表面における地盤沈下量　S_0：杭頭の沈下量　S_P：杭先端の沈下量
R_P：杭の先端支持力　P_{FN}：負の摩擦力　R_F：正の摩擦力

図 7•4　負の摩擦力が作用する杭の挙動（『建築基礎構造設計指針』図 6•5•1 より）

5 検討が不要な杭

①コンクリートSL杭：杭表面に特殊なアスファルト混合物を塗布することにより，負の摩擦力を低減する

②摩擦杭：地盤とともに沈下する

【b】 検討式（「基指」による）

1 負の摩擦力に関する設計検討式

中立点における最大軸力（$P+P_{FN}$）に対して，中立点以深の地盤の支持力（R_P+R_F）で抵抗できるかの検討および最大軸力に対する杭材の圧縮強度の検討を行う．

$$P+P_{FN}<\frac{R_P+R_F}{1.2} \quad \cdots\cdots (7\cdot20)\text{ 式}$$

$$\frac{P+P_{FN}}{A_p}<{}_sf_c \quad \cdots\cdots (7\cdot21)\text{ 式}$$

P ：杭頭に作用する長期荷重［N］

P_{FN}：負の摩擦力によって中立点に生じる杭の最大軸方向力［N］

R_p ：極限支持力時あるいは基準支持力時の杭先端支持力［N］

R_F ：正の極限摩擦力［N］

A_p ：杭の実断面積（中空部分は含まない）［mm²］

${}_sf_c$ ：杭材料の短期許容圧縮応力度［N/mm²］

2 単杭の P_{FN}，R_F の算定式

$$P_{FN}=\psi\int_0^{L_{np}}\tau dz \quad \cdots\cdots (7\cdot22)\text{ 式}$$

$$R_F=\psi\int_{L_{np}}^{L}\tau dz \quad \cdots\cdots (7\cdot23)\text{ 式}$$

ψ ：杭の周長［m］

τ ：杭の周囲摩擦力度［kN/m²］

L_{np}：杭頭から中立点までの距離［m］

L ：杭の全長［m］

3 群杭の場合

群杭の各杭に作用する負の摩擦力は，杭相互間の影響を考慮して，単杭の P_{FN} を低減して求める．

715 構造設計の定石 各種の杭の R_a 算定式一覧表 （実務図表 7•2）

告示に示されている基礎杭の地盤に対する許容支持力 R_a の求め方を一覧表にしたものが，実務図表 7•2 である．

実務図表 7•2　杭の地盤に対する許容支持力 R_a 算定式一覧表

	方　法		告　示　式	備　考
支持杭	杭載荷試験		$_LR_a=\frac{1}{3}R_u$ $_sR_a={}_LR_a\times 2$	告示指定外の支持杭については本式にて算定する.
支持杭	支持力算定式	打込み杭	$_LR_a=\frac{300}{3}\overline{N}A_p+\frac{1}{3}\left(\frac{10}{3}\overline{N_s}L_s+\frac{1}{2}\overline{q_u}L_c\right)\psi$ $_sR_a={}_LR_a\times 2$	$\overline{N}\leqq 60$ $\overline{N_s}\leqq 30$ $\overline{q_u}\leqq 200$
支持杭	支持力算定式	セメントミルク工法による埋込み杭	$_LR_a=\frac{200}{3}\overline{N}A_p+\frac{1}{3}\left(\frac{10}{3}\overline{N_s}L_s+\frac{1}{2}\overline{q_u}L_c\right)\psi$ $_sR_a={}_LR_a\times 2$	
支持杭	支持力算定式	アースドリル工法，リバースサーキュレーション工法，オールケーシング工法による場所打ち杭	$_LR_a=\frac{150}{3}\overline{N}A_p+\frac{1}{3}\left(\frac{10}{3}\overline{N_s}L_s+\frac{1}{2}\overline{q_u}L_c\right)\psi$ $_sR_a={}_LR_a\times 2$	
摩擦杭	杭載荷試験		$_LR_a=\frac{1}{3}R_u$ $_sR_a={}_LR_a\times 2$	告示指定外の摩擦杭については本式にて算定する.
摩擦杭	摩擦力算定式		$_LR_a=\frac{1}{3}\left(\frac{10}{3}\overline{N_s}L_s+\frac{1}{2}\overline{q_u}L_c\right)\psi$ $_sR_a={}_LR_a\times 2$	$\overline{N_s}\leqq 30$ $\overline{q_u}\leqq 200$
引抜き杭	引抜き試験		$_{Lt}R_a=\frac{1}{3}{}_tR_u+w_p$ $_{st}R_a=\frac{2}{3}{}_tR_u+w_p$	告示指定外の引抜き杭については本式にて算定する.
引抜き杭	摩擦力算定式		$_{Lt}R_a=\frac{4}{15}\left(\frac{10}{3}\overline{N_s}L_s+\frac{1}{2}\overline{q_u}L_c\right)\psi+w_p$ $_{st}R_a=\frac{8}{15}\left(\frac{10}{3}\overline{N_s}L_s+\frac{1}{2}\overline{q_u}L_c\right)\psi+w_p$	

（平 13 国交告 1113 より作成）

716　構造設計の定石　$\overline{N}$ の求め方および支持層への根入れ深さ　（実務図表 7•3）

平 13 国交告 1113 において，$\overline{N}$ については「基礎ぐいの先端付近の地盤の標準貫入試験による打撃回数の平均値（60 を超えるときは 60 とする）」と規定されている.

その $\overline{N}$ についての通達（昭 50.1 住指発第 806 号）では，次のように示されている.

「基礎杭の先端下部 $1d$（d は基礎杭の直径）上部 $4d$ の範囲の地盤の N 値の平均値をとるものとする．ただし，過去の施工実績または試験結果により，これによることが適当でない場合には，実状に即して取扱うことができるものとする.」

この通達によれば，支持層に $4d$ 貫入すれば，杭先端の N 値を $\overline{N}$ に採用することができるが（図 7•5），$4d$ 貫入するとなると，杭径 30 cm で120 cm，杭径 60 cm で 240 cm，杭径 100 cm で 4 m 貫入しなければならない.

現実には，$N=50$ 以上の支持地盤で $4d$ 以上掘削または打ち込むことはむずかしく，無理に施工することによって，かえって条件を悪くしてしまうことも考えられる.

なお，杭メーカーの工法は認定工法であり，$\overline{N}$ の取り方についても規定されているものが多い.

本書の設計では，実務図表 7•3 にて設計する.

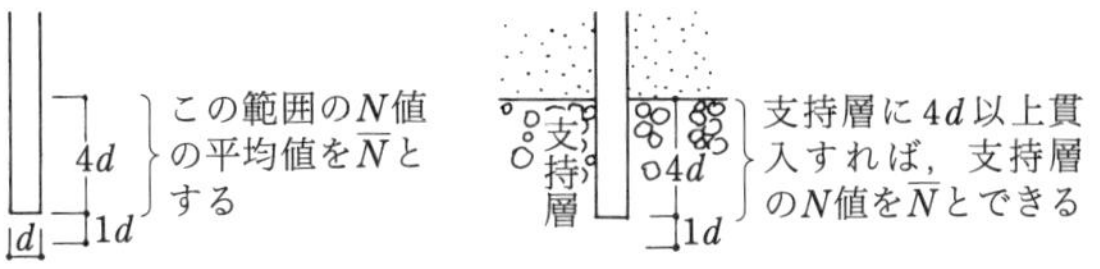

図 7・5　支持層への根入れ深さと $\overline{N}$（通達の取り方）

実務図表 7・3　根入れ深さと $\overline{N}$ の求め方

		セメントミルク工法による埋込み杭	打込み杭	アースドリル工法等による場所打ち杭
支持層が不明確	支持層への根入れ深さ			
	$\overline{N}$ の求め方 ただし，$\overline{N}$≦60	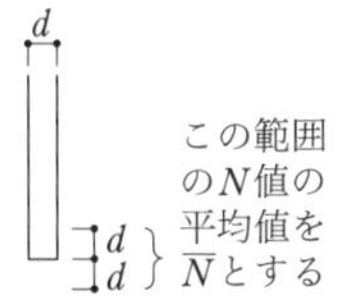	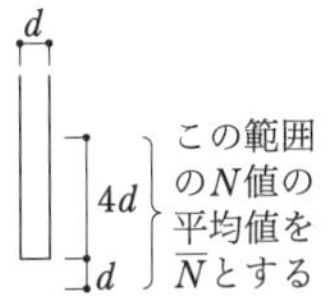	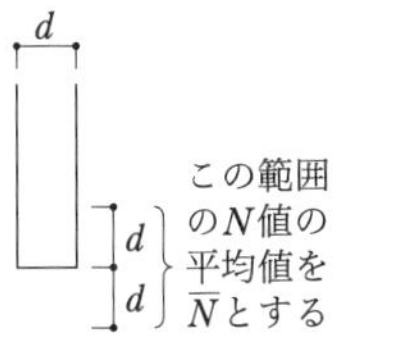
支持層が明確	支持層への根入れ深さ	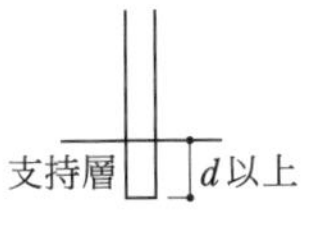	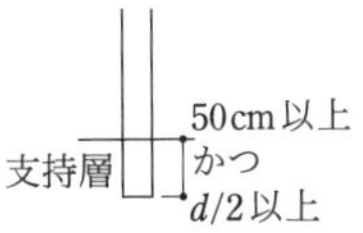	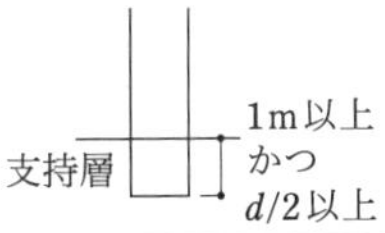
	$\overline{N}$ の求め方	N≧30 の支持層に上記の根入れ深さまで貫入する場合は支持層の N を $\overline{N}$ と見る．ただし，$\overline{N}$≦60 とする．		

d：基礎杭の直径

717　構造設計の定石　R_F 算定で杭周面摩擦力を無視しなければならない地盤

平 13 国交告 1113 によれば，杭周囲の地盤が「地震時に液状化するおそれのある地盤」は，杭の周面摩擦力 R_F の算定には含めないことが規定されている．また，「軟弱な粘土質地盤」「軟弱な粘土質地盤の上部にある砂質地盤」については，「建築物の自重による沈下その他の地盤の変形等を考慮して建築物又は建築物の部分に有害な損傷，変形及び沈下が生じないこと」を確認した場合に限り，算定に含めることが認められている．

以下に，これらの地盤の判断規準を示す．

【a】　地震時に液状化するおそれのある地盤について（昭 53 通達 806）

通達によれば，砂質地盤で次の①から④までに該当する地盤を液状化するおそれのある地盤と見なすことになっている．

①地表面から 15 m の深さ以内にある

②純粋な砂層で，粒径が均一な中粒砂からなる

③地下水位下にあって，水で飽和している

④N 値がおおむね 15 以下である

なお，この地盤を建築物の支持地盤とすることは適当ではないので，この地盤を支持地盤とする建築計画に対しては，締固め等の有効な地盤改良を行うか，または液状化のおそれのない地盤を建築物の支持地盤とする必要がある．

【b】「軟弱な粘土質地盤」「軟弱な粘土質地盤の上部にある砂質地盤」について

軟弱な粘土質地盤および軟弱な粘土質地盤の上部にある砂質地盤は，地盤沈下を生ずるおそれがあるため，建築物に有害な損傷，変形，沈下が生じないことを確認する必要がある．

なお，これらの地盤において，負の摩擦力が基礎杭に作用するおそれがある地盤では，負の摩擦力を考慮して設計しなければならない（☞ **714** ）．

1 支持力用摩擦力を無視し，負の摩擦力を考慮する地盤（昭50通達2）

沖積粘性土の下層面が地盤面下15 m以下の地域とする．ただし，下記に該当する地盤（地域）は除外しても支障ない．

①地盤沈下がほぼ停止した地盤（地域）

②地盤の層序が比較的一様で，沖積層の沈下量が年々減少傾向にあり，最終測定年度で2 cm/年以下の地盤（地域）

③将来とも地下水のくみ上げによる地盤の沈下を考慮する必要のない地盤（地域）

2 軟弱な粘土質地盤

粘土，シルト質粘土，砂質粘土等の粘土質地盤において，$N<2$ で，沈下を生ずるおそれのある地盤については，建築物に有害な損傷，変形，沈下が生じないことを確認する．

3 軟弱な粘土質地盤の上部にある砂質地盤

礫，砂，ローム等の砂質地盤であっても，この地盤の下部に前項の 1 2 に示した軟弱な粘土質地盤がある場合には，建築物に有害な損傷，変形，沈下が生じないことを確かめる．

718

構造設計の定石 N 値と1軸圧縮強度 q_u の関係

Terzaghi と Peck は，粘性土のコンシステンシー，N 値と1軸圧縮強度 q_u の関係を表7•1のように与えている．この N 値と q_u の関係を整理すると，ほぼ下式となるが，かなりのばらつきをもっている．

$$q_u = 12 \sim 13N \fallingdotseq 12.5N = \frac{N \times 100}{8} \ [\mathrm{kN/m^2}]$$

次に粘土の粘着力 c と q_u の関係は，

$$c = \frac{q_u}{2} \tan\left(45° - \frac{\phi}{2}\right)$$

で示されるが，内部摩擦角が無視できる粘土の場合には，$\phi=0$ を代入すると $c=q_u/2$ となる．

なお，c，q_u，N の関係は次のようになるが，精度が低いので，大規模建築物の基礎設計では，1軸圧縮試験を行って確認することが必要である．

$$q_u = 12.5N \ [\mathrm{kN/m^2}] \quad \cdots\cdots (7\text{•}24) 式$$

$$c = \frac{q_u}{2} = 6.25N \ [\mathrm{kN/m^2}] \quad \cdots\cdots (7\text{•}25) 式$$

719

構造設計の定石 意外と大きい杭周面摩擦力 R_F

杭の地盤に対する許容支持力は，杭先端支持力と杭周面摩擦力より求めることができる．しかし，「土質試験を行っていない」「埋込み杭で杭周固定液を注入しない」「安全側設計」等の理由で摩擦を無視した完全支持杭の設計を見かけるが，このような支持杭について載荷試験をすると，杭の設計許容支持力の3倍程度の載荷荷重では摩擦杭としての働きをする．

したがって，杭の周面摩擦力を無視して設計することは実状に合わないとともに不経済な設計となる．

杭の載荷試験の最大荷重は，平13国交告1113では杭載荷試験による極限支持力の1/3を許容支持力としているので，設計許容支持力の3倍となる．その荷重で，杭支持地盤が降伏や極限状態（加圧しているのに，杭の沈下量が非常に大きく，圧力計の値がある値以上に増加しない状態）とならないことが必要である．なお，極限荷重は杭径の10%程度の沈下を生じた状態の荷重を一つの目安とする．

載荷試験で，杭にひずみ計を貼り付け，各点の断面力を測定した場合の，杭先端支持力 R_P と杭周面摩擦力 R_F の関係を一般例として図にしたものが図7･6である．この図では，杭頭に作用する載荷荷重が小さいうちは，杭先端に荷重が伝達せずに，主に周面摩擦で支持されている．載荷荷重が増加して，杭の降伏荷重値に近づき，さらに極限荷重に近づくと，杭周面の摩擦抵抗が降伏状態に達し，その後の荷重の増加分が杭先端に伝達され，杭先端から滑り面を生じて破壊に至ると考えられている．

このように，載荷荷重の大きさによって，摩擦力 R_F と先端支持力 R_P との分担割合は変化する．

【a】 載荷試験Ｉ（図7･7）

PHC杭，杭径600 mm，杭長12 m，埋込み工法の例である．設計許容支持力 R_a は800 kN/本で，杭先端支持力と杭周面摩擦力の支持力分担は，660 kN＋140 kN＝800 kN/本（0.8：0.2）の支持杭である．

この杭に800 kNの4倍，3200 kNの載荷をした場合の杭載荷試験結果のデータが図7･7である．この図の荷重―沈下・変位量曲線には降伏や極限状態は現われていない．したがって，杭周面摩擦力が大部分を負担し，杭先端の地盤に伝達される荷重は少ないと想定できる．特に長期許容支持力の範囲では，支持杭の設計であっても摩擦力による支持が大きく，摩擦杭となっているのが，一般的な杭である．

【b】 載荷試験II（図7･8）

鋼管杭，杭径609.6 mm，杭長65 m，埋込み工法（TAIP工法）の例である．設計許容支持力は1500 kN/本，杭先端支持力と杭周面摩擦力の支持力分担は 530 kN＋970 kN＝1500

表7･1　粘性土のコンシステンシー，N 値と q_u との関係

コンシステンシー	土　質	N	q_u [kN/m²]
非常に軟らかい	こぶしが容易に10数cm入る	～2	～25
軟らかい	19ϕの鉄筋が容易に10数cm入る	2～4	25～50
中くらい	努力すれば19ϕの鉄筋が10数cm入る	4～8	50～100
硬い	親指でへこませられるが，突っ込むのは大変である	8～15	100～200
非常に硬い	つめで印がつけられる	15～30	200～400
固結した	つめで印をつけるのがむずかしい	30～	400～

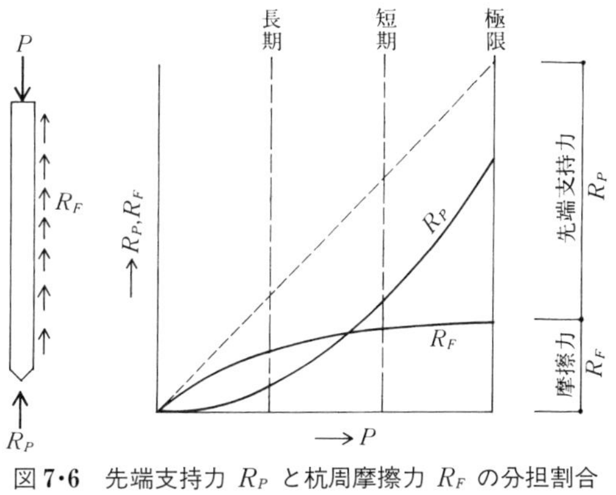

図7･6　先端支持力 R_P と杭周摩擦力 R_F の分担割合

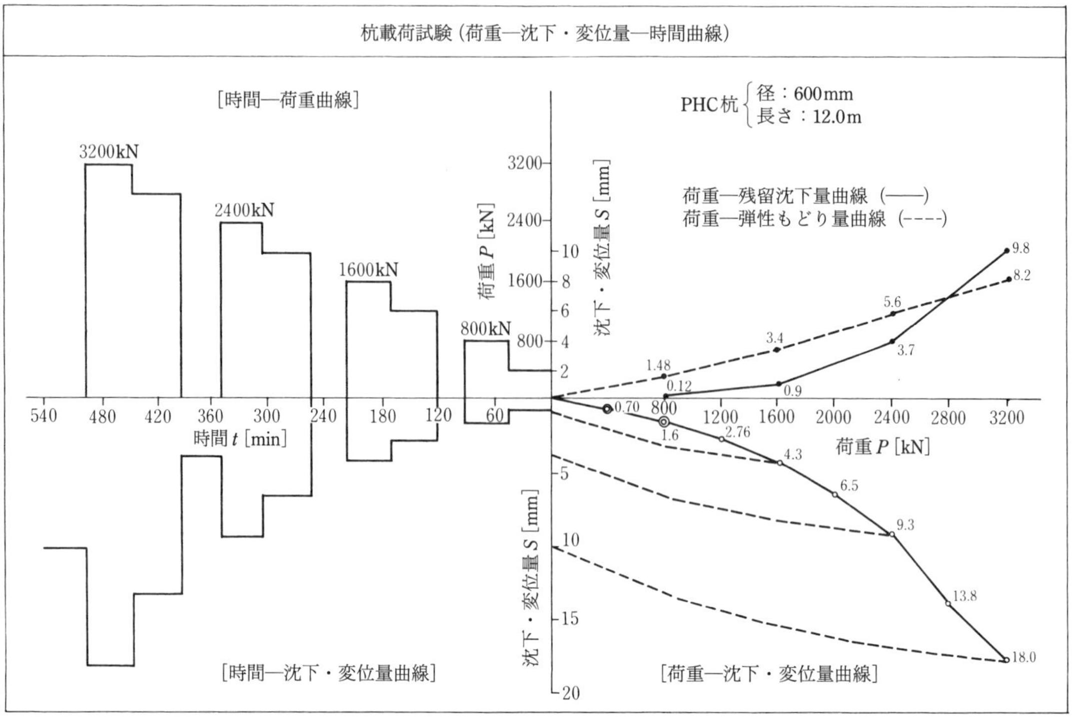

図 7・7　杭載荷試験Ⅰの結果　設計許容支持力 800 kN の 4 倍の載荷時にも沈下量は 18 mm であり，極限状態に至っていないことが確認できる．

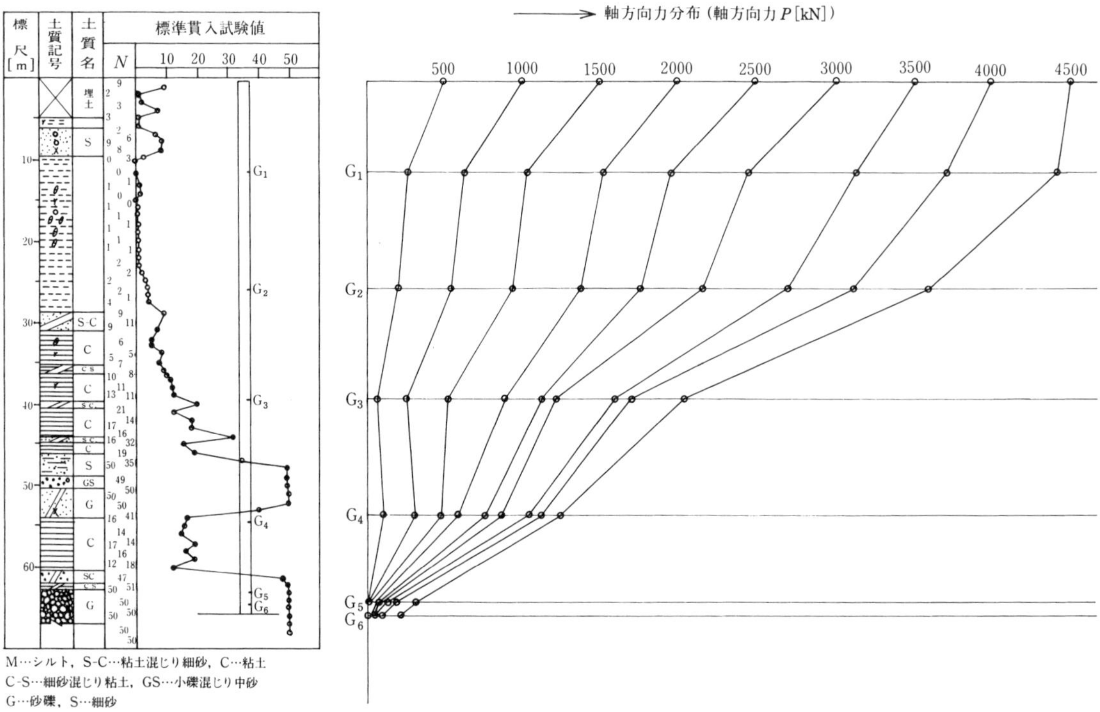

図 7・8　杭載荷試験Ⅱの結果（杭軸方向力分布図）　載荷荷重のほとんどは杭先端まで伝わらず，杭周面摩擦力によって支持されていることが分かる．

kN で 0.35：0.65 の支持杭である．

この杭の載荷試験の最大荷重は杭の設計許容支持力の 3 倍で 4500 kN である．この試験では，鋼管杭内の G_1〜G_6 の 6 ポイントに，ワイヤーストレインゲージを取り付け，各位置での軸方向力を測定した．その結果を示したのが，図 7•8 の杭軸方向力分布図である．

この図で理解できるように，載荷荷重 1500 kN で杭先端に伝わる荷重は，わずか 5 kN である．最大荷重 4500 kN の場合でも 220 kN 程度にすぎない．

載荷荷重のほとんどは，杭周面摩擦力によって支持されていることが分かる．

720　杭体の許容耐力 P_a の求め方

杭体等に用いる材料の許容応力度の求め方は，平 13 国交告 1113 第 8 に定められている．その値にて杭体の許容耐力 P_a を算定する．

721　P_a の算定式

- 長期：${}_LP_a = f_c \cdot A_c \cdot (1-\alpha-\beta)$
- 短期：${}_SP_a = 2 \times {}_LP_a$………鋼杭以外
- 短期：${}_SP_a = 1.5 \times {}_LP_a$…… 鋼杭

P_a：杭体の許容耐力［kN/本］

f_c：杭体の長期許容圧縮応力度［N/mm²］☞ 722

PHC 杭では有効プレストレス量 σ_e を差し引いた値とする．

$${}_LP_a = (f_c - \sigma_e) \cdot A_c \cdot (1-\alpha-\beta)$$

$${}_SP_a = (2f_c - \sigma_e) \cdot A_c \cdot (1-\alpha-\beta)$$

A_c：杭の実断面積［mm²］

α：継手による低減率　溶接継手の場合は 5 %/1 カ所 ☞ 723

β：長さ径比による低減率（$\beta<0$ のときは $\beta=0$）☞ 723

場所打ち RC 杭	：$(L/d-60)/100$	
RC 杭	：$(L/d-70)/100$	（JIS A 5310 該当品）
PC 杭	：$(L/d-80)/100$	（JIS A 5335 該当品）
PHC 杭	：$(L/d-80)/100$	（JIS A 5337 該当品）
鋼管杭	：$(L/d-100)/100$	
H 型鋼杭	：$(L/d-70)/100$	

L：杭の長さ［m］

d：杭の直径［m］

722　杭体等に用いる材料の許容応力度

平 13 国交告 1113 第 8 において，杭体等に用いる材料の許容応力度の求め方が，杭の種類別に示されている．

【a】 場所打ちコンクリート杭（場所打ち RC 杭）

場所打ちコンクリート杭に用いるコンクリートの許容応力度は，杭体の打設方法に応じて，表 7•2 により求める．ここで，設計基準強度 F は 18 N/mm² 以上としなければならない．

実務図表 7•4 は，掘削時に水・泥水を使用する場合の実務値を示したものである．

表 7･2　場所打ちコンクリート杭に用いるコンクリートの許容応力度 [N/mm²]

杭体の打設方法		長期			短期		
		圧縮	せん断	付着	圧縮	せん断	付着
(1)	・掘削時に水・泥水を使用しない方法で打設する場合 ・強度・寸法・形状を強度試験で確認できる場合	$\frac{F}{4}$	$\frac{F}{40}$ または $\frac{3}{4}\left(0.49+\frac{F}{100}\right)$ のうち小さい数値	$\frac{3}{40}F$ または $\frac{3}{4}\left(1.35+\frac{F}{25}\right)$ のうち小さい数値	長期×2	長期×1.5	
(2)	(1)以外の場合	$\frac{F}{4.5}$ または 6 のうち小さい数値	$\frac{F}{45}$ または $\frac{3}{4}\left(0.49+\frac{F}{100}\right)$ のうち小さい数値	$\frac{F}{15}$ または $\frac{3}{4}\left(1.35+\frac{F}{25}\right)$ のうち小さい数値			

F：設計基準強度 [N/mm²]　$F \geqq 18$ N/mm²　（平 13 国交告 1113 より）

実務図表 7･4　場所打ちコンクリート杭に用いるコンクリートの許容応力度実務値（掘削時に水・泥水を使用する場合）[N/mm²]

設計基準強度 F	長期			短期		
	圧縮	せん断	付着	圧縮	せん断	付着
18	4	0.4	1.2	8	0.6	1.8
21	4.66	0.46	1.4	9.33	0.69	2.1
24	5.33	0.53	1.6	10.66	0.79	2.4
27	6	0.57	1.8	12	0.85	2.7
33	6	0.61	2	12	0.92	3.0

【b】　遠心力鉄筋コンクリート杭，振動詰め鉄筋コンクリート杭（RC 杭）

遠心力鉄筋コンクリート杭および振動詰め鉄筋コンクリート杭に用いるコンクリートの許容応力度は，表 7･3 による．設計基準強度 F は 40 N/mm² 以上とする．

表 7･3　遠心力鉄筋コンクリート杭，振動詰め鉄筋コンクリート杭に用いるコンクリートの許容応力度 [N/mm²]

長期			短期		
圧縮	せん断	付着	圧縮	せん断	付着
$\frac{F}{4}$ または 11 のうち小さい数値	$\frac{3}{4}\left(0.49+\frac{F}{100}\right)$ または 0.7 のうち小さい数値	$\frac{3}{4}\left(1.35+\frac{F}{25}\right)$ または 2.3 のうち小さい数値	長期×2	長期×1.5	

F：設計基準強度 [N/mm²]　$F \geqq 40$ N/mm²　（平 13 国交告 1113 より）

【c】　外殻鋼管付きコンクリート杭（SC 杭）

外殻鋼管付きコンクリート杭に用いるコンクリートの許容圧縮応力度は，表 7･4 による．設計基準強度 F は 80 N/mm² 以上とする．

【d】　プレストレストコンクリート杭（PC 杭）

プレストレストコンクリート杭に用いるコンクリートの許容応力度は，表 7･5 による．設計基準強度 F は 50 N/mm² 以上とする．

表 7·4　外殻鋼管付きコンクリート杭に用いるコンクリートの許容圧縮応力度［N/mm²］

長　期	短　期
$\frac{F}{3.5}$	長期×2

F：設計基準強度［N/mm²］　$F \geqq 80$ N/mm²

（平 13 国交告 1113 より）

表 7·5　プレストレストコンクリート杭に用いるコンクリートの許容応力度［N/mm²］

長　期			短　期		
圧縮	曲げ引張り	斜め引張り	圧縮	曲げ引張り	斜め引張り
$\frac{F}{4}$ または 15 のうち小さい数値	$\frac{\sigma_e}{4}$ または 2 のうち小さい数値	$\frac{0.07}{4}F$ または 0.9 のうち小さい数値	長期×2		長期×1.5

F：設計基準強度［N/mm²］　$F \geqq 50$ N/mm²

σ_e：有効プレストレス量［N/mm²］　（平 13 国交告 1113 より）

【e】 遠心力高強度プレストレストコンクリート杭（PHC 杭）

遠心力高強度プレストレストコンクリート杭（JIS A 5373-2004 附属書 5 に適合するもの）に用いるコンクリートの許容応力度は，表 7·6 のように定められている.

表 7·6　遠心力高強度プレストレストコンクリート杭に用いるコンクリートの許容応力度［N/mm²］

長　期			短　期		
圧縮	曲げ引張り	斜め引張り	圧縮	曲げ引張り	斜め引張り
$\frac{F}{3.5}$	$\frac{\sigma_e}{4}$ または 2.5 のうち小さい数値	1.2	長期×2		長期×1.5

F：設計基準強度［N/mm²］　$F \geqq 80$ N/mm²

σ_e：有効プレストレス量［N/mm²］　（平 13 国交告 1113 より）

【f】 杭体，地盤アンカー体に用いる緊張材

杭体または地盤アンカー体に用いる緊張材の許容応力度は，平 13 国交告 1024 第 1 第十七号の規定を準用する（表 7·7）.

【g】 杭体，地盤アンカー体に用いる鋼材等

杭体，地盤アンカー体に用いる鋼材等の許容応力度は，「令」90 条の規定による．ただし，鋼管杭で，腐食しろを除いた杭体の肉厚を杭体の半径で除した数値が 0.08 以下の場合には，圧縮および曲げの許容応力度に対して，下式により算定される低減係数を乗じる（表 7·8）.

$$R_c = 0.80 + 2.5\frac{t-c}{r}$$

R_c：低減係数

t　：杭体の肉厚［mm］

c　：腐食しろ（原則として $c \geqq 1$）［mm］

r　：杭体の半径［mm］

表7·7　平13国交告1024第1第十七号

七　緊張材の許容応力度は，次の表の数値によらなければならない．

緊張材の種類	長期に生ずる力に対する引張りの許容応力度［単位：N/mm^2］	短期に生ずる力に対する引張りの許容応力度［単位：N/mm^2］
径が13 mm以下のねじ切り鋼棒	$0.65F_u$ 又は $0.75F_y$ のうちいずれか小さい数値	$0.9F_y$
その他の緊張材	$0.7F_u$ 又は $0.8F_y$ のうちいずれか小さい数値	

この表において，F_u 及び F_y は，それぞれ次の表に掲げる引張強さ及び耐力を表すものとする．ただし，法第37条第二号の国土交通大臣の認定を受けた緊張材の引張強さ及び耐力は，その種類及び品質に応じてそれぞれ国土交通大臣が指定した数値とする．

緊張材の種類及び品質				引張強さ［単位：N/mm^2］	耐力［単位：N/mm^2］
単一鋼線	丸線及び異形線	SWPR1AN, SWPR1AL, SWPD1N, SWPD1L	径が5 mmのもの	1,620	1,420
			径が7 mmのもの	1,515	1,325
			径が8 mmのもの	1,470	1,275
			径が9 mmのもの	1,420	1,225
		SWPR1BN, SWPR1BL	径が5 mmのもの	1,720	1,520
			径が7 mmのもの	1,615	1,425
			径が8 mmのもの	1,570	1,375
	2本より線	SWPR2N，SWPR2L	2.9 mm 2本より	1,930	1,710
	3本より線	SWPD3N，SWPD3L	2.9 mm 3本より	1,925	1,705
	7本より線	SWPR7AN，SWPR7AL	9.3 mm 7本より	1,720	1,460
			10.8 mm 7本より	1,720	1,460
			12.4 mm 7本より	1,720	1,460
			15.2 mm 7本より	1,730	1,470
		SWPR7BN，SWPR7BL	9.5 mm 7本より	1,860	1,580
			11.1 mm 7本より	1,860	1,590
			12.7 mm 7本より	1,850	1,580
			15.2 mm 7本より	1,880	1,600
	19本より線	SWPR19N，SWPR19L	17.8 mm19本より	1,855	1,580
			19.3 mm19本より	1,850	1,585
			20.3 mm19本より	1,825	1,555
			21.8 mm19本より	1,830	1,580
			28.6 mm19本より	1,780	1,515
鋼棒	PC鋼棒	SBPR 785／1030	径が40 mm以下のもの	1,030	785
		SBPR 930／1080		1,080	930
		SBPR 930／1180		1,180	930
		SBPR1080／1230		1,230	1,080
	細径異形PC鋼棒	SBPDN(L) 930／1080	径が13 mm以下のもの	1,080	930
		SBPDN(L)1080／1230		1,230	1,080
		SBPDN(L)1275／1420		1,420	1,275

この表において，単一鋼線，鋼より線で示される緊張材の種類は，それぞれJIS G3536（PC鋼線及びPC鋼より線）-1999に定める緊張材の種類を，PC鋼棒で示される緊張材の種類は，JIS G3109（PC鋼棒）-1994に定める緊張材の種類を，細径異形PC鋼棒で示される緊張材の種類は，JIS G3137（細径異形PC鋼棒）-1994に定める緊張材の種類をそれぞれ表すものとする．

表 7・8　鋼杭に用いる鋼材の許容応力度（「令」90 条による）[N/mm²]

杭の種類	長期				短期			
	圧縮	引張り	曲げ	せん断	圧縮	引張り	曲げ	せん断
鋼管杭	$\frac{F}{1.5}$ 注	$\frac{F}{1.5}$	$\frac{F}{1.5}$ 注	$\frac{F}{1.5\sqrt{3}}$	長期×1.5			
H 型鋼杭	$\frac{F}{1.5}$	$\frac{F}{1.5}$	$\frac{F}{1.5}$	$\frac{F}{1.5\sqrt{3}}$				

F [N/mm²] は鋼材の許容応力度の基準強度を表し，平 12 建告 2464 第 1 の表の数値とする．

注）$\frac{t-c}{r} \leqq 0.08$ の場合には，低減係数を乗ずる．

許容応力度 $f=\frac{F}{1.5}\left(0.80+2.5\frac{t-c}{r}\right)$

t：杭体の肉厚 [mm]

c：腐食しろ [mm]

r：杭体の半径 [mm]

723　杭体の継手，長さ径比による低減率

平 13 国交告 1113 第 8 八号 2 項において，杭体に継手を設ける場合に，杭体材料の長期許容圧縮応力度を，継手部分の耐力，剛性，靱性に応じて低減させることが規定されている．

その継手による低減率，また杭の長さ径比による低減率の算定方法は，通達（昭 59 住指発 392）による（表 7•9）．

ただし，溶接継手（鋼管杭は JIS A 5525 に適合するものに限る）またはこれと同等以上の耐力，剛性，靱性を有する継手を用いる場合には，低減しなくてもよい．

表 7・9　昭 59 住指発 392（抜粋）

2. くい材の長期応力に対する圧縮の許容応力度(以下「長期許容圧縮応力度」という.)の低減

(1)　継手による長期許容圧縮応力度の低減率

継手の種類	継手 1 個所当たりの低減率 [単位：%]
溶接継手	5
ボルト式継手	10
充填式継手 又はほぞ式継手	最初から 2 個所まで　20 3 個所目から　30

(2)　くいの長さ径比による長期許容圧縮応力度の低減率

くいの種類	低減率 [単位：%]
場所打ち鉄筋コンクリートくい	$L/D-60$
遠心力鉄筋コンクリートくい	$L/D-60$ ただし，JIS A 5310 に該当するものは $L/D-70$
振動詰め鉄筋コンクリートくい	$L/D-60$
遠心力プレストレストコンクリートくい	$L/D-70$ ただし，JIS A 5335 に該当するものは $L/D-80$
鋼管ぐい	$L/D-100$
H 型鋼ぐい	$L/D-70$

この表において，L 及び D はそれぞれ次の数値を表すものとする．

L：くいの長さ [単位：m]

D：くいの直径 [単位：m]

・低減率の算定例：PHC 杭，$d=0.3$ m，$L=28$ m（$L=10+10+8$）

溶接継手による低減率：$\alpha=5\%\times2$ カ所

長さ径比による低減率：$\beta=\dfrac{L/d-80}{100}=\dfrac{28/0.3-80}{100}=\dfrac{13.33}{100}=0.13$

低減率計算：$(1-\alpha-\beta)=1-2\times0.05-0.13=0.77$

724　杭体の許容応力度および低減率一覧表　（実務図表 7・5）

杭体の許容耐力 P_a の算定に用いる許容応力度と低減率を一覧表にしたものを，実務図表 7・5 に示す．

実務図表 **7・5**　杭体の許容応力度および低減率一覧表

<table>
<tr><th colspan="3">杭　の　種　類</th><th>コンクリート等の設計基準強度 F</th><th>コンクリート等の長期許容圧縮応力度 f_c</th><th>有効プレストレス量 σ_e [N/mm²]</th><th>継手による杭耐力の低減率 α</th><th>細長比による杭耐力の低減率 β
L：杭長 [m]
d：杭径 [m]</th></tr>
<tr><td>RC</td><td colspan="2">遠心力鉄筋コンクリート杭，振動詰め鉄筋コンクリート杭</td><td>40 N/mm² 以上</td><td>$F/4$ または 11 N/mm² のうち小さい数値</td><td>—</td><td rowspan="8">溶接式
5%/1 カ所

ボルト式
10%/1 カ所</td><td>$(L/d-60)\%$
$(L/d-70)\%$（JIS）</td></tr>
<tr><td>PC</td><td colspan="2">プレストレストコンクリート杭</td><td>50 N/mm² 以上</td><td>$F/4$ または 15 N/mm² のうち小さい数値</td><td>8</td><td>$(L/d-70)\%$
$(L/d-80)\%$（JIS）</td></tr>
<tr><td rowspan="3">PHC</td><td rowspan="3">高強度プレストレストコンクリート杭</td><td>A　種</td><td>80 N/mm² 以上</td><td>22 N/mm²</td><td>4</td><td rowspan="3">$(L/d-80)\%$（JIS）
$(L/d-85)\%$（認定品）</td></tr>
<tr><td>B　種</td><td rowspan="2">85 N/mm² 以上</td><td rowspan="2">24 N/mm²</td><td>8</td></tr>
<tr><td>C　種</td><td>10</td></tr>
<tr><td>SC</td><td colspan="2">外殻鋼管付きコンクリート杭</td><td>80 N/mm² 以上</td><td>$F/3.5$</td><td>—</td><td>$(L/d-85)\%$</td></tr>
<tr><td rowspan="2">S</td><td rowspan="2">鋼杭</td><td>鋼　管</td><td rowspan="2">235 N/mm²</td><td colspan="2" rowspan="2">$\left(0.80+2.5\dfrac{t-c}{r}\right)\times156$ N/mm² 注2
最大：156 N/mm²</td><td>$(L/d-100)\%$
通常腐食しろ 1 mm 以上，内面 0.5 mm 以上</td></tr>
<tr><td>H型鋼</td><td>$(L/d-70)\%$
通常腐食しろ 1 mm 以上</td></tr>
<tr><td rowspan="2">場所打ち RC</td><td rowspan="2">場所打ち鉄筋コンクリート杭</td><td>水・泥水を不使用</td><td rowspan="2">18 N/mm²</td><td colspan="2">$F/4$</td><td rowspan="2">—</td><td rowspan="2">$(L/d-60)\%$</td></tr>
<tr><td>水・泥水を使用</td><td colspan="2">$F/4.5$ または 6 N/mm² のうち小さい数値</td></tr>
</table>

注 1）L/d：杭の長さ径比

2）鋼管杭で低減する場合．t：杭体の肉厚 [mm]，c：腐食しろ [mm]，r：杭体の半径 [mm]

3）短期応力に対する杭体の許容応力度は長期の 2 倍，ただし鋼杭は 1.5 倍．

（平 13 国交告 1113，昭 59 住指発 392 等に基づき作成）

725 各種の杭の P_a （実務図表 7･6～7･9）

実務図表 7･6～7･9 に示す.

実務図表 **7･6** RC 杭の許容耐力 P_a 一覧表 [kN/本]

								長さ径比による低減率 β [%]	溶接継手による低減率 α [%]
杭 径	d [mm]	300	350	400	450	500	600		
杭 厚	t [mm]	60	65	70	75	80	90		
実断面積	A_c [mm²]	45200	58200	72500	88300	105600	144200		
先端閉鎖断面積	A_p [m²]	0.071	0.096	0.126	0.159	0.196	0.283	$L/d-60$ $L/d-70$（JIS 製品）	5
杭周長	ψ [m]	0.94	1.09	1.25	1.41	1.57	1.88		
$F=40$ N/mm² $f_c=10$ N/mm²	長期	452	582	725	883	1056	1442		
	短期	904	1164	1450	1766	2112	2884		

実務図表 **7･7** PHC 杭の許容耐力 P_a 一覧表 [kN/本]

										長さ径比による低減率 β [%]	溶接継手による低減率 α [%]
杭 径			d [mm]	300	350	400	450	500	600		
杭 厚			t [mm]	60	60	65	70	80	90		
実断面積			A_c [mm²]	45200	54700	68400	83600	105600	144200		
先端閉鎖断面積			A_p [m²]	0.071	0.096	0.126	0.159	0.196	0.283	$L/d-80$（JIS 製品） $L/d-85$（大臣認定品）	5
杭周長			ψ [m]	0.94	1.09	1.25	1.41	1.57	1.88		
種別	F		$f_c-\sigma_e$								
A 種	80	長期	22−4	813	984	1231	1504	1900	2595		
		短期	44−4	1808	2188	2736	3344	4224	5768		
B 種	85	長期	24−8	723	875	1094	1337	1689	2307		
		短期	48−8	1808	2188	2736	3344	4224	5768		
C 種	85	長期	24−10	632	765	957	1170	1478	2018		
		短期	48−10	1717	2078	2599	3176	4012	5479		

実務図表 7・8　鋼管杭の許容耐力 P_a 一覧表（長期）[kN/本]

杭外径 d [mm]	400		406.4		500			508		
杭厚 t [mm]	9	12	9	12	9	12	14	9	12	14
実断面積 A_c [mm²]	11060	14630	11240	14870	13880	18400	21380	14110	18700	21730
有効断面積 A_c' [mm²]	9196	12776	9347	12987	11551	16073	19056	11740	16337	19370
先端閉鎖断面積 A_p [m²]	0.126		0.13		0.196			0.203		
杭周長 ψ [m]	1.25		1.27		1.57			1.60		
杭許容耐力 P_a [kN/本]	1287	1864	1307	1887	1583	2279	2761	1604	2303	2799

杭外径 d [mm]	600				609.6				長さ径比による低減率 β [%]	溶接継手による低減率 α [%]
杭厚 t [mm]	9	12	14	16	9	12	14	16		
実断面積 A_c [mm²]	16710	22170	25770	29360	16980	22530	26200	29840	$L/d-100$	5
有効断面積 A_c' [mm²]	13906	19370	22980	26567	14132	19686	23358	27004		
先端閉鎖断面積 A_p [m²]	0.283				0.292					
杭周長 ψ [m]	1.88				1.91					
杭許容耐力 P_a [kN/本]	1879	2693	3240	3829	1909	2729	3293	3881		

注 1）鋼材の許容応力度 f_c

$(t-c)/r \leqq 0.08$ の場合

$$f_c=\frac{F}{1.5}\left(0.80+2.5\frac{t-c}{r}\right)$$

$(t-c)/r > 0.08$ の場合

$$f_c=\frac{F}{1.5}$$

F：鋼材の許容応力度の基準強度（235 N/mm²）

t：杭厚 [mm]

c：腐食しろ [mm]

r：杭体の半径 [mm]

2）鋼材の腐食しろ

外面 1 mm，開端鋼管杭の内面は 0.5 mm

A_c'：腐食しろを控除した有効断面積 [mm²]

3）短期の許容耐力＝長期×1.5

実務図表 7・9　場所打ちコンクリート杭の許容耐力 P_a 一覧表（長期）[kN/本]

打設方法 ＼ 杭径 [mm]	F [N/mm²]	f_c [N/mm²]	700	800	900	1000	1100	1200	1300	1400	1500	1600	1700	1800	1900	2000	長さ径比による低減率 [%]
水・泥水を不使用	18	4.5	1730	2260	2861	3532	4274	5086	5969	6923	7948	9043	10208	11445	12752	14130	$L/d-60$
	21	5.25	2019	2637	3338	4121	4986	5934	6964	8077	9272	10550	11910	13352	14877	16485	
	24	6	2307	3014	3815	4710	5699	6782	7959	9231	10597	12057	13611	15260	17003	18840	
水・泥水を使用	18	4	1538	2009	2543	3140	3799	4521	5306	6154	7065	8038	9074	10173	11335	12560	
	21	4.66	1792	2341	2963	3658	4426	5267	6182	7169	8230	9364	10571	11852	13205	14632	
	24	5.33	2050	2677	3389	4184	5062	6025	7071	8200	9414	10711	12091	13556	15104	16736	

注）短期の許容耐力＝長期×2

730 打込み杭の設計

杭の許容支持力は，地盤に対する許容支持力と杭体の許容耐力を比較して小さい方を設計値とする．地盤に対する許容支持力の算定は，平 13 国交告 1113 第 5 一号の算定式による．

731 支持力算定式による R_a の算定

・長期：$_LR_a=\frac{300}{3}\overline{N}A_p+\frac{1}{3}\left(\frac{10}{3}\overline{N_s}L_s+\frac{1}{2}\overline{q_u}L_c\right)\psi$

$=\frac{300}{3}\overline{N}A_p+\frac{10}{9}\overline{N_s}L_s\psi+\frac{1}{6}\overline{q_u}L_c\psi$ ……………………………………（7•26）式

・短期：$_sR_a={}_LR_a\times 2$ ……………………………………………………………………（7•27）式

R_a：杭の許容支持力［kN］

$\overline{N}$：杭の先端付近の地盤の標準貫入試験による打撃回数（N 値）の平均値（60 を超えたときは 60 とする）［回］

なお，平均 $\overline{N}$ 値は図 7•9 のように先端より下方 $1d$（d は杭の直径），上方 $4d$ の間の平均値とする（☞ 716）．

A_p：杭の先端面積［m²］

$\overline{N_s}$：杭周囲地盤のうち砂質地盤の標準貫入試験による打撃回数（30 を超えるときは 30 とする）の平均値［回］

L_s：杭が砂質地盤に接する長さの合計［m］

$\overline{q_u}$：杭周囲地盤のうち粘土質地盤の 1 軸圧縮強度（200 を超えるときは 200 とする）の平均値［kN/m²］☞ 718

L_c：杭が粘土質地盤に接する長さの合計［m］

ψ：杭の周長［m］

実務図表 7•10 は，杭先端支持力を求めるための算定表である．

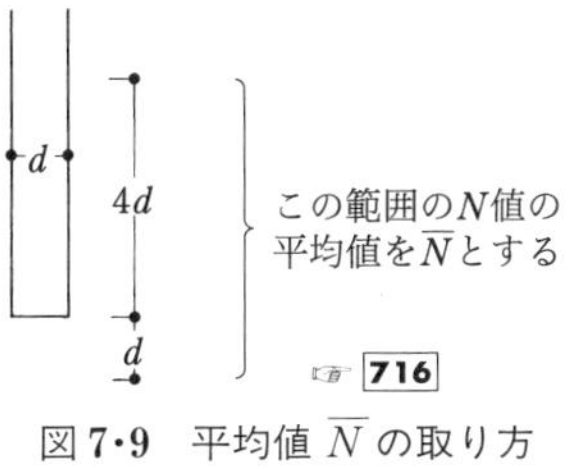

図 7•9　平均値 $\overline{N}$ の取り方

実務図表 7•10　$\frac{300}{3}\overline{N}A_p$ の算定表（先端閉鎖断面）［kN/本］

杭径 d［mm］		300	350	400	450	500	600
A_p［m²］		0.071	0.096	0.126	0.159	0.196	0.283
ψ［m］		0.94	1.09	1.25	1.41	1.57	1.88
$\overline{N}$ 値	20	142	192	252	318	392	566
	25	177	240	315	397	490	707
	30	213	288	378	477	588	849
	35	248	336	441	556	686	990
	40	284	384	504	636	784	1132
	45	319	432	567	715	882	1273
	50	355	480	630	795	980	1415
	55	390	528	693	874	1078	1556
	60	426	576	756	954	1176	1698

732　打込み杭の先端閉そく効果率（昭 53 通達 806）

先端が開端である「既製コンクリート杭」および「鋼管杭」を打込み工法によって施工する場合には，A_p に変え，先端閉そく効果率を考慮した有効先端面積 A_p' によって支持力を算定する．

なお，先端（閉鎖）断面の A_p は $0.25\pi d^2$ である．

1　既製コンクリート杭の有効先端面積 A_p'

$2 \leqq H/d_1$　　の場合：$A_p' = A_p = 0.25\pi d^2$

2　鋼管杭の有効先端面積 A_p'

$2 \leqq H/d_1 \leqq 5$ の場合：$A_p' = 0.04\pi dH$

$5 < H/d_1$　　の場合：$A_p' = 0.2\pi d^2$

A_p'：先端閉そく効果率を考慮した杭の有効先端面積［m²］
d_1　：杭の内径［m］
d　：杭の外径［m］
H　：支持層への根入れ深さ［m］

733　設計例 8　打込み杭の R_a の算定

【a】 設計条件

・杭の種類：PHC 杭（A 種）先端閉鎖型，JIS 製品（実務図表 7•7）

$d = 450$ mm

$A_p = 0.159$ m²

$\psi = 1.41$ m

$L = 11$ m（継手 1 カ所）

・溶接継手低減率：$\alpha = 0.05$（1 カ所）

・長さ径比による低減率：$\beta = \dfrac{L/d - 80}{100} = \dfrac{11/0.45 - 80}{100} = -0.55 < 0 \rightarrow \beta = 0$

・低減率：$(1 - \alpha - \beta) = 1 - 0.05 - 0 = 0.95$

・杭体の許容耐力（長期）：$P_a = 1337 \times 0.95 = 1270$ kN/本

・ボーリング資料と $\overline{N_s}$，$\overline{q_u}$，$\overline{N}$ の算定（図 7•10）

【b】 支持力算定式による R_a の算定

算定式：$_L R_a = \dfrac{300}{3}\overline{N} A_p + \dfrac{10}{9}\overline{N_s} L_s \psi + \dfrac{1}{6}\overline{q_u} L_c \psi$ ……………………………（7•26）式

$= 954^{注} + \dfrac{10}{9} \times (5 \times 4.5 + 30 \times 1 + 30 \times 0.5) \times 1.41 + \dfrac{1}{6} \times 75 \times 5 \times 1.41$

$= 954 + 105 + 88$

$= 1147\ \text{kN} < P_a = 1270\ \text{kN} \longrightarrow$ 設計 1100 kN/本とする．

注）杭径 $d = 450$ mm，$\overline{N} = 60$ → 実務図表 7•10 より

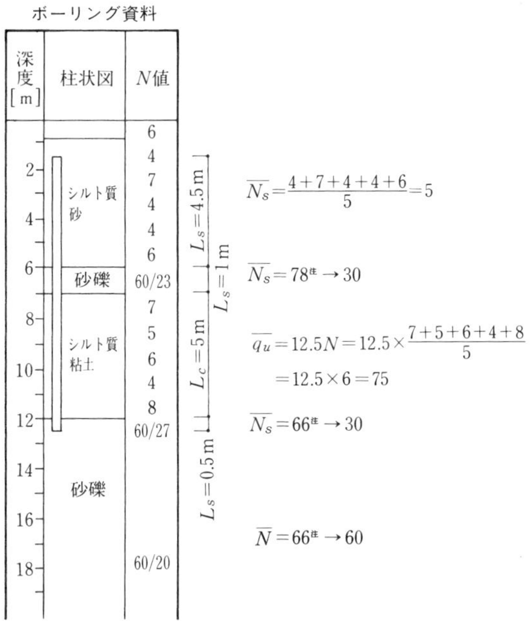

図 7•10　設計例 8・$\overline{N_s}$，$\overline{q_u}$，$\overline{N}$ の算定　支持層に 50 cm 貫入，実務図表 7•3 より $\overline{N}\leqq 60$ とした．

注）$30\times\frac{60}{23}\fallingdotseq 78$，$30\times\frac{60}{27}\fallingdotseq 66$（☞ **251**）．

740　埋込み杭の設計

埋込み杭の工法は，平 13 国交告 1113 第 5 一号に示されているセメントミルク工法と，これを基本として各メーカーが開発した特殊工法に分けられる．

各メーカーの工法によって支持力算定式が違うので，杭設計時点では告示式で設計し，比較検討して工法を選定する．本書では，「告示」に示されている支持力算定式（セメントミルク工法の場合）により算定を行う．

741　支持力算定式による R_a の算定

杭の許容支持力は，地盤に対する許容支持力と杭体の許容耐力を比較し，小さい方の値によって設計しなければならない．しかし，一般的には前者によって杭の許容支持力が決まる．

・長期：$_LR_a=\frac{200}{3}\overline{N}A_p+\frac{1}{3}\left(\frac{10}{3}\overline{N_s}L_s+\frac{1}{2}\overline{q_u}L_c\right)\psi$

$$=\frac{200}{3}\overline{N}A_p+\frac{10}{9}\overline{N_s}L_s\psi+\frac{1}{6}\overline{q_u}L_c\psi \quad \cdots\cdots（7•28）式$$

・短期：$_sR_a={}_LR_a\times 2$ ……（7•29）式

R_a：杭の許容支持力［kN］

$\overline{N}$：杭の先端付近の地盤の標準貫入試験による打撃回数（N 値）の平均値（60 を超えるときは 60 とする）［回］

なお，平均 $\overline{N}$ 値は図 7•11 のように先端より下方 $1d$（d は杭の直径），上方 $1d$ の間の平均値とする（☞ **716**）．

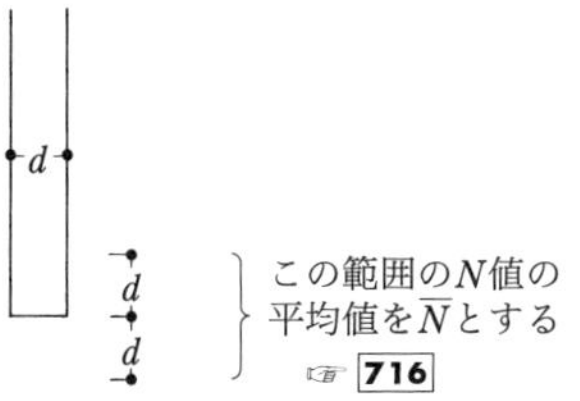

図 7•11　平均値 $\overline{N}$ の取り方

実務図表 **7・11**　$\frac{200}{3}\overline{N}A_p$ の算定表［kN/本］

杭径 d［mm］		300	350	400	450	500	600
A_p［m²］		0.071	0.096	0.126	0.159	0.196	0.283
ψ［m］		0.94	1.09	1.25	1.41	1.57	1.88
$\overline{N}$値	20	94	128	168	212	261	377
	25	118	160	210	265	326	471
	30	142	192	252	318	392	566
	35	165	224	294	371	457	660
	40	189	256	336	424	522	754
	45	213	288	378	477	588	849
	50	236	320	420	530	653	943
	55	260	352	462	583	718	1037
	60	284	384	504	636	784	1132

A_p：杭の先端面積［m²］

$\overline{N_s}$：杭周囲地盤のうち砂質地盤の標準貫入試験による打撃回数（30 を超えるときは 30 とする）の平均値［回］

L_s：杭が砂質地盤に接する長さの合計［m］

$\overline{q_u}$：杭周囲地盤のうち粘土質地盤の 1 軸圧縮強度（200 を超えるときは 200 とする）の平均値［kN/m²］☞**718**

L_c：杭が粘土質地盤に接する長さの合計［m］

ψ：杭の周長［m］

実務図表 7・11 は，杭先端支持力を求めるための算定表である．

742　設計例 9　埋込み杭の R_a の算定

【a】 設計条件

- 杭の種類：PHC 杭（A 種），JIS 製品（実務図表 7・7）

$d=450$ mm

$A_p=0.159$ m²

$\psi=1.41$ m

$L=11$ m（継手 1 カ所）

- 溶接継手低減率：$\alpha=0.05$（1 カ所）
- 長さ径比による低減率：$\beta=\frac{L/d-80}{100}=\frac{11/0.45-80}{100}=-0.55<0 \rightarrow \beta=0$
- 低減率：$(1-\alpha-\beta)=1-0.05-0=0.95$
- 杭体の許容耐力（長期）：$P_a=1337\times0.95=1270$ kN/本
- ボーリング資料と $\overline{N_s}$，$\overline{q_u}$，$\overline{N}$ の算定（図 7・12）

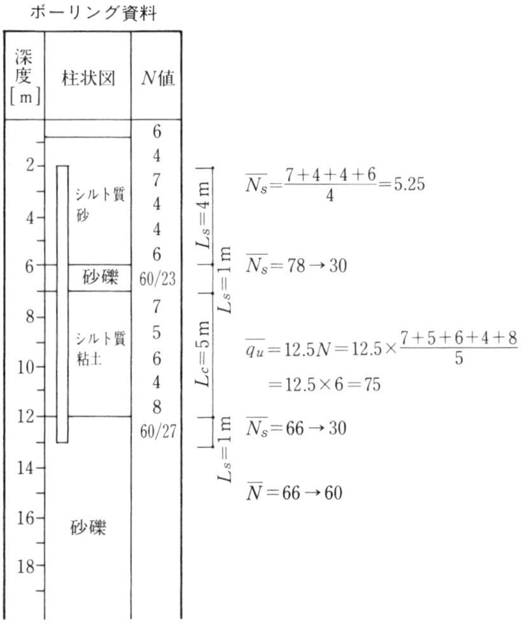

図 7•12　設計例 9・$\overline{N_s}$，$\overline{q_u}$，$\overline{N}$ の算定　セメントミルク工法の場合，支持層へ 1 m 貫入.

【b】 支持力算定式による R_a の算定

算定式：$_LR_a=\dfrac{200}{3}\overline{N}A_p+\dfrac{10}{9}\overline{N_s}L_s\psi+\dfrac{1}{6}\overline{q_u}L_c\psi$ ……………………………………（7•28）式

$=636^{注}+\dfrac{10}{9}\times(5.25\times4+30\times1+30\times1)\times1.41+\dfrac{1}{6}\times75\times5\times1.41$

$=636+126+88$

$=\underset{先端支持}{636}+\underset{摩擦}{214}=850\ \mathrm{kN}<P_a=1270\ \mathrm{kN}$ ⟶ 設計 800 kN/本とする.

負担率（ 0.75 ＋ 0.25 ）

注）杭径 d=450 mm，$\overline{N}$=60 → 実務図表 7•11 より

743　構造設計の定石　高止まりの対策

日本建築センター『埋込み杭施工指針　セメントミルク工法』では「支持層への根入れ深さは 1 m 以上，支持層の掘削深さ 1.5 m を標準とし掘り過ぎない事，そして杭の高止まりは 0.5 m 以内を原則とする」と規定されている.

この条件を満たす理想図は図 7•13 のようになるが，地盤の特性および施工上の問題があり，理想通りには納まらず，どうしても杭が高止まってしまうことがある．そこで，指針では図 7•14 のように高止まりは 0.5 m 以内まで認めている.

図 7•15 は，孔壁の中間層が砂，砂礫層であったため，その部分が崩壊して，その土砂が掘削孔の底に残ったため，杭が掘削底まで入らずに高止まったもので，耐力的に問題がある．その原因と対策を下記に示すが，高止まりを予想して，支持層を所定深さ（1.5 m 標準）以上に先行掘りすることは禁止されている．なお，支持地盤の位置が予想より高かったために生じる高止まり（図 7•16）は耐力上の問題はない.

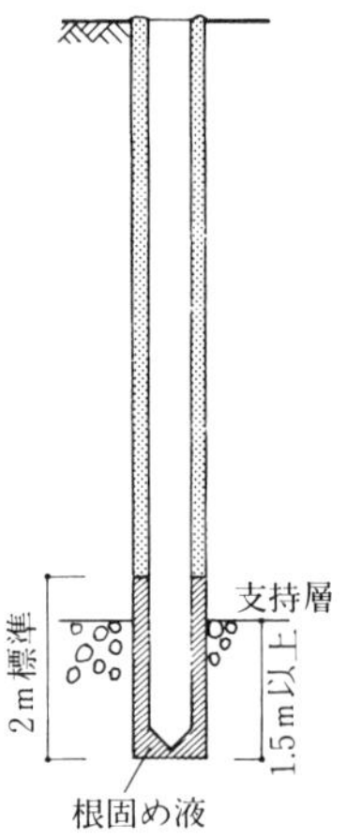

図 **7·13**　埋込み杭の理想図

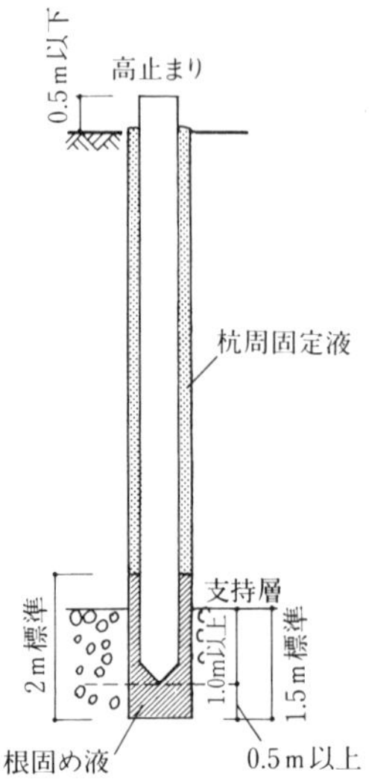

図 **7·14**　『埋込み杭施工指針』に示された高止まりの限度

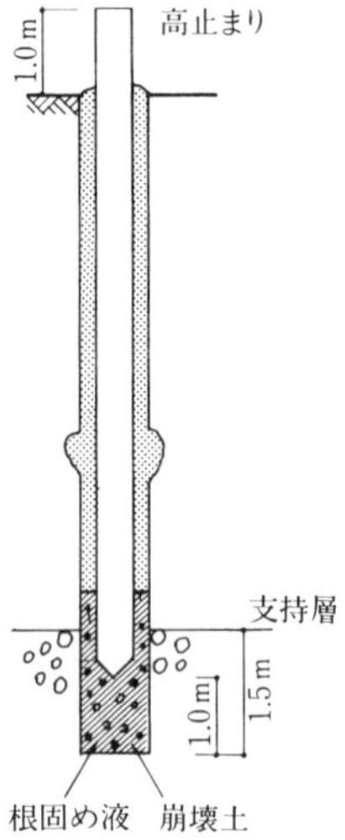

図 **7·15**　崩壊土の堆積による高止まりは耐力上問題あり

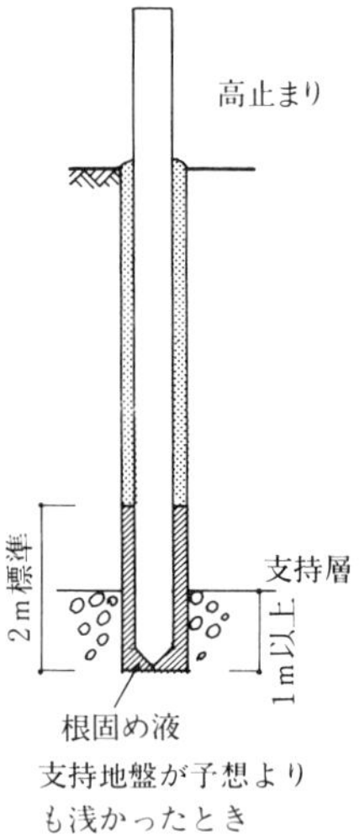

図 **7·16**　耐力上問題のない高止まり

① 崩壊土による高止まりの原因

・孔壁の中間層の砂，砂礫が崩壊しやすい．

・オーガー引抜き時に，サイホン現象で孔壁の地盤がゆるみ，崩壊しやすい．

・オーガーを逆回転すると，オーガーについている土砂が落下する．

② 対策

・杭穴は垂直にあけるとともに，挿入に当り鉛直性を確認し，孔壁を削らないようにする．

・掘削液のベントナイト液に添加物を加え，成分をよくする．

・掘削完了後，オーガーを数メートル持ち上げて回転を止め，自重のみで静かに下ろし，掘削深さを確認する．下りない場合は再掘削して同じことを繰返す．

750　場所打ちコンクリート杭の設計

場所打ちコンクリート杭の工法には，アースドリル工法，リバースサーキュレーション工法，オールケーシング工法があり，地盤に対する許容支持力の算定式が平 13 国交告 1113 第 5 一号に示されている．杭体の許容耐力については，杭体の打設方法に応じた値を採用する（実務図表 7•9）．

751　支持力算定式による R_a の算定

・長期：$_LR_a=\frac{150}{3}\overline{N}A_p+\frac{1}{3}\left(\frac{10}{3}\overline{N_s}L_s+\frac{1}{2}\overline{q_u}L_c\right)\phi$

$$=\frac{150}{3}\overline{N}A_p+\frac{10}{9}\overline{N_s}L_s\phi+\frac{1}{6}\overline{q_u}L_c\phi \quad \cdots\cdots\cdots (7\text{•}30)\text{式}$$

・短期：$_sR_a={}_LR_a\times 2$ ……………………………………（7•31）式

R_a：杭の許容支持力［kN］

実務図表 **7・12**　$\frac{150}{3}\overline{N}A_p$ の算定表 [kN/本]

杭径 d [mm]		700	800	900	1000	1100	1200	1300	1400	1500	1600	1700	1800	1900	2000
A_p [m²]		0.385	0.502	0.636	0.785	0.95	1.13	1.33	1.54	1.77	2.01	2.27	2.54	2.83	3.14
ψ [m]		2.19	2.51	2.82	3.14	3.45	3.76	4.08	4.39	4.71	5.02	5.33	5.65	5.96	6.28
$\overline{N}$ 値	20	385	502	636	785	950	1130	1330	1540	1770	2010	2270	2540	2830	3140
	25	481	627	795	981	1187	1412	1662	1925	2212	2512	2837	3175	3537	3925
	30	577	753	954	1177	1425	1695	1995	2310	2655	3015	3405	3810	4245	4710
	35	673	878	1113	1373	1662	1977	2327	2695	3097	3517	3972	4445	4952	5495
	40	770	1004	1272	1570	1900	2260	2660	3080	3540	4020	4540	5080	5660	6280
	45	866	1129	1431	1766	2137	2542	2992	3465	3982	4522	5107	5715	6367	7065
	50	962	1255	1590	1962	2375	2825	3325	3850	4425	5025	5675	6350	7075	7850
	55	1058	1380	1749	2158	2612	3107	3657	4235	4867	5527	6242	6985	7782	8635
	60	1155	1506	1908	2355	2850	3390	3990	4620	5310	6030	6810	7620	8490	9420

$\overline{N}$ ：杭の先端付近の地盤の標準貫入試験による打撃回数（N 値）の平均値（60 を超えるときは 60 とする）[回]

なお，平均 N 値は，杭先端より下方 $1d$（d は杭の直径），上方 $1d$（$d \geqq 1.0$ m の場合）の間の平均値とする（☞ **716**）.

支持層への根入れ深さは，通常 1 m 程度確保する.

A_p ：杭の先端面積 [m²]

$\overline{N_s}$ ：杭周囲地盤のうち砂質地盤の標準貫入試験による打撃回数（30 を超えるときは 30 とする）の平均値 [回]

L_s ：杭が砂質地盤に接する長さの合計 [m]

$\overline{q_u}$ ：杭周囲地盤のうち粘土質地盤の 1 軸圧縮強度（200 を超えるときは 200 とする）の平均値 [kN/m²] ☞ **718**

L_c ：杭が粘土質地盤に接する長さの合計 [m]

ψ ：杭の周長 [m]

実務図表 7・12 は，杭先端支持力を求めるための算定表である.

752　設計例 10　場所打ちコンクリート杭の R_a の算定

【a】 設計条件

・杭の種別：場所打ち RC 杭

$d = 1000$ mm

$A_p = 0.785$ m²

$\psi = 3.14$ m

$L = 19$ m

・長さ径比による低減率：$\beta = \dfrac{L/d - 60}{100} = \dfrac{19/1 - 60}{100} = -0.41 < 0 \rightarrow \beta = 0$

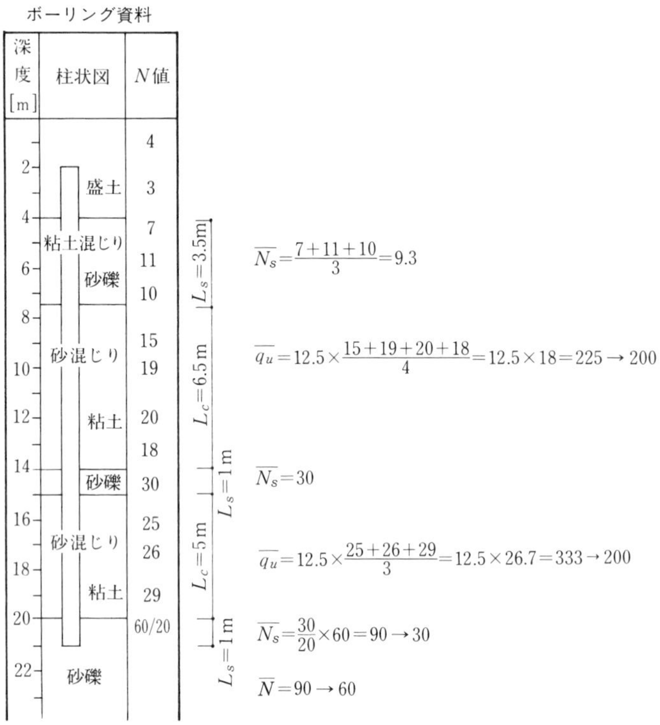

図 **7・17**　設計例 10・$\overline{N_s}$，$\overline{q_u}$，$\overline{N}$ の算定　支持地盤に 1 m 貫入しているので先端 N 値を $\overline{N}$ と見る．ただし，$\overline{N}$≦60 とする（実務図表 7・3 参照）．

・杭体の許容耐力：$F=21\ \mathrm{N/mm^2}$，水または泥水中で打設

$R_a=3658\ \mathrm{kN}$/本（実務図表 7・9 より）

・ボーリング資料と $\overline{N_s}$，$\overline{q_u}$，$\overline{N}$ の算定（図 7・17）

【b】 支持力算定式による R_a の算定

算定式：${}_LR_a=\dfrac{150}{3}\overline{N}A_p+\dfrac{10}{9}\overline{N_s}L_s\psi+\dfrac{1}{6}\overline{q_u}L_c\psi$ ………………………………（7・30）式

$=2355^{注}+\dfrac{10}{9}\times(9.3\times3.5+30\times1+30\times1)\times3.14+\dfrac{1}{6}\times(200\times6.5+200\times5)\times3.14$

$=2355+322+1203$

$=3880\ \mathrm{kN}>P_a=3658\ \mathrm{kN}$ ⟶ 設計 3600 kN/本とする．

注）杭径 $d=1000$ mm，$\overline{N}=60$ → 実務図表 7・12 より

753　構造設計の定石　配筋設計のポイント

設計上，杭に軸方向力のみが作用する場合と，杭に軸方向力と曲げモーメントが作用する場合の 2 つのケースがある．当然設計条件が異なる．

【a】 軸方向力のみが作用する場合

地震力を杭に負担させない場合は，曲げモーメントおよびせん断力が生じないので，次の条件により設計する．

①主筋は 6 本以上，かつ設計断面積の 0.4%以上．

②帯筋またはらせん筋で補強する．

③かぶりは 6 cm 以上．ただし施工上の必要性から 10 cm 程度必要．

【b】 軸方向力と曲げモーメントが作用する場合

地震力を杭に負担させると，軸方向力，曲げモーメントおよびせん断力が生じ，これらの応力で断面算定を行って配筋を決めることになる．なお，場所打ち杭の場合には，基礎フーチングと杭との接合は固定となり，杭の最大曲げモーメントはこの杭頭部に生じるので，杭が長い場合には杭頭部と杭脚部の配筋を変える．

1 軸方向力と曲げモーメントに対して

軸方向力と曲げモーメントが作用する場合には，日本建築学会『鉄筋コンクリート構造計算規準・同解説』により鉄筋コンクリート柱として断面設計をし，主筋は以下の条件にて配筋設計する．

①主筋は，杭全長にわたりコンクリート全断面積の 0.4%以上．

②主筋の間隔は，公称直径の 3.7 倍以上かつ粗骨材最大寸法の 2 倍以上．

2 せん断力に対して

せん断力については，下式にて検討する．配筋条件は下記による．

$$K\frac{Q}{A_s} \leqq f_s \quad \cdots\cdots (7\cdot32) 式$$

f_s ：コンクリートの許容せん断応力度［N/mm²］

Q ：設計用せん断力　$Q=1.5H$

　H：水平荷重時せん断力［N］

A_s：杭の断面積（A_p に同じ）［mm²］

K ：せん断応力度の分布係数　$K=\frac{4}{3}$

①帯筋は D10 以上とし，間隔は杭頭より杭径の 5 倍の深さまでの範囲は 15 cm 以下，それより深いところは 30 cm 以下とする．

②かぶりは 10 cm 以上とする．

3 主筋の配筋および杭間隔について

一般的な，主筋の配筋，杭の間隔は次のとおりである．

①杭頭部の主筋量は 1.0%前後が多い．

②杭径≦1500 mm の主筋は D22，D25 を用いる．

　杭径＞1500 mm の主筋は D25，D29 を用いる．

③杭間隔は，杭頭部の径 d の 2 倍以上かつ（d+1.0）［m］以上．

760 異形摩擦杭の設計

異形摩擦杭（節付杭）は，円形等の杭体に突起を設けた杭で，地盤の摩擦力で支持させる杭である．製品例として，日本コンクリート工業株式会社の HF-ONA パイル（高強度 PHC 杭の外周に定間隔の節を付けた高強度プレストレストコンクリート節杭）を示す（表 7•10）．

なお，市場製品には認定品が多く，それらの許容支持力算定式においては杭先端支持力も加算されたものが示されている（☞ 762【b】）．

表 **7・10** HF-ONA パイル仕様

TYPE I

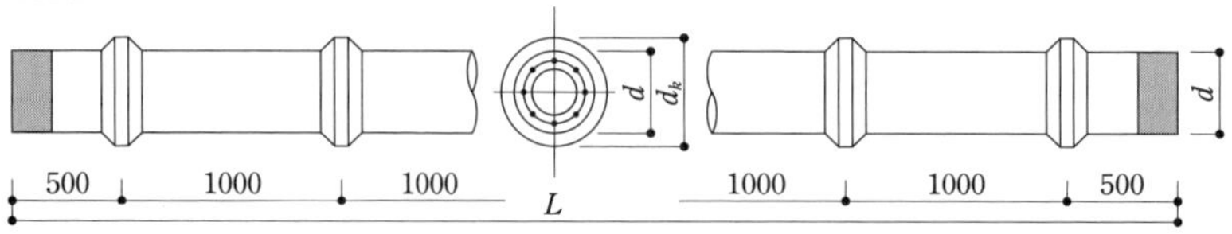

TYPE II

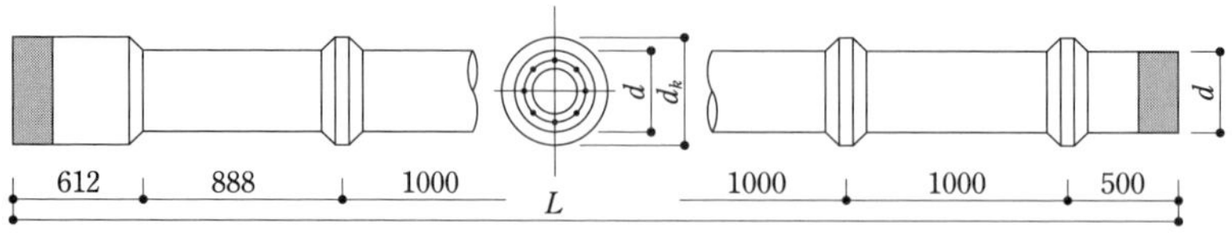

(1) 設計基準値

種類	A種			B種，C種		
コンクリートの基準強度 [N/mm²]	80			85		
コンクリートの許容応力度 [N/mm²]		長期	短期		長期	短期
	圧縮	20	40	圧縮	24	42.5
	曲げ引張り	1.0	2.0	曲げ引張り	B種 2.0 C種 2.5	B種 4.0 C種 5.0
	斜張	1.2	1.8	斜張	1.2	1.8
長さ径比による低減率	$(L/d-85)$%			L：杭の長さ [m] d：軸部の杭径 [m]		

(2) 標準性能表

呼び径	杭径 軸部 d [mm]	杭径 節部 d_k [mm]	杭厚 t [mm]	杭長 L [m]	種類	基準曲げモーメント ひび割れ M_{cr} [kN・m]	基準曲げモーメント 破壊 M_u [kN・m]	PC鋼材 径 ϕ [mm]	PC鋼材 本数 [本]	PC鋼材 断面積 A_p ×10²[mm²]	軸部断面積 A_c ×10²[mm²]	換算断面2次モーメント I_e ×10⁶[mm⁴]	換算断面係数 Z_e ×10³[mm³]	設計曲げモーメント（$N=0$） ひび割れ M_{cr} [kN・m]	設計曲げモーメント（$N=0$） 破壊 M_u [kN・m]	せん断耐力 Q_{cr} [kN]	許容軸方向荷重 [kN]	単位長さ質量 [kg/m]
3045	300	450	60	4～13	A	25	37	7	6	2.31	452	354.4	2363	26	42	102	700	160
				4～15	B	34	62	7	12	4.62		362.7	2418	37	74	132		
					C	39	78	7	16	6.16		368.3	2455	43	91	148	620	
3550	350	500	60	4～13	A	34	52	7	7	2.69	547	613.4	3505	40	58	123	850	200
				4～15	B	49	88	7	14	5.39		627.6	3586	54	104	156		
					C	59	118	7	20	7.70		639.7	3655	64	136	177	750	
4055	400	550	65	4～15	A	54	81	7	10	3.85	684	1022	5110	58	94	153	1070	230
					B	74	132	7	18	6.93		1043	5215	79	154	197		
					C	88	177	9	16	10.18		1065	5325	91	195	219	930	
4560	450	600	70	4～15	A	74	110	7	12	4.62	836	1601	7116	80	128	185	1310	270
					B	108	194	7	24	9.24		1643	7302	114	228	244		
					C	123	245	9	20	15.72		1674	7440	129	277	269	1140	
5065	500	650	80	4～15	A	103	154	7	14	5.39	1056	2474	9896	112	169	234	1650	340
					B	147	265	7	30	11.55		2525	10180	158	318	308		
					C	167	333	9	24	15.27		2588	10550	176	374	333	1440	
6075	600	750	90	4～15	A	167	250	7	18	6.93	1442	4951	16500	188	262	318	2260	450
					B	245	441	9	26	16.54		5114	17050	261	517	421		
					C	284	569	9	34	21.63		5200	17330	299	634	463	1970	

注 1）有効プレストレス量　A種：4.0，B種：8.0，C種：10.0 N/mm²

2）杭材のヤング係数　$E_c=4.0\times10^4$ N/mm²

（日本コンクリート工業株式会社『TECHNICAL NOTE 2004』より）

761 異形摩擦杭の工法

工法として，打撃工法と埋込み工法がある．

【a】 打撃工法

異形杭とともに，砕石・鉱さい等を土中に打設する施工方法である．

1 特長

①杭円形節部の荷重分散効果で，杭周辺の摩擦力が増大する．

②充てん物を併用することにより，周辺地盤を締固め，改良を促進する．

③地震時に充てん物がドレーン材の役割を果たし，砂地盤の液状化を防止する特性がある．

2 施工順序

⑥杭を所定位置に建込む．

②杭の周辺に充てん物をセットし，杭を打ち込む．

③打ち込み時，節部によって押し広げられた空隙に充てん物を投入し，充てん物を均一に打ち込む．

【b】 埋込み工法

スクリューオーガーにて掘削し，セメントミルクを注入する工法と，セメントミルクと掘削した土砂とを練りまぜるソイルセメント工法がある．

1 特長

①低振動，低騒音の公害対策工法である．

②セメントミルクの注入によって周辺地盤との一体化が得られる．

③セメントミルクの周辺地盤への浸透で見かけ上の杭径も大きくなり，支持力も増大する．

2 施工順序

①地盤をオーガーで掘削する．

②オーガー先端よりセメントミルクを注入し，孔内に満たす．

③ソイルセメント工法の場合は，所定深度の 1～2 m 手前から，セメントミルクと掘削土砂とを練りまぜながら掘削する．

④杭をセメントミルク内に挿入，重錘で所定位置まで押し込む．

762 異形摩擦杭の R_a 算定式

【a】 告示式（平 13 国交告 1113 第 5 二号(2)項）

・長期：$_LR_a=\frac{1}{3}\left(\frac{10}{3}\overline{N_s}L_s+\frac{1}{2}\overline{q_u}L_c\right)\phi=\frac{10}{9}\overline{N_s}L_s\phi+\frac{1}{6}\overline{q_u}L_c\phi$ …………………（7•33）式

・短期：$_sR_a={}_LR_a\times 2$ ……………………………………………………………（7•34）式

R_a ：杭の許容支持力［kN］

$\overline{N_s}$ ：杭周囲地盤のうち砂質地盤の標準貫入試験による打撃回数（30 を超えるときは 30 とする）の平均値［回］

L_s ：杭が砂質地盤に接する長さの合計［m］

$\overline{q_u}$ ：杭周囲地盤のうち粘土質地盤の 1 軸圧縮強度（200 を超えるときは 200 とする）の平均値［kN/m²］☞ 718

L_c ：杭が粘土質地盤に接する長さの合計［m］

ψ ：杭の周長（節部周長とする）[m]

【b】 メーカーによる支持力算定式

認定品については，各メーカーにより杭先端支持力を加味した支持力算定式が示されている．下式は，HF-ONA パイルの算定式である．

・長期：$_LR_a=\frac{150}{3}\overline{N}A_p+\frac{1}{3}\left\{(4.6\overline{N_s}+35)L_s+0.6\overline{q_u}L_c\right\}\psi$ ……………………… (7•35) 式

・短期：$_sR_a={}_LR_a\times 2$ ……………………………………………………………… (7•36) 式

$\overline{N}$ ：杭先端部より上方 $1d$（d は杭径），下方 $1d$ の地盤における標準貫入試験による打撃回数の平均値（30 を超えるときは 30 とする）[回]

A_p：節部の有効断面積 [m²]

$\overline{N_s}$ ：杭周囲地盤のうち砂質地盤の標準貫入試験による打撃回数の平均値（30 を超えるときは 30 とする）[回]

L_s：杭が砂質地盤に接する長さの合計 [m]

$\overline{q_u}$ ：杭周囲地盤のうち粘土質地盤の 1 軸圧縮強度の平均値（200 を超えるときは 200 とする）[kN/m²]

L_c：杭が粘土質地盤に接する長さの合計 [m]

ψ ：節部の周長 [m]

763 設計例 11 異形摩擦杭の R_a の算定

【a】 設計条件

・杭の種類：HF-ONA パイル ϕ 3045（A 種）

（軸部）	$d=300$ mm	（節部）	$d_k=450$ mm
	$\psi=0.94$ m		$\psi_k=1.41$ m
	$A_c=45200$ mm²		$A_p=159000$ mm² $=0.159$ m²
	$L=6$ m		

・施工法：セメントミルク工法による埋込み工法

・長さ径比による低減率：$\beta=\frac{L/d-85}{100}=\frac{6/0.3-85}{100}=-0.65<0 \rightarrow \beta=0$

・杭体の許容耐力（長期）：$P_a=(f_c-\sigma_e)\cdot A_c=(20-4)\times 45200=723$ kN/本

・ボーリング資料と $\overline{N}$，$\overline{q_u}$，$\overline{N_s}$ の算定（図 7•18）

【b】 支持力算定

算定式：$_LR_a=\frac{150}{3}\overline{N}A_p+\frac{1}{3}\left\{(4.6\overline{N_s}+35)L_s+0.6\overline{q_u}L_c\right\}\psi$ …………………… (7•35) 式

$$=\frac{150}{3}\times 17\times 0.159+\frac{1}{3}\times\{4.6\times(20+39+36.75)+35\times(0.8+1.3+2.5)+0.6\times 52.5\}\times 1.41$$

$=135+297=432$ kN $<P_a=723$ kN $\longrightarrow$ 設計 400 kN/本とする．

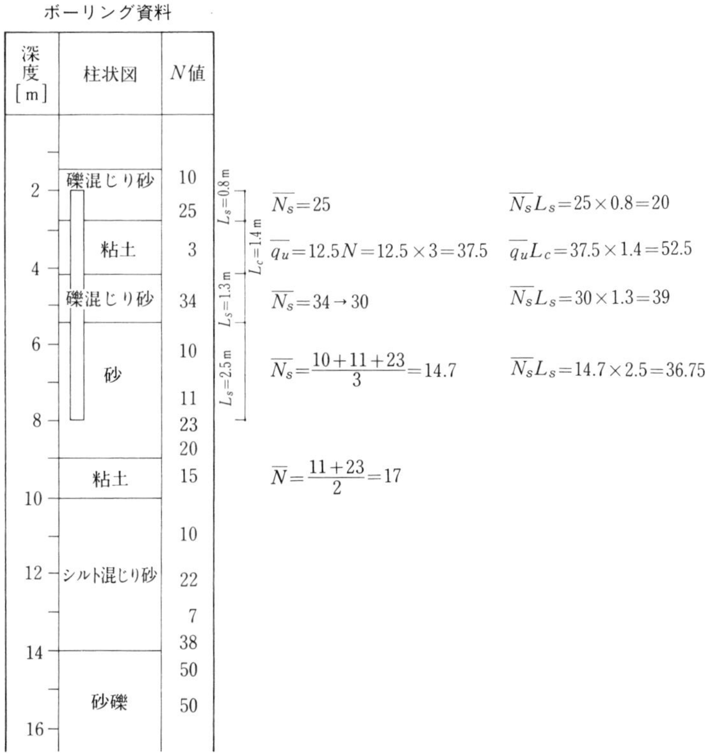
ボーリング資料
深度[m]
柱状図
N値
礫混じり砂
粘土
礫混じり砂
砂
粘土
シルト混じり砂
砂礫
10
25
3
34
10
11
23
20
15
10
22
7
38
50
50
$L_s=0.8$ m
$L_c=1.4$ m
$L_s=1.3$ m
$L_s=2.5$ m
$\overline{N_s}=25$
$\overline{N_s}L_s=25\times0.8=20$
$\overline{q_u}=12.5N=12.5\times3=37.5$
$\overline{q_u}L_c=37.5\times1.4=52.5$
$\overline{N_s}=34\rightarrow30$
$\overline{N_s}L_s=30\times1.3=39$
$\overline{N_s}=\frac{10+11+23}{3}=14.7$
$\overline{N_s}L_s=14.7\times2.5=36.75$
$\overline{N}=\frac{11+23}{2}=17$

図 **7·18**　設計例11・$\overline{N_s}$，$\overline{q_u}$，$\overline{N}$ の算定

800　地震力に対する基礎設計

「令」88 条 4 項で地下部分の地震力の計算方法が定められており，この規定による具体的な構造計算の方法は，日本建築センター『地震力に対する建築物の基礎設計指針』（以下「地震指」と略す）に示されている（表 8•1）.

本章では，この「地震指」および構造力学の基本事項 構造設計の定石 により，地震力に対する基礎設計法を解説する.

810　地震時設計用外力

811　基礎構造に作用する地震時設計用外力

基礎に作用する地震層せん断力 ${}_TP_B$ は，上部構造設計用の最下階の地震層せん断力 ${}_TP_1$ に，基礎部分等に作用する地震力 P_B を加えた値である（図 8•1）.

この基礎部分に作用する地震力 P_B は，基礎部分の重量 W_B（固定荷重，積載荷重，基礎スラブ，上載する土）に，下式の水平震度 k_B を乗じた値である（「令」88 条 4 項）.

$${}_TP_B = {}_TP_1 + P_B \quad \cdots\cdots (8•1)\text{ 式}$$

${}_TP_B$：基礎に作用する地震層せん断力［kN］

${}_TP_1$：最下階の地震層せん断力［kN］

P_B ：基礎部分に作用する地震力［kN］

$$P_B = k_B W_B$$

P_B ：基礎部分の地震力［kN］

W_B：基礎部分の重量（☞ **837**）

k_B ：水平震度（図 8•2）

$$k_B \geqq 0.1\left(1-\frac{H}{40}\right)Z$$

H：地下部分の地盤面からの深さ　$H>20\text{ m} \rightarrow H=20\text{ m}$

Z ：地域係数（表 8•2）

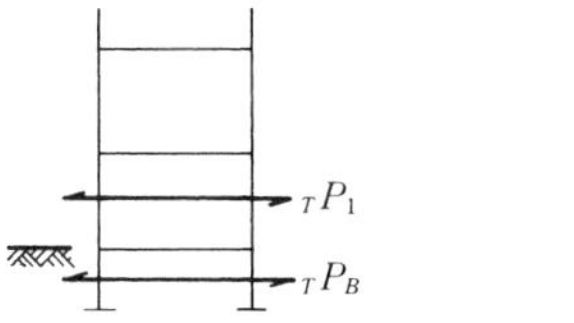

${}_TP_B = {}_TP_1 + P_B = {}_TP_1 + 0.1W_B$

図 8•1　基礎に作用する地震層せん断力 ${}_TP_B$

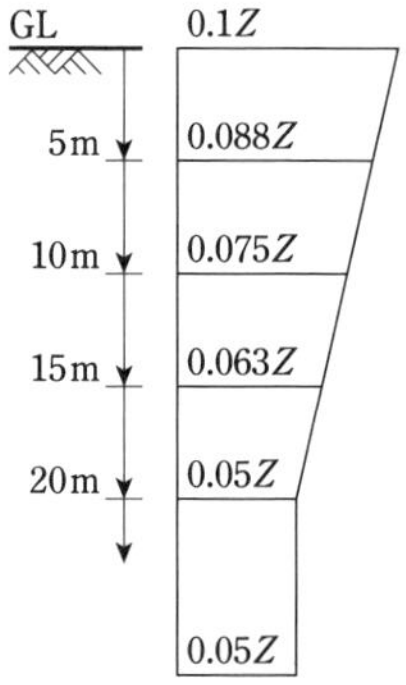

図 8•2　地下部分の水平震度 k_B

なお，地下 1 階程度の深さまでは $k_B=0.1$ としてよいので

$${}_TP_B = {}_TP_1 + 0.1\,W_B \quad \cdots\cdots (8•2)\text{ 式}$$

とできる.

表 8･1　地震力に対する建築物の基礎の設計指針（昭 59 住指発 324）

1章　総　　則

(1)　構造安全性

地震力を受ける建築物の基礎は，上部構造と同等の構造安全性を保持するように設計かつ施工することが必要である．また，基礎は常に地盤と接している構造部分であることを勘案し，液状化，地すべり，地盤面の沈下等，地震時に地盤変動が生じるおそれのある場合には，これらについての安全性の検討を別途に行い，かつ必要に応じて対策を講ずることとする．

(2)　適用範囲

本指針は，上部構造において 1 次設計を行う場合の基礎構造の検討に適用する．

(3)　適用除外

建築物の構造，形態等及び地盤の状況を適切に考慮した特別の設計計算又は実験等によって，構造上安全であることが確かめられた場合には，当該方法によることができる．

2章　地震時設計用外力

(1)　外力一般

基礎構造に対する地震時設計用外力は，下記のものとする．

1)　令第 88 条第 4 項の地下部分の地震力．☞ 811

2)　基礎の直上階の水平せん断力として求められる水平力．ただし，基礎部分等に作用する荷重をこれに加算する．☞ 811

3)　転倒モーメントによる鉛直力を長期鉛直力に加減算した鉛直力．☞ 813

(2)　くい基礎における基礎スラブ根入れ効果による水平力の低減　☞ 812

くい基礎の場合，基礎スラブ底面における水平力は，2 章(1)による水平力を地上部分の高さ及び基礎スラブの根入れ深さに応じて 0.7 を超えない範囲で(1)式による割合だけ低減できるものとする．ただし，この低減した水平力は地下外壁等に対しては，深さ方向に等分布荷重の外力として考える．

$$\alpha=1-0.2\frac{\sqrt{H}}{\sqrt[4]{D_f}} \qquad (1)$$

ここで，

α ：基礎スラブ根入れ部分の水平力分担率

H ：地上部分の高さ［m］

D_f ：基礎の根入れ深さ［m］

(1)式は $D_f \geqq 2$ m の場合に適用できるものとする．

3章　直接基礎の設計　☞ 820

直接基礎にあっては，2 章に規定される鉛直力と水平力及びそれらの合成外力による接地圧が，地盤の短期許容応力度を超えないことを確かめること．また，必要に応じて，基礎のすべり出し等を生じないことを確かめること．

4章　くい基礎の設計　☞ 830

(1)　鉛直力に対する検討　☞ 831

2 章に規定される鉛直力が，くいの短期許容支持力を超えないこと，さらに引抜き力を受ける場合には，くいの短期許容引抜き抵抗力を超えないことを確かめること．

(2)　水平力に対する検討　☞ 832

くいを基礎スラブと接合させた場合，一般的には 2 章に規定される水平力を，各くいの杭頭変位が等しくなるように分配し，くい頭に集中力として作用するものとして検討を行うが，その場合の原則を以下に示す．

水平力によって生じるくい体の曲げモーメント，変位等は弾性支承ばりとして計算してよい．

通常の場合，水平力によるくい頭変位 y_0，くい頭曲げモーメント M_0，くいの地中部最大曲げモーメント $M_{\max}$ 及びその発生深さ l_m は下式によって算出してよい．

$$y_0=\frac{Q}{4EI\beta^3}R_{y0} \qquad [\mathrm{m}] \qquad (2)$$

$$M_0=\frac{Q}{2\beta}R_{M0} \qquad [\mathrm{kN\cdot m}] \qquad (3)$$

$$M_{\max}=\frac{Q}{2\beta}R_{M\max} \qquad [\mathrm{kN\cdot m}] \qquad (4)$$

$$l_m=\frac{1}{\beta}R_{lm} \qquad [\mathrm{m}] \tag{5}$$

ただし,

$$\beta=\sqrt[4]{\frac{k_h B}{4EI}} \qquad [\mathrm{m}^{-1}]$$ ☞ **834** (6)

$$R_{y0}=2-\alpha_r \tag{7}$$

$$R_{M0}=\alpha_r \tag{8}$$

$$R_{M\max}=\exp\left[-\tan^{-1}\left(\frac{1}{1-\alpha_r}\right)\right]\sqrt{(1-\alpha_r)^2+1} \tag{9}$$

$$R_{lm}=\tan^{-1}\left(\frac{1}{1-\alpha_r}\right) \tag{10}$$

ここで,

Q ：くい頭の水平力 [kN]
k_h ：水平方向地盤反力係数 [kN/m³] ☞ **833**
B ：くい径 [m]
E ：くいのヤング係数 [kN/m²]
I ：くいの断面二次モーメント [m⁴]
α_r ：くい頭の固定度（固定のとき1，ピンのとき0） ☞ **835**

なお，くい長 L [m] に関しては,

$\beta L \geqq 3.0$

なる条件を満たすものとする．βL の値が3.0を下回る場合は，別途の短ぐいとしての計算による．

また，くい頭の固定度は特別の調査実験等によって求めるものとする．固定度が確認されていない場合には，原則として固定として計算する．

(3) くい体応力度の検討 ☞ **840**

2章に規定される設計用外力及びそれらの合成外力下でくい体に生じる応力度が，くい体の短期許容応力度を超えないことを確かめること．

5章 くい体の許容応力度

くい体の許容応力度は，国土交通省告示第1113号による．

6章 基礎スラブとくいの接合部等の設計

基礎スラブとくいの接合部等については，同一の建築物においては同一の接合方法によることを原則とし，また，2章に規定される設計用外力及びそれらの合成外力を，くい及び地盤へ安全に伝える構造であること，及びそれぞれ対応する外力条件下で，接合部分各部材の応力度が短期許容応力度を超えないことを確かめなければならない．

基礎スラブとくいを接合せず滑り支承構造等とする場合は，施工条件等を考慮した実験等の結果に基づき個々のくいや基礎スラブの荷重の分担を算出した上で構造耐力上の安全を確認する必要がある．

7章 地下外壁の設計

地下階があることによって，くいへの地震時外力を低減した荷重分に対しては，地下外壁の前面側受働抵抗と側面の摩擦力とで分担するものとして，地下外壁を設計すること．

8章 くい頭処理

コンクリートぐい等のくい頭処理に当たっては，くい体及び接合部等の性能低下を生じさせないよう十分注意しなければならない．

注）□の数字は該当項目について解説している見出しを示す．

表 8・2　地域係数 Z

	地　　方	数値
(1)	(2)から(4)までに掲げる地方以外の地方	1.0
(2)	北海道のうち 札幌市　函館市　小樽市　室蘭市　北見市　夕張市　岩見沢市　網走市　苫小牧市　美唄市　芦別市　江別市　赤平市　三笠市　千歳市　滝川市　砂川市　歌志内市　深川市　富良野市　登別市　恵庭市　伊達市　札幌郡　石狩郡　厚田郡　浜益郡　松前郡　上磯郡　亀田郡　茅部郡　山越郡　檜山郡　爾志郡　久遠郡　奥尻郡　瀬棚郡　島牧郡　寿都郡　磯谷郡　虻田郡　岩内郡　古宇郡　積丹郡　古平郡　余市郡　空知郡　夕張郡　樺戸郡　雨竜郡　上川郡（上川支庁）のうち東神楽町，上川町，東川町及び美瑛町　勇払郡　網走郡　斜里郡　常呂郡　有珠郡　白老郡 青森県のうち 青森市　弘前市　黒石市　五所川原市　むつ市　東津軽郡　西津軽郡　中津軽郡　南津軽郡　北津軽郡　下北郡 秋田県 山形県 福島県のうち 会津若松市　郡山市　白河市　須賀川市　喜多方市　岩瀬郡　南会津郡　北会津郡　耶麻郡　河沼郡　大沼郡　西白河郡 新潟県 富山県のうち 魚津市　滑川市　黒部市　下新川郡 石川県のうち 輪島市　珠洲市　鳳至郡　珠洲郡 鳥取県のうち 米子市　倉吉市　境港市　東伯郡　西伯郡　日野郡 島根県 岡山県 広島県 徳島県のうち 美馬郡　三好郡 香川県のうち 高松市　丸亀市　坂出市　善通寺市　観音寺市　小豆郡　香川郡　綾歌郡　仲多度郡　三豊郡 愛媛県 高知県 熊本県（(3)に掲げる市及び郡を除く.） 大分県（(3)に掲げる市及び郡を除く.） 宮崎県	0.9
(3)	北海道のうち 旭川市　留萌市　稚内市　紋別市　士別市　名寄市　上川郡（上川支庁）のうち鷹栖町，当麻町，比布町，愛別町，和寒町，剣淵町，朝日町，風連町及び下川町　中川郡（上川支庁）　増毛郡　留萌郡　苫前郡　天塩郡　宗谷郡　枝幸郡　礼文郡　利尻郡　紋別郡 山口県 福岡県 佐賀県 長崎県 熊本県のうち 八代市　荒尾市　水俣市　玉名市　本渡市　山鹿市　牛深市　宇土市　飽託郡　宇土郡　玉名郡　鹿本郡　葦北郡　天草郡 大分県のうち 中津市　日田市　豊後高田市　杵築市　宇佐市　西国東郡　東国東郡　速見郡　下毛郡　宇佐郡 鹿児島県（名瀬市及び大島郡を除く.）	0.8
(4)	沖縄県	0.7

（昭 55 建告 1793 より）

812 杭基礎における基礎スラブ根入れ効果による水平力の低減

杭に作用させる水平力（地震力）は，811 で求めた地震力を地上部分の高さおよび基礎の根入れ深さに応じて，下式による割合まで低減できる．ただし，この低減した水平力は地下壁等に対する深さ方向の等分布荷重（地震時増分土圧）として作用すると考える（図 8•3）．

$$ {}_{T}P_{B}'=(1-\alpha)\,{}_{T}P_{B} \quad \cdots\cdots \quad (8•3)\ 式 $$

$$ \alpha=1-0.2\frac{\sqrt{H}}{\sqrt[4]{D_f}} \quad （ただし，\alpha \leqq 0.7） \quad \cdots\cdots \quad (8•4)\ 式 $$

${}_{T}P_{B}'$ ：杭に作用する地震力［kN］

${}_{T}P_{B}$ ：基礎に作用する地震力［kN］

α ：基礎スラブ根入れ部分の水平力分担率

H ：地上部分の高さ（45 m 程度まで）［m］

D_f ：基礎の根入れ深さ（$D_f \geqq 2$ m の場合のみ本式を適用）［m］

1．基礎スラブ根入れ効果

基礎スラブ底面に作用する水平力は，建築物根入れ部分の受働抵抗や側面摩擦抵抗によって低減される．

杭基礎の場合には，基礎に作用する水平力から根入れ部分が負担する水平力を差し引いた水平力が，杭に作用する．これらの水平力の負担割合（分担率）は荷重と変位との関係より定まるが，その分担率を正確に求めることはむずかしい．

計算結果から試行錯誤的に導き出されたのが，(8•4) 式である．地表付近の地盤は抵抗要素として不安定要因が大きいので，適用範囲が $D_f \geqq 2$ m となっているが，$D_f < 2$ m の場合でも，埋め戻し土を原地盤の強度・変形特性より良好になるように施工した場合には，この式を適用できる．

2．地下外壁に作用する水平力（図 8•3）

(8•3) 式によって低減した水平力は，地下外壁に対して，深さ方向の等分布荷重として作用するが，この低減分の水平力 P は，地下外壁等の前面の受働土圧抵抗 P_u と側面摩擦抵抗 P_f によって負担する．その分担率は $P_u=\frac{3}{4}P$，$P_f=\frac{1}{4}P$ 程度を目安とする．したがって地下外壁の設計用土圧は，次のようになる．

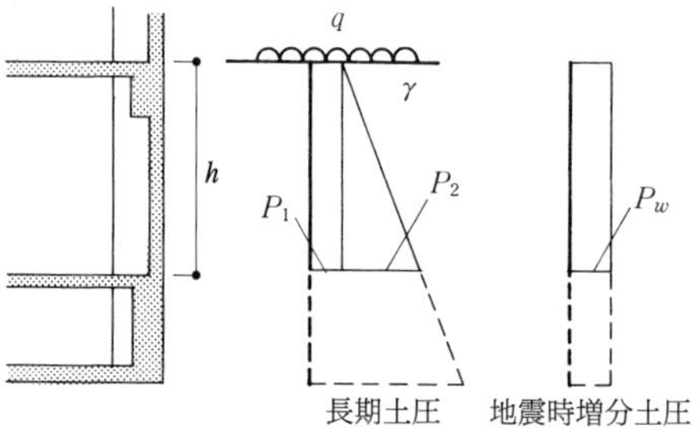

q ：載荷荷重
q ：載荷荷重による長期土圧
P_1 ：載荷荷重による長期土圧
P_2 ：土の重量による長期土圧
P_w ：杭に作用する水平力から差し引いた水平力のうち地下外壁の受働土圧抵抗負担分により生じる増分土圧
γ ：土の単位体積重量

図 8•3 地下外壁土圧（『地震力に対する建築物の基礎の設計指針』図―例 4•9 より）

①長期土圧（実務図表1•8「土圧 P の算定式」(p. 27) 参照）

載荷荷重による長期土圧：$P_1=0.5q$

土の重量による長期土圧：$P_2=0.5\gamma h$

②地震時土圧増分

低減した水平力　　　　：$P=\alpha_T P_B$

受働土圧抵抗の分担力　：$P_u=\dfrac{3}{4}P$

単位面積当りの増分土圧：$P_w=P_u/A$

A：受働抵抗面積 [m²]

813　構造設計の定石　地震力により生じる鉛直力の増減

地震力（水平力）による転倒モーメントによって，柱，基礎には鉛直力が生じる．その鉛直力は長期の鉛直力（柱軸方向力）に加減算しなければならない．特に，細長い架構では，転倒モーメントによる鉛直力が，長期の柱軸方向力により大きくなり，基礎に引抜きが生じる例も多々ある．

$$N_S=N_L\pm N_E \quad \cdots\cdots (8•5)\text{ 式}$$

N_S：短期（地震時）柱軸方向力 [kN]

N_L：長期柱軸方向力 [kN]

N_E：地震力により生じる鉛直反力 V [kN]

【a】 転倒モーメントおよび鉛直力の求め方

基礎底面位置からの転倒モーメント M を求める方法は下記の2つがある．地震力（層せん断力）の算定については，2の計算式を採用する．基礎の深さを変更したい場合に，最下層のみ再計算して他の各層は元の値をそのままとって累計すればよいので便利である（1の計算式は風圧力の場合に用いる）．

なお，基礎位置の鉛直反力 V は，転倒モーメント M を架構スパン l で除せば求めることができる．

また，一般には基礎部分の地震力による M は無視している．

1　実務計算式①（風圧力の場合）

一般式は次のとおりである（図8•4）．

$$M=P_rH_r+P_{r-1}H_{r-1}+P_{r-2}H_{r-2}+\cdots+P_3H_3+P_2H_2+P_1H_1=\sum_{n=1}^{r}P_nH_n \quad \cdots (8•6)\text{ 式}$$

$$V=\frac{M}{l} \quad \cdots\cdots (8•7)\text{ 式}$$

P_n：n 階のみの水平力（風圧力）[kN]

H_n：基礎底面から n 階までの高さ [m]

M：転倒モーメント [kN•m]

V：鉛直反力 [kN]

l：スパン [m]

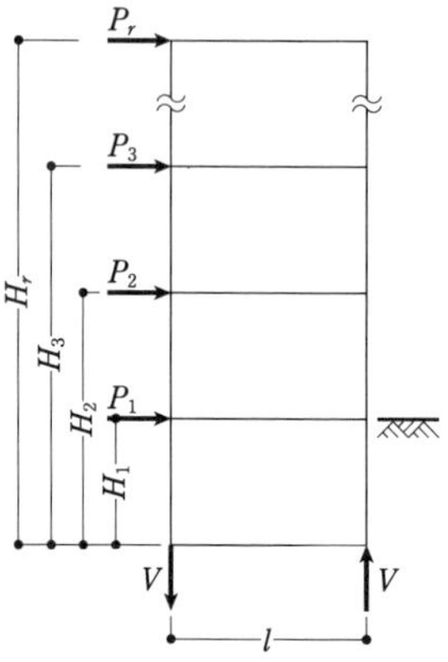

図 8•4

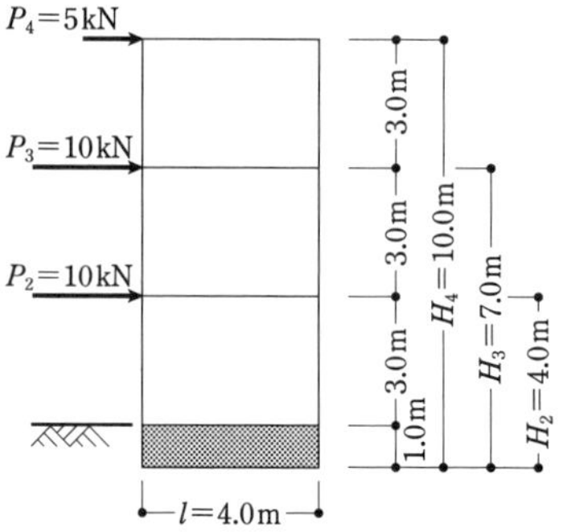

図 8•5　水平力と高さ

注）地階がないので P_1 は無視する.

図 8•5 の場合について解くと，以下のとおりである.

$$M = 5\ \mathrm{kN} \times 10\ \mathrm{m} + 10\ \mathrm{kN} \times 7\ \mathrm{m} + 10\ \mathrm{kN} \times 4\ \mathrm{m} = 160\ \mathrm{kN{\cdot}m}$$

$$V = \frac{160\ \mathrm{kN{\cdot}m}}{4\ \mathrm{m}} = 40\ \mathrm{kN}$$

2 実務計算式②（地震力の場合）

各層の転倒モーメントを累計して求める方法で，一般式は次のとおりである（図 8•6).

$$M = {}_TP_rh_r + {}_TP_{r-1}h_{r-1} + {}_TP_{r-2}h_{r-2} + \cdots + {}_TP_3h_3 + {}_TP_2h_2 + {}_TP_1h_1 = \sum_{n=1}^{r} {}_TP_nh_n \cdots \quad (8{\cdot}6)'\text{式}$$

$$V = \frac{M}{l} \cdots\cdots \quad (8{\cdot}7)'\text{式}$$

${}_TP_n$ ：n 階の層せん断力（地震力）

h_n ：各階の高さ

最下層は基礎底面からの高さ

この計算式によって図 8•7 の場合を解くと，基礎底面からの転倒モーメントは次のようになる.

3 階　${}_3M$ = 5 kN × 3 m = 15 kN•m

2 階　${}_2M$ = 15 kN × 3 m = 45 kN•m

1 階　${}_1M$ = 25 kN × 4 m = 100 kN•m

M = 160 kN•m

$$V = \frac{160\ \mathrm{kN{\cdot}m}}{4\ \mathrm{m}} = 40\ \mathrm{kN}$$

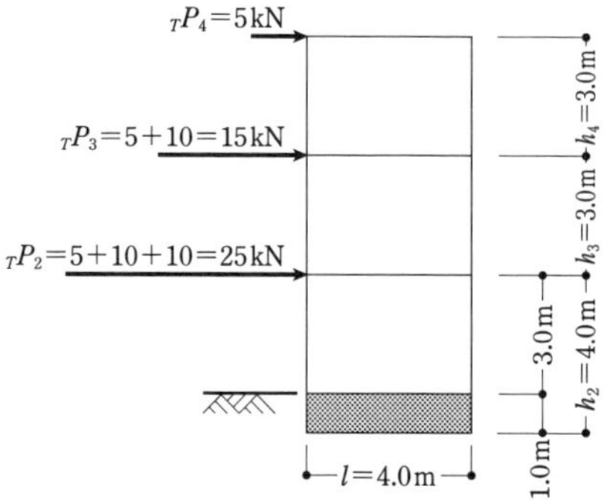

図 8•7　層せん断力と高さ

注）地階がないので ${}_TP_1$ は無視する.

【b】 ラーメン架構の鉛直力の求め方

ラーメン架構に地震時に生じる鉛直力＝柱軸方向力は，ラーメン応力解析で算出した各階の梁のせん断力の累計より求めることもできる．なお，基礎位置の鉛直反力 V には基礎梁のせん断力 ${}_FQ$ も加算しなければならない（図 8•8）

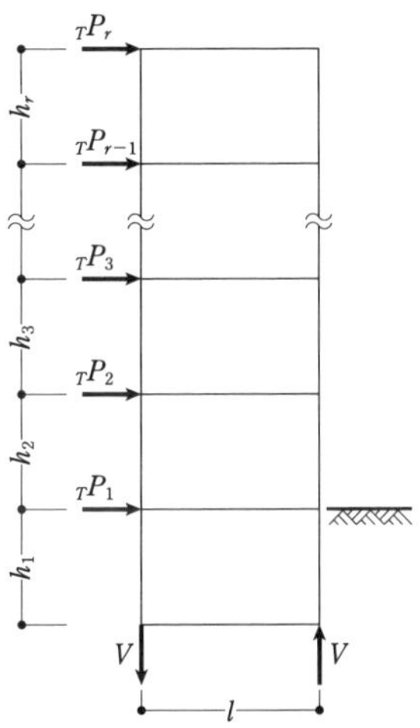

図 8･6

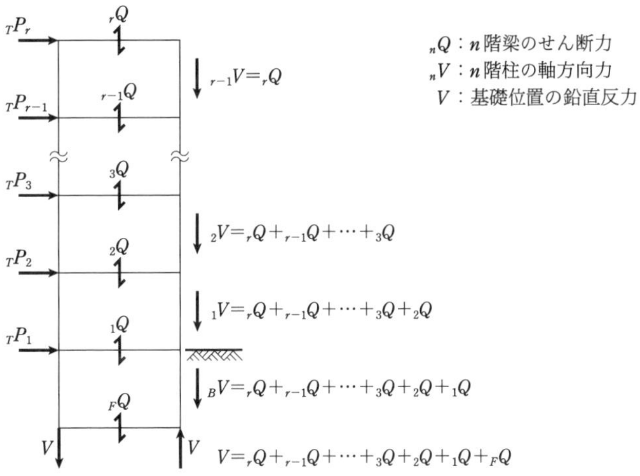

図 8･8　ラーメン応力解析による地震時の柱軸方向力の求め方

820　直接基礎の設計

直接基礎の地震力による設計として，検討しなければならない項目には次の 3 項目がある．

特に②の転倒の検討が大切であるので，転倒の設計，すなわち，めり込みの検討方法について 822 ～ 824 に詳述する．

①地盤災害（液状化，地すべり等）

②転倒の検討（めり込みの検討，引抜きの検討）

③滑動（建築物全体が滑動しない）

821　地盤災害について

「地震時に液状化するおそれのある地盤」が液状化すると，建物全体に沈下や傾斜が生じることが多いので，この地盤を建築物の支持地盤とすることは適当でない．この地盤を支持地盤とする場合には，締固め等の有効な地盤改良を行うか，または杭基礎等により液状化のおそれのない地盤を支持地盤としなければならない．

次に，崖くずれ，地すべり等による被害に対して，擁壁の設置等の対策が必要である．

822　構造設計の定石　転倒の力学

転倒についての検討は，構造物の安定を図るうえできわめて重要なポイントである．とりわけ塔状建築物で検討すべきウエイトが高い．

柱や壁量をいくら増しても，また，どんなにバランスのよい架構を設計しても，転倒を防げるものではない．転倒に対する決め手は基礎にかかっている．

【a】 転倒の検討（地耐力無限大の場合）

①力の釣合式によって

石塔の場合（図8•9）

$k>\dfrac{l}{H}$ ……………転倒

$k<\dfrac{l}{H}$ ……………安定

水平震度 $k=0.2$ とした場合

$H>5l$ ……………転倒

$H<5l$ ……………安定

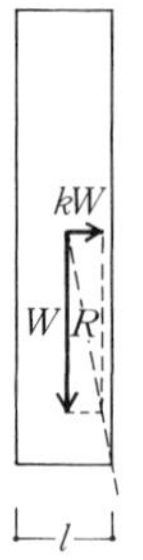

図8•9

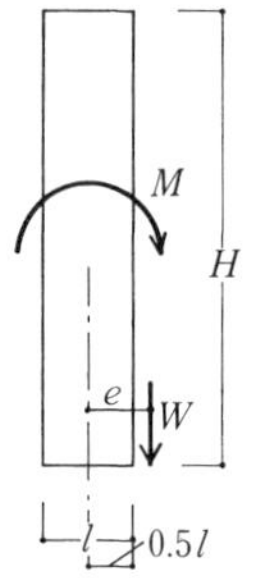

図8•10

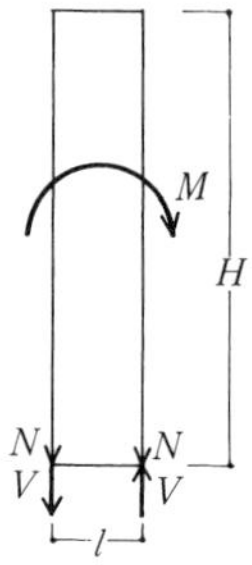

図8•11

②偏心モーメント式によって（図8•10）

$e>0.5l$ または $\dfrac{e}{l}>0.5$ ……………転倒

$e<0.5l$ または $\dfrac{e}{l}<0.5$ ……………安定

$M=kW\dfrac{H}{2}$，$e=\dfrac{M}{W}$

③柱引抜き力による検討（ラーメン架構の場合，図8•11）

$V>N$ ……………転倒

$V<N$ ……………安定

柱引抜き力：$V=\dfrac{M}{l}$

柱軸方向力：N

【b】 独立偏心基礎の引抜き力について

図8•12に基づいて説明する．柱脚Ⓐ点の柱引抜き力は $V=\dfrac{M}{l}$ であるが，基礎の支持点間隔 l'（独立偏心基礎では地反力の合力支点間隔 l'，杭基礎の場合は杭間隔 l'）は短くなるので，Ⓑ点の引抜き力 $V'=\dfrac{M}{l'}$ は大きくなる．したがって，Ⓐ点では引抜きが生じなくても，Ⓑ点について検討すると引抜きが起こる（言い換えれば転倒する）可能性が多分にあり，注意しなければならない．

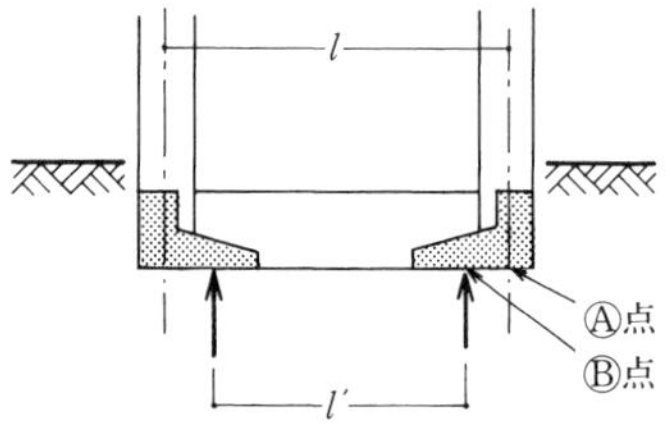

図8•12 基礎の支持点 Ⓐ点の引抜き力 $\left(V=\dfrac{M}{l}\right)$ よりⒷ点の引抜き力 $\left(V'=\dfrac{M}{l'}\right)$ が大きくなるので注意．

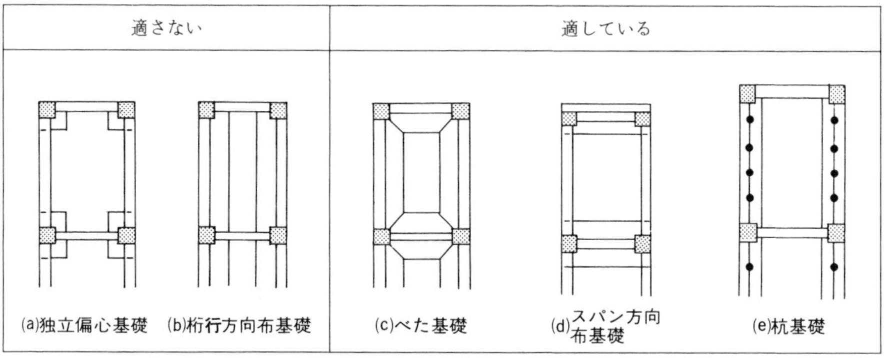

図8•13 塔状建築物で転倒のおそれのある建物の基礎

この種の基礎の建築物については，引抜き力の検討だけでは転倒の危険性を確かめられない．めり込みの検討が必要である．しかし，独立偏心基礎（図 8•13(a)），桁行方向布基礎（図 8•13(b)）についてはその検討方法が明確でないので，塔状建築物等で転倒のおそれのある建物の基礎は，べた基礎（図 8•13(c)），スパン方向布基礎（図 8•13(d)）または杭基礎（図 8•13(e)）とする．

823　構造設計の定石　めり込みの検討方法　（実務図表 8•1，8•2）

一般に地盤を弾性地盤と考えると，地盤反力は三角分布となり，転倒する前に必ず最大地盤応力（接地圧）が短期許容地耐力 $_sf_e$ に達する．この限界を建物の地盤に対する限度，言い換えれば転倒が生じる限界と考える．

したがって，杭基礎でない建築物の転倒の検討は，地盤におよぼす接地圧が許容地耐力以下であることを確認すること，つまり，めり込みの検討につきる．めり込みの検討の具体的な方法と転倒の力学について解説する．

なお，建物に転倒モーメントが作用した場合に，基礎底面にどのような応力が生じるかについては，実務図表 8•1 に概要をまとめておくので，参考にされたい．

【a】 水平荷重時の地盤へのめり込みを検討するための実務計算式（図 8•14）

独立フーチング基礎で基礎にモーメントが働く場合についての，言い換えれば偏心荷重が働く場合についての計算式は（8•8）式による．地盤へのめり込みは，この計算式を準用し

実務図表 8•1　建物に転倒モーメントが作用した場合の基礎底面の応力

$e=\frac{M}{W}$	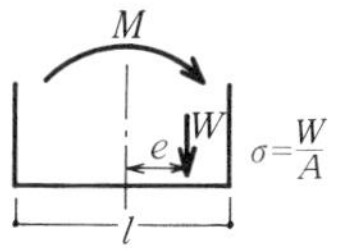	接地圧係数 α
$e=0$	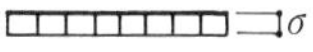	$\alpha=1$
$\frac{e}{l}<\frac{1}{6}$（底面の核内）	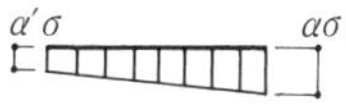	$\alpha'=1-6\frac{e}{l}$ $\alpha=1+6\frac{e}{l}$ $1<\alpha<2$
$\frac{e}{l}=\frac{1}{6}$（底面の核）	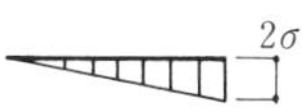	$\alpha=1+6\frac{e}{l}$ $\alpha=2$
$\frac{e}{l}>\frac{1}{6}$ 底面の一部が接地圧 0 となる	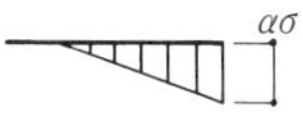	$\alpha=\frac{2}{3\left(\frac{1}{2}-\frac{e}{l}\right)}$ $\alpha>2$
$\frac{e}{l}=\frac{1}{3}$ 底面の 1/2 が接地圧 0 となる	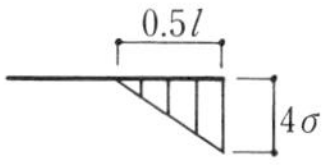	$\alpha=\frac{2}{3\left(\frac{1}{2}-\frac{e}{l}\right)}$ $\alpha=4$
$\frac{e}{l}\geqq\frac{1}{2}$ 転倒		$\alpha=\frac{2}{3\left(\frac{1}{2}-\frac{e}{l}\right)}$ $\alpha=\infty$

M：転倒モーメント　W：建物全重量　e：偏心距離
A：基礎底面積　α：接地圧係数

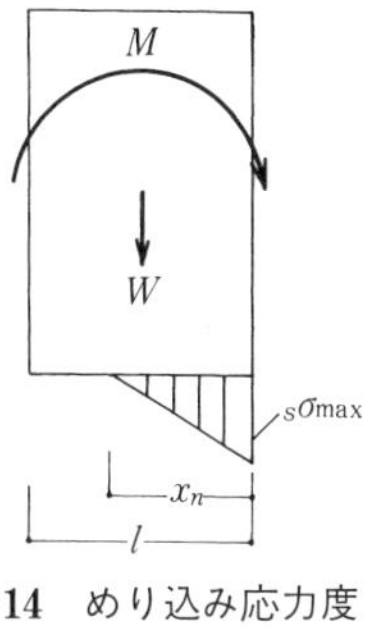

図 8•14　めり込み応力度 $_s\sigma_{max}$

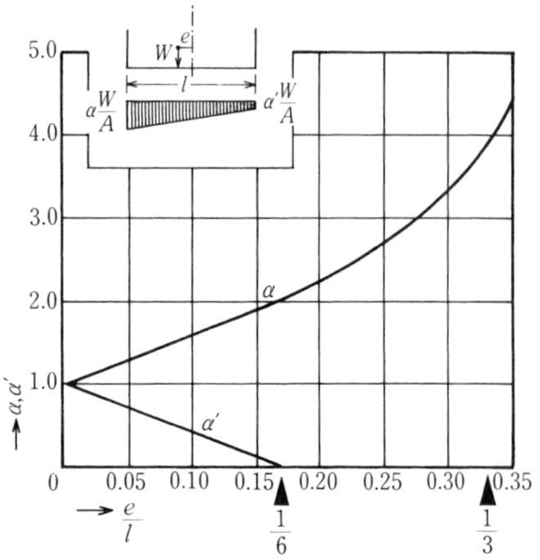

注）

$\frac{e}{l} \leqq \frac{1}{3}$ とするのが望ましい．それは，次の理由によるが，目的は基礎底面に過大な浮き上がりを生じさせないためである．

①RC 規の解説で「独立フーチング基礎にかけ得る偏心の大きさは，だいたい $\frac{e}{l}=\frac{1}{3}$ を限度とすべきである」とされている．

②$\frac{e}{l}=\frac{1}{3}$ の場合は，実務図表 8•1 で示しているように，基礎底面の $\frac{1}{2}$ の部分があそぶことになる．

③$\frac{e}{l}=\frac{1}{3}$ から $\frac{e}{l}=\frac{1}{2}$（転倒する）の範囲の α は急激に大きくなる．

④図 8•15 のように，$l\cos\theta$ の分が隣地にはみ出すので，ある程度規制する必要がある．

⑤$\frac{e}{l}=\frac{1}{3}$ でもロッキング現象を生じ，隣地にはみ出す可能性がある．

実務図表 8•2　e/l より接地圧係数 α を求める図表（『鉄筋コンクリート構造計算規準・同解説（1999 年版）』図 20•2 より）

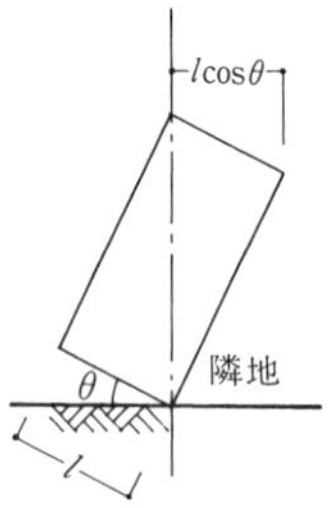

図 8•15

て検討することができる．

$$_s\sigma_{max}=\alpha\frac{W}{A}\leqq {}_sf_e \quad \cdots\cdots (8•8) 式$$

$_s\sigma_{max}$：短期最大地盤応力度［kN/m²］

$_sf_e$　：短期許容地耐力［kN/m²］

W　：建物全重量［kN］

A　：基礎面積［m²］

α　：接地圧係数．$\frac{e}{l}$ の値から実務図表 8•2 によって求める．

l：建物（基礎）の幅［m］

e：偏心距離［m］

$$e=\frac{M}{W}$$

M：転倒モーメント［kN•m］

【b】 水平荷重時のせん断力による基礎板設計のための実務計算式

$\frac{e}{l} \geqq \frac{1}{6}$ の場合で，中立軸から x の位置でのせん断力 Q_x（単位幅についての値）は，(8•9）式によって求めることができる（図 8•16）

$$Q_x=\frac{_s\sigma}{2x_n}x^2-\frac{_s\sigma_n x_n^2}{6l}-w\left(x-x_n+\frac{l}{2}\right) \quad \cdots\cdots (8•9) 式$$

w：基礎板自重［kN/m²］

(8•9）式について図 8•17 により解説すると，単位幅当りでは，

$$V_A=\frac{1}{2}\times{}_s\sigma x_n\times\frac{x_n}{3}\times\frac{1}{l}=\frac{_s\sigma x_n^2}{6l}$$

$$V_B=\frac{_s\sigma x_n}{2}-\frac{_s\sigma x_n^2}{6l}=\frac{_s\sigma x_n(3l-x_n)}{6l}$$

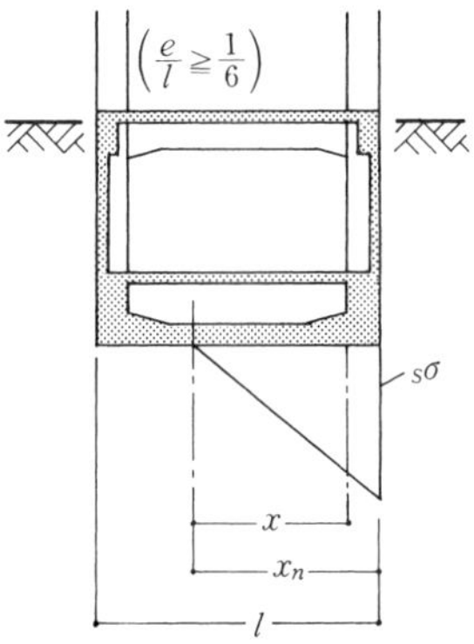

図 8•16　基礎板のせん断力

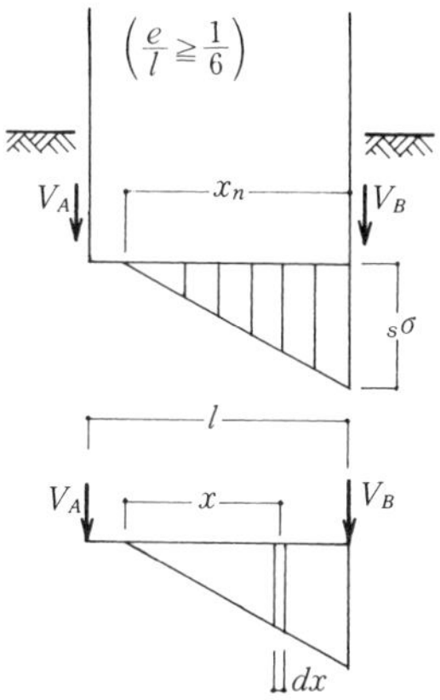

図 8•17　x 点のせん断力 Q_x

である．

いま，中立軸から x の点でのせん断力を Q_x とすると，次の通りになる．

$$Q_x=\int_0^x \frac{_s\sigma}{x_n} x dx-\frac{_s\sigma x_n{}^2}{6l}-\underbrace{w\left(x-x_n+\frac{l}{2}\right)}_{\text{基礎自重}}$$

$$\therefore\ Q_x=\frac{_s\sigma}{2x_n}x^2-\frac{_s\sigma x_n{}^2}{6l}-w\left(x-x_n+\frac{l}{2}\right)$$

824

計算例　短期最大地盤応力度 σ_e の計算

図 8•18 の条件について，短期最大地盤応力度の計算（めり込みの検討）をしてみよう．

①べた基礎（図 8•19）

長期：$_L\sigma_e=\dfrac{W}{A}=\dfrac{2000\ \mathrm{kN}}{40\ \mathrm{m}^2}=50\ \mathrm{kN/m^2}$

短期：$_s\sigma_e=\alpha\dfrac{W}{A}=3.81\times\dfrac{2000}{40}=190.5\ \mathrm{kN/m^2}$

$$e=\frac{M}{W}=\frac{2600}{2000}=1.3\ \mathrm{m}$$

$$\frac{e}{l}=\frac{1.3}{4}=0.325<\frac{1}{3}$$

$$\alpha=\frac{2}{3\left(\frac{1}{2}-0.325\right)}=3.81$$（実務図表 8•1 より）

あるいは，実務図表 8•2 によって $\alpha=3.81$ を求める．

②スパン方向布基礎（図 8•20）

長期：$_L\sigma_e=\dfrac{W}{A}=\dfrac{2000}{20}=100\ \mathrm{kN/m^2}$

短期：$_s\sigma_e=\alpha\dfrac{W}{A}=3.81\times\dfrac{2000}{20}=381\ \mathrm{kN/m^2}$

α は①と同じ値である．

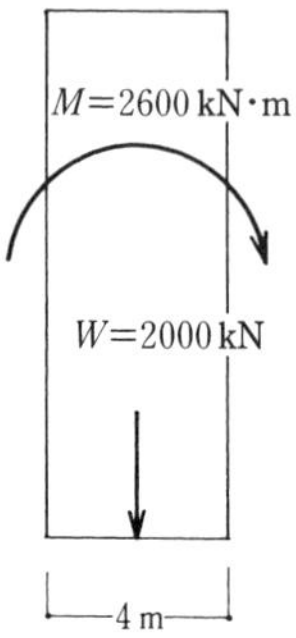

図 8•18　計算例・転倒モーメントと建物全重量

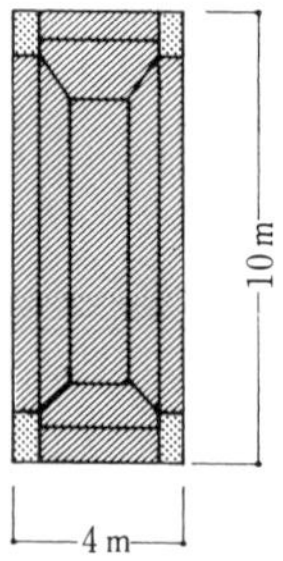

図 8•19　計算例・べた基礎の場合

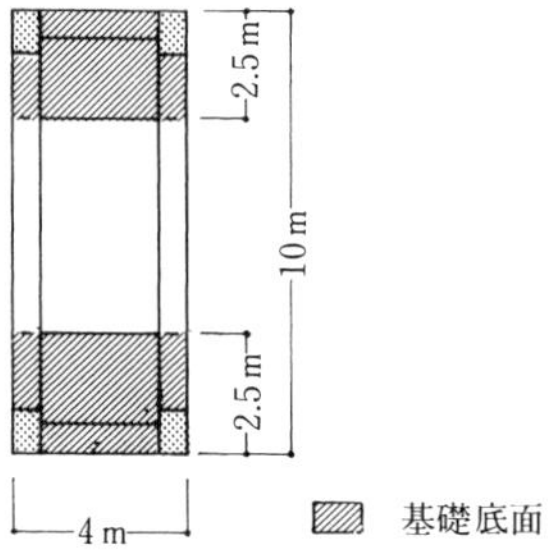

図 8•20　計算例・スパン方向布基礎の場合

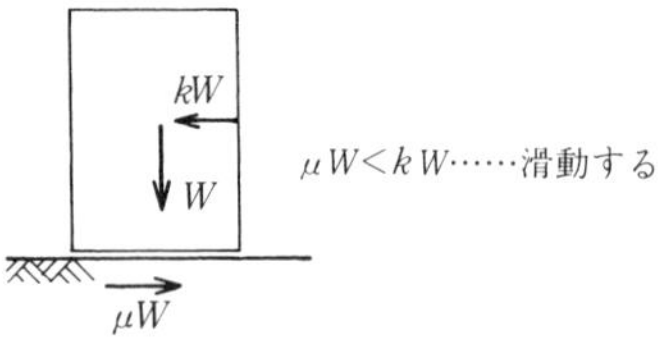

図 8•21　水平力 kW と摩擦力 μW

実務図表 8•3　滑動の検討のための摩擦係数 μ

土　質	摩擦係数
岩，岩屑（せつ），砂利または砂	0.5
砂質土	0.4
シルト，粘土またはそれらを多量に含む土（擁壁の基礎底面から少なくとも 15 cm までの深さの土を砂利または砂に置き換えた場合に限る）	0.3

（宅地造成等規制法施行令別表第 3 より）

825　滑動の検討　（実務図表 8•3）

底面の摩擦係数を μ とすれば，基礎の抵抗は μW となり，水平力を kW とすると，滑動は次のような関係になる（図 8•21）.

$\mu W < kW$…………滑動する

$\therefore \mu < k$……………… 滑動する ……………………………………………………（8•10）式

摩擦係数 μ については宅地造成等規制法施行令別表第 3 に定められている値（実務図表 8•3）を用いればよい．同別表第 3 によると μ は 0.3～0.5 であるから，通常の地震（C_o= 0.2～0.3）では滑動しないことになる．なお，片側土圧によって常時水平力の作用を受けている場合には，滑動に対する検討が必要である.

830　杭基礎の設計

杭基礎で地震力による設計として検討しなければならない項目として，「鉛直力に対する検討」と「水平力に対する検討」がある.

前者は，水平力（地震力）によって架構に生じる軸方向力による検討で，塔状建築物，細長い耐震壁の基礎部が問題となり，特に引抜き力の検討がポイントとなる．後者の「水平力に対する検討」は，杭頭に集中力として作用させた場合について検討する.

831　地震力により生じる鉛直力に対する検討

転倒モーメントによる鉛直力を長期軸方向力に加減算した短期軸方向力が，杭の短期許容支持力を超えないこと，さらに引抜き力を受ける場合には，杭の短期許容引抜き力を超えないことを確かめなければならない.

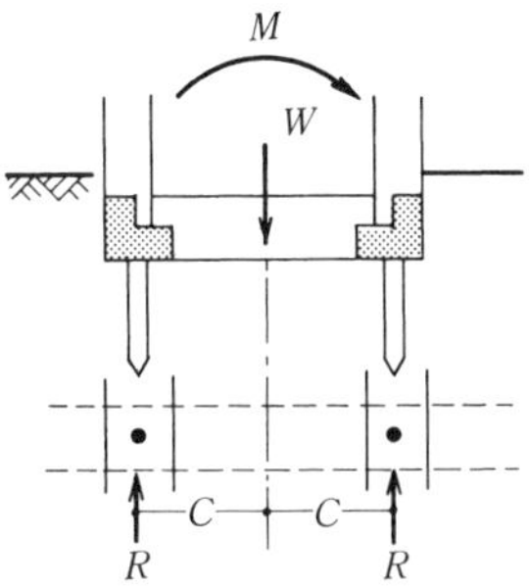

図 8・22　片側 1 列打ち

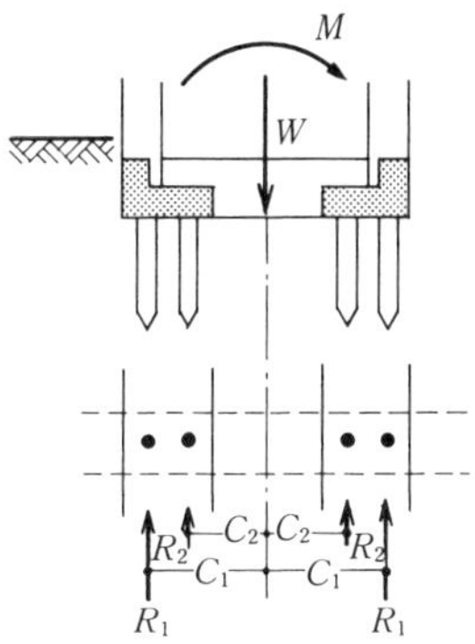

図 8・23　片側 2 列打ち

【a】 杭基礎の転倒

図 8・22，8・23 の杭配置の場合は，次のような計算式で杭に作用する荷重 R を算定する．

$$R=\frac{W}{n}\pm\frac{M}{Z_c}=\frac{W}{n}\pm\frac{MC}{\sum C^2} \quad \cdots\cdots (8\cdot 11)\ 式$$

$\sum C^2 = I_{c-c}$（断面 2 次モーメント）

$\frac{\sum C^2}{C} = Z_c$（断面係数）

M：転倒モーメント［kN/m］

W：建物全荷重［kN］

n：杭本数［本］

R：杭に作用する荷重［kN］

C：中心より各杭までの距離［m］

1 片側 1 列打ちの場合の計算式（図 8・22）

$$R=\frac{W}{n}\pm\frac{M}{Z}=\frac{W}{n}\pm\frac{M}{nC} \quad \cdots\cdots (8\cdot 12)\ 式$$

2 片側 2 列打ちの場合の計算式（図 8・23）

$$R_1=\frac{W}{n}\pm\frac{M}{Z_1}=\frac{W}{n}\pm\frac{2MC_1}{n(C_1^2+C_2^2)} \quad \cdots\cdots (8\cdot 13)\ 式$$

$$R_2=\frac{W}{n}\pm\frac{M}{Z_2}=\frac{W}{n}\pm\frac{2MC_2}{n(C_1^2+C_2^2)} \quad \cdots\cdots (8\cdot 14)\ 式$$

3 杭基礎の性状

RC 既製杭，PC 杭などは杭体の許容引抜き力が小さく，また基礎に定着する方法がむずかしいので，引抜き力を受ける場合に使用されることはまれである．一般には PHC 杭，鋼杭，場所打ち杭を使用する例が多い．

【b】 杭の短期許容支持力

杭の短期許容支持力は，杭体の短期許容耐力以下かつ地盤に対する許容支持力以下とする（☞ **700** ）．

短期許容支持力　　＝長期の値×2

杭体の短期許容耐力＝長期の値×2　（鋼杭以外）

　　　　　　　　　＝長期の値×1.5（鋼杭）

（杭体の許容耐力は **725** による）

832　水平力に対する検討　（実務図表 8•4）

811 に示した水平力を杭頭に集中力として作用させた場合の杭体に生じる応力を求め，その応力と鉛直応力（柱軸方向力）を合成して，杭体の断面算定を行う．この項では，「地震指」に基づき応力の算定方法について説明する．

杭応力算定式は，長杭と短杭とで異なる．その判別式および長杭の設計式を一覧表にしたものが，実務図表 8•4 である．

【a】 長杭，短杭の判別式

杭長が長いか短いかによって，水平力に対する杭の設計式が変わる．その判別は下式によって決めるが，この式が示すように水平方向地盤反力係数 k_h，杭径，杭材質に関係する．したがって，杭の長さだけで判別することはできない．

$\beta L \geqq 3.0$……長杭

$\beta L < 3.0$……短杭

L：杭長［m］

実務図表 8•4　長杭の設計式一覧表

	設計式			備考
杭頭固定度	固定 $\alpha_r=1.0$	ピン $\alpha_r=0$	半固定 $\alpha_r=0.8$	長杭では杭先端境界条件は考慮しない
長杭の判定	$\beta L \geqq 3.0$	$\beta L \geqq 3.0$	$\beta L \geqq 3.0$	
β の算定式	$\beta=\sqrt[4]{\frac{k_h B}{4EI}}$	$\beta=\sqrt[4]{\frac{k_h B}{4EI}}$	$\beta=\sqrt[4]{\frac{k_h B}{4EI}}$	
杭頭曲げモーメント M_0	$\frac{Q}{2\beta}$	0	$\frac{Q}{2\beta}\times 0.8$	
杭の地中部最大曲げモーメント M_{max}	$\frac{Q}{2\beta}\times 0.208$	$\frac{Q}{2\beta}\times 0.645$	$\frac{Q}{2\beta}\times 0.258$	M_{max} および l_m については杭頭が半固定の場合も，安全側である杭頭ピンの場合の計算式を用いるのが定石である．
M_{max} の発生深さ l_m	$\frac{1}{\beta}\times 1.57$	$\frac{1}{\beta}\times 0.785$	$\frac{1}{\beta}\times 1.37$	
杭頭変位 y_0	$\frac{Q}{4EI\beta^3}$ （または $\frac{Q\beta}{k_h B}$）	$\frac{Q}{4EI\beta^3}\times 2$	$\frac{Q}{4EI\beta^3}\times 1.2$	いずれの場合も $\frac{Q}{4EI\beta^3}$ に代えて $\frac{Q\beta}{k_h B}$ を用いてよい

Q：杭頭の水平力［kN］
k_h：水平方向地盤反力係数［kN/m^3］
B：杭径［m］
L：杭長［m］
E：杭のヤング係数［kN/m^2］
I：杭の断面 2 次モーメント［m^4］
α_r：杭頭の固定度
β：杭の特性値（PHC 杭，場所打ちコンクリート杭については実務図表 8•7，8•8 に算定値を示す）

$$\beta = \sqrt[4]{\frac{k_h B}{4EI}} \qquad \cdots\cdots (8{\cdot}15)\text{ 式}$$

β：杭の特性値［m^{-1}］（実務図表 8•7，8•8，☞**834**）

k_h：水平方向地盤反力係数［kN/m^3］☞**833**

B：杭径［m］

E：杭のヤング係数［kN/m^2］

I：杭の断面 2 次モーメント［m^4］

【b】 長杭（$\beta L \geqq 3.0$）の設計式

長杭の場合，杭の下部はほとんど変形しない．したがって，最大曲げモーメント，杭頭変位等は，無限に長い杭でも同じ値である．杭が地盤に与える影響としては，地表面付近の浅い部分の地盤が降伏の対象となるが，下部では地盤に与える影響は少ない．したがって水平抵抗力は，主として杭体の強度で決まることになる．

設計法としては，杭を弾性支承上の梁として，地盤反力が梁変形に比例すると仮定した線形弾性地盤反力法による．

実務図表 8•4 は，杭頭固定条件別に長杭の設計一般式を一覧表にしたものである．

【c】 短杭（$\beta L < 3.0$）の設計について

短い杭の場合には，杭が曲がったり縮んだりする杭自体の変形に比べて，杭自体は変形せず杭全体として x，y，回転方向に移動する杭全体の変位が大きい．したがって，杭体が降伏する前に杭周の地盤が破壊することが考えられるので，水平抵抗力は地盤の強さによって決まる場合がある．

しかしながら，短い杭であっても，杭先端部が支持層に根入れされている場合には，杭全体が回転や移動をすることはまずない．

短杭については，問題点も多くあるので，本書では設計に当っての注意点を示しておく．

1 杭先端の境界条件について

短杭の杭先端の境界条件の仮定により，応力，杭頭変位が大きく変わるので，その境界条件の設定に当っては，先端地盤の性状や支持層への根入れの程度などを充分考慮しなければならない．一般的には以下のように考える．

①杭先端が自由な場合：杭先端が支持層に達していないような場合で，摩擦杭が該当する．

②杭先端がピンの場合：杭先端が支持層に杭径程度根入れされている場合で，支持杭が該当する．

なお，支持層に十分根入れされている場合には，固定と考えられる．この場合には杭長 L の取り方を，杭全長でなく，支持地盤までとする．

2 水平方向地盤反力係数 k_h と杭断面

短杭の場合の k_h については，杭全長にわたり安全側の平均的な値を採用する．

また杭断面については，杭全長を同一断面にて設計する．たとえば，場所打ちコンクリート杭の場合には，全長同一配筋にて設計する．

3 短杭の設計における定石

短杭は設計方法が明確でないので，地盤改良（☞**500**）を行うか，栗石コンクリート（☞**1110**）にて設計するのが定石である．

833　水平方向地盤反力係数 k_h の求め方　（実務図表 8•5）

地盤内の杭に水平力を作用させた場合，単位面積当り P [kN/m²] により y [m] だけ地盤が変位した時の P と y の1次比例定数が水平方向地盤反力係数 k_h である．

$$k_h=\frac{P}{y}\ [\mathrm{kN/m^3}] \quad \cdots\cdots (8•16)\ 式$$

k_h の求め方としては，長い杭の水平載荷試験を行い，その荷重―変位関係に基づいて算定するのが理想である．現実的には，設計時点で杭の載荷試験を行うことはむずかしいので，土質試験結果より k_h を求め，その値にて杭設計を行い，重要構造物については，杭施工時に水平載荷試験を行って設計時に採用した k_h が適正であったかを確認するのが一般的な方法である．

土質試験データにより求める場合には，下記のとおり砂質地盤と粘土質地盤で求め方が異なる．

【a】 砂質地盤の場合

標準貫入試験値の N 値より求める．

$$k_h \fallingdotseq 80E_0B^{-\frac{3}{4}}\ [\mathrm{kN/m^3}] \quad \cdots\cdots (8•17)\ 式$$

E_0：地盤の変形係数で，平均 N 値より求める．

$E_0=700\overline{N}$ [kN/m²] と推定する．

B ：杭径（算定においては cm で表した無次元数値を用いる）

$$\therefore\ k_h \fallingdotseq 80\times700\overline{N}\times B^{-\frac{3}{4}}=56000\overline{N}\frac{1}{\sqrt[4]{B^3}}\ [\mathrm{kN/m^3}] \quad \cdots\cdots (8•18)\ 式$$

実務図表 8•5　砂質地盤の k_h 算定表 [kN/m³]

杭径 B [cm] ＼ $\overline{N}$	4	5	6	7	8	9	10
30	17475	21843	26212	30581	34949	39318	43686
35	15567	19458	23350	27242	31133	35025	38917
40	14083	17604	21125	24646	28167	31687	35208
45	12893	16116	19339	22562	25785	29008	32231
50	11913	14891	17869	20848	23826	26804	29782
60	10390	12988	15586	18183	20781	23379	25976
70	9256	11570	13884	16198	18512	20826	23140
80	8374	10467	12561	14654	16748	18841	20935
90	7666	9582	11499	13415	15332	17248	19165
100	7084	8854	10625	12396	14167	15938	17709
110	6595	8244	9892	11541	13190	14838	16487
120	6178	7723	9267	10812	12356	13901	15446
130	5818	7273	8727	10182	11636	13091	14546
140	5504	6880	8255	9631	11007	12383	13759
150	5226	6533	7839	9146	10452	11759	13065
160	4979	6224	7469	8714	9958	11203	12448
170	4758	5947	7137	8326	9516	10705	11895
180	4558	5698	6837	7977	9116	10256	11396
190	4377	5471	6566	7660	8754	9848	10943
200	4212	5265	6318	7371	8424	9477	10530
250	3563	4454	5344	6235	7126	8016	8907
270	3363	4204	5044	5885	6726	7567	8407

（(8•18) 式による算定値）

実務図表 8•5 は，k_h 算定値の一覧表である．杭径が大きくなるほど k_h は小さくなる．

【b】 粘土質地盤の場合

$$k_h \fallingdotseq 80E_0B^{-\frac{3}{4}}\ [\mathrm{kN/m^3}] \cdots\cdots (8\bullet 17)\ 式$$

E_0：地盤の変形係数で，①または②により求める．

①ボーリング孔内で測定した地盤の変形係数 $[\mathrm{kN/m^2}]$

ボーリング孔を利用して，孔壁に圧力を加えて，地盤の強度―変形関係を求める．ボーリング孔内横方向載荷試験値が地盤の変形係数である．

② 1 軸または 3 軸圧縮試験から求めた変形係数 $[\mathrm{kN/m^2}]$

土質試験の 1 軸圧縮試験または 3 軸圧縮試験の結果値により地盤の変形係数 E_0 を求める．通常，1 軸圧縮試験によっているので，その場合の求め方を示しておく．なお，地質試験を発注する際には，E_0 も算出するように仕様書に示しておく．

● 1 軸圧縮試験による場合（図 8•24）

$$E_0=\frac{q_u}{2\varepsilon_0}\ [\mathrm{kN/m^2}] \cdots\cdots (8\bullet 19)\ 式$$

q_u：1 軸圧縮強度 $[\mathrm{kN/m^2}]$

ε_0：$\frac{1}{2}q_u$ の場合のひずみ

E_0：地盤の変形係数 $[\mathrm{kN/m^2}]$

【c】 E_0 を求めるための地盤調査の範囲

k_h は E_0（地盤の変形係数）より求めるが，この E_0 を求めるための地盤調査が対象とすべき範囲，試験位置または推定に当っての N 値の範囲は，杭径に応じて実務図表 8•6 に示す範囲とする．

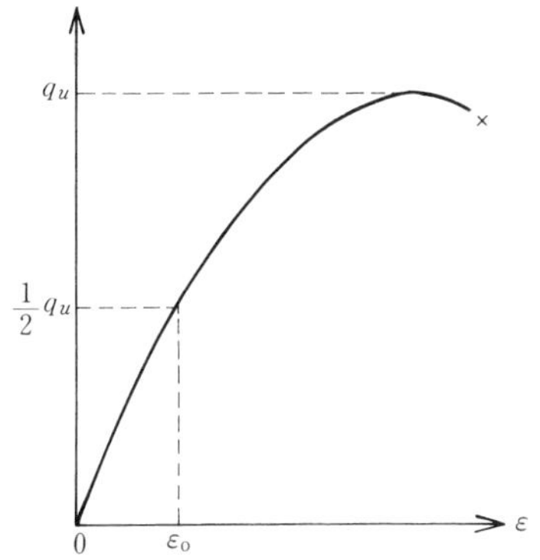

図 8•24　1 軸圧縮試験によって得られる 1 軸圧縮強度 q_u とひずみ ε

実務図表 8•6　E_0 を求めるための地盤調査[注1]の範囲

杭径 B [cm]	基礎底面からの深さ [m]
$B<50$	3～4[注2]
$50\leqq B<100$	4～5

注 1）砂質地盤：標準貫入試験の N 値

粘土質地盤：ボーリング孔内横方向載荷試験および 1 軸または 3 軸圧縮試験

2）基礎底面から 3～4 m までの値の平均値をとる．ただし地盤が複雑なときは，もう少し広い範囲の値を考慮することが望ましい．4～5 m についても同様である．

（『地震力に対する建築物の基礎の設計指針』表 4•2•1 より）

834　β の一覧表　（実務図表 8•7，8•8）

β は杭の特性値で，長杭・短杭の判別式，各応力を求めるに当っての基本となる係数である．k_h，B が同じ条件の杭でも，杭の種類によって β の値は異なる．一番よく採用される PHC 杭と場所打ちコンクリート杭について，(8•15) 式によって算出した β の一覧表を実務図表 8•7，8•8 に示しておく．

$$\beta=\sqrt[4]{\frac{k_h B}{4EI}} \quad \cdots\cdots (8\cdot15)\text{式}$$

k_h：水平方向地盤反力係数［kN/m³］

B：杭径［m］

E：杭のヤング係数［kN/m²］

I：杭の断面2次モーメント［m⁴］

1 PHC杭

PHC杭の杭径Bと水平方向地盤反力係数k_hに対するβを求めたものが実務図表8•7である.

2 場所打ちコンクリート杭

場所打ちコンクリート杭の杭径Bと水平方向地盤反力係数k_hに対するβを求めたものが実務図表8•8である．ただし，コンクリートの設計基準強度$F_c=2.1\times10^4$ kN/m² の場合である.

835 基礎スラブと杭の接合（半固定，剛接合）について

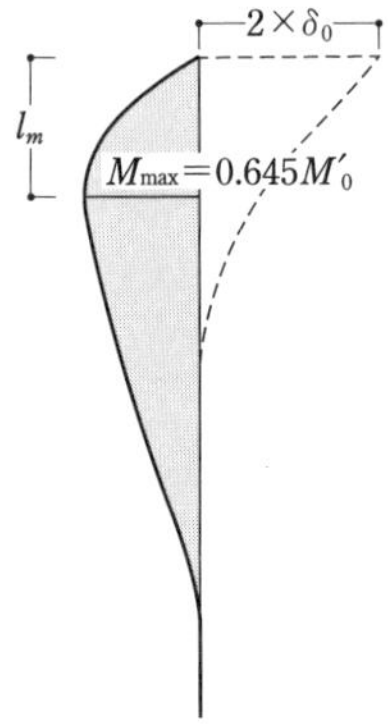

図8•25 柱頭ピン ($\alpha_r=0$)

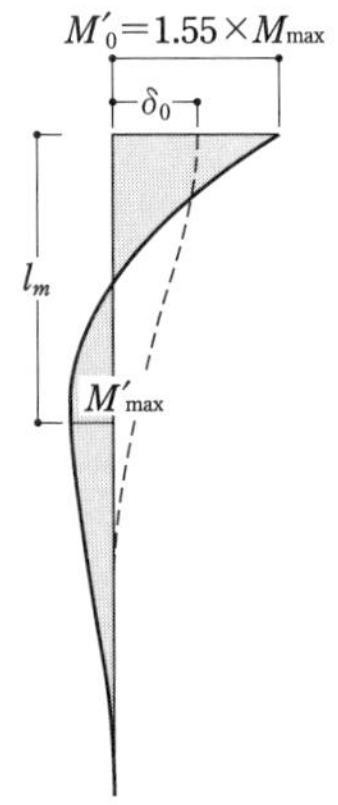

図8•26 柱頭固定 ($\alpha_r=1.0$)

杭と基礎スラブの接合方法には，「剛接合（固定接合）」と「ピン接合」がある．

構造力学的に剛接合とピン接合について比較すると（図8•25，8•26），

①水平力による杭頭変位は，ピン接合が剛接合の2倍となる

②杭体に生ずる最大曲げモーメントを比較すると，剛接合の最大曲げモーメントは，杭頭部に生じ，その値はピン接合の地中部に生じる最大曲げモーメントの値の1.55倍となることが分かる.

したがってピン接合が経済的であることは明白であるが，実際上ピン接合を実現するのは困難である．通常ピン接合といっても図8•27に示すような接合方法であるが，建設省建築研究所「杭頭の接合に関する実験的研究」（昭60年3月）および建設省技術研究会営繕部会「杭頭の接合方法に関する研究—PHC杭について」によれば，杭頭の固定度α_rは軸方向力等の影響により0.8程度あることが確認されている.

よって図8•27に示す接合方法で施工し，杭頭ピンで設計すると，α_rが0.8程度あるため杭頭に固定端曲げモーメントが生じ，杭頭部が破壊する．実際，杭の震害例では杭頭ピンとして設計された杭の杭頭付近に被害が集中している.

したがって，安全性からは剛接合とする方が望ましく，例えば杭頭変位量が大きな問題となる土木構築物では剛接合とされている．しかし，建築構造物では，基礎梁で各基礎がつながっており，水平力に対して建物全体で対応するため杭頭変位に関しては問題にならないことに加えて，中小規模の建築物の基礎スラブ厚が相対的に薄く杭径以上の杭頭の埋め込みがむずかしいこと，および施工難度のこともあって，ピン接合を採用している.

この場合の固定度については，「地震指」で「杭頭の固定度は特別の調査実験等によって求めるものとする．固定度が確認されない場合には原則として固定として計算する」という安全側の指針が示されている．したがって，安全側をとって杭頭固定（$\alpha_r=1.0$）として設計するか，先述のように杭頭固定度α_rは0.8程度あることが確認されているわけであるから，$\alpha_r=0.8$ として設計すればよい．これを実務設計上「半固定接合」と呼ぶ（☞【a】半固定接合）.

実務図表 8・7　PHC 杭の β 一覧表 [m^{-1}]

($E=4.0\times10^7$ kN/m^2)

杭径 B[cm]		30	35	40	45	50	60
杭厚 [mm]		60	60	65	70	80	90
水平方向地盤反力係数 k_h [kN/m^3]	1000	0.271	0.246	0.224	0.206	0.190	0.167
	2000	0.323	0.292	0.266	0.245	0.226	0.198
	3000	0.357	0.323	0.295	0.271	0.250	0.220
	4000	0.384	0.348	0.317	0.291	0.268	0.236
	5000	0.406	0.368	0.335	0.308	0.284	0.250
	6000	0.425	0.385	0.350	0.323	0.297	0.261
	7000	0.441	0.400	0.364	0.335	0.309	0.271
	8000	0.456	0.413	0.376	0.347	0.319	0.281
	9000	0.470	0.426	0.388	0.357	0.329	0.289
	10000	0.482	0.437	0.398	0.366	0.337	0.297
	11000	0.494	0.448	0.408	0.375	0.346	0.304
	12000	0.505	0.457	0.417	0.384	0.353	0.311
	13000	0.515	0.467	0.425	0.391	0.360	0.317
	14000	0.525	0.475	0.433	0.399	0.367	0.323
	15000	0.534	0.484	0.441	0.406	0.373	0.328
	16000	0.543	0.492	0.448	0.412	0.379	0.334
	17000	0.551	0.499	0.455	0.418	0.385	0.339
	18000	0.559	0.506	0.461	0.424	0.391	0.344
	19000	0.566	0.513	0.467	0.430	0.396	0.348
	20000	0.574	0.520	0.473	0.436	0.401	0.353
	25000	0.607	0.550	0.501	0.461	0.424	0.373
	30000	0.635	0.575	0.524	0.482	0.444	0.391
断面2次モーメント $I\times10^{-6}$ [m^4]		346.1	599.3	995.8	1560	2412	4834

((8・15) 式による算定値)

実務図表 8・8　場所打ちコンクリート杭の β 一覧表 [m^{-1}]

($F_c=2.1\times10^4$ kN/m^2,　$E=2.15\times10^7$ kN/m^2)

杭径 B[cm]		70	80	90	100	110	120	130	140	150	160	170	180	190	200	250	300
水平方向地盤反力係数 k_h [kN/m^3]	1000	0.162	0.147	0.134	0.124	0.116	0.108	0.102	0.096	0.092	0.087	0.083	0.080	0.077	0.074	0.062	0.054
	2000	0.193	0.174	0.160	0.148	0.137	0.129	0.121	0.115	0.109	0.104	0.099	0.095	0.091	0.088	0.074	0.065
	3000	0.213	0.193	0.177	0.163	0.152	0.142	0.134	0.127	0.120	0.115	0.110	0.105	0.101	0.097	0.082	0.072
	4000	0.229	0.207	0.190	0.175	0.163	0.153	0.144	0.136	0.129	0.123	0.118	0.113	0.108	0.104	0.088	0.077
	5000	0.242	0.219	0.201	0.186	0.173	0.162	0.152	0.144	0.137	0.130	0.125	0.119	0.115	0.110	0.093	0.081
	6000	0.254	0.230	0.210	0.194	0.181	0.169	0.160	0.151	0.143	0.137	0.130	0.125	0.120	0.115	0.098	0.085
	7000	0.264	0.239	0.218	0.202	0.188	0.176	0.166	0.157	0.149	0.142	0.136	0.130	0.125	0.120	0.102	0.089
	8000	0.273	0.247	0.226	0.209	0.194	0.182	0.171	0.162	0.154	0.147	0.140	0.134	0.129	0.124	0.105	0.092
	9000	0.281	0.254	0.233	0.215	0.200	0.187	0.177	0.167	0.159	0.151	0.144	0.138	0.133	0.128	0.108	0.094
	10000	0.288	0.261	0.239	0.221	0.205	0.192	0.181	0.171	0.163	0.155	0.148	0.142	0.136	0.131	0.111	0.097
	11000	0.295	0.267	0.245	0.226	0.210	0.197	0.186	0.176	0.167	0.159	0.152	0.145	0.140	0.134	0.114	0.099
	12000	0.302	0.273	0.250	0.231	0.215	0.201	0.190	0.179	0.170	0.162	0.155	0.149	0.143	0.137	0.116	0.101
	13000	0.308	0.279	0.255	0.236	0.219	0.206	0.194	0.183	0.174	0.166	0.158	0.152	0.146	0.140	0.119	0.103
	14000	0.313	0.284	0.260	0.240	0.223	0.209	0.197	0.186	0.177	0.169	0.161	0.154	0.148	0.143	0.121	0.105
	15000	0.319	0.289	0.264	0.244	0.227	0.213	0.201	0.190	0.180	0.172	0.164	0.157	0.151	0.145	0.123	0.107
	16000	0.324	0.293	0.269	0.248	0.231	0.216	0.204	0.193	0.183	0.174	0.167	0.160	0.153	0.148	0.125	0.109
	17000	0.329	0.298	0.273	0.252	0.235	0.220	0.207	0.196	0.186	0.177	0.169	0.162	0.156	0.150	0.127	0.111
	18000	0.334	0.302	0.277	0.256	0.238	0.223	0.210	0.199	0.188	0.180	0.172	0.164	0.158	0.152	0.129	0.112
	19000	0.338	0.306	0.280	0.259	0.241	0.226	0.213	0.201	0.191	0.182	0.174	0.167	0.160	0.154	0.130	0.114
	20000	0.343	0.310	0.284	0.262	0.244	0.229	0.216	0.204	0.194	0.184	0.176	0.169	0.162	0.156	0.132	0.115
	25000	0.362	0.328	0.300	0.277	0.258	0.242	0.228	0.216	0.205	0.195	0.186	0.179	0.171	0.165	0.140	0.122
	30000	0.379	0.343	0.314	0.290	0.270	0.253	0.239	0.226	0.214	0.204	0.195	0.187	0.179	0.173	0.146	0.127
断面2次モーメント $I\times10^{-3}$ [m^4]		11.8	20.1	32.2	49.1	71.8	101.7	140.1	188.5	248.4	321.5	409.8	515	639.4	785	1916	3974

((8・15) 式による算定値)

また，PHC 杭で継杭にて設計する場合には，上杭は B 種以上（曲げモーメントに対応）を使い，下杭は A 種（軸方向力に強い）を採用するのがよい．

なお，大規模建築物や特殊建築物については，剛接合にて設計するのが定石である．また，場所打ちコンクリート杭については主筋を $35d$ 以上定着することにより剛接合と見なせるようになるので「剛接合」として設計する．

【a】 半固定接合（ピン接合）（図 8・27）

既製杭の杭頭部を，基礎スラブに 100 mm 程度埋め込む方法である．埋め込みが長いと剛接合に近くなり，小さすぎると水平力による移動を固定できない．

このピン接合の載荷試験を行うと，先述のように α_r は 0.8 程度あることが確認できる．したがってこの接合方法で施工した場合には，杭頭は固定度 $\alpha_r = 0.8$ 以上として設計しなければならない．

一方，杭頭固定度が低下する（ピン接合になる）と，地中部に最大曲げモーメントが生じる．したがって地中部は，杭頭ピン接合の場合の応力にて杭体を設計することにする．

【b】 剛（固定）接合

1 既製杭の剛接合（図 8・28）

既製杭の剛（固定）接合には次の 2 つの方法がある．

・方法 A：基礎スラブ内へ杭径以上を埋め込む．

・方法 B：基礎スラブ内へ 100 mm 程度埋め込み，仮想鉄筋コンクリート断面と見なし，主として鉄筋で補強する．

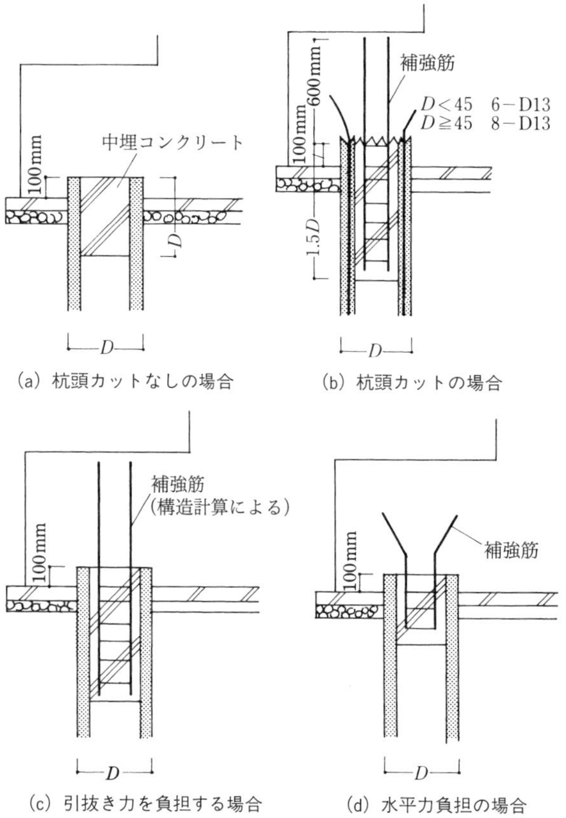

図 8・27　PHC 杭の半固定接合施工例

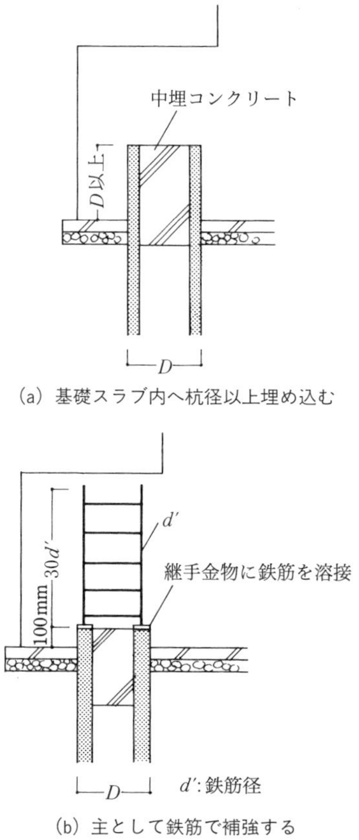

図 8・28　PHC 杭の剛接合施工例

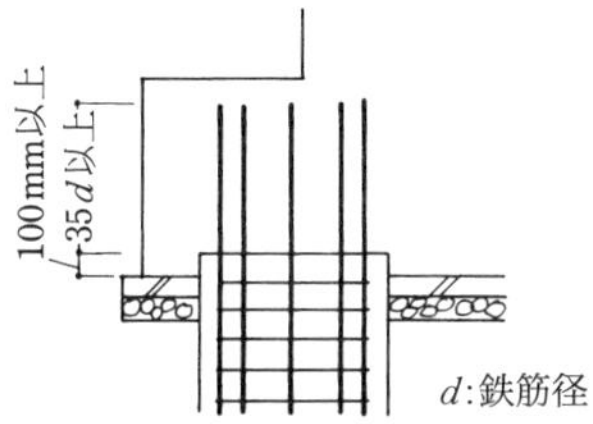

図 8•29　場所打ちコンクリート杭の剛接合施工例

なお，方法Aについては，基礎スラブ主筋との関係で配筋が複雑となる．一方，基礎スラブの厚さも必要となるので，中小規模の建築物の基礎には採用しにくい．

2 場所打ちコンクリート杭の剛接合（図 8•29，☞ 937）

杭はフーチングに100 mm以上埋め込み，杭の主筋は35d以上（フックなし）定着する．

836　構造設計の定石　杭径が異なる場合の水平力負担率

杭径が異なる杭を採用する場合には，各杭の杭頭変位が等しくなるように水平力を分配する．その分配値は下式にて求める．

$$Q_1 : Q_2 \cdots\cdots = I_1\beta_1^3 : I_2\beta_2^3 \cdots\cdots \qquad (8•20) 式$$

I：杭の断面2次モーメント [m^4]

β：$\sqrt[4]{\dfrac{k_h B}{4EI}}$

1 証明

水平力による杭頭変位：$y_0 = \dfrac{Q}{4EI\beta^3}$

杭頭変位およびヤング係数が等しいとすると，

$$\frac{Q_1}{4EI_1\beta_1^3} = \frac{Q_2}{4EI_2\beta_2^3}$$

$$\frac{Q_1}{I_1\beta_1^3} = \frac{Q_2}{I_2\beta_2^3}$$

$$\therefore Q_1 : Q_2 = I_1\beta_1^3 : I_2\beta_2^3$$

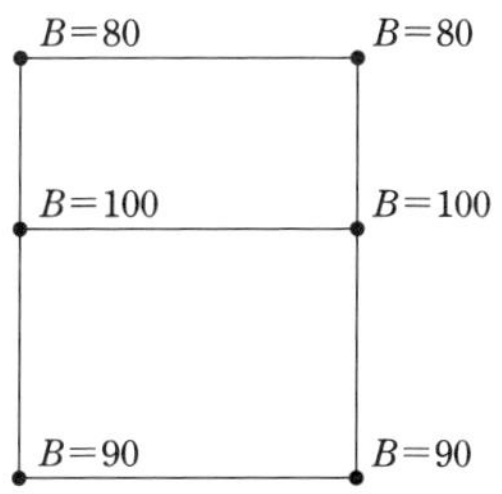

図 8•30　計算例の基礎伏図・杭径 B および本数 [cm]

2 計算例

①設計条件

杭種：場所打ち杭，杭径および本数（図 8•30）

杭基礎に作用する地震層せん断力：${}_TP_B' = 1000$ kN

水平方向地盤反力係数：$B = 100$ の杭………… $k_h = 9000$ kN/m^3

$B = 80$，90 の杭………$k_h = 10000$ kN/m^3

②杭1本当りの負担水平力 Q の計算（表 8•3）

表 8•3　計算例の計算結果

杭 径 B[cm]	I[m^4]	k_h [kN/m^3]	β[m^{-1}]	$I\beta^3$	n[本]	$\Sigma nI\beta^3$	${}_TP_B'$[kN]	$Q = {}_TP_B' \dfrac{I\beta^3}{\Sigma nI\beta^3}$[kN]
80	20.1×10^{-3}	10000	0.261	0.00036	2	0.00258	1000	139.5
90	32.2×10^{-3}	10000	0.239	0.00044	2			170.5
100	49.1×10^{-3}	9000	0.215	0.00049	2			189.9

注）I，β は実務図表 8•8 より求める．

実務図表 8·9　基礎設計用軸方向力および地震力用基礎重量

<table>
<tr><td colspan="3"></td><td>N'</td><td>W_1</td><td>W_2</td><td>W_3</td></tr>
<tr><td colspan="3">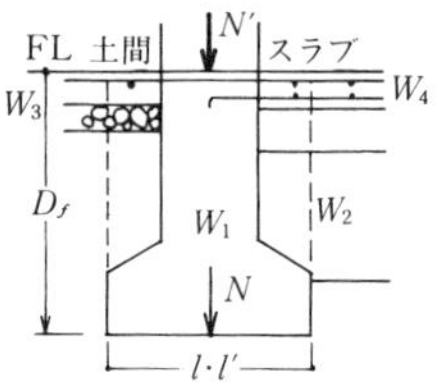
</td><td>最下層柱の柱脚位置の軸方向力
（W_6を含む）</td><td>基礎および基礎スラブ上の土の重量で，平均値として 20 kN/m³ をとる．
$W_1=20\ \mathrm{kN/m^3}\times D_f\times l\times l'$</td><td>基礎梁自重
$W_2=24\ \mathrm{kN/m^3}\times b\times D\times$長さ</td><td>1階土間の固定荷重と積載荷重の合計
$W_3=(23\ \mathrm{kN/m^3}\times t+LL)\times$負担面積</td></tr>
<tr><td>直接基礎</td><td colspan="2">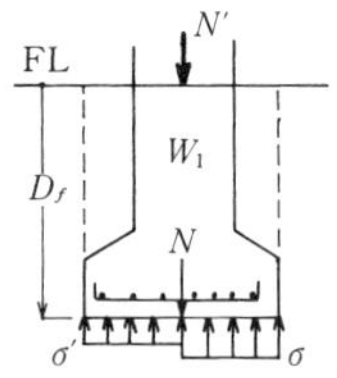
</td><td>N'</td><td>W_1</td><td>$W_2=0$[注1]
直接地盤に伝わる</td><td>$W_3=0$[注2]
直接地盤に伝わる</td></tr>
<tr><td rowspan="3">杭基礎</td><td rowspan="3">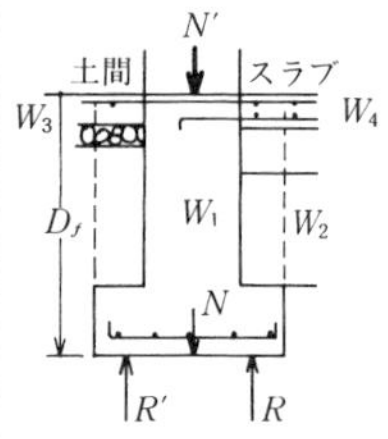
</td><td rowspan="2">支持杭</td><td rowspan="2">N'</td><td rowspan="2">W_1</td><td>W_2</td><td>W_3</td></tr>
<tr><td>地盤沈下のおそれのない地盤
$W_2=0$[注1]</td><td>地盤沈下のおそれのない地盤
$W_3=0$[注2]</td></tr>
<tr><td>摩擦杭</td><td>N'</td><td>W_1</td><td>$W_2=0$[注1]</td><td>$W_3=0$[注2]</td></tr>
</table>

b，D：基礎梁の幅とせい［m］，t：土間，スラブの厚さ［m］，LL：積載荷重［kN/m²］，A：基礎底面積［m²］，n：杭本数［本］

注 1）砂利敷等の基礎梁地業を行う．☞ 941 2.

2）土間地業として埋め戻しを入念に行う．☞ 941 2.

<table>
<tr><th>W_4</th><th>N</th><th>接地圧</th><th>地反力</th><th>W_6</th><th>W_B</th></tr>
<tr><td>1階床スラブの固定荷重と積載荷重の合計
$W_4=(24\mathrm{kN/m^3}\times t$
$+LL)\times$負担面積</td><td>基礎設計用軸方向力</td><td>基礎底面積設計用接地圧　σ
および
杭本数設計用接杭圧
R</td><td>ベース筋設計用地反力
σ'
および
ベース筋設計用杭反力
R'</td><td>1階柱の下部重量
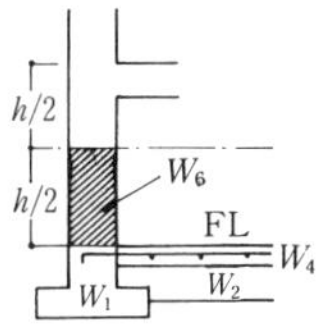
</td><td>基礎部分の地震力 P_B 算定用の基礎部分の重量</td></tr>
<tr><td>$W_4=0$[注1]
基礎梁を通して直接地盤に伝わる</td><td>$N=N'+W_1$</td><td>$\sigma=\dfrac{N}{A}$</td><td>$\sigma'=\dfrac{N'}{A}$</td><td>W_6</td><td>土間
$W_B=W_6+W_1(+W_2)$
スラブ
$W_B=W_6+W_1+W_2+W_4$
（　）は安全側</td></tr>
<tr><td>W_4</td><td>$N=N'+W_1$
（土間）
$+W_2+W_3$
$N=N'+W_1$
（スラブ）
$+W_2+W_4$</td><td rowspan="3">$R=\dfrac{N}{n}$</td><td rowspan="3">$R'=\dfrac{N-W_1}{n}$</td><td rowspan="3">W_6</td><td>土間
$W_B=W_6+W_1+W_2+W_3$
スラブ
$W_B=W_6+W_1+W_2+W_4$</td></tr>
<tr><td>——</td><td>$N=N'+W_1$
ただし安全側実務式は
$N=N'+W_1+W_2$</td><td>$W_B=W_6+W_1(+W_2)$
（　）は安全側</td></tr>
<tr><td>$W_4=0$[注1]</td><td>$N=N'+W_1$
ただし安全側実務式は
$N=N'+W_1+W_2$</td><td>土間
$W_B=W_6+W_1(+W_2)$
スラブ
$W_B=W_6+W_1+W_2+W_4$
（　）は安全側</td></tr>
</table>

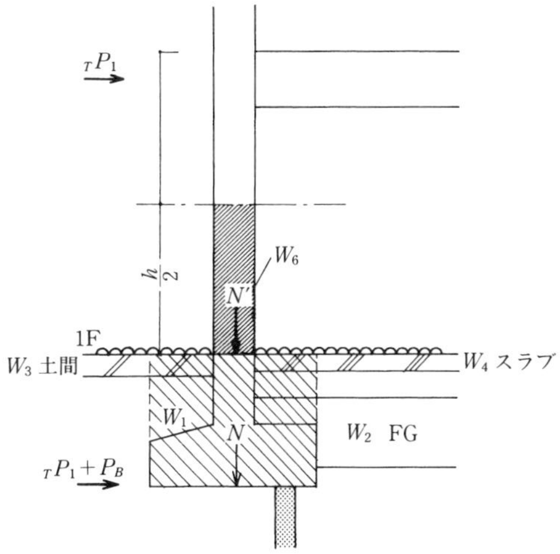

図 8・31　柱，土間，基礎，基礎梁自重

837 構造設計の定石 基礎に作用する軸方向力と地震力用基礎重量 （実務図表 8•9）

直接基礎および杭基礎設計用の軸方向力（鉛直力）N および基礎部分に作用する地震力（$P_B = k_B W_B$, ☞ **811**）を求めるための基礎重量 W_B の求め方を，条件別に示したのが，実務図表 8•9「基礎設計用軸方向力および地震力用基礎重量」である．

【a】 基礎に作用する軸方向力 N の求め方（図 8•31）

基礎設計用の軸方向力は（地階がない場合），1階の柱脚位置の柱軸方向力 N'（W_6 を含む）に，1階床より下の基礎スラブ自重と基礎スラブ上の土重量 W_1，基礎梁自重 W_2，および1階土間 W_3 または1階スラブ重量（積載荷重含む）W_4 等の荷重を条件に照らし合わせて加えて求める．

【b】 地震力算定用の基礎重量 W_B について

基礎底面位置または杭に作用する地震力（水平力）は，1階の地震層せん断力 ${}_TP_1$ に基礎部分の荷重によって生じる地震力 P_B を加えた値である．この P_B を求めるための基礎部分の重量 W_B は，1階柱の下部重量（${}_TP_1$ には算入されていない）W_6，基礎自重および基礎スラブ上の土重量 W_1，基礎梁自重 W_2 および1階床荷重（土間 W_3，スラブ W_4 およびそれぞれの積載荷重）等の荷重を条件に照らし合わせて加えた荷重である．

840 杭体の断面設計

「鉛直力に対する検討」「水平力に対する検討」で算定された軸方向力，曲げモーメントおよびせん断力によって，杭体の断面設計を行う．杭の種類別に設計方法を解説する．

841 PHC 杭の断面設計

【a】 軸方向力と曲げモーメントの検討

「地震指」によれば「圧縮力下における曲げ圧縮側および曲げ引張り側」「引張り力下における曲げ圧縮側および曲げ引張り側」の縁応力度のすべてが（8•21）式を満足することを確かめなければならない．

一方，杭のメーカーは，下式を満足する断面算定図表を示している．一般的にはこの図表にて算定する．表 8•4，図 8•32 は，日本コンクリート工業株式会社の設計資料の図表である．

$$-f_b \leqq \frac{N}{A_e} + \sigma_e + \frac{M}{I_e} y \leqq f_c \quad \cdots\cdots（8•21）式$$

$$A_e = A_c + \frac{E_p}{E_c} A_p$$

$$I_e = I_c + \frac{E_p}{2E_c} r_p^2 A_p$$

f_b ：コンクリートの許容曲げ引張り応力度［N/mm²］

f_c ：コンクリートの許容圧縮応力度［N/mm²］

N ：設計用軸方向力［N］

圧縮　：＋

引張り：－

M ：設計用曲げモーメント［N•mm］

y ：杭の半径［mm］

σ_e ：有効プレストレス量［N/mm²］

A_e：コンクリート換算断面積［mm²］

A_c：コンクリートの断面積［mm²］

A_p：PC 鋼材の断面積［mm²］

I_e ：杭中心に関するコンクリート換算断面 2 次モーメント［mm⁴］

I_c ：杭中心に関するコンクリートの断面 2 次モーメント［mm⁴］

E_c：コンクリートのヤング係数［N/mm²］

E_p：PC 鋼材のヤング係数［N/mm²］

r_p ：PC 鋼材の配置半径［mm］

【b】 せん断力の検討

設計用せん断力 Q_D は，水平荷重時せん断力 Q_E を 1.5 倍に割り増した値にて設計する．

$$Q_D = 1.5Q_E \quad \cdots\cdots (8\text{•}22)\text{式}$$

Q_D：設計用せん断力［N］

Q_E：水平荷重時せん断力［N］

検討式は（8•23）式だが，通常の場合，せん断力には耐えるように杭が製造されているので，検討は省略する．

$$\tau_{\max} \leqq \frac{1}{2}\sqrt{(\sigma_g + 2\sigma_d)^2 - {\sigma_g}^2} \quad \cdots\cdots (8\text{•}23)\text{式}$$

$\tau_{\max}$：最大せん断応力度［N/mm²］

$$\tau_{\max} = \frac{Q_D S_0}{2tI}$$

Q_D：設計用せん断力［N］

S_0 ：杭の中立軸より片側にある杭断面の中立軸に対する断面 1 次モーメント［mm³］

$$S_0 = \frac{2}{3}({r_0}^3 - {r_i}^3)$$

r_0：杭の外半径［mm］

r_i：杭の内半径［mm］

t ：杭厚［mm］

I ：杭の中立軸に対する断面 2 次モーメント［mm⁴］

$$I = \frac{\pi}{4}({r_0}^4 - {r_i}^4)$$

σ_g：軸方向応力度［N/mm²］　$\sigma_g = \sigma_e + \dfrac{N}{A_e}$ としてよい．

σ_d：コンクリートの許容斜張応力度［N/mm²］

表 8·4　PHC 杭の断面諸定数

外径 D [mm]	厚さ t [mm]	単位長さ質量 [kg/m]	長さ L [m]	種類	PC 鋼材 径 [mm]	PC 鋼材 本数 [本]	PC 鋼材 断面積 A_p $\times 10^2$ [mm^2]	基準曲げモーメント ひびわれ M_{cr} [kN•m]	基準曲げモーメント 破壊 M_u [kN•m]	断面積 コンクリート A_c $\times 10^2$ [mm^2]	断面積 換算断面 A_e $\times 10^2$ [mm^2]	断面2次モーメント コンクリート I_c $\times 10^6$ [mm^4]	断面2次モーメント 換算断面 I_e $\times 10^6$ [mm^4]	換算断面係数 Z_e $\times 10^3$ [mm^3]	断面1次モーメント S_0 $\times 10^3$ [mm^3]	設計曲げモーメント(N=0) ひびわれ M_{cr} [kN•m]	設計曲げモーメント(N=0) 破壊 M_u [kN•m]
300	60	120	5～13	A	7.0	6	2.31	24.5	37.3	452	464	346.1	354.4	2363	1764	27.2	42.6
			5～15	B	7.0	12	4.62	34.3	61.8		475		362.7	2418		37.5	74.1
				C	7.0	16	6.16	39.2	78.5		483		368.2	2455		43.0	91.6
350	60	140	5～13	A	7.0	8	3.08	34.3	52.0	547	562	599.3	615.4	3517	2559	40.4	66.7
			5～15	B	7.0	14	5.39	49.0	88.3		574		627.6	3586		55.6	105.4
				C	7.0	20	7.70	58.9	117.7		585		639.7	3655		64.0	137.2
400	65	180	5～15	A	7.0	10	3.85	54.0	81.4	684	703	995.8	1022	5110	3693	58.8	95.8
				B	7.0	18	6.93	73.6	132.4		719		1043	5215		80.8	155.0
				C	9.0	16	10.18	88.3	176.6		735		1065	5325		93.2	196.1
450	70	220	5～15	A	7.0	12	4.62	73.6	110.8	836	859	1560	1601	7117	5111	81.8	130.9
				B	7.0	24	9.24	107.9	194.2		882		1643	7302		113.2	229.8
				C	9.0	20	12.72	122.6	245.2		899		1674	7442		130.2	277.6
500	80	270	5～15	A	7.0	14	5.39	103.0	155.0	1056	1083	2412	2474	9897	7141	113.8	171.8
				B	7.0	30	11.54	147.2	264.9		1113		2545	10180		157.8	319.9
				C	9.0	24	15.27	166.8	333.5		1132		2588	10350		181.1	376.0
600	90	370	5～15	A	7.0	18	6.93	166.8	250.2	1442	1477	4834	4951	16500	11830	189.8	269.4
				B	9.0	26	16.54	245.2	441.4		1525		5114	17050		264.3	522.7
				C	9.0	34	21.63	284.5	569.0		1550		5200	17330		303.3	640.7
700	100	490	5～15	A	10.0	12	9.42	264.9	397.3	1885	1932	8718	8937	25530	18170	293.6	404.8
				B	10.0	24	18.84	372.8	671.0		1979		9156	26160		405.5	734.3
				C	10.0	32	25.12	441.4	882.9		2011		9302	26580		465.2	920.4
800	110	620	5～15	A	10.0	16	12.56	392.4	588.6	2384	2447	14550	14940	37340	26410	429.4	615.2
				B	10.0	32	25.12	539.6	971.2		2510		15320	38300		593.7	1113
				C	11.2	32	32.00	637.6	1275		2544		15530	38830		679.5	1347
900	120	760	5～15	A	10.0	20	15.70	539.6	809.3	2941	3019	22890	23500	52230	36790	600.6	866.3
				B	11.2	30	30.00	735.8	1324		3091		24060	53470		828.8	1514
				C	11.2	40	40.00	833.8	1668		3141		24450	54340		951	1897
1000	130	920	5～15	A	10.0	24	18.84	735.8	1104	3553	3647	34370	35280	70560	49560	811.4	1159
				B	11.2	36	36.00	1030	1854		3733		36110	72220		1119	2031
				C	11.2	48	48.00	1177	2352		3793		36690	73380		1284	2545
1100	140	1100	5～15	A	11.2	22	22.00	932.0	1398	4222	4332	49680	51000	92720	64970	1066	1497
				B	11.2	44	44.00	1324	2384		4442		52320	95120		1474	2729
				C	11.2	56	56.00	1521	3041		4502		53040	96430		1688	3303
1200	150	1290	5～15	A	11.2	26	26.00	1177	1766	4948	5078	69580	71480	119100	83250	1370	1933
				B	11.2	50	50.00	1668	3002		5198		73230	122000		1891	3423
				C	11.2	64	64.00	1962	3924		5268		74250	123700		2165	4165

注 1）設計基準強度　A 種：80 N/mm^2，B 種・C 種：85 N/mm^2

2）有効プレストレス量　A 種：4.0 N/mm^2，B 種：8.0 N/mm^2，C 種：10.0 N/mm^2

3）杭材のヤング係数 $E_c=4.0\times10^4$ N/mm^2

4）杭の長さは L=5～15 m@1 m を標準とする．

（日本コンクリート工業株式会社『TECHNICAL NOTE 2004』より）

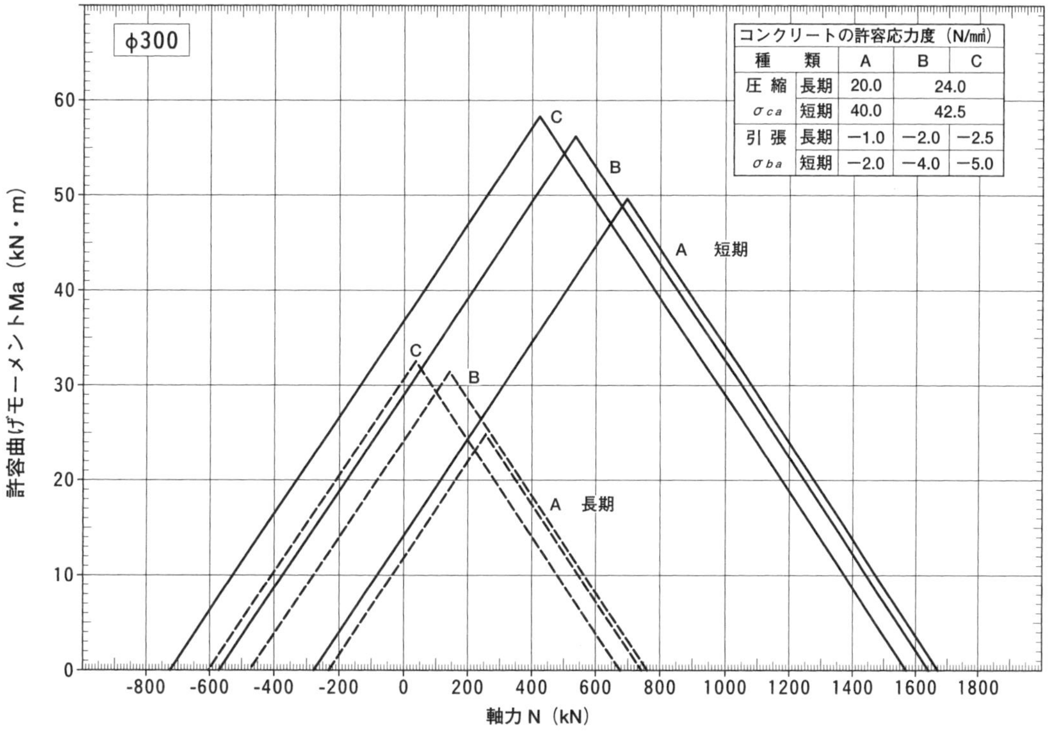

（a）ONA，Hi-ONA パイル φ300 mm

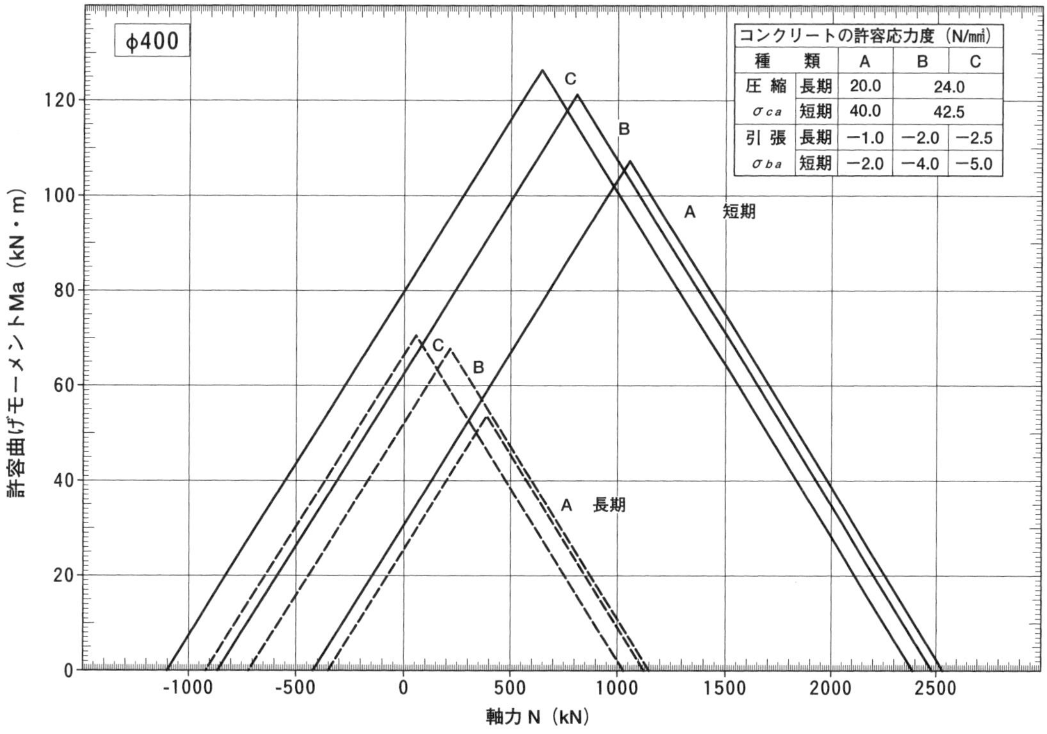

（b）ONA，Hi-ONA パイル φ400 mm

図 8･32　PHC 杭の断面設計図表（日本コンクリート工業株式会社『TECHNICAL NOTE 2004』より）

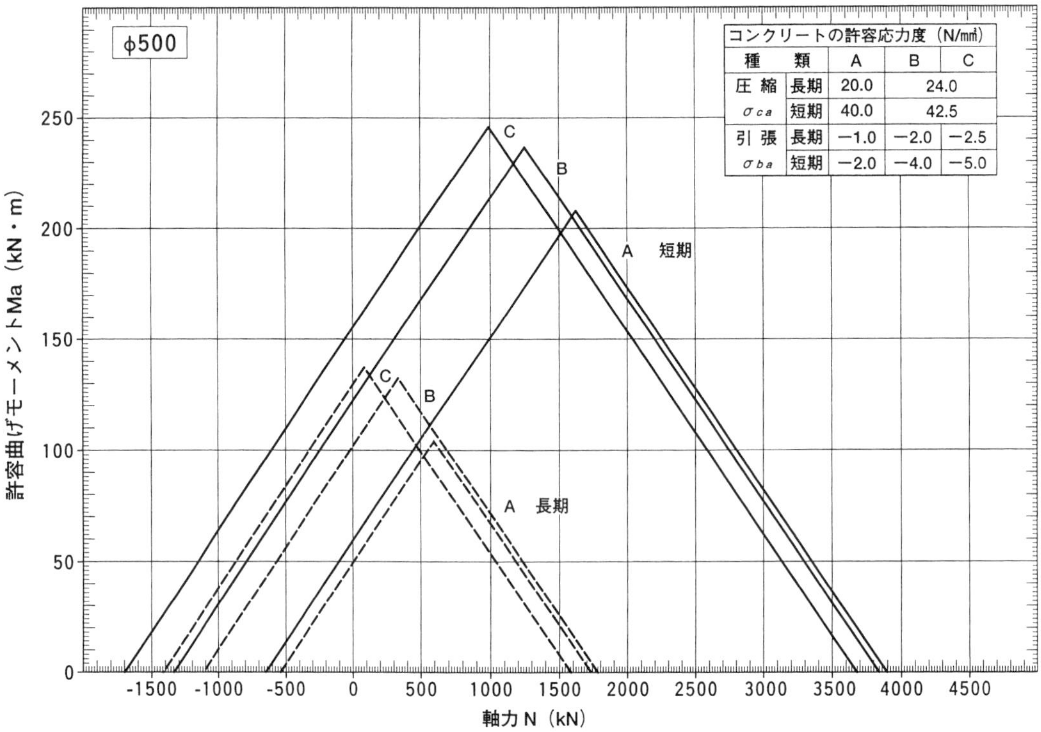

(c) ONA，Hi-ONA パイル φ 500 mm

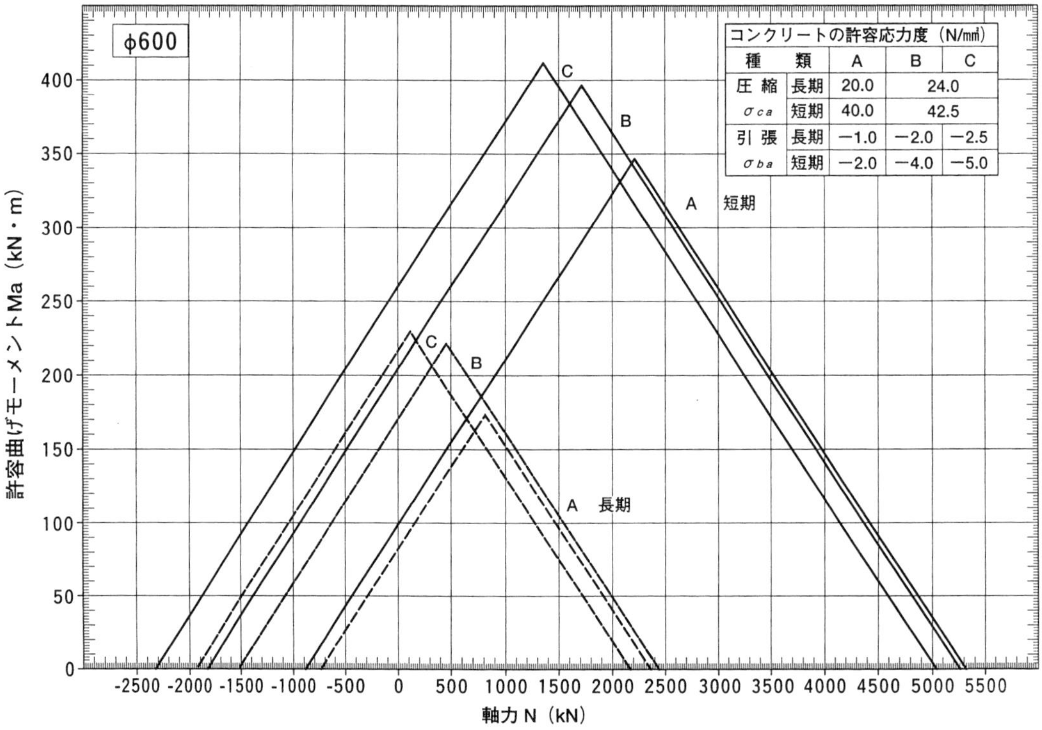

(d) ONA，Hi-ONA パイル φ 600 mm

図 8·32（続き）

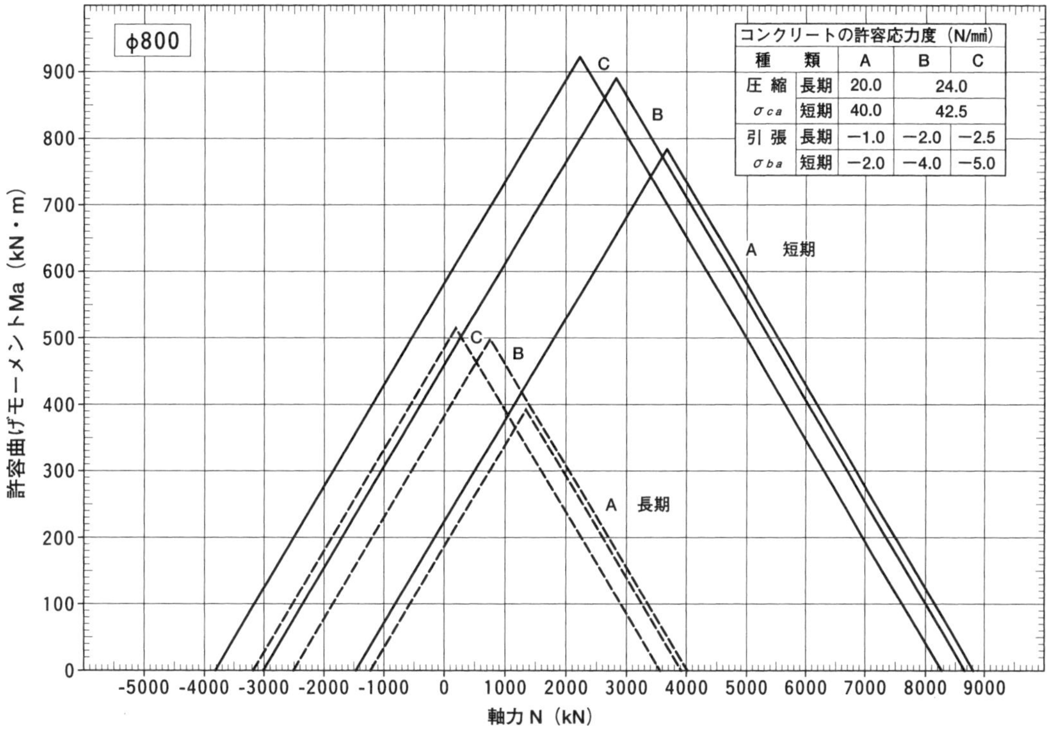

(e) NC-ONA，NC-HiONA パイル φ800 mm

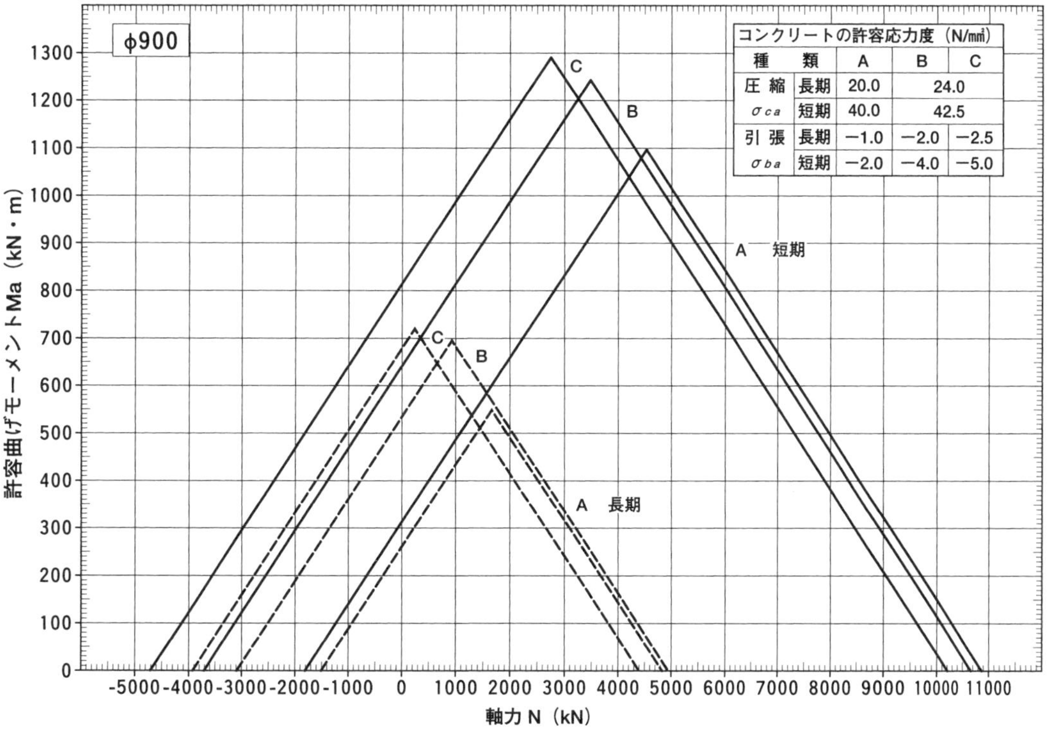

(f) NC-ONA，NC-HiONA パイル φ900 mm

図 8･32（続き）

842　場所打ちコンクリート杭の断面設計

場所打ちコンクリート杭の杭体の応力度の検討は，日本建築学会『鉄筋コンクリート構造計算規準・同解説（1988年第5版）』（以下「RC規」と略す）における第15条「柱」並びに第16条「梁および柱のせん断補強」の規定を準用して設計する．なお，コンクリート全面積に対する主筋の全断面積の割合は，杭全長にわたり0.4%以上とし，主筋の間隔は公称直径の2.7倍以上かつ粗骨材最大寸法の2.0倍以上とする．

帯筋はD10以上とし，間隔は杭頭より杭径の5倍の深さまでの範囲は150 mm以下，それより以深は300 mm以下とする．また，鉄筋に対するかぶり厚さは100 mm以上確保する．

【a】 軸方向力と曲げモーメントの検討

「RC規」の円形断面柱算定図表により，次の3ケースについて主筋量を算出する．なお，この図表は $d_t=0.1D$ の図表であるため，杭径 $D=70$ cm，$D=80$ cm の場合には危険側となるので，図8•33の係数 $\left(\dfrac{0.8D}{d'}\right)$ を曲げモーメントに乗じる補正処置をして，この図表にて断面設計する．

①杭断面の圧縮側コンクリートが許容圧縮応力度に達する場合
（コンクリートで耐力が決まる場合）→図8•34(a)

②杭断面の圧縮側鉄筋が許容圧縮応力度に達する場合
（圧縮鉄筋で耐力が決まる場合）→図8•34(b)

③杭断面の引張り側鉄筋が許容引張り応力度に達する場合
（引張り鉄筋で耐力が決まる場合）→図8•34(c)

【b】 せん断力の検討

$$\frac{4}{3}\cdot\frac{Q_D}{A_s}\leqq f_s \quad \cdots\cdots (8\text{•}25)\text{式}$$

f_s：コンクリートの許容せん断力［N/mm²］
Q_D：設計用せん断力（$Q_D=1.5Q_E$）［N］
A_s：杭の断面積［mm²］
$\frac{4}{3}$：せん断応力度の分布係数

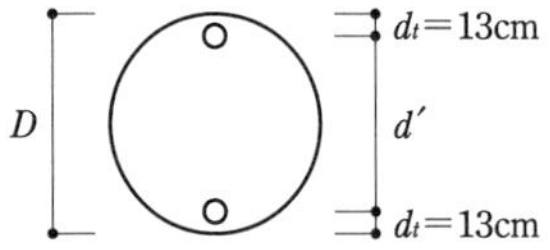

＊d_tの算定
かぶり　10 cm
帯筋D10　1 cm
主筋D22　1.1cm
d_t=12.1cm → 13cm

＊d'の算定
D=70cmのとき　$d'=D-2d_t=70-2\times13=44$cm
D=80cmのとき　$d'=D-2d_t=80-2\times13=54$cm

＊補正係数の算定
補正係数：$\dfrac{0.8D}{d'}$ ……(8•24)式

D=70cmのとき　$\dfrac{0.8\times70}{44}=1.27$

D=80cmのとき　$\dfrac{0.8\times80}{54}=1.19$

図8•33　杭径 70，80 cm の場合の補正係数（d_t=13 cm のとき）

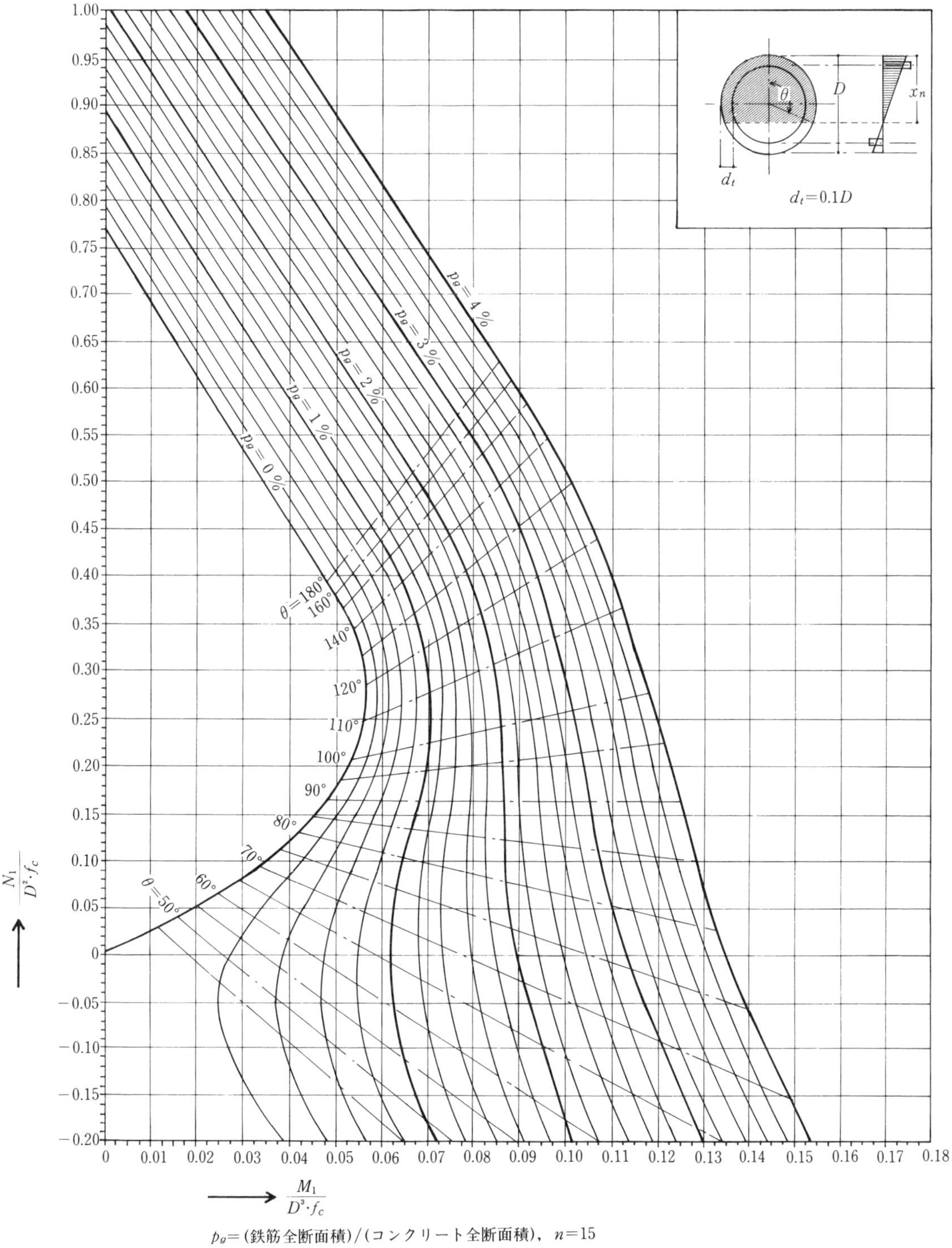

p_g=(鉄筋全断面積)/(コンクリート全断面積)，n=15

(a) 円形断面柱（コンクリートで耐力が決まる場合）

図 8･34　場所打ちコンクリート杭の円形断面柱算定図表（『鉄筋コンクリート構造計算規準・同解説（1988 年版）』図 15･3(a)(b)(c)）

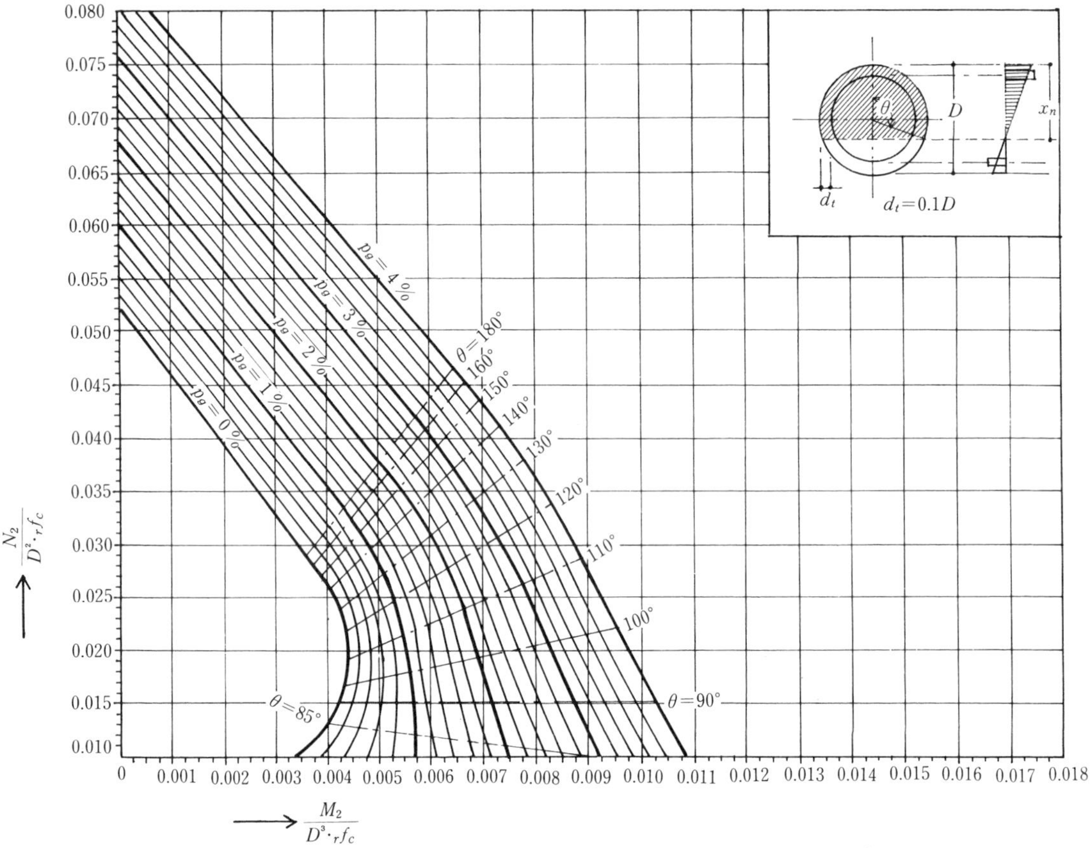

p_g =(鉄筋全断面積)/(コンクリート全断面積), n=15

(b) 円形断面柱（圧縮鉄筋で耐力が決まる場合）

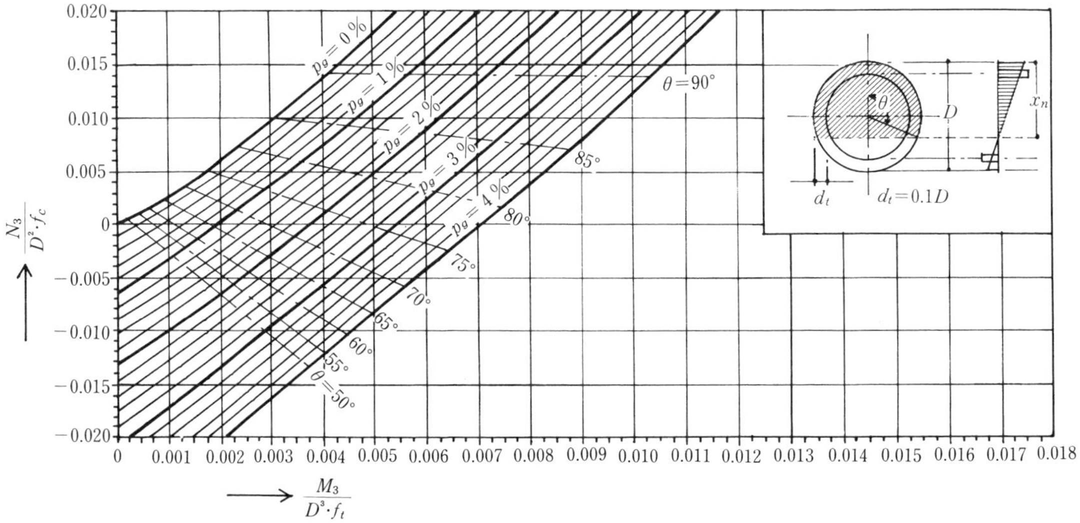

p_g =(鉄筋全断面積)/(コンクリート全断面積), n=15

(c) 円形断面柱（引張り鉄筋で耐力が決まる場合）

図 8・34（続き）

850 地震力に対する杭基礎設計例

851 設計例 12 PHC 杭の断面設計例

【a】 設計条件

1 建物の概要

- 鉄筋コンクリート造 5 階建
- 基礎伏図：図 8•35
- 断面図　：図 8•36

2 柱軸方向力 N'（1 階柱脚位置）

- 図 8•37 に示す.

3 躯体の使用材料と許容応力度

- 表 8•5 に示す.

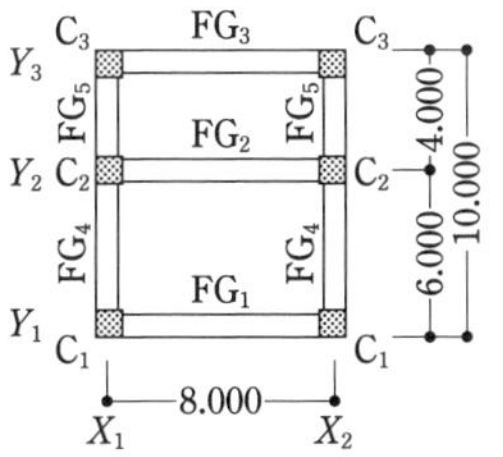

図 8•35　設計例 12・基礎伏図［m］

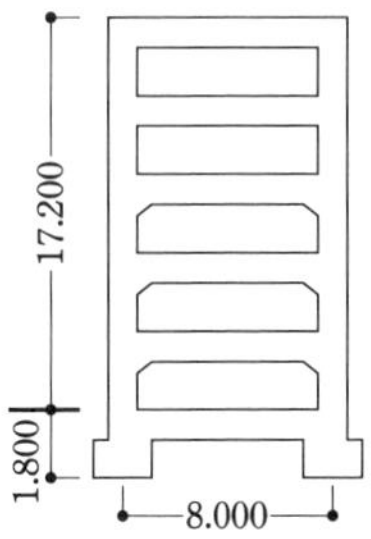

図 8•36　設計例 12・断面図［m］

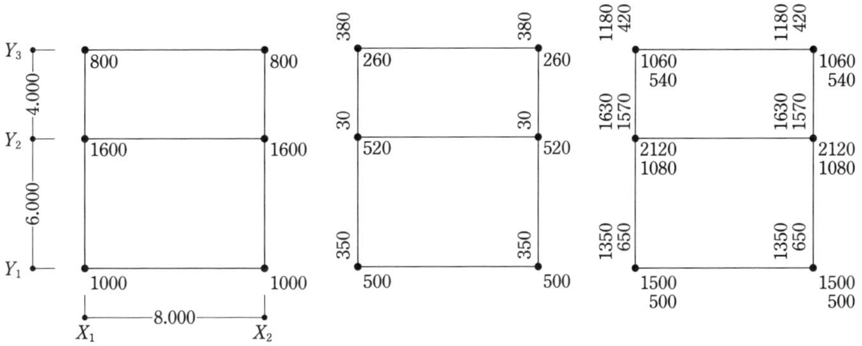

(a) 長期軸方向力 N_L（柱脚）　(b) 地震力による軸方向力 N_E　(c) 短期（地震時）軸方向力 N_S

図 8•37　設計例 12・柱軸方向力 N' 一覧表［kN］

表 8•5　設計例 12・材料の許容応力度

材料	長期許容応力度［N/mm²］					短期許容応力度［N/mm²］				
	圧縮 $_Lf_c$	引張り $_Lf_t$	せん断 $_Lf_s$	付着 $_Lf_a$ 上端筋	付着 $_Lf_a$ その他	圧縮 $_sf_c$	引張り $_sf_t$	せん断 $_sf_s$	付着 $_sf_a$ 上端筋	付着 $_sf_a$ その他
普通コンクリート F_c=21 N/mm²	7	—	0.7	1.4	2.1	14	—	1.4	2.8	4.2
鉄筋 SD 295	196	196	195	—		295	295	295	—	

【b】 杭設計用地震力

1 根入れ深さ，根入れ効果

・D_f＝1.80 m＜2.0 m

「地震指」に基づく根入れ効果による水平力の低減（$1-\alpha$）は行わない.

2 杭設計用地震力算定

①上部構造の条件

・地域係数：Z＝1.0

・振動特性係数：R_t＝1.0

・標準せん断力係数：C_o＝0.2

・$\sum W$：5400 kN（地震力算定用）

・１階の層せん断力：${}_TP_1=\sum W\times C_o=5400\times0.2=1080$ kN

②基礎に作用する地震力（☞ **837**）

・基礎部分の震度：k＝0.1

・基礎部分の重量：$W_B=W_6+W_1+W_2=200+696+0=896$ kN

１階柱の下部重量：W_6＝200 kN

基礎重量＋土重量：$W_1=2\times(51+194+103)=696$ kN（図 8•39）

F_3：$20\times1.2\times1.2\times1.8=51$ kN

F_2：$20\times2.4\times2.25\times1.8=194$ kN

F_1：$20\times2.4\times1.2+1.8=103$ kN

基礎梁自重　　：W_2＝0（地盤沈下のおそれのない地盤）

・基礎に作用する地震力：${}_TP_B={}_TP_1+0.1\,W_B=1080+0.1\times896=1169$ kN

【c】 長期荷重時杭設計

1 杭設計条件

・杭の種類：PHC 杭（A 種），JIS 製品

B＝45 cm（杭径）

A_p＝0.159 m^2

ψ＝1.41 m

L＝11 m（継手１カ所）

・工法：セメントミルク工法による埋込み杭

2 杭体の許容耐力

・溶接継手低減率：α＝0.05（１カ所）

・長さ径比による低減率：$\beta=\dfrac{L/B-80}{100}=\dfrac{11/0.45-80}{100}=-0.56<0 \rightarrow \beta=0$

・低減率：$(1-\alpha-\beta)=1-0.05-0=0.95$

・杭体の許容耐力（長期）：P_a＝1504[注1]×0.95＝1428 kN/本

（短期）：P_a＝1428×2＝2856 kN/本

注 1）実務図表 7•7（p. 117）より

3 支持力算定式による算定（地盤に対する）

①基本事項：ボーリング資料と$\overline{N_s}$，$\overline{q_u}$，$\overline{N}$の算定（図 8•38）

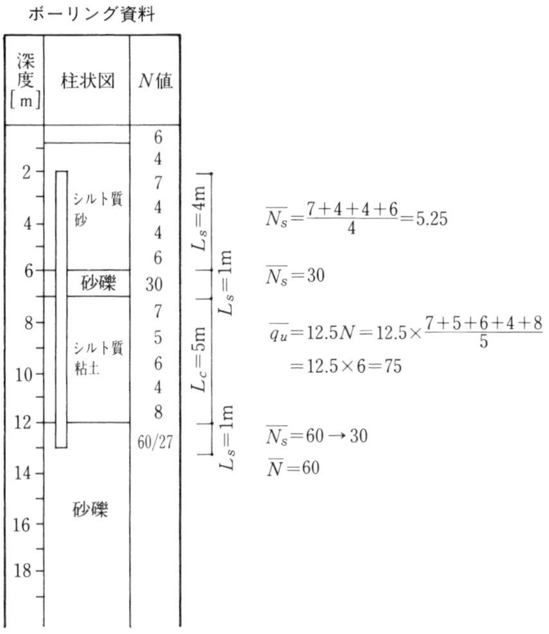

図 8•38　設計例 12・$\overline{N_s}$，$\overline{q_u}$，$\overline{N}$ の算定　支持層へ 1 m 貫入，$\overline{N}\leqq 60$ とする．

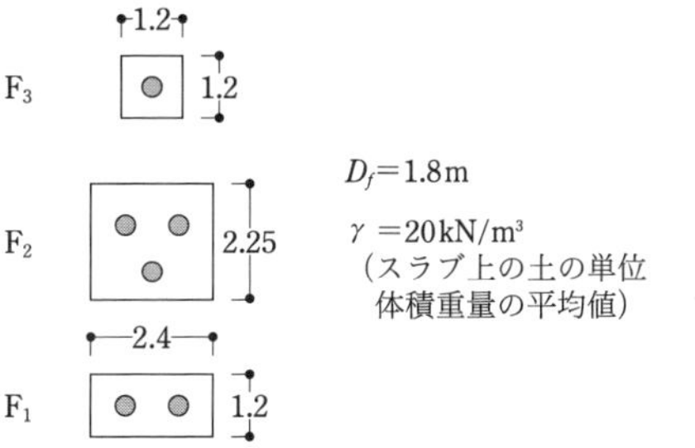

図 8•39　設計例 12・基礎スラブ寸法 [m]

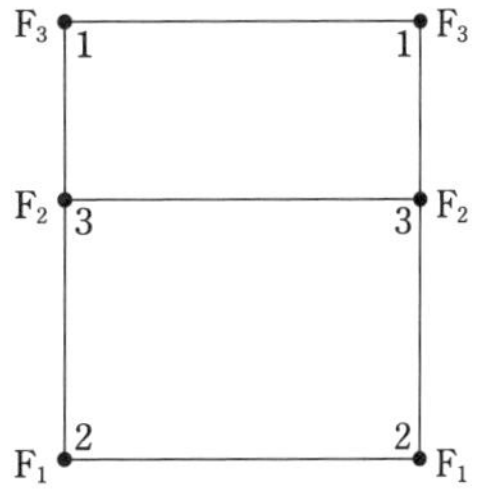

図 8•40　設計例 12・杭本数 ($\sum n=12$ 本)

②杭の支持力算定

$$ {}_LR_a=\frac{200}{3}\overline{N}A_p+\frac{10}{9}\overline{N_s}L_s\psi+\frac{1}{6}\overline{q_u}L_c\psi \cdots\cdots \text{(7•28) 式}$$

$$=636^{注2}+\frac{10}{9}\times(5.25\times4+30\times1+30\times1)\times1.41+\frac{1}{6}\times75\times5\times1.41$$

$$=851\ \text{kN/本}<P_a=1428\ \text{kN/本}$$

注 2）杭径 450 mm，$\overline{N}=60$ → 実務図表 7•11（p. 122）より

$$ {}_sR_a=2\times851=1702\ \text{kN/本}<P_a=2856\ \text{kN/本}$$

③杭本数と基礎スラブ（$B=450$ mm，図 8•39）☞ **932**

- 杭ピッチ：$2B=900$ → 1000 mm
  $2.5B=1125$ → 1200 mm
- へりあき：$1.25B=562.5$ → 600 mm

④杭本数の設計

- 表 8•6，図 8•40 に示す．

表 8・6 設計例 12・杭本数の設計（$_LR_a=851$ kN/本）

基礎	柱	柱軸方向力 N'（柱脚）[kN]	基礎自重 W_1 [kN]	N [kN]	n [本]	$R=\dfrac{N}{n}$ [kN]	$R'=\dfrac{N'}{n}$ [kN]
F_3	C_3	800	51	851	1	851	800
F_2	C_2	1600	194	1794	3	598	533
F_1	C_1	1000	103	1103	2	551	500

注）基礎梁自重については，基礎梁設置位置の地盤が良好であることと，地盤沈下のおそれがないので無視した．

【d】 地震荷重時杭設計

1 杭 1 本当りの水平力

$$Q=\frac{_TP_B}{n}=\frac{1169}{12}=97 \text{ kN/本}$$

2 水平方向地盤反力係数 k_h

・砂質地盤：$k_h=80E_0B^{-\frac{3}{4}}$

・基礎底面から深さ 3〜4 m までの地盤の N 値の平均値

$$\overline{N}=\frac{7+4+4+6}{4}=5.25 \rightarrow 5$$
杭径 $B=45$ cm ［実務図表 8・5 より → $k_h=16116$ kN/m³

3 杭の特性値 β

$$\beta=\sqrt[4]{\frac{k_nB}{4EI}}$$

$k_h=16116$ kN/m³
杭径 $B=45$ cm ［実務図表 8・7 より → $\beta=0.412$ m⁻¹

4 杭長の検討

$\beta L=0.412\times 11=4.53>3.0$ → 長杭として設計

5 杭の各部応力算定（実務図表 8・4）

フーチング内に 100 mm 程度埋め込み，半固定接合（固定度 $\alpha_r=0.8$）とする．
なお，地中最大曲げ応力については，杭頭ピン接合の応力にて検討する．

①杭頭曲げモーメント

柱頭固定度：$\alpha_r=0.8$　$M_0=\dfrac{Q}{2\beta}\times 0.8=\dfrac{97}{2\times 0.412}\times 0.8=117.7\times 0.8=94.2$ kN・m

$\alpha_r=1.0$　$M_0=117.7$ kN・m

②地中最大曲げモーメント

柱頭固定度：$\alpha_r=0$　$M_{\max}\times\dfrac{Q}{2\beta}\times 0.645=117.7\times 0.645=75.9$ kN・m

③$M_{\max}$ の発生深さ

柱頭固定度：$\alpha_r=0$　$l_m=\dfrac{1}{\beta}\times 0.785=\dfrac{1}{0.412}\times 0.785=1.9$ m

④杭頭変位

柱頭固定度：$\alpha_r=0.8$　$y_0=\dfrac{Q\beta}{k_hB}\times 1.2=\dfrac{97\times 0.412}{16116\times 0.45}\times 1.2=0.0066$ m

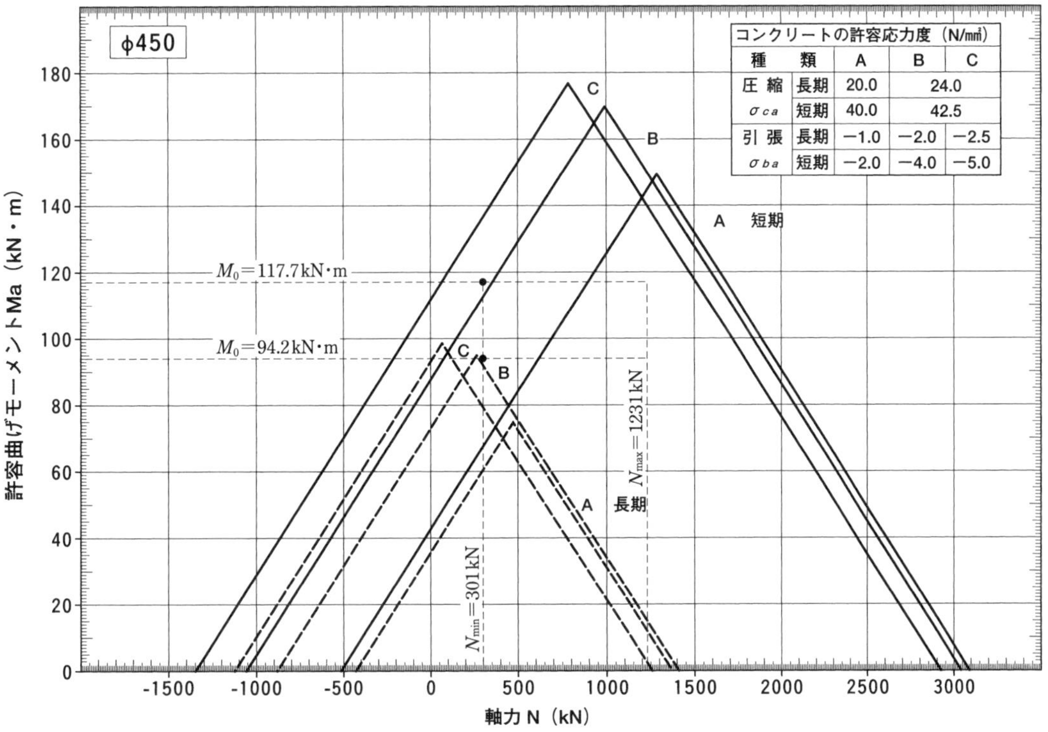

図 8•41　PHC 杭の断面設計図表（ϕ 450 mm）（日本コンクリート工業株式会社『TECHNICAL NOTE 2004』より作成）

6 杭体の断面設計

①基礎設計用軸方向力 N の算定

・F_3 杭について（$n=1$）

$$\begin{cases} {}_XN_{max}=1060+51=1111\text{ kN} \\ {}_XN_{min}=540+51=591\text{ kN} \end{cases} \quad \begin{cases} {}_YN_{max}=1180+51=1231\text{ kN} \\ {}_YN_{min}=420+51=471\text{ kN} \end{cases}$$

・F_2 杭について（$n=3$）

$$\begin{cases} {}_XN_{max}=\dfrac{2120+194}{3}=771\text{ kN} \\ {}_XN_{min}=\dfrac{1080+194}{3}=424\text{ kN} \end{cases} \quad \begin{cases} {}_YN_{max}=\dfrac{1630+194}{3}=608\text{ kN} \\ {}_YN_{min}=\dfrac{1570+194}{3}=588\text{ kN} \end{cases}$$

・F_1 杭について（$n=2$）

$$\begin{cases} {}_XN_{max}=\dfrac{1500+103}{2}=801\text{ kN} \\ {}_XN_{min}=\dfrac{500+103}{2}=301\text{ kN} \end{cases} \quad \begin{cases} {}_YN_{max}=\dfrac{1350+103}{2}=726\text{ kN} \\ {}_YN_{min}=\dfrac{650+103}{2}=376\text{ kN} \end{cases}$$

②設計応力

			F_3	F_2	F_3
・（$\alpha_r=0.8$）	$M_0=94$ kN•m	N_{max} =	1231	771	801
・（$\alpha_r=1.0$）	$M_0=117$ kN•m	N_{min} =	471	424	301

③断面設計

・図 8•41 に示す.

④結果

・$\alpha_r=0.8$ の場合 → PHC杭B種となる.

・$\alpha_r=1.0$ の場合 → PHC杭C種となる.

【e】 基礎スラブ設計（☞**933**）

1 F_1（図8•42）

・杭反力：$R'=500$ kN/本

・応力算定

$Q_F=n'R'=1\times500=500$ kN

$M_F=Q_Fh=500\times0.3=150$ kN•m

n'：柱からの持出しスラブとしての方向別の負担本数［本］

h：柱面から杭中心までの距離［m］

・断面算定

基礎スラブ厚 $D=1000$ mm, $d=1000-100-90=810$ mm, $j=\frac{7}{8}d=708.8$ mm

$$\psi=\frac{Q_F}{{}_Lf_aj}=\frac{500000}{2.1\times708.8}=335\text{ mm}$$

$$a_t=\frac{M_F}{{}_Lf_tj}=\frac{150000000}{196\times708.8}=1079\text{ mm}^2$$

7−D16（350 mm, 1393 mm²）[注3]

注3）付3「鉄筋の断面積および周長」（p. 253）参照

・せん断力の検討

$$\frac{Q_F}{lj}=\frac{500000}{1200\times708.8}=0.587\text{ N/mm}^2<{}_Lf_s=0.7\text{ N/mm}^2 \rightarrow \text{OK}$$

2 F_2（図8•43）

・杭反力：$R'=533$ kN

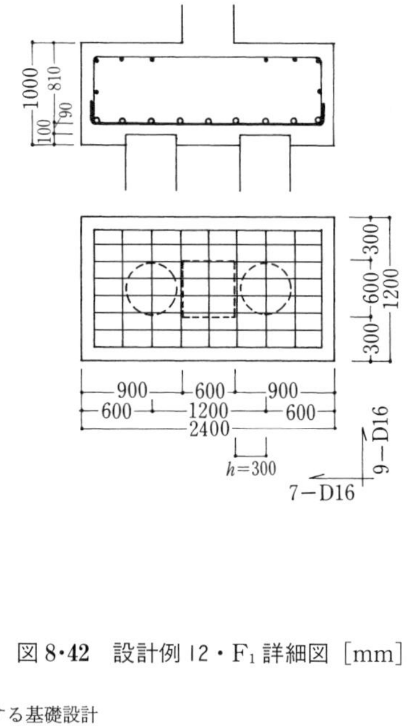

図8•42 設計例12・F_1詳細図［mm］

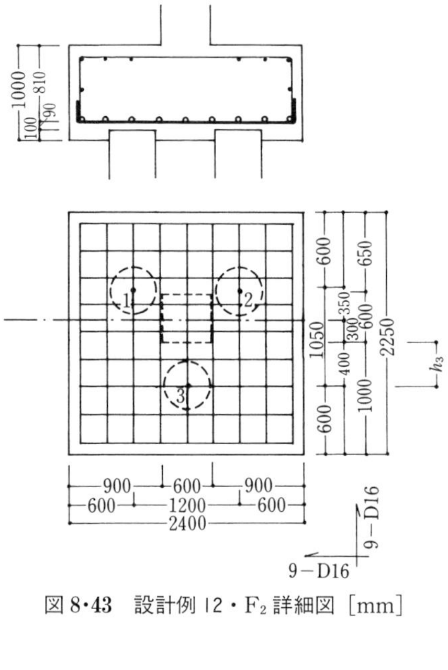

図8•43 設計例12・F_2詳細図［mm］

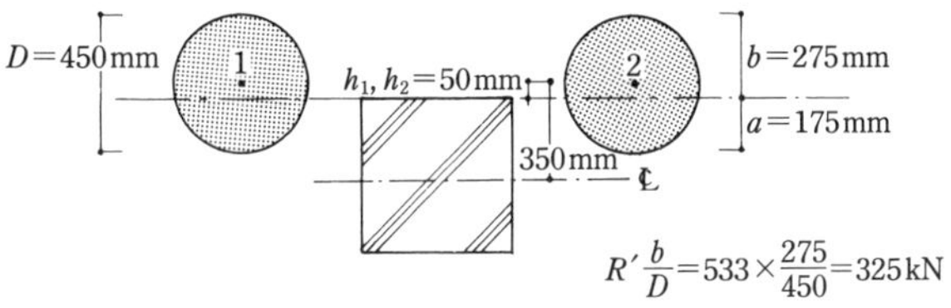

図 8•44　注 4 算定図（**1022** ② 参照）

・応力算定

杭③に対して　：$Q_F=n'R'=533\ \mathrm{kN}$

$M_F=Q_F h=533\times0.4=213\ \mathrm{kN\cdot m}$

杭①②に対して：$Q_F=n'R'\dfrac{b}{D}=2\times325^{注4}=650\ \mathrm{kN}$

$M_F=R'n'h=533\times2\times0.05=53.3\ \mathrm{kN\cdot m}$

注 4）図 8•44 および **1022** ②（p. 225）参照

・断面算定

基礎スラブ厚 $D=1000\ \mathrm{mm}$，$d=810\ \mathrm{mm}$，$j=708.8\ \mathrm{mm}$

杭③に対して　：$\psi=\dfrac{533000}{2.1\times708.8}=358\ \mathrm{mm}$

$a_t=\dfrac{213000000}{196\times708.8}=1533\ \mathrm{mm^2}$

→ 8-D16（400 mm，1592 mm²）

杭①②に対して：$\psi=\dfrac{650000}{2.1\times708.8}=436\ \mathrm{mm}$

$a_t=\dfrac{53300000}{196\times708.8}=383\ \mathrm{mm^2}$

→ 9-D16（450 mm，1791 mm²）

設計 → 9-D16

・せん断力の検討

$\dfrac{Q_F}{lj}=\dfrac{650000}{2400\times708.8}=0.382\ \mathrm{N/mm^2}<{}_Lf_s=0.7\ \mathrm{N/mm^2}$ → OK

852　設計例 13　場所打ちコンクリート杭の断面設計例

【a】 設計条件

① 建物の概要

・鉄筋コンクリート造 5 階建

・基礎伏図：図 8•45

・断面図　：図 8•46

② 軸方向力 N'（1 階柱脚位置）

・図 8•47 に示す.

③ 材料の許容応力度

・表 8•7 に示す.

【b】 長期荷重時杭設計

① 杭設計条件

・杭の種類：場所打ち RC 杭，水または泥水中で打設，$F_c=21\ \mathrm{kN/mm^2}$，SD 295

$B=1000\ \mathrm{mm}$（杭径 D）

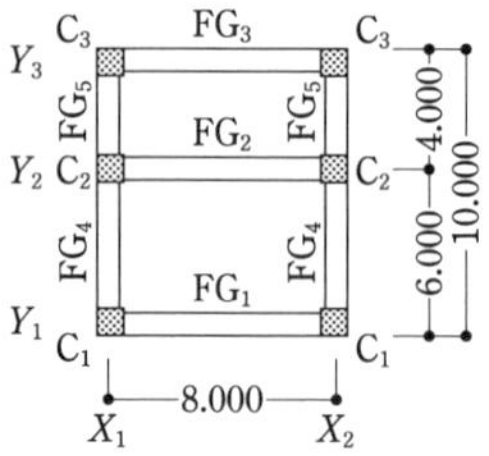

図 8･45　設計例 13・基礎伏図［m］

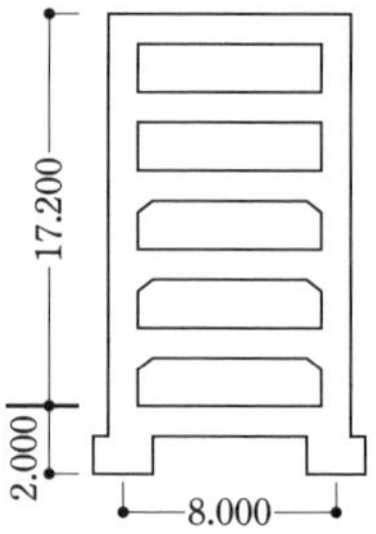

図 8･46　設計例 13・断面図［m］

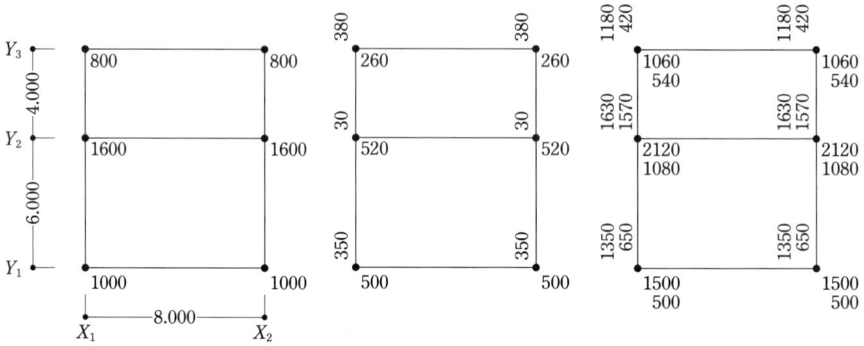

(a) 長期軸方向力 N_L（柱脚）　(b) 地震力による軸方向力 N_E　(c) 短期（地震時）軸方向力 N_s

図 8･47　設計例 13・柱軸方向力一覧表［kN］

表 8･7　設計例 13・材料の許容応力度

材　料	長期許容応力度［N/mm²］					短期許容応力度［N/mm²］				
	圧　縮	引張り	せん断	付着 $_Lf_a$		圧　縮	引張り	せん断	付着 $_sf_a$	
	$_Lf_c$	$_Lf_t$	$_Lf_s$	上端筋	その他	$_sf_c$	$_sf_t$	$_sf_s$	上端筋	その他
躯体コンクリート $F_c=21$ N/mm²	7	—	0.7	1.4	2.1	14	—	1.4	2.8	4.2
鉄筋 SD 295	196	196	195	—		295	295	295	—	
杭体コンクリート 水・泥水を使用 $F_c=21$ N/mm²	4.66	—	0.46	1.4		9.33	—	0.69	2.1	

$$A_p=0.785\ \text{m}^2$$

$$\phi=3.14\ \text{m}$$

$$L=19\ \text{m}$$

・工法：オールケーシング工法

2 杭体の許容耐力

・長さ径比による低減率：$\beta=\dfrac{L/B-60}{100}=\dfrac{19/1-60}{100}=-0.41<0 \rightarrow \beta=0$

・杭体の許容耐力（長期）：$P_a=3658$ kN/本[注1]

（短期）：$P_a=3658\times2=7316$ kN/本

注 1）実務図表 7･9（p. 118）より

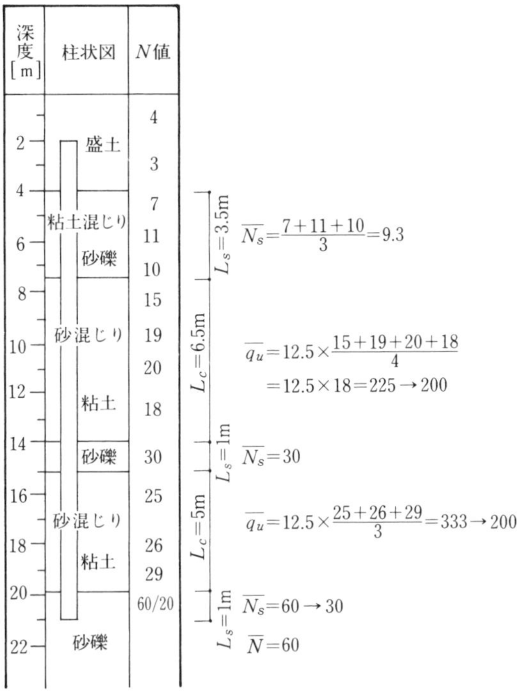

図8•48　設計例 13・$\overline{N_s}$, $\overline{q_u}$, $\overline{N}$ の算定　支持地盤に1m貫入しているので先端 N 値を $\overline{N}$ と見る．ただし，$\overline{N}\leqq60$ とする．

③ 支持力算定式による算定（地盤に対して）

①基本事項：ボーリング資料と $\overline{N_s}$, $\overline{q_u}$, $\overline{N}$ の算定（図8•48）

②杭の支持力算定

$$ {}_LR_a=\frac{150}{3}\overline{N}A_p+\frac{10}{9}\overline{N_s}L_s\psi+\frac{1}{6}\overline{q_u}L_c\psi \quad \cdots\cdots\cdots\cdots\cdots\cdots \text{(7•30) 式} $$

$$ =2355^{注1}+\frac{10}{9}\times(9.3\times3.5+30\times1+30\times1)\times3.14+\frac{1}{6}\times(200\times6.5+200\times5)\times3.14 $$

$$ =3880\ \text{kN/本}>P_a=3658\ \text{kN/本}\ \rightarrow\ 3600\ \text{kN/本} $$

注1）杭径 1000 mm, $\overline{N}=60$ → 実務図表7•12（p. 125）より

$$ {}_sR_a=2\times3600=7200\ \text{kN/本} $$

③杭本数の設計

・表8•8，図8•49，8•50に示す．

【c】 杭設計用地震力

① 根入れ効果（☞ **812**）

$$ D_f=2.0\ \text{m}\geqq2.0,\quad \alpha=1-0.2\frac{\sqrt{H}}{\sqrt[4]{D_f}}=1-0.2\frac{\sqrt{17.2}}{\sqrt[4]{2}}=0.3 $$

② 杭設計用地震力算定

①上部構造の条件

・地域係数：$Z=1.0$

・振動特性係数：$R_t=1.0$

・標準せん断力係数：$C_o=0.2$

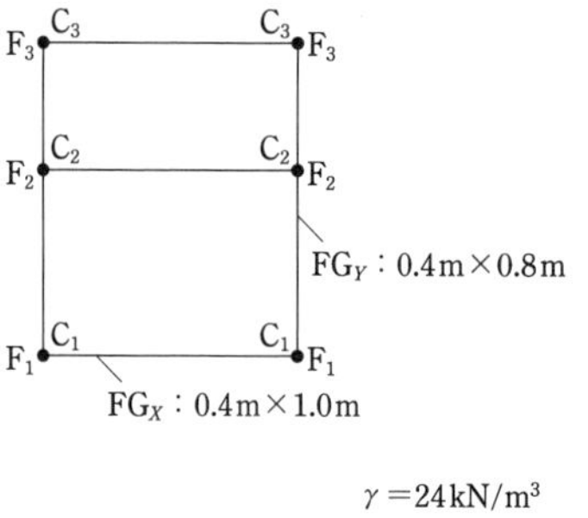

図 8･49　設計例 13・基礎梁寸法

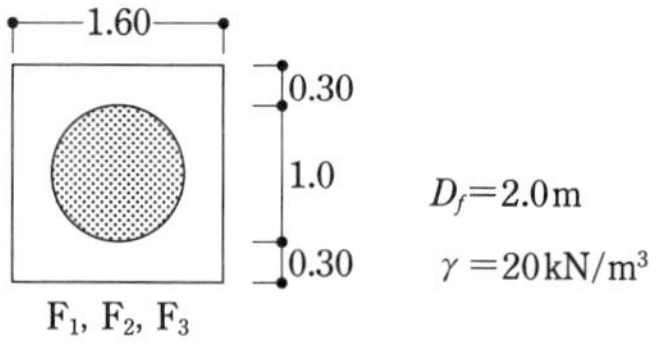

図 8･50　設計例 13・フーチング寸法［m］

表 8･8　設計例 13・杭本数の設計（$_LR_a$＝3600 kN/本）

基礎	柱	柱軸方向力 N'（柱脚）［kN］	基礎自重 W_1［kN］	基礎梁自重 W_2［kN］	N［kN］	n［本］	$R'=\dfrac{N'+W_2}{n}$［kN］
F_3	C_3	800	102	53	955	1	853
F_2	C_2	1600		76	1778	1	1676
F_1	C_1	1000		61	1163	1	1061

・$\sum W$：5400 kN（地震力算定用）

・1階の層せん断力：$_TP_1=\sum W\times C_o=5400\times0.2=1080$ kN

②基礎に作用する地震力（☞ **837**）

・基礎部分の震度：$k=0.1$

・基礎部分の重量：$W_B=W_6+W_1+W_2=200+614+383=1197$ kN

1階柱の下部重量：$W_6=200$ kN

基礎自重＋土重量：$W_1=20\times1.6^2\times2\times6=614$ kN（図 8･50）

基礎梁自重　：$W_2=153+230=383$ kN（図 8･49）

FG_Y：$24\times0.4\times0.8\times10\times2=153$ kN

FG_X：$24\times0.4\times1.0\times8\times3=230$ kN

土間荷重　：$W_3=0$（直接地盤に伝わると見る）

・基礎に作用する地震力：$_TP_B={}_TP_1+0.1\,W_B=1080+0.1\times1197=1199$ kN

・杭に作用する地震力：$_TP_B'=(1-\alpha)_TP_B=(1-0.3)\times1199=839$ kN

【d】　地震荷重時杭設計

1　杭1本当りの水平力

$$Q=\frac{_TP_B'}{n}=\frac{839}{6}=139\ \text{kN/本}$$

2　水平方向地盤反力係数 k_h および杭の特性値 β

・砂質地盤

基礎底面から深さ 5 m までの地盤における N 値の平均値

$$\overline{N}=\frac{3+7+11}{3}=7$$

杭径 $B=100$ cm

実務図表 8･5 より $k_h=12369$ kN/m³

実務図表 8･8 より $\beta=0.231$ m⁻¹

③ 杭長の検討

$\beta L = 0.231 \times 19 = 4.38 > 3.0$ → 長杭として設計

④ 杭の各部応力算定（実務図表 8•4，フーチングと杭とは固定接合）

・杭頭曲げモーメント：$M_0 = \dfrac{Q}{2\beta} = \dfrac{139}{2 \times 0.231} = 300$ kN•m

・杭の地中部最大曲げモーメント：$M_{max} = M_0 \times 0.208 = 300 \times 0.208 = 62.4$ kN•m

・M_{max} の発生深さ：$l_m = \dfrac{1}{\beta} \times 1.57 = \dfrac{1}{0.231} \times 1.57 = 6.79$ m

・杭頭変位：$y_0 = \dfrac{Q}{4EI\beta^3} = \dfrac{Q\beta}{k_h B} = \dfrac{139 \times 0.231}{12396 \times 1} = 0.0026$ m

⑤ 杭体の断面設計（☞ **842**）

①N，M に対する設計

・応力集計

C_2 柱の基礎 F_2

$_XN_{max} = 2120 + 102 + 76 = \boxed{2298} \times 10^3$ N

$_XN_{min} = 1080 + 102 + 76 = \boxed{1258} \times 10^3$ N

$_YN_{max} = 1630 + 102 + 76 = 1808$ kN

$_YN_{min} = 1570 + 102 + 76 = 1748$ kN

杭頭部：$M_0 = 300$ kN•m $= 300 \times 10^6$ N•mm

中間部：$M_{max} = 62.4$ kN•m $= 62.4 \times 10^6$ N•mm

・断面算定（表 8•9）

②せん断力に対する検討

$Q_D = 1.5 Q_E = 1.5 \times 139 = 208$ kN

$\dfrac{4}{3} \cdot \dfrac{Q_D}{A_p} = \dfrac{4}{3} \times \dfrac{208000}{785000} = 0.35$ N/mm$^2 < {}_sf_s = 0.69$ N/mm^2 → OK

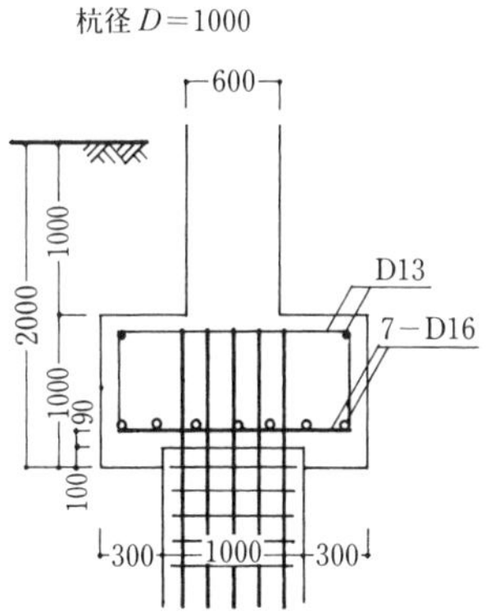

図 8•51　設計例 13・F_2 配筋詳細図［mm］

【e】 基礎スラブ設計

図 8•51 に示す．

表 8•9　設計例 13・杭体の断面設計（$D=1000$ mm，長杭として設計）

基礎	杭径 D [mm]	設計位置	$\dfrac{M_0}{D^3 f_c}$ / $\dfrac{M_{max}}{D^3 f_c}$	$\dfrac{N_{max}}{D^2 f_c}$	$\dfrac{N_{min}}{D^2 f_c}$	$\dfrac{M_0}{D^3 f_t}$ / $\dfrac{M_{max}}{D^3 f_t}$	$\dfrac{N_{min}}{D^2 f_t}$	p_g [%]	a_g [mm^2]	配筋 主筋	配筋 帯筋
F_2	1000	杭頭部	0.021	0.16	0.089	0.001	0.004	0.4注	3140	9-D22	杭頭より 5 m D10-@150 mm
		中間部	0.004			0.0002				9-D22	上記以深 D10-@300 mm

図 8•34(a)　$p_g = 0\%$　　図 8•34(c)　$p_g = 0\%$

$F_c = 21$ N/mm^2，$f_c = 14$ N/mm^2（短期），$D^3 f_c = 14000 \times 10^6$，$D^2 f_c = 14000 \times 10^3$

SD295，$f_t = 295$ N/mm^2（短期），$D^3 f_t = 295000 \times 10^6$，$D^2 f_t = 295000 \times 10^3$

$A_p = 785000$ mm^2，a_g：鉄筋断面積（$a_g = A_p \cdot p_g$）

注）主筋の全断面積の割合は 0.4%以上（「RC 規」の規定による）．

900 基礎スラブの設計

基礎を設計手順的に分類すると，地盤設計 もしくは 杭設計 ならびに 基礎スラブ設計 および 基礎梁設計 に分けることができる．

この章では，独立フーチング基礎の基礎スラブの設計について解説する．基礎梁設計を必要とする複合基礎，布基礎，基礎梁付独立偏心基礎およびべた基礎の設計については，『改訂版　実務から見たRC構造設計』にて解説している．また，基礎梁付独立偏心杭基礎については杭設計に関連するので 1000 にて解説する．

なお，本章は主に日本建築学会『鉄筋コンクリート構造計算規準・同解説』に準拠している。

910 独立フーチング基礎の分類 （実務図表 9•1）

独立フーチング基礎は幾つかの種類に分けることができる．

まず，柱軸方向力 N のみが作用する独立基礎を「直接独立基礎」と呼ぶ（実務図表 9•1(a)）．次に，一般的に独立基礎には柱軸方向力 N とモーメント M が作用し，偏心 $e=\dfrac{M}{N}$ が生じ，接地圧が三角分布となるが，この最大接地圧が地耐力を超えないように基礎スラブを設計しなければならないので，M が大きくなると基礎スラブ底面積が大きくなってしまう．したがって，基礎梁等を設けない偏心独立基礎（実務図表 9•1(b)）は「M が小さい基礎」「低層の鉄骨造基礎」および「大スパン架構で基礎梁を設けない基礎」等に採用する．

次に，基礎に作用する M が大きい場合には，基礎梁を設け，その基礎梁に M を負担させて，基礎スラブには鉛直方向の柱軸方向力 N のみが作用するとして設計する．したがって，基礎スラブに作用する接地圧は等分布荷重となる（実務図表 9•1(d)）．この基礎を「基礎梁付独立基礎」と呼ぶ．

また，基礎スラブ自身が偏心している基礎（実務図表 9•1(c)）を「独立偏心基礎」，その偏心モーメントを基礎梁に負担させる基礎（実務図表 9•1(e)）を「基礎梁付独立偏心基礎」と呼ぶ．

以上を一覧表にしたのが，実務図表 9•1「独立フーチング基礎の種類と索引」である．

基礎スラブの設計方法は，次の 2 種類に分けられる．その 1 は，接地圧が等分布となる「直接独立基礎」「基礎梁付独立基礎」「基礎梁付独立偏心基礎」の場合であり，その 2 は，接地圧が三角分布となる「偏心独立基礎」「独立偏心基礎」の場合である．

なお，「杭基礎」についても「直接基礎」に準じる．実務図表 9•1 を参照されたい．

実務図表 9•1　独立フーチング基礎の種類と索引

種類		直接基礎接地圧 σ	杭基礎杭反力 R	名称
基本型	(a) 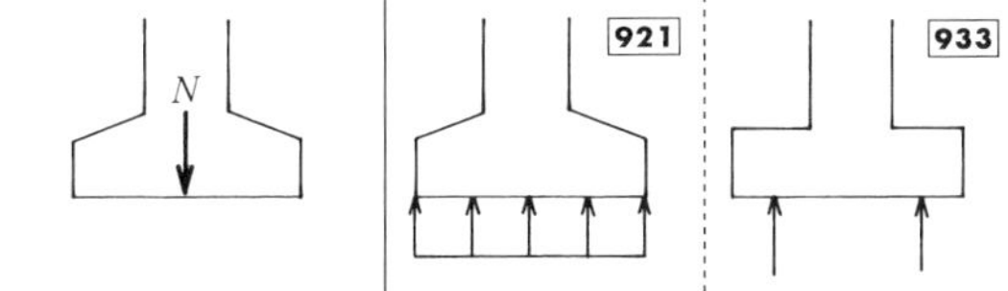	921	933	直接独立基礎 杭独立基礎
基本型	(b) 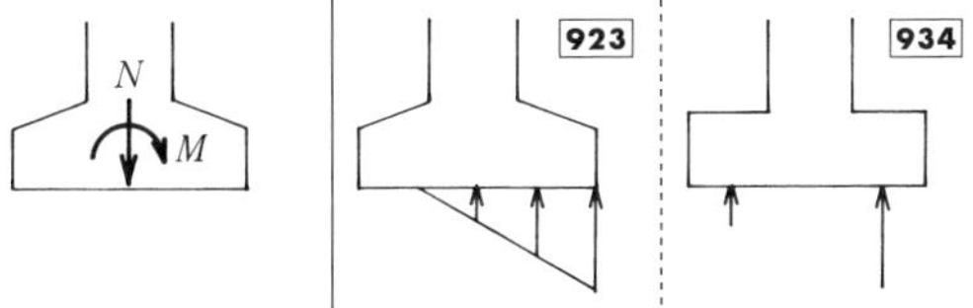	923	934	偏心独立基礎 偏心杭独立基礎
(c)注	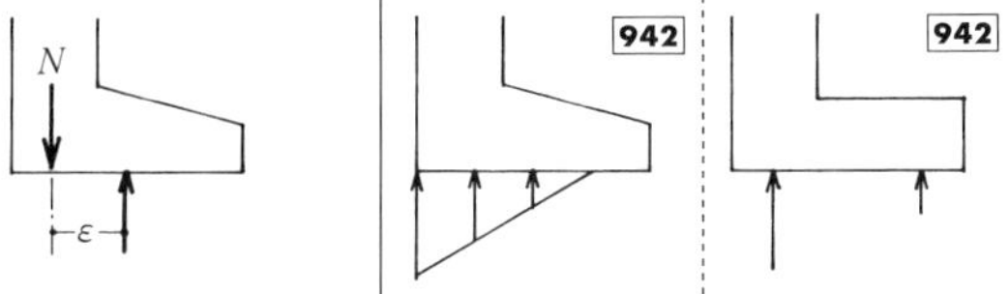	942	942	独立偏心基礎 独立偏心杭基礎
(d)	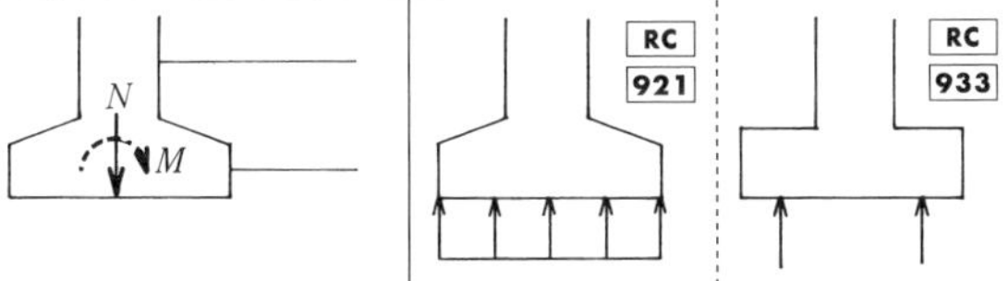	RC 921	RC 933	基礎梁付独立基礎 基礎梁付杭独立基礎
(e)注	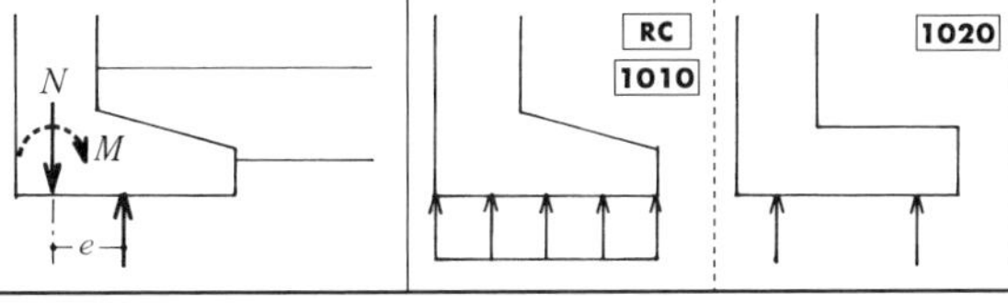	RC 1010	1020	基礎梁付独立偏心基礎 基礎梁付独立偏心杭基礎

RC：『改訂版　実務から見た RC 構造設計』に掲載.

注）偏心距離にはモーメントにより生じる偏心による偏心距離 e と，基礎自体が偏心している場合の偏心距離 ε がある．900 では説明のためこれを厳密に区分したが，1000 では実務上の慣例に従い，基礎自体が偏心している場合の偏心距離も e で表すこととした.

920　独立基礎の設計

921　直接独立基礎の設計　（実務図表 9•2）

ここでは，実務図表 9•1 に示した直接基礎で，接地圧が等分布荷重となる基礎スラブの設計について解説する．なお，独立基礎の設計上のポイントを一覧表に示したのが実務図表 9•2「独立基礎の設計ポイント」（p. 180）である．また，設計例は 924 に示す.

【a】　基礎スラブ底面積の算定

基礎底面積は，基礎自重を含めた柱軸方向力 N を地耐力 f_e で除せば求められる．しかし，基礎自重は基礎寸法が決まらないと正確に求められない．そこで，次の有効許容地耐力 f_e' を求め，基礎自重を含まない柱軸方向力 N' によって算定する．なお，基礎梁自重については，自重分は地盤に直接伝わるとして基礎自重に加えない．したがって，基礎梁にも簡単な砂利地業を施すようにしている.

$$f_e' = f_e - 20 \times D_f \quad \cdots\cdots\cdots (9•1)\text{ 式}$$

$$A' \geqq \frac{N'}{f_e'} \quad \cdots\cdots (9\cdot2) 式$$

ここで，基礎スラブ底面積 A を $A \geqq A'$ として仮定すると

$$\sigma' = \frac{N'}{A} \quad \cdots\cdots (9\cdot3) 式$$

$$\sigma = \frac{N}{A} \quad \cdots\cdots (9\cdot4) 式$$

f_e ：許容地耐力［kN/m²］

f_e'：有効許容地耐力［kN/m²］

20 ：基礎および埋め戻し土の平均単位体積重量［kN/m³］

（軽量コンクリートの場合 18 kN/m³ または 17 kN/m³）

D_f：地盤面から基礎スラブ底面までの深さ［m］（図 9•1）

σ ：接地圧［kN/m²］

σ' ：地反力［kN/m²］

A ：基礎スラブの底面積［m²］

$A = l \times l'$

l，l'：基礎スラブの一辺長さ［m］

N'：フーチングに作用する柱軸方向力．基礎自重は含まない［kN］

N ：フーチングに作用する柱軸方向力．基礎自重を含む［kN］

【b】 基礎スラブ筋の設計

基礎スラブ筋設計の応力計算では，基礎自重を含まない N' によって柱からの持出し板と考えた場合のせん断力 Q_F と曲げモーメント M_F を求める（図 9•2）.

スラブ筋の断面算定は，曲げモーメントより主筋断面積 a_t とせん断力より主筋周長 ψ を求め，スラブ筋本数を決定する．なお，スラブ筋の本数は 200～300 mm 以下のピッチとなるように決める.

1 応力算定

①計算式による場合（図 9•2）

$$Q_F = \frac{N'}{A} \times l \times \frac{l'-a}{2} = \sigma' \times l \times h \quad \cdots\cdots (9\cdot5) 式$$

$$M_F = Q_F \times \frac{l'-a}{2} \times \frac{1}{2} = Q_F \times \frac{h}{2} \quad \cdots\cdots (9\cdot6) 式$$

②計算図表による場合（図 9•3，条件 $a'/a \fallingdotseq l'/l$）

$\frac{l}{a}$ → 図 9•3 より

- $\frac{Q_F}{N'}$ の値○を求め　$Q_F = ○ \times N'$ ……… (9•7) 式
- $\frac{M_F}{N'a}$ の値◎を求め　$M_F = ◎ \times N'a$ ……… (9•8) 式

2 断面算定

$$\psi = \frac{Q_F}{f_a j} \quad \cdots\cdots (9\cdot9) 式$$

$$a_t = \frac{M_F}{f_t j} \quad \cdots\cdots (9\cdot10) 式$$

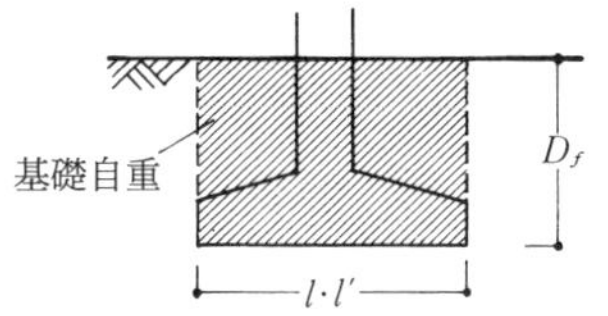

図 9•1　基礎自重に算入すべき範囲

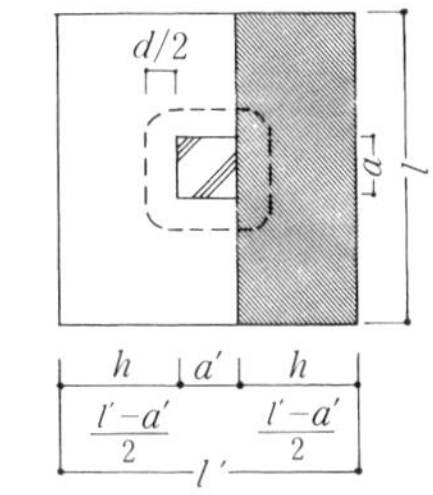

図 9•2　基礎スラブ算定断面
柱からの持出し板と考える

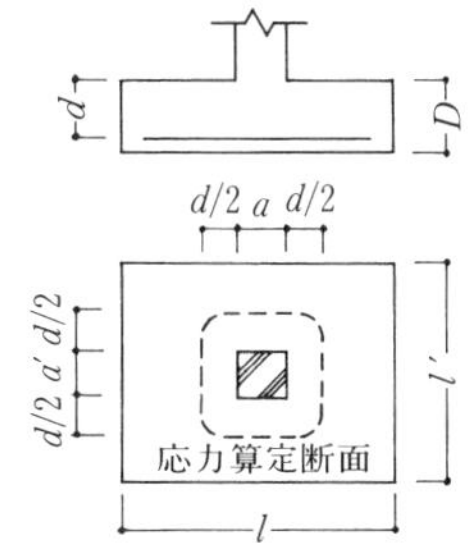

図 9•4　せん断力 Q_F およびパンチングシヤー Q_{PD} 検討用断面

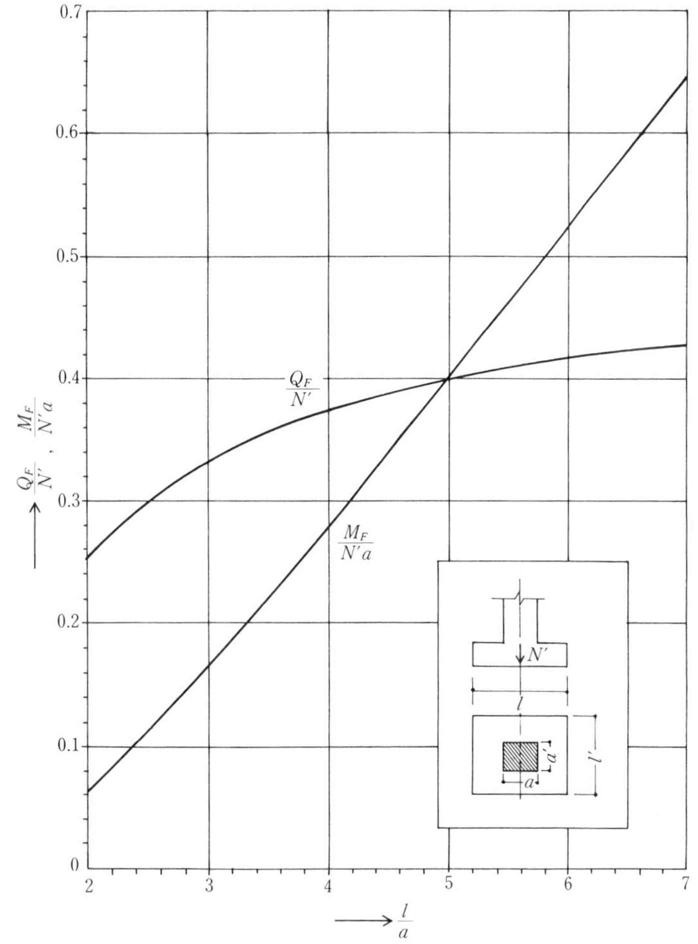

図 9•3　$\frac{Q_F}{N'}$, $\frac{M_F}{N'a}$ 計算図表（偏心なし）（『鉄筋コンクリート構造計算規準・同解説（1999 年版）』図 20•7 より）

ψ ：主筋周長［mm］

a_t ：主筋の断面積［mm^2］

f_a ：コンクリートの許容付着応力度［N/mm^2］

f_t ：鉄筋の許容引張り応力度［N/mm^2］

j ：$j=\frac{7}{8}d$（$d=D-90$［mm］，D：スラブ厚……（9•16）式参照）

【c】 せん断力およびパンチングシヤーの検討

上記のせん断力 Q_F および柱直下のパンチングシヤーについては（9•11）～（9•15）式で検討する（図 9•4）．小規模建物の基礎については検討を省略する．

$$\frac{Q_F}{lj} \leqq f_s \quad \cdots\cdots（9•11）式$$

$$\frac{Q_{PD}}{1.5b_0 j} \leqq f_s \quad \cdots\cdots（9•12）式$$

$$Q_{PD}=\frac{N'}{A}(A-A_0)=N'\frac{A-A_0}{A} \quad \cdots\cdots（9•13）式$$

実務図表 9・2　独立基礎の設計ポイント

<table>
<tr><td colspan="3"></td><td>正　方　形　基　礎</td><td colspan="2">長　方　形　基　礎</td></tr>
<tr><td colspan="3"></td><td>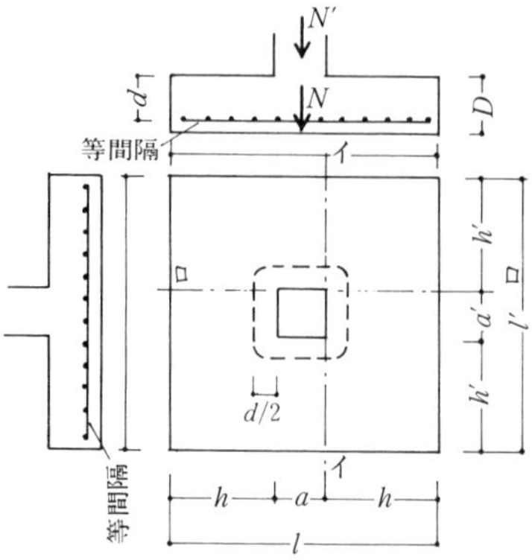
</td><td colspan="2">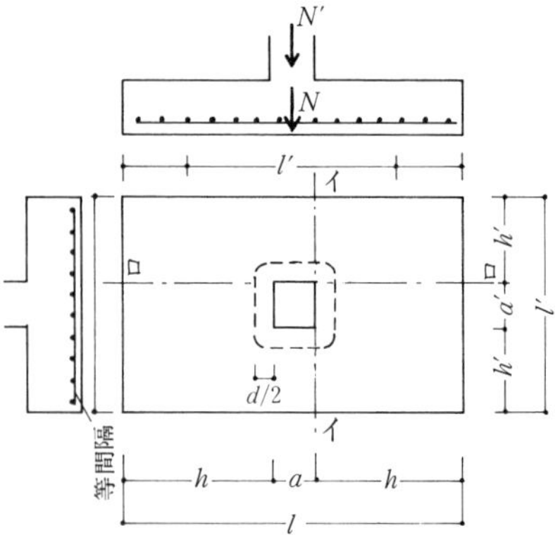
</td></tr>
<tr><td colspan="3">基礎底面積</td><td colspan="3">$\frac{N'}{f_e'} \leq A$　（ここで $A=l\times l'$）</td></tr>
<tr><td rowspan="7">基礎スラブの応力</td><td colspan="2">地反力 σ'</td><td colspan="3">$\sigma'=\frac{N'}{A}$</td></tr>
<tr><td colspan="2" rowspan="2">せん断力 Q_F</td><td>計算式による</td><td colspan="2">図表による（条件：$a'/a \fallingdotseq l'/l$）</td></tr>
<tr><td>${}_{イ}Q_F=\sigma' l' h$
${}_{ロ}Q_F=\sigma' l h'$</td><td colspan="2" rowspan="2">$\frac{l'}{a'}$ →（図 9・3 より）$\frac{{}_{イ}Q_F}{N'}$ →（N' は既知）${}_{イ}Q_F$
　　　　　　　　　　$\frac{{}_{イ}M_F}{N'a}$ →（$N'a$ は既知）${}_{イ}M_F$
$\frac{l}{a}$ →（図 9・3 より）$\frac{{}_{ロ}Q_F}{N'}$ →（N' は既知）${}_{ロ}Q_F$
　　　　　　　　　　$\frac{{}_{ロ}M_F}{N'a}$ →（$N'a$ は既知）${}_{ロ}M_F$</td></tr>
<tr><td colspan="2">曲げモーメント M_F</td><td>${}_{イ}M_F={}_{イ}Q_F\frac{h}{2}$
${}_{ロ}M_F={}_{ロ}Q_F\frac{h'}{2}$</td></tr>
<tr><td rowspan="3">パンチングシヤー</td><td>b_0</td><td colspan="3">$b_0=2(a+a')+\pi d$</td></tr>
<tr><td>A_0</td><td colspan="3">$A_0=\frac{\pi}{4}d^2+(a+a')d+aa'$</td></tr>
<tr><td>Q_{PD}</td><td colspan="3">$Q_{PD}=N'\frac{A-A_0}{A}=\sigma'(A-A_0)$</td></tr>
<tr><td rowspan="4">断面算定</td><td colspan="2">曲げモーメントに対して</td><td colspan="2">${}_{イ}a_t=\frac{{}_{イ}M_F}{f_t j}$　　${}_{ロ}a_t=\frac{{}_{ロ}M_F}{f_t j}$</td><td rowspan="2">$\left(\begin{array}{l} d=D-90 \text{ [mm]} \\ j=\frac{7}{8}d \end{array}\right)$
D：スラブ厚［mm］</td></tr>
<tr><td colspan="2">せん断力に対して</td><td colspan="2">$\tau=\frac{{}_{イ}Q_F}{l'j}\leq f_s$　　$\tau=\frac{{}_{ロ}Q_F}{lj}\leq f_s$
$\psi=\frac{{}_{イ}Q_F}{f_a j}$　　$\psi=\frac{{}_{ロ}Q_F}{f_a j}$</td></tr>
<tr><td colspan="2">パンチングシヤーに対して</td><td colspan="3">$\frac{Q_{PD}}{1.5 b_0 j}\leq f_s$</td></tr>
<tr><td colspan="2">主筋本数</td><td colspan="3">n　ピッチ 200～300 mm 以下</td></tr>
<tr><td colspan="3" rowspan="2">配　　筋</td><td rowspan="2">l，l' 内に n 本を等間隔に配置</td><td>長辺方向</td><td>l' 内に n 本を等間隔に配置</td></tr>
<tr><td>短辺方向</td><td>柱を中心に l' 幅内に a_t'
$a_t'={}_{ロ}a_t\frac{2}{\lambda+1}$　（ここで $\lambda=\frac{l}{l'}$）
残りを両側に等間隔に配置
等間隔に a_t'' を配置する場合
$a_t''={}_{ロ}a_t\frac{2\lambda}{\lambda+1}$　（ここで $\lambda=\frac{l}{l'}$）</td></tr>
</table>

$$A_0 = \frac{\pi}{4}d^2 + (a + a')d + aa' \quad \cdots\cdots (9\text{•}14) 式$$

$$b_0 = 2(a + a') + \pi d \quad \cdots\cdots (9\text{•}15) 式$$

Q_{PD}：パンチングシヤー［N/mm²］

b_0　：パンチングシヤーに対する設計用せん断力算定断面の延べ幅［mm］

A_0　：パンチングシヤー算定のための面積［mm²］

j　：（9•10）式に同じ［mm］

f_s　：コンクリートの許容せん断応力度［N/mm²］

922 独立基礎の断面，配筋のポイント

1 基礎スラブ厚

最小基礎スラブ厚は 250 mm 以上とする.

2 断面形状

基礎スラブ辺が 3 m 程度以下の独立基礎，幅 1.5 m 程度以下の布基礎および杭基礎では，施工性等を考慮して長方形断面とするのが一般的である．台形断面とするときは，テーパ部に型枠を設ける必要のない勾配（4：10）以下とする.

3 柱脚のはかま

基礎板長さ l に比べて柱断面 a が小さい場合やかぶり確保のために，柱の脚部に図 9•5 のようにはかまを設けることがある．その場合，はかまが次の①または②の条件を満たしていることを前提として，はかまの表面を柱表面とみなして計算することができる.

①条件の 1

- はかま高さ H がその厚さ C よりも大であること.
- はかま厚さ C が $0.3h$ よりも小さいこと.
- はかまを形づくるコンクリートが基礎スラブと同時に打ち込まれたものであること.

②条件の 2

- はかまを鉄筋によって十分に補強していること.

4 基礎スラブのせん断設計

基礎スラブの許容せん断力は $Q_A = ljf_s$ とし，せん断スパン比による割増し係数 α の効果とせん断補強筋の効果を無視する（補強筋が入れにくいため）．また，地震時のせん断力の割増しは行わなくてもよい.

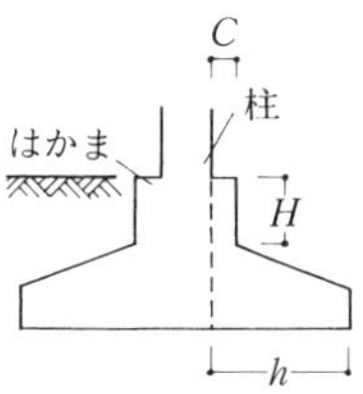

図 9•5　柱脚はかま（『鉄筋コンクリート構造計算規準•同解説（1999 年版）』図 20•8 より）

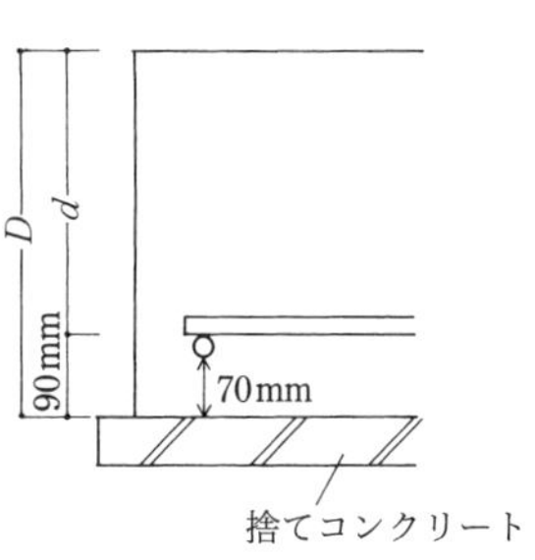

図 9•6　必要なかぶり厚さの所要量と有効せい d

5 かぶり厚さと基礎スラブせい D，有効せい d（図 9•6）

基礎のかぶり厚さは 70 mm とする．したがって有効せい d は，基礎ベース筋径を考慮して下記の値を用いる．

$d = D - 90$ [mm] ……………………………………………………………………… (9•16) 式

6 杭基礎のかぶり厚さと D，d（図 9•7）

地震力を考慮し，既製杭と基礎との接合をピン（半固定）接合とする場合には，杭頭を基礎スラブに 100 mm 程度埋め込む．この場合のかぶり厚さは，杭頭より 70 mm とする．

7 はかま筋

直接独立基礎や連続基礎等では，はかま筋は原則的には配筋する必要はない．

偏心基礎や地震時に基礎に浮き上りを生ずるおそれのある場合，杭基礎では杭頭埋め込みによる杭頭曲げモーメントの補強用として，はかま筋を配筋する．

8 場所打ち杭

柱直下に場所打ち杭を 1 本設ける場合には，基礎筋は構造計算上必要ないが，用心筋として，200～300 mm ピッチに配筋する．基礎スラブ厚は，杭と基礎スラブとは固定接合として設計するため，杭は 100 mm 以上基礎スラブに埋め込み，杭の主筋は $35d$ 以上定着する（d は鉄筋径）．したがって，基礎スラブ厚は定着可能な寸法を必要とする．はかまには主筋の拘束や基礎の連続性を考慮して，はかま筋を配筋する．

次に，杭頭の処理として，杭頭の泥水混入コンクリートを取り除かなければならない．なお，場所打ち杭が 2 本以上の場合には既製杭に準じた基礎スラブ設計を行う．

9 3 本杭の配筋

三角形基礎では斜めに配筋する 3 方向の配筋になるので，縦・横の格子配筋になる四角形基礎が理想である．

10 直接独立基礎の斜め筋

構造上，斜め筋は必要ない．斜め筋を入れると 4 段配筋となって，柱筋の設置が不安定になるので入れない方が得策である．

11 杭基礎のベース筋（図 9•7，9•8）

基礎ベース筋は曲げ上げ，末端にフック（危険防止用）を付ける．外周部の鉄筋は重ね継手を作り連続させる．

12 長方形基礎の短辺方向の主筋

次の①，②のいずれかの方法で配筋する．

①短辺方向の主筋は，長辺の中央部の短辺の長さ（l'）に相当する幅の中に，下式で求めた鉄筋量を等間隔に入れる．残りをその両側に等間隔に配置する．

$$\frac{(a_t')\text{短辺長さ相当幅}(l')\text{に入れる鉄筋量}}{(a_t)\text{短辺方向の鉄筋全所要量}} = \frac{2}{\lambda+1} \quad \cdots\cdots \quad (9•17)\text{ 式}$$

λ：長辺の短辺に対する比　$\lambda = \dfrac{l}{l'}$

計算例（図 9•9）

$$\lambda = \frac{l}{l'} = \frac{2}{1} = 2.0$$

$$\frac{2}{\lambda+1} = 0.67$$

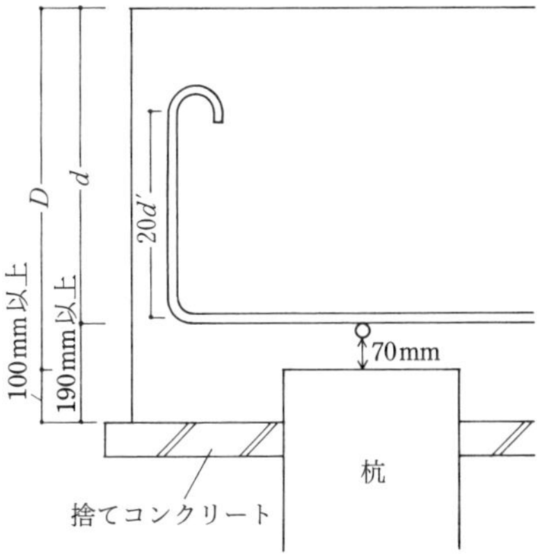

d′: 鉄筋径

図 **9·7**　杭と鉄筋のかぶり厚さの所要量と有効せい d

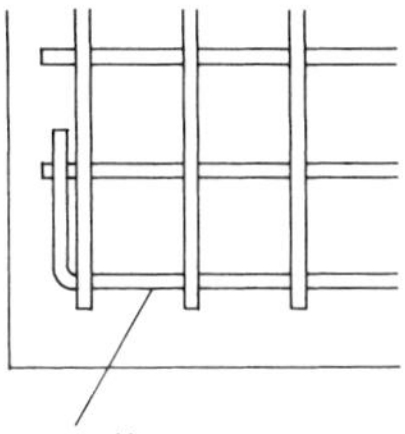

図 **9·8**　外周筋の隅フック

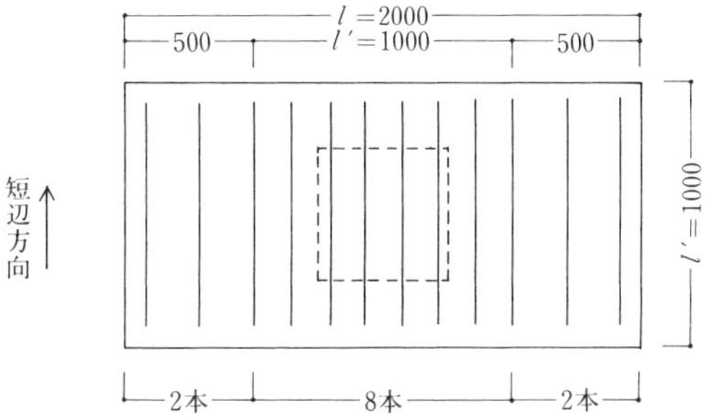

図 **9·9**　計算例・短辺方向の主筋の配筋図［mm］

a_t=12 本とすれば

$\dfrac{a_t'}{12}=0.67$

a_t'=8 本,　　残り 4 本

②等間隔に配筋する場合

$$a_t''=a_t\frac{2\lambda}{\lambda+1} \qquad \cdots\cdots (9\cdot18) 式$$

a_t''：短辺方向の補正鉄筋全所要量

計算例

$a_t''=a_t\dfrac{2\lambda}{\lambda+1}$=12 本×1.33=15.96 本 → 16 本を l=2.0 m 以内で等間隔に配筋する.

923　偏心独立基礎　（実務図表 9•3）

ここでは，実務図表 9•1 に示す接地圧が三角形分布となる偏心独立基礎および独立偏心基礎の設計について解説する．なお，偏心独立基礎の設計上のポイントを一覧表に示したのが，実務図表9•3「偏心独立基礎の設計ポイント」（p. 190）である．また，設計例は **925** に示す．

【a】 基礎底面積の設計

柱軸方向力 N とモーメント M（偏心）が作用する独立フーチング基礎のフーチング底面積の設計で特に注意しなければならないことは，偏心距離 $e=M/N$ を基礎底面の長さ l で除した $e/l=1/6$（断面の核）を境にして計算式が変わることである．ここで，e を求めるための柱軸方向力 N は基礎自重を含んだ値でなければならないが，底面積が求められなければ基礎自重は定まらないので，最初に基礎自重を仮定しなければならない．通常，自重は $0.2N'$ 程度を見込んで計算し，底面積を決定する時に仮定自重が適当であったかどうかチェックする．

1 計算式による場合

基本公式は次の通りである.

$$ {}_{\max}\sigma=\alpha\frac{N}{A}\leqq f_e \qquad {}_{\min}\sigma=\alpha'\frac{N}{A}\leqq f_e \quad \cdots\cdots (9\cdot19)\text{式} $$

ただし，α は $\frac{e}{l}$ によって決まる係数で（9•20），（9•21）式から求める.

e：偏心距離［m］ $e=\frac{M}{N}$

l：基礎スラブの全幅［m］

f_e：許容地耐力［kN/m^2］

① $\frac{e}{l}\leqq\frac{1}{6}$ の場合（中立軸が底面外にあるとき）（図 9•10）

$$ \alpha=1+6\times\frac{e}{l} \quad \cdots\cdots (9\cdot20)\text{式} $$

$$ \alpha'=1-6\times\frac{e}{l} \quad \cdots\cdots (9\cdot20)'\text{式} $$

② $\frac{e}{l}>\frac{1}{6}$ の場合（中立軸が底面内にあるとき）（図 9•11）

$$ \alpha=\frac{2}{3\left(\frac{1}{2}-\frac{e}{l}\right)} \quad \cdots\cdots (9\cdot21)\text{式} $$

$$ x_n=3l\left(\frac{1}{2}-\frac{e}{l}\right) \quad \cdots\cdots (9\cdot22)\text{式} $$

2 図表による場合

$$ {}_{\max}\sigma=\alpha\frac{N}{A}\leqq f_e \qquad {}_{\min}\sigma=\alpha'\frac{N}{A}\leqq f_e $$

ただし α，α' は図 9•12 によって $\frac{e}{l}$ より求める.

3 底面積の仮定と手順

N と M が作用する独立基礎のフーチング底面の設計は，非常に手間がかかる．N，M → e そして l，l' ならびに f_e とこれらの数値をからみあわせ，試行錯誤して経済的な底面を設計しなければならない．底面の仮定方法を **925** の設計例の【b】に示した F_1 について解説する.

・設計条件（短期応力について検討） $N'=1650$ kN，$M=370$ kN•m，$f_e=300$ kN/m^2

①基礎底面積の略算

実際の設計では，まず基礎自重を仮定し，次いでそれに対応する基礎底面積を仮定し，その仮定が安全であるか否かを検討する.

・M が作用する場合の基礎自重は通常 $0.2N'$ と仮定する.

$$ N=N'+0.2N'=1650\times1.2=1980\text{ kN} $$

・底面積の略算

$\alpha\frac{N}{A}\leqq f_e$ でなければならないので

$$ \alpha\frac{1980}{A}\leqq300 \rightarrow \alpha\frac{1980}{300}\leqq A \rightarrow \alpha\times6.6=A $$

したがって α を仮定すれば A を仮定することができる.

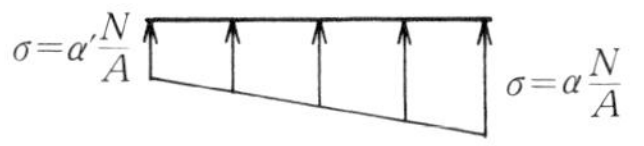

図 **9・10**　接地圧 $\left(\frac{e}{l} \leqq \frac{1}{6}\right.$ の場合$\left.\right)$

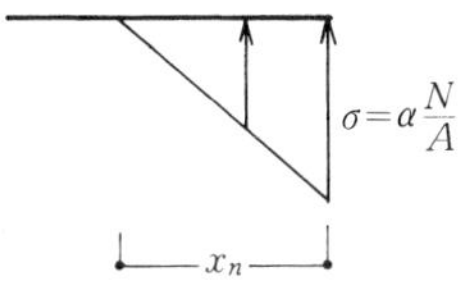

図 **9・11**　接地圧 $\left(\frac{e}{l} > \frac{1}{6}\right.$ の場合$\left.\right)$

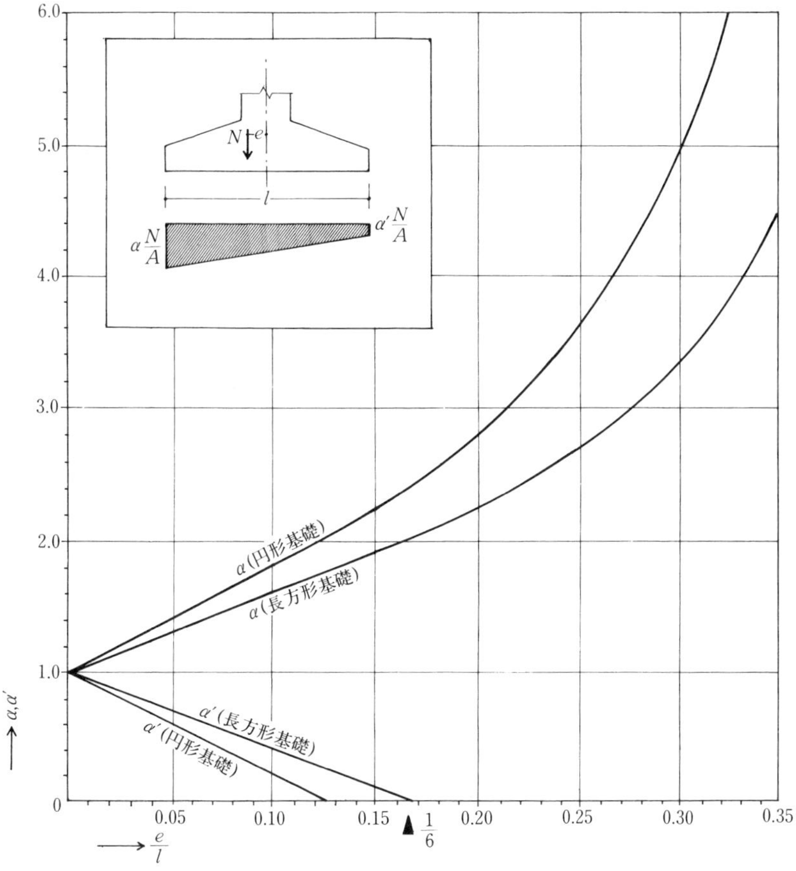

図 **9・12**　α, α' の計算図表（『鉄筋コンクリート構造計算規準・同解説（1999 年版）』図 20・2 より）

α は $\dfrac{e}{l}$ によって定まる．ここで

$$e=\frac{M}{N}=\frac{370}{1980}=0.19$$

α は 1.0 以上，l は $\sqrt{A}=\sqrt{6.6}\fallingdotseq 2.6$ m 以上となる．

仮に $l=2.6$ m と考えると

$$\frac{e}{l}=\frac{0.19}{2.6}=0.073 \xrightarrow[\alpha=1+6\frac{e}{l}=1.44]{\text{図 9・12 より}} \alpha=1.44$$

となる．

実際の l は 2.6 m よりも長くなるので，$\alpha=1.4$ あるいは $\alpha=1.2$ と仮定してみることにする．

・$\alpha=1.4$ と仮定

$A=1.4\times6.6=9.24$

したがって $l\times l=3\times3$ と仮定してみると

$$\frac{e}{l}=\frac{0.19}{3}=0.063 \xrightarrow[\alpha=1+6\frac{e}{l}=1.38]{\text{図 9•12 より}} \alpha=1.38<1.4 \rightarrow \text{仮定 OK}$$

・$\alpha=1.2$と仮定

$A=1.2\times6.6=7.92$

したがって $l\times l=2.8\times2.8$ と仮定してみる．

$$\frac{e}{l}=\frac{0.19}{2.8}=0.068 \xrightarrow[\alpha=1+6\frac{e}{l}=1.41]{\text{図 9•12 より}} \alpha=1.41 \rightarrow \text{仮定 NO}$$

②基礎底面積の確認

次に，仮定した $l\times l=3\times3$ に基づき基礎自重を求め，再び $\alpha=\frac{N}{A}\leqq f_e$ を満たすかどうか検討する．ここで D_f は 1.5 m とする．

$$N=N'+20\times3\times3\times1.5=1650+270=1920\ \text{kN}$$

$$e=\frac{M}{N}=\frac{370}{1920}=0.193 \qquad \frac{e}{l}=\frac{0.193}{3}=0.064 \xrightarrow[\alpha=1+6\frac{e}{l}=1.38]{\text{図 9•12 より}} \alpha=1.38$$

$$\alpha\frac{N}{A}=1.38\times\frac{1920}{9}=294.4\ \text{kN/m}^2<300\ \text{kN/m}^2 \rightarrow \text{OK}$$

【b】 基礎スラブ筋の設計

基礎スラブ筋の設計応力は，基礎自重を含まない N' による地反力 σ' を荷重とし，柱からの持出し板と見なした場合のせん断力および曲げモーメントを求める．なお応力算定は，計算式または図 9•15 のどちらかで求めることができるが，図表は柱形と基礎底面形がほぼ相似である場合 $\left(\frac{a}{a'}\fallingdotseq\frac{l}{l'}\right)$ のみに使用できる．

1 計算式による場合

① $\frac{e'}{l}\leqq\frac{1}{6}$ の場合 $\left(e'=\frac{M}{N'}\right)$（図 9•13）

・地反力の算定式

$${}_{\max}\sigma'=\alpha\frac{N'}{l\times l'} \qquad {}_{\min}\sigma'=\alpha'\frac{N'}{l\times l'}$$

$$\alpha=1+6\times\frac{e'}{l} \qquad \alpha'=1-6\times\frac{e'}{l}$$

・イ－イ′柱面の ${}_h\sigma'$ の計算式

$${}_h\sigma'=\frac{{}_{\max}\sigma'(l-h)+{}_{\min}\sigma'\times h}{l} \quad \cdots\cdots（9•23）式$$

・せん断力の算定式

$${}_{イ}Q_F=\left(\frac{{}_h\sigma'+{}_{\max}\sigma'}{2}\right)\times l'\times h \quad \cdots\cdots（9•24）式$$

$${}_{ロ}Q_F=N'\frac{h'}{l'} \quad \cdots\cdots（9•25）式$$

・曲げモーメントの算定式

$${}_{イ}M_F={}_{イ}Q_F\times\frac{h}{3}\times\frac{2{}_{\max}\sigma'+{}_h\sigma'}{{}_{\max}\sigma'+{}_h\sigma'} \quad \cdots\cdots（9•26）式$$

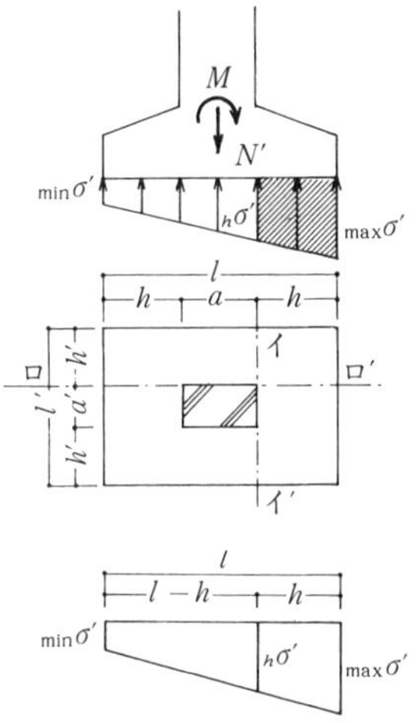

図 **9·13** 基礎スラブの地反力と応力

$\left(\dfrac{e'}{l} \leqq \dfrac{1}{6}\right.$ の場合$\left.\right)$

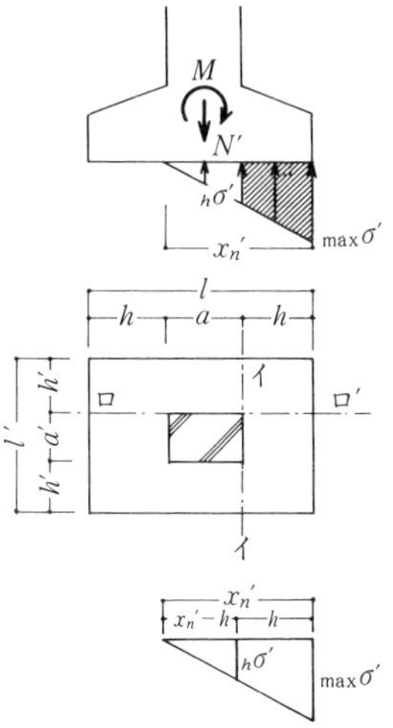

図 **9·14** 基礎スラブの地反力と応力

$\left(\dfrac{e'}{l} > \dfrac{1}{6}\right.$ の場合$\left.\right)$

$${}_{\text{ロ}}M_F = {}_{\text{ロ}}Q_F \times \frac{h'}{2} \quad \cdots\cdots \text{(9•27) 式}$$

② $\dfrac{e'}{l} > \dfrac{1}{6}$ の場合 $\left(e' = \dfrac{M}{N'}\right)$ (図 9•14)

・地反力の算定式

$${}_{\max}\sigma' = \alpha \frac{N'}{l \times l'}$$

$$\alpha = \frac{2}{3\left(\dfrac{1}{2} - \dfrac{e'}{l}\right)}$$

・イーイ柱面の ${}_h\sigma'$ の計算式

$${}_h\sigma' = \frac{{}_{\max}\sigma'(x_n' - h)}{x_n'} \quad \cdots\cdots \text{(9•28) 式}$$

$$x_n' = 3l\left(\frac{1}{2} - \frac{e'}{l}\right)$$

・せん断力の算定式

$${}_{\text{イ}}Q_F = \left(\frac{{}_h\sigma' + {}_{\max}\sigma'}{2}\right) \times l' \times h \quad \cdots\cdots \text{(9•29) 式}$$

$${}_{\text{ロ}}Q_F = N' \frac{h'}{l'} \quad \cdots\cdots \text{(9•30) 式}$$

・曲げモーメントの算定式

$${}_{\text{イ}}M_F = {}_{\text{イ}}Q_F \times \frac{h}{3} \times \frac{2{}_{\max}\sigma' + {}_h\sigma'}{{}_{\max}\sigma' + {}_h\sigma'} \quad \cdots\cdots \text{(9•31) 式}$$

$${}_{\text{ロ}}M_F = {}_{\text{ロ}}Q_F \times \frac{h'}{2} \quad \cdots\cdots \text{(9•32) 式}$$

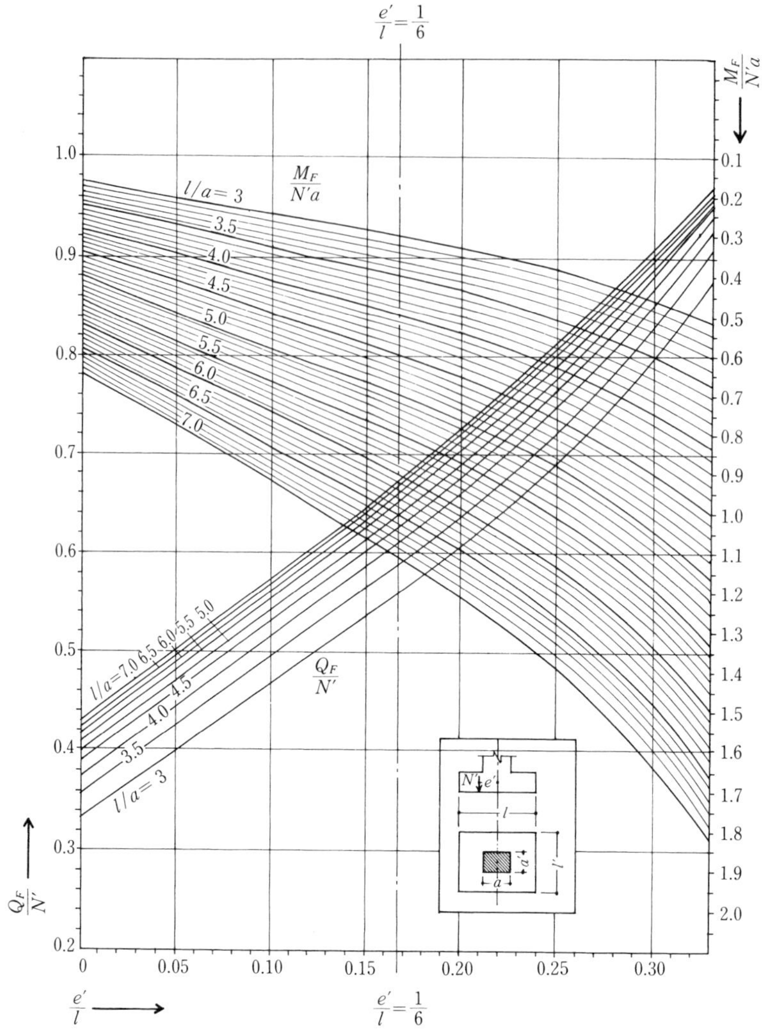

図 9・15　$\frac{Q_F}{N'}$，$\frac{M_F}{N'a}$ 計算図表（偏心）（『鉄筋コンクリート構造計算規準・同解説（1999 年版）』図 20・6 より）

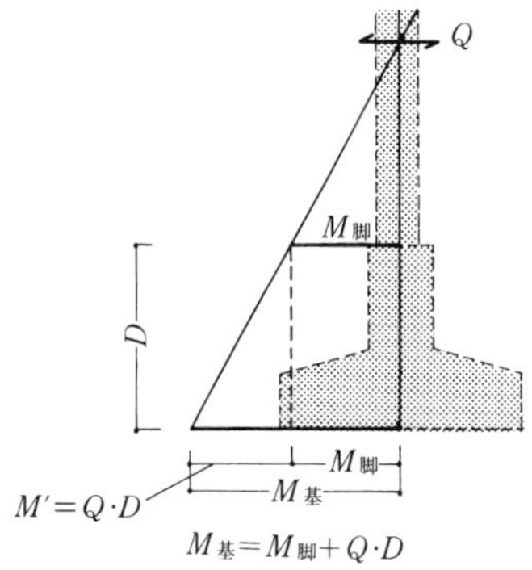

図 9・16　基礎設計用モーメント

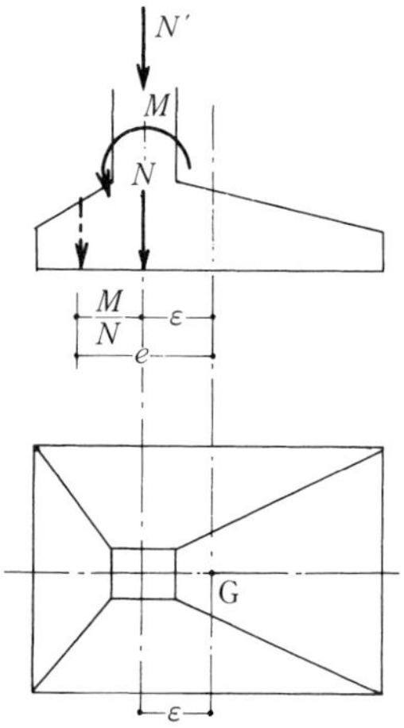

図 9・17　基礎自体が偏心した基礎とモーメント

2 図表による場合

図 9•15 より

$e'=\dfrac{M}{N'}$ より $\dfrac{e'}{l}$ を求める ］
$\dfrac{l}{a}$ を求める ］ 図 9•15 より ［ $\dfrac{Q_F}{N'}$ の値○を求め　$Q_F=N'\times$○
［ $\dfrac{M_F}{N'a}$ の値◎を求め　$M_F=N'a\times$◎

【c】 せん断力およびパンチングシヤーの検討

上記のせん断力 Q_F および柱直下のパンチングシヤーに対して，直接独立基礎と同様に（9•11）～（9•15）式で検討する．なお，小規模の建物基礎の場合には検討を省略する（☞ **921**【c】）．

・せん断力　　　　：$\dfrac{Q_F}{lj}\leqq f_s$ ……………………………………………… (9•11) 式

・パンチングシヤー：$\dfrac{Q_{PD}}{1.5b_0j}\leqq f_s$ ……………………………………… (9•12) 式

$$Q_{PD}=N'\frac{A-A_0}{A} \quad \cdots\cdots (9\text{•}13)\ 式$$

$$A_0=\frac{\pi}{4}d^2+(a+a')d+aa' \quad \cdots\cdots (9\text{•}14)\ 式$$

$$b_0=2(a+a')+\pi d \quad \cdots\cdots (9\text{•}15)\ 式$$

【d】 基礎スラブ筋設計応力の略算法

柱軸方向力 N に比べて基礎自重の影響が小さい基礎については，基礎スラブ筋設計応力算定用の地反力 σ'（基礎自重を除いた N' に対する値）の代わりに，接地圧 σ（基礎底面算定用……基礎自重を含む N に対する値）で設計する．

【e】 偏心独立基礎の設計用モーメントの算定について

偏心独立基礎設計用モーメントについては，柱脚のモーメント $M_{脚}$ に $M'=Q\text{•}D$（D は基礎せい）を加えた $M_{基}$ にて設計しなければならない．なぜならば，図 9•16 のように柱脚の $M_{脚}$ はベースプレート位置の M であるからである．なお，基礎梁のある場合や土間が RC で Q を充分に負担する場合には M' を加算する必要はない（☞ **943**）．

【f】 独立偏心基礎に M が作用する場合

図 9•17 に示すように，柱心と長方形基礎スラブの重心 G によって偏心距離 ε を生じる独立偏心基礎に，同時に M が作用しているときは，M に $M'=N'\text{•}\varepsilon$ を加え，偏心距離 $e=\dfrac{M+M'}{N}$ として a，a' を求めればよい（☞ **942**）．

$$e=\frac{M+N'\text{•}\varepsilon}{N} \quad \cdots\cdots (9\text{•}33)\ 式$$

【g】 断面，配筋のポイント

922 を参照されたい．

実務図表 9・3　偏心独立基礎の設計ポイント

		正方形基礎	長方形基礎
		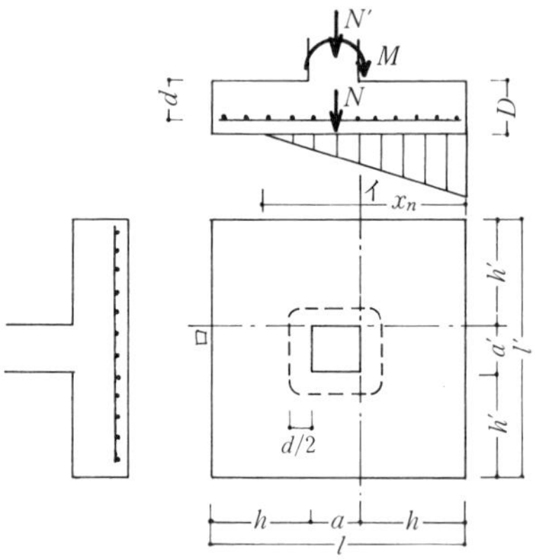	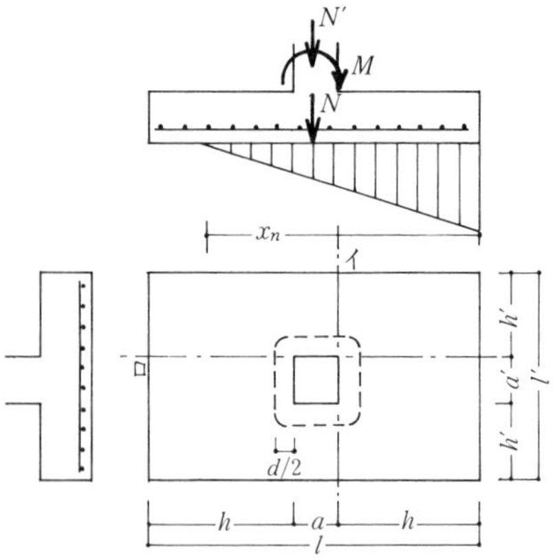
基礎底面積		$\frac{\alpha N}{f_e}\leqq A$ $\left(ここで\ A=l\times l' \quad e=\frac{M}{N} \quad \alpha:\frac{e}{l}\ によって決まる係数\right)$	
	α	計算式による	図 9・12 より
		① $\frac{e}{l}\leqq\frac{1}{6}$ の場合（中立軸が底面外にある） $\alpha=1\pm6\frac{e}{l}$ ② $\frac{e}{l}>\frac{1}{6}$ の場合（中立軸が底面内にある） $\alpha=\frac{2}{3\left(\frac{1}{2}-\frac{e}{l}\right)}$　$x_n=3l\left(\frac{1}{2}-\frac{e}{l}\right)$	$\frac{e}{l}\xrightarrow{図 9\cdot12 より}\alpha,\ \alpha'$
基礎スラブの応力	地反力 σ'	計算式による	図 9・12 より
		${}_{\max}\sigma'=\frac{\alpha N'}{A}$　${}_{\min}\sigma'=\frac{\alpha' N'}{A}$ $\frac{e'}{l}\leqq\frac{1}{6}$のとき：$\alpha=1\pm6\frac{e'}{l}$　$\left(ここで\ e'=\frac{M}{N'}\right)$ $\frac{e'}{l}>\frac{1}{6}$のとき：$\alpha=\frac{2}{3\left(\frac{1}{2}-\frac{e'}{l}\right)}$　$x_n'=3l\left(\frac{1}{2}-\frac{e'}{l}\right)$	$e'=\frac{M}{N'}\rightarrow\frac{e'}{l}\xrightarrow{図 9\cdot12 より}\alpha,\ \alpha'$ ${}_{\max}\sigma'=\frac{\alpha N'}{A}$　${}_{\min}\sigma'=\frac{\alpha' N'}{A}$
	せん断力 Q_F	計算式による	図 9・12 より（条件：$a'/a=l'/l$）
		$\frac{e'}{l}\leqq\frac{1}{6}$ 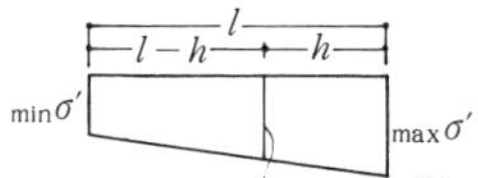 ${}_h\sigma'=\frac{{}_{\max}\sigma'(l-h)+{}_{\min}\sigma' h}{l}$ $\frac{e'}{l}>\frac{1}{6}$ 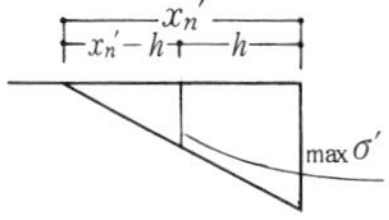 ${}_h\sigma'=\frac{{}_{\max}\sigma'(x_n'-h)}{x_n'}$ ${}_{イ}Q_F=\left(\frac{{}_h\sigma'+{}_{\max}\sigma'}{2}\right)l'h$　${}_{ロ}Q_F=N'\frac{h'}{l'}$	$e'=\frac{M}{N'}$　$\frac{l}{a}$　$\frac{e'}{l}\xrightarrow{図 9\cdot12 より}\frac{Q_F}{N'}\xrightarrow{N' は既知}Q_F$
	曲げモーメント M_F	${}_{イ}M_F={}_{イ}Q_F\times\frac{h}{3}\times\frac{2{}_{\max}\sigma'+{}_h\sigma'}{{}_{\max}\sigma'+{}_h\sigma'}$ ${}_{ロ}M_F={}_{ロ}Q_F\frac{h'}{2}$	$\frac{l}{a}$　$\frac{e'}{l}\xrightarrow{図 9\cdot12 より}\frac{M_F}{N'a}\xrightarrow{N'a は既知}M_F$
	パンチングシャー　b_0	$b_0=2(a+a')+\pi d$	
	パンチングシャー　A_0	$A_0=\frac{\pi}{4}d^2+(a+a')d+aa'$	
	パンチングシャー　Q_{PD}	$Q_{PD}=N'\frac{A-A_0}{A}$	
断面算定・配筋		実務図表 9・2「独立基礎の設計ポイント」と同じ	

924

設計例14　直接独立基礎の設計

【a】 共通事項または基本事項

・使用材料　：SD 295，F_c＝21 N/mm²

・許容応力度：$_Lf_t$＝195 N/mm²，$_Lf_c$＝7 N/mm²，$_Lf_a$＝2.1 N/mm²，$_Lf_s$＝0.7 N/mm²

$_sf_t$＝295 N/mm²，$_sf_c$＝14 N/mm²，$_sf_a$＝3.15 N/mm²，$_sf_s$＝1.05 N/mm²

【b】 F_1（正方形基礎（計算式による））

1 設計条件（長期応力について検討）

$_LN'=900\ \text{kN},\ _Lf_e=200\ \text{kN/m}^2,\ D_f=1.5\ \text{m},\ a=0.6\ \text{m}$

2 基礎スラブ底面積の算定

$_Lf_e'={}_Lf_e-20\times D_f=200-20\times1.5=170\ \text{kN/m}^2$

$$A'=\frac{_LN'}{_Lf_e'}=\frac{900}{170}=5.29\ \text{m}^2$$

$$\therefore\ l\times l'=2.4\ \text{m}\times2.4\ \text{m}\ (A=5.76\ \text{m}^2)$$

$$\sigma'=\frac{N'}{A}=\frac{900}{5.76}=156.3\ \text{kN/m}^2<{}_Lf_e'=170\ \text{kN/m}^2\ \rightarrow\ \text{OK}$$

3 基礎スラブ筋の設計（図 9•18）

①応力算定

$$Q_F=\sigma'\times l\times h=156.3\times2.4\times0.9=337.6\ \text{kN}\ (=337600\ \text{N})$$

$$M_F=Q_F\times h\times\frac{1}{2}=337.6\times0.9\times\frac{1}{2}=151.9\ \text{kN•m}\ (=151900000\ \text{N•mm})$$

②断面算定

基礎スラブ厚 $D=600\ \text{mm},\ d=600-90=510\ \text{mm},\ j=\frac{7}{8}\times510=446.3\ \text{mm}$

$$\psi=\frac{Q_F}{_Lf_aj}=\frac{337600}{2.1\times446.3}=360.2\ \text{mm}\quad \text{9-D13}$$

$$a_t=\frac{M_F}{_Lf_tj}=\frac{151900000}{195\times446.3}=1745\ \text{mm}^2\quad \text{14-D13}$$

→ 設計　14-D13（560 mm，1774 mm²）注

注）付 3「鉄筋の断面積および周長」（p. 254）参照

4 せん断力およびパンチングシヤーの検討

$$\frac{Q_F}{lj}=\frac{337600}{2400\times446.3}=0.315\ \text{N/mm}^2<{}_Lf_s=0.7\ \text{N/mm}^2\ \rightarrow\ \text{OK}$$

$$\frac{Q_{PD}}{1.5b_0j}=\frac{715600}{1.5\times4000\times446.3}=0.267\ \text{N/mm}^2<{}_Lf_s\ \rightarrow\ \text{OK}$$

$$Q_{PD}=N'\frac{A-A_0}{A}=900\times\frac{5.76-1.18}{5.76}$$

$$=715.6\ \text{kN}\ (=715600\ \text{N})$$

$$A_0=\frac{\pi}{4}d^2+(a+a')d+aa'$$

$$=\frac{\pi}{4}\times0.51^2+(0.6+0.6)\times0.51+0.6\times0.6=1.18\ \text{m}^2$$

$$b_0=2(a+a')+\pi d=2\times(0.6+0.6)+\pi\times0.51$$

$$=4.0\ \text{m}\ (=4000\ \text{mm})$$

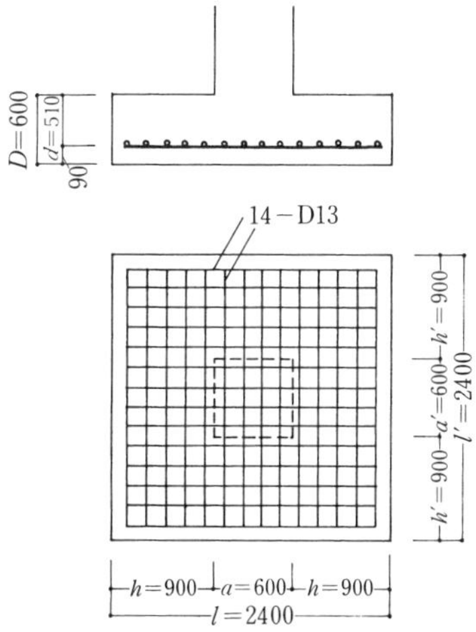

図 9•18　設計例14・F_1 基礎設計詳細図［mm］

【c】 F_2（正方形基礎（図表による））

1 設計条件（長期応力について検討）

$_LN'=1760\ \text{kN}$，$_Lf_e=200\ \text{kN/m}^2$，$D_f=1.5\ \text{m}$，$a=0.6\ \text{m}$

2 基礎スラブ底面積の算定

$_Lf_e'=200-20\times1.5=170\ \text{kN/m}^2$

$A'=\dfrac{1760}{170}=10.35\ \text{m}^2$

$\therefore\quad l\times l'=3.3\ \text{m}\times3.3\ \text{m}\ (A=10.89\ \text{m}^2)$

$\sigma'=\dfrac{N'}{A}=\dfrac{1760}{10.89}=161.6\ \text{kN/m}^2<{}_Lf_e'=170\ \text{kN/m}^2\ \rightarrow\ \text{OK}$

3 基礎スラブ筋の設計

①応力算定（図9•19）

$\dfrac{l}{a}=\dfrac{3.3}{0.6}=5.5$

図9•3より

$\dfrac{Q_F}{N'}=0.41$，$Q_F=0.41\times1760=721.6\ \text{kN}\ (=721600\ \text{N})$

$\dfrac{M_F}{N'a}=0.46$，$M_F=0.46\times1760\times0.6=485.8\ \text{kN}\cdot\text{m}\ (=485800000\ \text{N}\cdot\text{mm})$

②断面算定

基礎スラブ厚 $D=700\ \text{mm}$，$d=700-90=610\ \text{mm}$，$j=\dfrac{7}{8}\times610=533.8\ \text{mm}$

$\psi=\dfrac{Q_F}{_Lf_aj}=\dfrac{721600}{2.1\times533.8}=643.7\ \text{mm}$　11-D19

$a_t=\dfrac{M_F}{_Lf_tj}=\dfrac{485800000}{195\times533.8}=4667\ \text{mm}^2$　16-D19

設計　16-D19（960 mm，4592 mm²）

4 せん断力およびパンチングシヤーの検討

$\dfrac{Q_F}{lj}=\dfrac{721600}{3300\times533.8}=0.41\ \text{N/mm}^2<{}_Lf_s=0.7\ \text{N/mm}^2\ \rightarrow\ \text{OK}$

$\dfrac{Q_{PD}}{1.5b_0j}=\dfrac{1537000}{1.5\times4320\times533.8}=0.444\ \text{N/mm}^2<{}_Lf_s=0.7\ \text{N/mm}^2\ \rightarrow\ \text{OK}$

$Q_{PD}=N'\dfrac{A-A_0}{A}=1760\times\dfrac{10.89-1.38}{10.89}=1537\ \text{kN}\ (=1537000\ \text{N})$

$A_0=\dfrac{\pi}{4}d^2+(a+a')d+aa'=\dfrac{\pi}{4}\times0.61^2+(0.6+0.6)\times0.61+0.6\times0.6$

$=1.38\ \text{m}^2$

$b_0=2(a+a')+\pi d=2\times(0.6+0.6)+\pi\times0.61=4.32\ \text{m}\ (=4320\ \text{mm})$

【d】 F_3（長方形基礎（計算式による））

1 設計条件（短期応力について検討）

$_Lf_e=200\ \text{kN/m}^2$，$_LN'=820\ \text{kN}$，$D_f=1.5\ \text{m}$，$a=0.6$

$_sf_e=300\ \text{kN/m}^2$，$_sN'=1710\ \text{kN}$（引抜きの場合：$_sN'=-70\ \text{kN}$）

2 基礎スラブ底面積の算定

$_Lf_e'=200-20\times1.5=170\ \text{kN/m}^2$　　$_sf_e'=300-20\times1.5=270\ \text{kN/m}^2$

$A=\dfrac{_LN'}{_Lf_e'}=\dfrac{820}{170}=4.82\ \text{m}^2$　　$A=\dfrac{_sN'}{_sf_e'}=\dfrac{1710}{270}=6.33\ \text{m}^2$

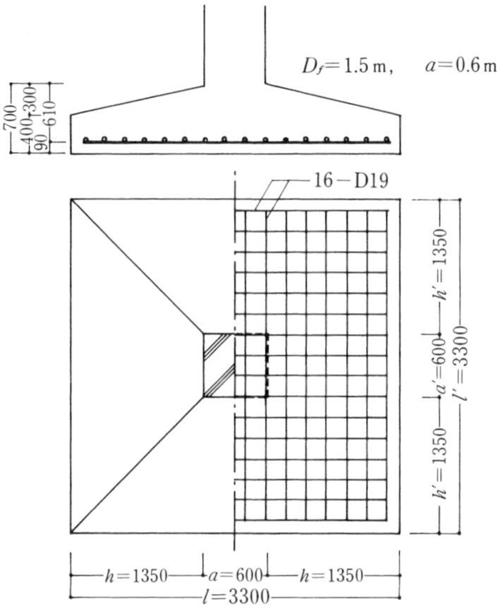

図 **9･19**　設計例 14・F_2 基礎設計詳細図［mm］

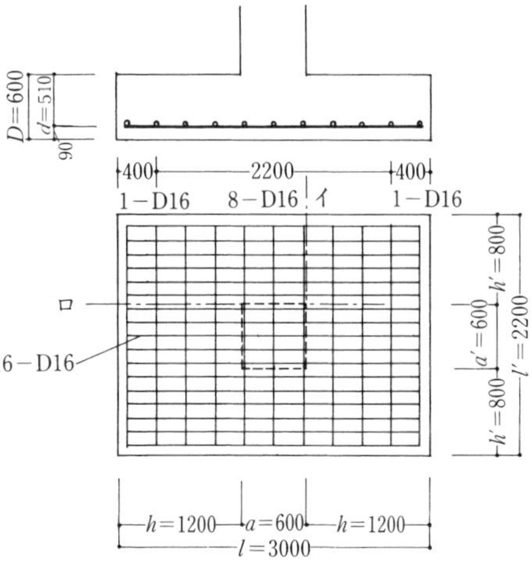

図 **9･20**　設計例 14・F_3 基礎設計詳細図［mm］

$l \times l' = 3\ \mathrm{m} \times 2.2\ \mathrm{m}$（$A = 6.6\ \mathrm{m^2}$）

$${}_s\sigma' = \frac{{}_sN'}{A} = \frac{1710}{6.6} = 259\ \mathrm{kN/m^2} < {}_sf_e' = 270\ \mathrm{kN/m^2} \rightarrow \mathrm{OK}$$

・引抜きの検討

基礎自重：$20 \times 2.2 \times 3 \times 1.5 = 198\ \mathrm{kN} >$ 引抜き力 70 kN → OK

3　基礎スラブ筋の設計（図 9･20）

①応力算定

$${}_{イ\,s}Q_F = {}_s\sigma' \times l' \times h = 260 \times 2.2 \times 1.2 = 686.4\ \mathrm{kN}\ (=686400\ \mathrm{N})$$

$${}_{ロ\,s}Q_F = {}_s\sigma' \times l \times h' = 260 \times 3 \times 0.8 = 624\ \mathrm{kN}\ (=624000\ \mathrm{N})$$

$${}_{イ\,s}M_F = {}_{イ\,s}Q_F \times \frac{h}{2} = 686.4 \times \frac{1.2}{2} = 411.8\ \mathrm{kN \cdot m}\ (=411800000\ \mathrm{N \cdot mm})$$

$${}_{ロ\,s}M_F = {}_{ロ\,s}Q_F \times \frac{h'}{2} = 624 \times \frac{0.8}{2} = 249.6\ \mathrm{kN \cdot m}\ (=249600000\ \mathrm{N \cdot mm})$$

②断面算定

基礎スラブ厚 $D = 600\ \mathrm{mm}$，$d = 600 - 90 = 510\ \mathrm{mm}$，$j = \frac{7}{8} \times 510 = 446.3\ \mathrm{mm}$

$${}_{イ}\psi = \frac{{}_{イ\,s}Q_F}{{}_sf_a j} = \frac{686400}{3.15 \times 446.3} = 488.2\ \mathrm{mm}$$

$${}_{イ}a_t = \frac{{}_{イ\,s}M_F}{{}_sf_t j} = \frac{411800000}{295 \times 446.3} = 3127\ \mathrm{mm^2}$$

設計　16-D16（800 mm，3184 mm²）

$${}_{ロ}\psi = \frac{624000}{3.15 \times 446.3} = 443.8\ \mathrm{mm}$$

$${}_{ロ}a_t = \frac{249600000}{295 \times 446.3} = 1895\ \mathrm{mm^2}$$

設計　10-D16（500 mm，1990 mm²）

③短辺方向の主筋の配筋（☞ **922** **12**）

$$\lambda = \frac{l}{l'} = \frac{3}{2.2} = 1.36 \qquad \frac{2}{\lambda + 1} = 0.85$$

$_{\text{ロ}}\psi\times0.85=443.8\times0.85=377.2$ mm
$_{\text{ロ}}a_t\times0.85=1895\times0.85=1610$ mm^2 ］ $l'=2200$ 内に 8-D16 を配筋 (400 mm, 1592 mm^2)

4 せん断力，パンチングシヤーの検討

$$\frac{_{\text{イ}S}Q_F}{l'j}=\frac{686400}{2200\times446.3}=0.699\ \text{N/mm}^2<{}_Sf_S=1.05\ \text{N/mm}^2\ \rightarrow\ \text{OK}$$

$$\frac{_SQ_{PD}}{1.5b_0j}=\frac{1409200}{1.5\times4000\times446.3}=0.526\ \text{N/mm}^2<{}_Sf_S=1.05\ \text{N/mm}^2\ \rightarrow\ \text{OK}$$

$_SQ_{PD}={}_S\sigma'(A-A_0)=260\times(6.6-1.18)=1409.2$ kN（$=1409200$ N）

$$A_0=\frac{\pi}{4}d^2+(a+a')d+aa'=\frac{\pi}{4}\times0.51^2+1.2\times0.51+0.6\times0.6=1.18\ \text{m}^2$$

$b_0=2(a+a')+\pi d=2\times1.2+\pi\times0.51=4.0$ m（$=4000$ mm）

925 設計例 15 偏心独立基礎の設計

【a】 共通事項

- 使用材料　：SD 295，$F_c=21$ N/mm^2
- 許容応力度：$_Lf_t=195$ N/mm^2，$_Lf_a=2.1$ N/mm^2，$_Lf_s=0.7$ N/mm^2
  $_Sf_t=295$ N/mm^2，$_Sf_a=3.15$ N/mm^2，$_Sf_s=1.05$ N/mm^2

【b】 F_1（正方形基礎（図表による））

1 設計条件（短期応力について検討）

$_LN'=900$ kN，$_SN'=1650$ kN

$_LM=12$ kN•m，$_SM=370$ kN•m

$D_f=1.5$ m

$_Lf_e=200$ kN/m^2，$_Sf_e=300$ kN/m^2

$_Lf_e'=200-20\times1.5=170$ kN/m^2，$_Sf_e'=300-20\times1.5=270$ kN/m^2

2 基礎スラブ底面積の算定

- 基礎底面積の略算

基礎自重の仮定……M が作用する場合の基礎自重は約 $0.2N'$ と仮定する．

$_SN={}_SN'\times1.2=1650\times1.2=1980$ kN

$$\alpha\frac{_SN}{A}\leqq{}_Sf_e\quad\therefore\ \alpha\times\frac{1980}{300}\leqq A\ \rightarrow\ \alpha\times6.6\leqq A$$

$$e=\frac{_SM}{_SN}=\frac{370}{1980}=0.19$$

$\alpha=1$ とすると，$l=\sqrt{A}=2.6$ m

$$\frac{e}{l}=\frac{0.19}{2.6}=0.073\ \xrightarrow{\text{図 9•12 より}}\ \alpha=1.44\quad\therefore\ \alpha=1.4\ \text{と仮定}$$

$$A=\frac{_SN}{_Sf_e}\times1.4=\frac{1980}{300}\times1.4=9.24\ \text{m}^2$$

$l\times l'\fallingdotseq3\text{ m}\times3\text{ m}$

$$\frac{e}{l}=\frac{0.19}{3}=0.063\ \xrightarrow{\text{図 9•12 より}}\ \alpha=1.38<1.4\ \rightarrow\ \text{仮定 OK}$$

よって $l\times l'=3\text{ m}\times3\text{ m}$ と仮定する．

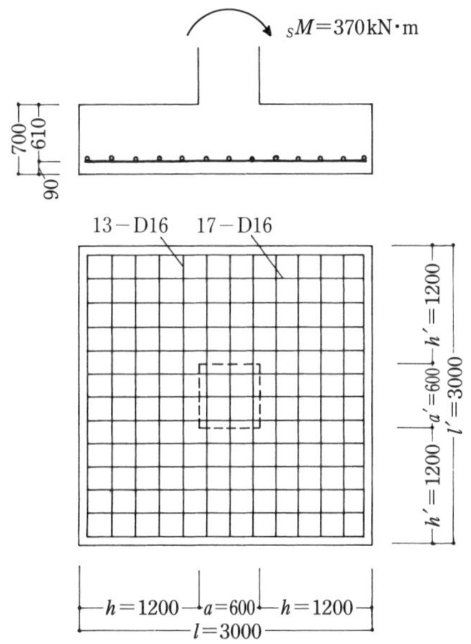

図 9・21　設計例15・F_1 基礎設計詳細図［mm］

・基礎底面積の確認

基礎自重：$20\times3\times3\times1.5=270$ kN

$_sN=1650+270=1920$ kN

$$e=\frac{_sM}{_sN}=\frac{370}{1920}=0.193$$

$$\frac{e}{l}=\frac{0.193}{3}=0.064<\frac{1}{6}$$（基礎底面に引張りが生じない）

$$\frac{e}{l}=0.064\xrightarrow{\text{図 9・12 より}}\begin{cases}\alpha=1.38\\ \alpha'=0.62\end{cases}$$

$$\sigma_e=\alpha\frac{N}{A}=1.38\times\frac{1920}{3\times3}$$

$=294.4$ kN/m^2 $<{_sf_e}=300$ kN/m^2 → OK

3　基礎スラブ筋の設計（図 9・21）

①応力算定

$$\frac{l}{a}=\frac{3}{0.6}=5.0$$

$$e'=\frac{_sM}{_sN'}=\frac{370}{1650}=0.224,\quad \frac{e'}{l}=\frac{0.224}{3}=0.075$$

図 9・15 より
$$\begin{cases}\dfrac{Q_F}{N'}=0.51,\quad Q_F=0.51\times1650=841.5\text{ kN}\ (=841500\text{ N})\\[2mm] \dfrac{M_F}{N'a}=0.53,\quad M_F=0.53\times1650\times0.6=524.7\text{ kN·m}\ (=524700000\text{ N·mm})\end{cases}$$

②断面算定

基礎スラブ厚 $D=700$ mm, $d=700-90=610$ mm, $j=\frac{7}{8}\times610=533.8$ mm

$$\psi=\frac{Q_F}{f_aj}=\frac{841500}{3.15\times533.8}=500.4\text{ mm}\quad 10\text{-D16}$$

$$a_t=\frac{M_F}{f_tj}=\frac{524700000}{295\times533.8}=3332\text{ mm}^2\quad 17\text{-D16}$$

設計　17-D16（850 mm, 3383 mm^2）

③モーメントの作用方向と直角方向（M が作用しない）の設計

$$\frac{l}{a}=5.0\xrightarrow{\text{図 9・3 より}}\frac{M_F}{N'a}=0.4$$

$M_F=0.4\times1650\times0.6=396$ kN·m（=396000000 N·mm）

$$a_t=\frac{M_F}{f_tj}=\frac{396000000}{295\times533.8}=2514\text{ mm}^2$$

13-D16（2587 mm^2）

4　せん断力およびパンチングシヤーの検討

$$\frac{Q_F}{lj}=\frac{841500}{3000\times533.8}=0.525\text{ N/mm}^2<{_sf_s}=1.05\text{ N/mm}^2\ \rightarrow\ \text{OK}$$

$$\frac{Q_{PD}}{1.5b_0j}=\frac{1397000}{1.5\times4320\times533.8}=0.403\text{ N/mm}^2<{_sf_s}=1.05\text{ N/mm}^2\ \rightarrow\ \text{OK}$$

$$Q_{PD}={_sN'}\frac{A-A_0}{A}=1650\times\frac{9-1.38}{9}=1397\text{ kN}\ (=1397000\text{ N})$$

$$A_0=\frac{\pi}{4}d^2+(a+a')d+aa'=\frac{\pi}{4}\times0.61^2+1.2\times0.61+0.6^2=1.38\text{ m}^2$$

$$b_0=2(a+a')+\pi d=2\times1.2+\pi\times0.61=4.32\text{ m}\ (=4320\text{ mm})$$

【c】 F_2（長方形基礎（計算式による））

1 設計条件（短期応力についての検討）

$_LN'=1300\text{ kN}$，$_sN'=1840\text{ kN}$

$_LM=25\text{ kN·m}$，$_sM=410\text{ kN·m}$

$D_f=1.5\text{ m}$

$_Lf_e=200\text{ kN/m}^2$，$_sf_e=300\text{ kN/m}^2$

$_Lf_e'=200-20\times1.5=170\text{ kN/m}^2$，$_sf_e'=300-20\times1.5=270\text{ kN/m}^2$

2 基礎スラブ底面積の算定

・基礎底面積の略算

基礎自重の仮定：$_sN=1840\times1.2=2210\text{ kN}$

$$\alpha\frac{_sN}{_sf_e}=\alpha\times\frac{2210}{300}\leqq A\ \rightarrow\ \alpha\times7.4\leqq A$$

$$e=\frac{_sM}{_sN}=\frac{410}{2210}=0.19$$

$\alpha=1$ とすると，$l=\sqrt{A}=2.7\text{ m}$

$$\frac{e}{l}=\frac{0.19}{2.7}=0.07\xrightarrow{\text{図 9·12 より}}\alpha=1.4$$

∴ $\alpha=1.4$と仮定

$$A=\frac{_sN}{_sf_e}\times1.4=\frac{2210}{300}\times1.4=10.3\text{ m}^2$$

$l\times l'=3.2\text{ m}\times3.2\text{ m}\ \rightarrow\ 3.5\text{ m}\times3.0\text{ m}$

$$\frac{e}{l}=\frac{0.19}{3.5}=0.05\xrightarrow{\text{図 9·12 より}}\alpha=1.3<\overset{\text{仮定}}{1.4}\ \rightarrow\ \text{OK}$$

よって $l\times l'=3.5\text{ m}\times3.0\text{ m}$ と仮定する．

・基礎底面積の確認

基礎自重：$20\times3\times3.5\times1.5=315\text{ kN}\rightarrow320\text{ kN}$

$N=1840+320=2160\text{ kN}$

$$e=\frac{_sM}{_sN}=\frac{410}{2160}=0.19$$

$$\frac{e}{l}=\frac{0.19}{3.5}=0.054<\frac{1}{6}\ \text{（基礎底面に引張りが生じない）}$$

$$\alpha=1+6\times\frac{e}{l}=1+6\times\frac{0.19}{3.5}=1.33$$

$$\alpha'=1-6\times\frac{e}{l}=1-6\times\frac{0.19}{3.5}=0.67$$

$$_{max}\sigma=\alpha\frac{N}{A}=1.33\times\frac{2160}{3\times3.5}$$

$$=273.6\text{ kN/m}^2<{}_sf_e=300\text{ kN/m}^2\ \rightarrow\ \text{OK}$$

3 基礎スラブ筋の設計（図 9·22）

①応力算定

$$e'=\frac{_sM}{_sN'}=\frac{410}{1840}=0.22$$

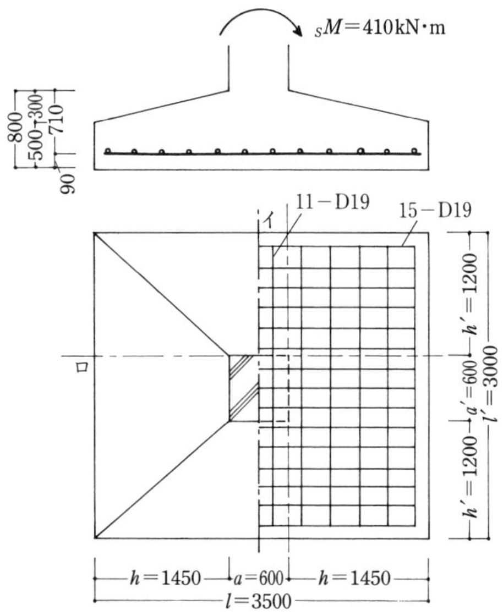

図 9·22 設計例 15・F_2 基礎設計詳細図［mm］

$$\alpha=1+6\times\frac{e'}{l}=1+6\times\frac{0.22}{3.5}=1.38$$

$$_{\max}\sigma'=\alpha\frac{_sN'}{l\times l'}=1.38\times\frac{1840}{3\times3.5}=242\ \mathrm{kN/m^2}$$

$$\alpha'=1-6\times\frac{e'}{l}=1-6\times\frac{0.22}{3.5}=0.62$$

$$_{\min}\sigma'=\alpha'\frac{_sN'}{l\times l'}=0.62\times\frac{1840}{3\times3.5}=109\ \mathrm{kN/m^2}$$

$$_h\sigma'=\frac{_{\max}\sigma'(l-h)+{}_{\min}\sigma'\times h}{l}=\frac{242\times(3.5-1.45)+109\times1.45}{3.5}=186.9\ \mathrm{kN/m^2}$$

$$_{イ}Q_F=\left(\frac{_h\sigma'+{}_{\max}\sigma'}{2}\right)\times l'\times h=\frac{186.9+242}{2}\times3\times1.45=933\ \mathrm{kN}\ (=933000\ \mathrm{N})$$

$$_{ロ}Q_F={}_sN'\frac{h'}{l'}=1840\times\frac{1.2}{3}=736\ \mathrm{kN}\ (=736000\ \mathrm{N})$$

$$_{イ}M_F={}_{イ}Q_F\times\frac{h}{3}\times\frac{2_{\max}\sigma'+{}_h\sigma'}{_{\max}\sigma'+{}_h\sigma'}=933\times\frac{1.45}{3}\times\frac{2\times242+186.9}{242+186.9}$$

$$=705.4\ \mathrm{kN\cdot m}\ (=705400000\ \mathrm{N\cdot mm})$$

$$_{ロ}M_F={}_{ロ}Q_F\times\frac{h'}{2}=736\times\frac{1.2}{2}=441.6\ \mathrm{kN\cdot m}\ (=441600000\ \mathrm{N\cdot mm})$$

②断面算定

基礎スラブ厚 $D=800$ mm，$d=800-90=710$ mm，$j=\frac{7}{8}\times710=621.3$ mm

$$_{イ}\psi=\frac{_{イ}Q_F}{_sf_aj}=\frac{933000}{3.15\times621.3}=476.7\ \mathrm{mm}\qquad \text{8-D19}$$

$$_{イ}a_t=\frac{_{イ}M_F}{_sf_tj}=\frac{705400000}{295\times621.3}=3848\ \mathrm{mm^2}\qquad \text{14-D19}$$

設計　15-D19（900 mm，4305 mm²）

$$_{ロ}\psi=\frac{_{ロ}Q_F}{_sf_aj}=\frac{736000}{3.15\times621.3}=376.1\ \mathrm{mm}$$

$$_{ロ}a_t=\frac{_{ロ}M_F}{_sf_tj}=\frac{441600000}{295\times621.3}=2409\ \mathrm{mm^2}$$

設計　11-D19（660 mm，3157 mm²）

4 せん断力およびパンチングシヤーの検討

$$\frac{_{イ}Q_F}{l'j}=\frac{933000}{3000\times621.3}=0.5\ \mathrm{N/mm^2}<{}_sf_s=1.05\ \mathrm{N/mm^2}\ \rightarrow\ \mathrm{OK}$$

$$\frac{Q_{PD}}{1.5b_0j}=\frac{1558000}{1.5\times4630\times621.3}=0.361\ \mathrm{N/mm^2}<{}_sf_s=1.05\ \mathrm{N/mm^2}\ \rightarrow\ \mathrm{OK}$$

$$Q_{PD}={}_sN'\frac{A-A_0}{A}=1840\times\frac{10.5-1.61}{10.5}=1558\ \mathrm{kN}\ (=1558000\ \mathrm{N})$$

$$A_0=\frac{\pi}{4}d^2+(a+a')d+aa'=\frac{\pi}{4}\times0.71^2+1.2\times0.71+0.6^2=1.61\ \mathrm{m^2}$$

$$b_0=2(a+a')+\pi d=2\times1.2+\pi\times0.71=4.63\ \mathrm{m}\ (=4630\ \mathrm{mm})$$

【d】 F_2（長方形基礎（略算法による，☞ 923【d】））

1 設計条件（短期応力について検討）

【c】と同じ

2 基礎スラブ底面積の算定

【c】と同じ，$\alpha=1.33$，$\alpha'=0.67$

③ 基礎スラブ筋の設計

①応力算定

$$ {}_{\max}\sigma=\alpha\frac{N}{l\times l'}=1.33\times\frac{2160}{3\times3.5}=273.6\ \mathrm{kN/m^2} $$

$$ {}_{\min}\sigma=\alpha'\frac{N}{l\times l'}=0.67\times\frac{2160}{3\times3.5}=137.8\ \mathrm{kN/m^2} $$

$$ {}_{h}\sigma=\frac{{}_{\max}\sigma(l-h)+{}_{\min}\sigma\times h}{l}=\frac{273.6\times(3.5-1.45)+137.8\times1.45}{3.5}=217.3\ \mathrm{kN/m^2} $$

$$ {}_{イ}Q_F=\left(\frac{{}_{h}\sigma+{}_{\max}\sigma}{2}\right)\times l'\times h=\frac{217.3+273.6}{2}\times3\times1.45=1067.7\ \mathrm{kN}\ (=1067700\ \mathrm{N}) $$

$$ {}_{ロ}Q_F={}_{S}N'\frac{h'}{l'}=1840\times\frac{1.2}{3}=736\ \mathrm{kN}\ (=736000\ \mathrm{N}) $$

$$ {}_{イ}M_F={}_{イ}Q_F\times\frac{h}{3}\cdot\frac{2{}_{\max}\sigma+{}_{h}\sigma}{{}_{\max}\sigma+{}_{h}\sigma}=1067.7\times\frac{1.45}{3}\times\frac{2\times273.6+217.3}{273.6+217.3} $$

$$ =803.7\ \mathrm{kN\cdot m}\ (=803700000\ \mathrm{N\cdot mm}) $$

$$ {}_{ロ}M_F={}_{ロ}Q_F\times\frac{h'}{2}=736\times\frac{1.2}{2}=441.6\ \mathrm{kN\cdot m}\ (=441600000\ \mathrm{N\cdot mm}) $$

②断面算定

基礎スラブ厚 $D=800$ mm, $d=710$ mm, $j=621.3$ mm

$$ {}_{イ}\psi=\frac{{}_{イ}Q_F}{{}_{s}f_a j}=\frac{1067700}{3.15\times621.3}=545.6\ \mathrm{mm} $$ 10-D19

$$ {}_{イ}a_t=\frac{{}_{イ}M_F}{{}_{s}f_t j}=\frac{803700000}{295\times621.3}=4385\ \mathrm{mm^2} $$ 16-D19

→ 設計 16-D19 (960 mm, 4592 mm²)

$$ {}_{ロ}\psi=\frac{{}_{ロ}Q_F}{{}_{s}f_a j}=\frac{736000}{3.15\times621.3}=376.1\ \mathrm{mm} $$

$$ {}_{ロ}a_t=\frac{{}_{ロ}M_F}{{}_{s}f_t j}=\frac{441600000}{295\times621.3}=2409\ \mathrm{mm^2} $$

→ 設計 11-D19 (660 mm, 3152 mm²)

④ せん断力およびパンチングシヤーの検討

$$ \frac{{}_{イ}Q_F}{l'j}=\frac{1067700}{3000\times621.3}=0.572\ \mathrm{N/mm^2}<{}_{s}f_s=1.05\ \mathrm{N/mm^2}\ \rightarrow\ \mathrm{OK} $$

$$ \frac{Q_{PD}}{1.5b_0 j}=\frac{1558000}{1.5\times4630\times621.3}=0.361\ \mathrm{N/mm^2}<{}_{s}f_s=1.05\ \mathrm{N/mm^2}\ \rightarrow\ \mathrm{OK} $$

$$ Q_{PD}={}_{S}N'\frac{A-A_0}{A}=1840\times\frac{10.5-1.61}{10.5}=1558\ \mathrm{kN}\ (=1558000\ \mathrm{N}) $$

$$ A_0=\frac{\pi}{4}d^2+(a+a')d+aa'=\frac{\pi}{4}\times0.71^2+1.2\times0.71+0.6^2=1.61\ \mathrm{m^2} $$

$$ b_0=2(a+a')+\pi d=2\times1.2+\pi\times0.71=4.63\ \mathrm{m}\ (=4630\ \mathrm{mm}) $$

926 構造設計の定石 基礎スラブ設計と基礎自重

基礎スラブ底面積は，基礎自重を含めた軸方向力 N によって設計する．一方，基礎スラブ設計（鉄筋の算定等）では，基礎自重を含まない柱軸方向力 N' にて計算する．その理由を説明する．

【a】 直接基礎の場合（図 9・23）

基礎スラブのコンクリートを打ち込むと，その自重によって地盤が沈下・変形して支持状態が無限になってからコンクリートが固まる．したがって，基礎自重による基礎スラブ応力

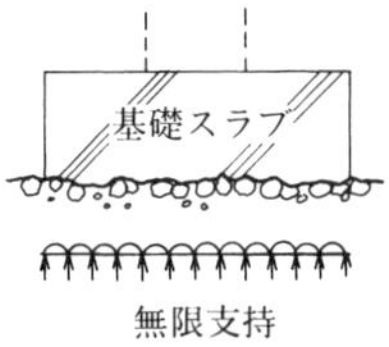

図 **9・23**　基礎スラブは支持地盤によって無限支持されている

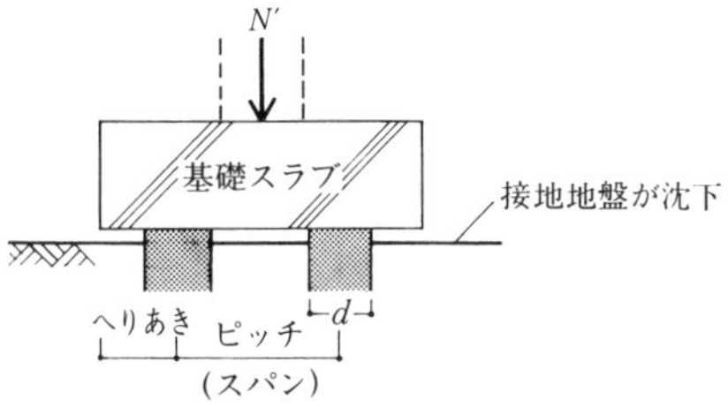

図 **9・24**　基礎スラブの接地地盤が沈下すると基礎スラブは杭支持となる

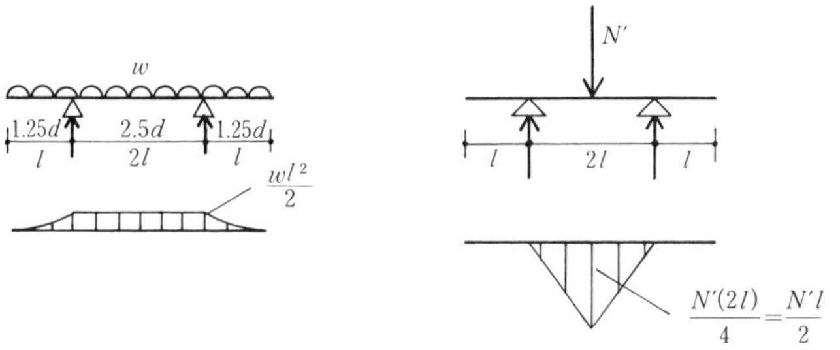

(a) 基礎スラブ自重による応力　(b) 柱軸方向力による応力

図 **9・25**　杭支持となった場合の応力

は生じない．そのため基礎自重分を含まない柱軸方向力 N' にて基礎スラブ筋を設計する．

【b】 杭基礎の場合

基礎スラブの接地地盤が沈下した場合，基礎スラブは杭支持となる（図 9・24）．そのため，杭のピッチがスパンとなり，曲げモーメント，せん断力が生じる．曲げモーメントは，へりあき部の持出し応力とのバランスで上端が引張りの応力となる（図 9・25(a)）．一方，柱軸方向力 N' によって生じる曲げモーメントは，下端が引張りの応力となる（図 9・25(b)）．そのほか，基礎スラブによる応力は軽微であることもあって無視する．したがって，杭基礎の基礎スラブ筋の設計に当っても，基礎自重を含まない柱軸方向力 N' にて設計する．

930　杭基礎の設計

931　設計上の留意点

杭基礎を設計するに当っては次の点に留意する．

1　支持力について

支持力は杭の支持力のみとする．

支持杭を採用したもののなかには，地盤沈下のために建物が地盤面から浮き上がってしまっている例がある．基礎スラブ底面下の地盤の支持力が，いかに期待できないものであるかということを示す格好の例だといえる．摩擦杭の場合には，特に検討を加えたものについては地盤支持力を加算してもよいが，一般には無視して設計するのが原則である．

2　転倒のおそれのある場合

転倒のおそれのある場合には，3 本以上の杭を配置する．

基礎梁がない場合には，施工上の誤差から柱心と杭心とのあいだに偏心が生じ，基礎が回転して転倒する危険がある．したがって，独立基礎の場合には杭を３本以上打つことによって転倒を防ぐ必要がある．

③ 杭本数と配置の関係

杭はなるべく柱下に配置するようにする．必要な杭本数に応じて，図 9•26 に示すように配置すればよい．

④ その他

- 基礎スラブの設計は，杭の反力(基礎自重を含まない)を集中荷重として応力を計算する．
- 杭基礎では，フーチングに傾斜をつけないのが通常であるが，傾斜を特につける場合には図 9•27 に示す杭の中心線上のせん断力と基礎スラブ厚 D についても検討する．

⑤ 断面，配筋のポイント ☞ 922

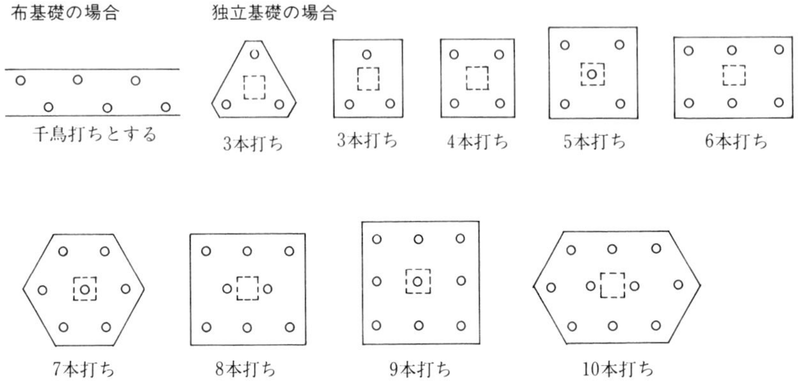

図 9•26　杭本数とその配列の仕方

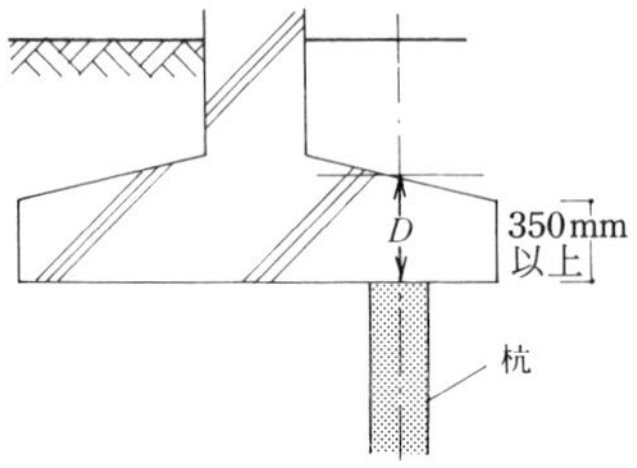

図 9•27　フーチングに傾斜をつけた場合は杭の中心位置のフーチングのせい D でもせん断力の検討が必要

表 9•1　杭の中心間隔

種　類		杭　間　隔　A	へりあき B
打込み杭	既製コンクリート杭	$2.5d$ 以上かつ 750 mm 以上	$1.25d$ 以上
	鋼杭 H 型，開端杭	$2d$ 以上かつ 750 mm 以上	
	閉端杭	$2.5d$ 以上かつ 750 mm 以上	
埋込み杭		$2d$ 以上	1.25〜$1.0d$ 以上
場所打ちコンクリート杭（拡大部の直径 d_1）		$2d$ 以上かつ(d+1000 mm)以上 ($d+d_1$)以上かつ(d_1+1000 mm)以上	有効へりあき B' 200〜300 mm 以上

d：杭径［mm］　　（『建築基礎構造設計指針』より作成）

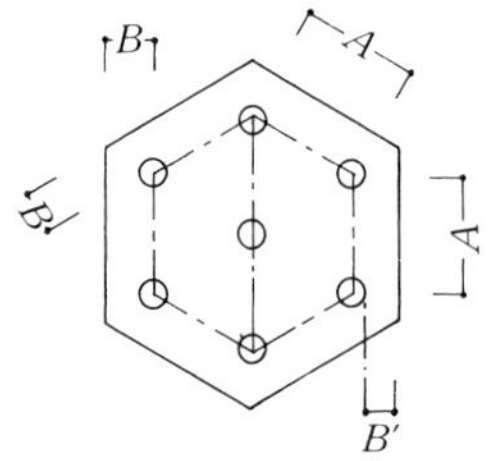

図 9•28　杭間隔 A，へりあき B，有効へりあき B'

実務図表 9•4　既製杭の間隔，へりあき［mm］

杭径 d［mm］	300	350	400	450	500	600
間隔 $2.5d$ 以上	750	880	1000	1130	1250	1500
へりあき $1.25d$ 以上	380	440	500	570	630	750

実務図表 9•5　場所打ちコンクリート杭の間隔，へりあき［mm］

杭径 d［mm］	700	800	900	1000	1100	1200	1300	1500	2000	2500
間隔（$2.0d$ 以上かつ d+1000 mm 以上）	1700	1800	1900	2000	2200	2400	2600	3000	4000	5000
有効へりあき	200〜300 mm 以上									

932　杭の間隔およびへりあき　（実務図表 9•4，9•5）

杭の間隔，へりあきについては，日本建築学会の『建築基礎構造設計指針』に表 9•1 と図 9•28 に示すような基準が示されている．一方，日本建築センターの『地震力に対する建築物の基礎の設計指針』での計算実例では，へりあきについて，既製杭は 1.25d（d は杭径），場所打ちコンクリート杭は有効へりあき 300 mm を確保することとしている．

実務設計としては埋込み杭の杭間隔は 2.5d 以上を採用し，へりあきもその 1/2 である 1.25d 以上で設計する．場所打ちコンクリート杭のへりあきについては，有効へりあき 200～300 mm 以上にて設計する．

実務図表 9•4 は，既製杭（PHC 杭，鋼杭等）の各杭径に対する間隔とへりあきを示す．

実務図表 9•5 は，場所打ちコンクリート杭についての間隔，へりあき寸法である．

杭間隔 P_2，へりあき P_1 と基礎長さの関係は図 9•29 のようになる．

933　杭独立基礎の設計

【a】 杭本数の設計

柱軸方向力（基礎自重を含む）N を杭の許容支持力 R_a（杭 1 本当りの耐力）で除して杭本数を求める．また，柱軸方向力（基礎自重を含まない）N' を有効杭許容支持力 R_a' で除して杭本数を求めてもよい．

$$n \geqq \frac{N}{R_a} \quad \cdots\cdots (9•34)\text{式}$$

$$n \geqq \frac{N'}{R_a'} \quad \cdots\cdots (9•35)\text{式}$$

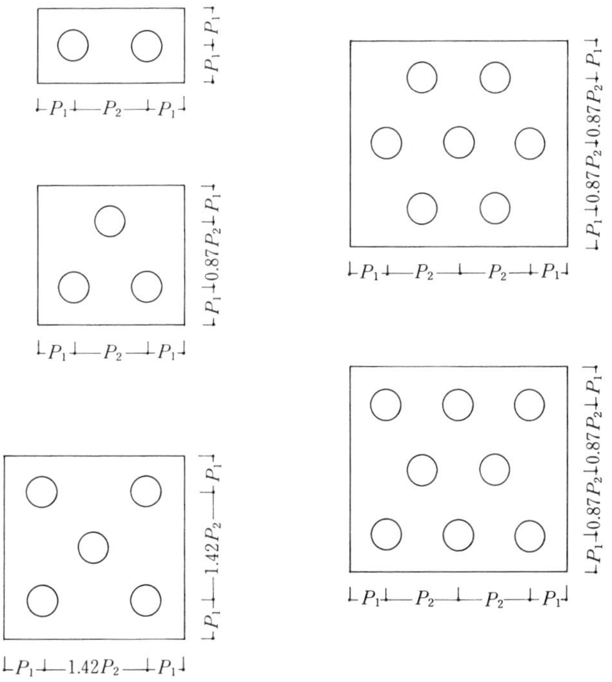

図 9•29　杭本数と杭間隔 P_2，へりあき P_1 と基礎長さ

n ：杭本数［本］

N ：柱軸方向力（基礎自重を含む）［kN］

基礎自重：$20\times D_f\times l\times l'$

$l\times l'$ は，最初，略算にて求める．

R_a ：杭１本当りの許容支持力［kN］

N' ：柱軸方向力（基礎自重を含まない）［kN］

R_a'：有効杭許容支持力［kN］

$$R_a'=R_a-20\times(2.5d)^2\times D_f \quad \cdots\cdots (9\text{•}36)\text{式}$$

d ：既製杭の杭径

【ｂ】 基礎スラブ底面の設計

必要杭本数より図 9•26 によって杭配置を決め，ピッチ，へりあき寸法を合計して基礎スラブ寸法を決定する．なお，ピッチと基礎長さの関係は図 9•29 のようになる．

【ｃ】 基礎スラブ筋の設計

基礎スラブ筋設計用の杭反力は，基礎自重を含まない柱軸方向力 N' を必要杭本数 n で除して求める．なお，設計杭反力は，計算を簡略化するため，小数点以下は切り捨てる．次に，応力算定については，杭反力 R' を集中荷重とし，柱からの持出し板と見なした場合のせん断力，曲げモーメントの応力を求める．

1 杭反力算定

$$R'=\frac{N'}{n} \quad \cdots\cdots (9\text{•}37)\text{式}$$

R'：杭反力［kN/本］

n ：杭本数［本］

N'：柱軸方向力（基礎自重を含まない）［kN］

2 応力算定（図 9•30）

$$Q_F=n'R' \quad \cdots\cdots (9\text{•}38)\text{式}$$

$$M_F=n'R'h \quad \cdots\cdots (9\text{•}39)\text{式}$$

n'：柱からの持出しスラブとしての方向別の負担杭本数で，図 9•30 の場合は，方向別の応力算定は下式となる

イ-イ：$Q_F=2R'$，$M_F=2R'h$

ロ-ロ：$Q_F=2R'$，$M_F=2R'h'$

3 断面算定

$$\psi=\frac{Q_F}{f_a j} \quad \cdots\cdots (9\text{•}9)\text{式}$$

$$a_t=\frac{M_F}{f_t j} \quad \cdots\cdots (9\text{•}10)\text{式}$$

$j=\frac{7}{8}d$

$d=D-(100)^{注}-90$

D：基礎スラブ厚［mm］

注）杭を基礎スラブに 100 mm 埋め込む場合

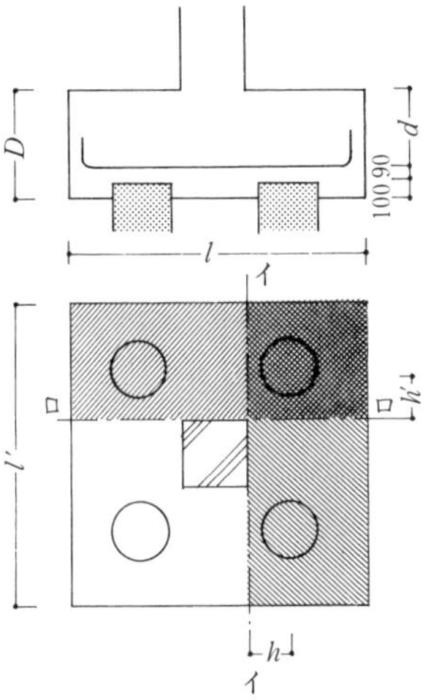

図 9•30　杭基礎の基本事項［mm］

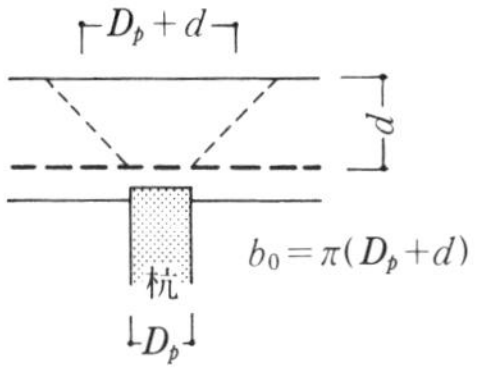

(a) 検討用有効寸法

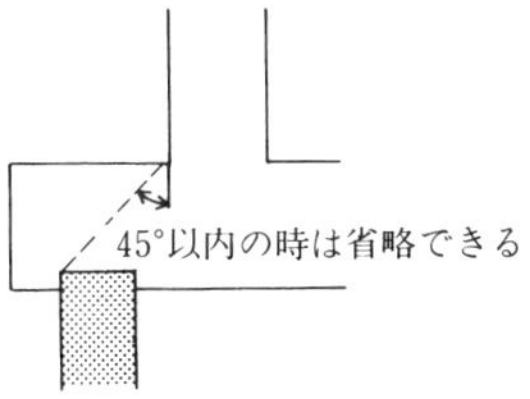

(b) 検討が省略できる範囲

図 9•31　パンチングシヤーの検討

【d】 せん断力およびパンチングシヤーの検討

1 せん断力の検討

$$\frac{{}_{イ}Q_F}{l'j} \leqq f_s,\quad \frac{{}_{ロ}Q_F}{lj} \leqq f_s \quad \cdots\cdots \text{(9•11) 式}$$

2 パンチングシヤーの検討（図 9•31）

$$\frac{R'}{\frac{7}{8}d\pi(D_p+d)} \leqq 1.5f_s \quad \cdots\cdots \text{(9•40) 式}$$

R'：杭反力［kN］

D_p：杭径［mm］

d ：杭頭における基礎スラブの有効せい［mm］

f_s ：コンクリートの許容せん断応力度［N/mm^2］

柱表面より 45° の範囲に杭が納まっている場合には，パンチングシヤーの検討は必要ない（図 9•31）.

934　偏心杭独立基礎の設計

基礎梁を設けない杭独立基礎に，M と N が作用する場合には，各杭が受ける荷重が異なる．したがって，最大荷重を受ける杭にて杭支持力の検討をしなければならない.

【a】 杭本数の設計

M と N が作用する杭基礎の場合には，杭独立基礎のように簡単には杭本数を求めることができない．最初に杭本数と杭配置を仮定し，仮定基礎自重を求め，N' に基礎自重を加えた柱軸方向力 N を求める．なお，基礎に作用する M についても，基礎底面位置の $M_{基}$ を求める（☞ 923【e】）.

N と $M_{基}$ によって，杭に作用する最大荷重 R を求め，その R が杭の許容支持力 R_a 以下であることを確認する．$R \leqq R_a$ であれば，基礎ベース筋の設計に進むが，$R > R_a$ の場合や，杭耐力に余裕がありすぎる場合には，不経済であるので，杭本数の仮定からやり直す.

【b】 杭反力 R 算定式

1 基本式（図9・32）

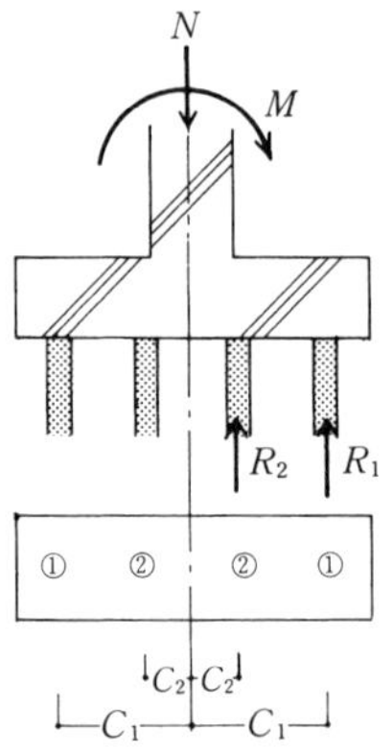

図 **9・32** N，M と杭反力 R

$$R=\frac{N}{n}\pm\frac{M}{Z_C}=\frac{N}{n}\pm\frac{MC}{\sum C^2} \quad \cdots\cdots (9\cdot 41) \text{式}$$

$\sum C^2=I_{c-c}$（断面2次モーメント）

$\dfrac{\sum C^2}{C}=Z_C$（断面係数）

M：モーメント（基礎底面位置の $M_{基}$（図9・16））［kN・m］

N：柱軸方向力（基礎自重を含む）［kN］

n：杭本数［本］

R：杭に作用する荷重［kN］

C：柱心より各杭心までの距離［m］

2 応用式

・$n=2$ の場合

$$R=\frac{N}{2}\pm\frac{MC}{2C^2}=\frac{N}{2}\pm\frac{M}{2C} \quad \cdots\cdots (9\cdot 42) \text{式}$$

・$n=4$ の場合（図9・33(a)）

$$R_1=\frac{N}{4}\pm\frac{MC}{4C^2}=\frac{N}{4}\pm\frac{M}{4C} \quad \cdots\cdots (9\cdot 43) \text{式}$$

・$n=8$ の場合（図9・33(b)）

$$R_1=\frac{N}{8}\pm\frac{MC_1}{4C_1^2+2C_2^2} \quad \cdots\cdots (9\cdot 44) \text{式}$$

$$R_2=\frac{N}{8}\pm\frac{MC_2}{4C_1^2+2C_2^2} \quad \cdots\cdots (9\cdot 45) \text{式}$$

$$R_3=\frac{N}{8} \quad \cdots\cdots (9\cdot 46) \text{式}$$

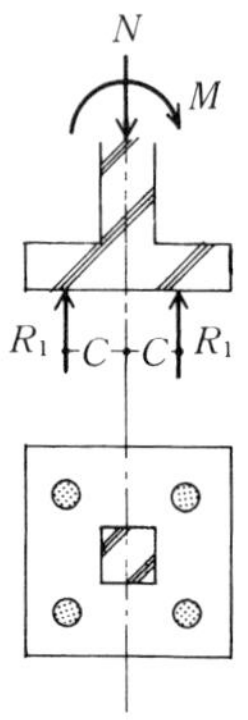

(a) 4本杭の杭反力 R

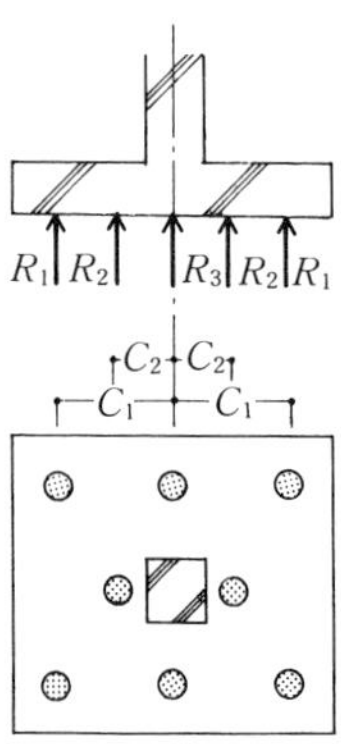

(b) 8本杭の杭反力 R

図 **9・33**

【c】 杭本数と基礎スラブ寸法の設計手順

①杭本数の仮定：n 本

②杭配置の仮定：図9・26

③基礎スラブの仮定 → 杭ピッチ，へりあき寸法より（図9・29）

④基礎自重の計算：$20\times l\times l'\times D_f$

⑤柱軸方向力の計算：$N=N'+20\times l\times l'\times D_f$

⑥基礎底面位置の $M_{基}$ 算定：$M_{基}=M+Q\times D_f$

Q：柱脚に作用するせん断力

⑦N，Mにより，（9・41）式にて R を求める．

⑧ ┌ $R\leqq R_a$ → OK
　 └ $R>R_a$ → NO　杭本数の仮定からやり直す．

【d】 基礎スラブ筋の設計

基礎スラブ筋設計用の杭反力 R' は，基礎自重を含まない柱軸方向力 N' による杭反力によって設計する．ただし，計算の簡略化のため，前項で求まった R を杭反力として設計するのが通例である．

応力算定では，杭反力 R' を集中荷重として，柱からの持出し板と見なした場合のせん断

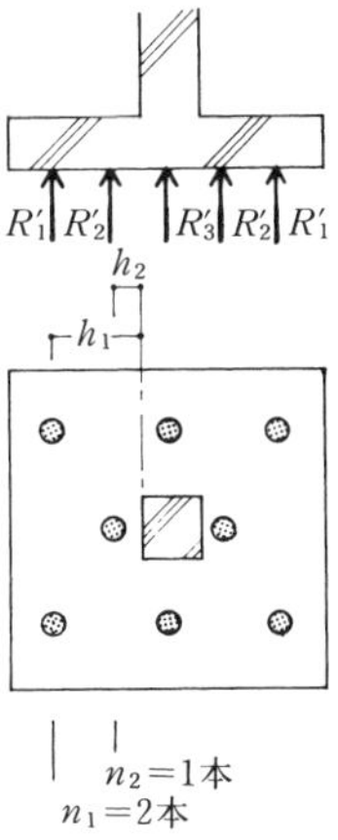

図 9•34

力，曲げモーメントを求める．

1 杭反力算定

$$R'=\frac{N'}{n}\pm\frac{MC}{\sum C^2}$$ ……（9•47）式

R'：杭反力［kN］

N'：柱軸方向力（基礎自重を含まない）［kN］

2 応力算定（図 9•34）

$$Q_F=R'_1\times n_1+R'_2\times n_2+\cdots\cdot$$ ……（9•48）式

$$M_F=R'_1\times h_1\times n_1+R'_2\times h_2\times n_2+\cdots\cdot$$ ……（9•49）式

h_i：柱面より各杭までの距離［m］

n_i：i 列の杭本数［本］

3 断面算定

$$\psi=\frac{Q_F}{f_a j}$$ ……（9•9）式

$$a_t=\frac{M_F}{f_t j}$$ ……（9•10）式

$$j=\frac{7}{8}d$$

$$d=D-(100)^{注}-90=D-190$$

D：基礎スラブ厚［mm］　　注）杭を基礎スラブに 100 mm 埋め込む場合

4 せん断力およびパンチングシャーの検討

①せん断力の検討

$$\frac{{}_{イ}Q_F}{l'j}\leqq f_s,\quad \frac{{}_{ロ}Q_F}{lj}\leqq f_s$$ ……（9•11）式

②パンチングシャーの検討

$$\frac{R'}{\frac{7}{8}d\pi(D_p+d)}\leqq 1.5f_s$$ ……（9•40）式

柱表面より 45° の範囲に杭が納まっている場合には，パンチングシャーの検討は必要ない．

935　設計例 16　杭独立基礎の設計

【a】 基本事項（共通事項）

• 使用材料　：SD 295，$F_c=21\ \mathrm{N/mm^2}$

• 許容応力度：${}_Lf_t=195\ \mathrm{N/mm^2}$，${}_Lf_c=7\ \mathrm{N/mm^2}$，${}_Lf_a=2.1\ \mathrm{N/mm^2}$，${}_Lf_s=0.7\ \mathrm{N/mm^2}$

${}_sf_t=295\ \mathrm{N/mm^2}$，${}_sf_c=14\ \mathrm{N/mm^2}$，${}_sf_a=3.15\ \mathrm{N/mm^2}$，${}_sf_s=1.05\ \mathrm{N/mm^2}$

【b】 F_3

1 設計条件（長期応力について検討）

$${}_LN'=1190+\overset{基礎梁自重(桁行)}{53.8}=1243.8\ \mathrm{kN}$$

PHC 杭，${}_LR_a=680\ \mathrm{kN/本}$，$D_f=1.5\ \mathrm{m}$，杭径 $d=0.45\ \mathrm{m}$

2 杭本数の設計

• 杭 1 本当りの基礎自重の仮定

杭ピッチ：$2.5d=1.125 \rightarrow 1.2$ m

へりあき：$1.25d=0.5625 \rightarrow 0.6$ m

・有効杭支持力　${}_{L}R_a'={}_{L}R_a-20\times(2.5d)^2\times D_f=680-20\times1.2^2\times1.5$

$=680-43.2=637$ kN/本

・杭本数　$n=\dfrac{{}_{L}N'}{{}_{L}R_a'}=\dfrac{1243.8}{637}=1.95 \rightarrow 2$ 本

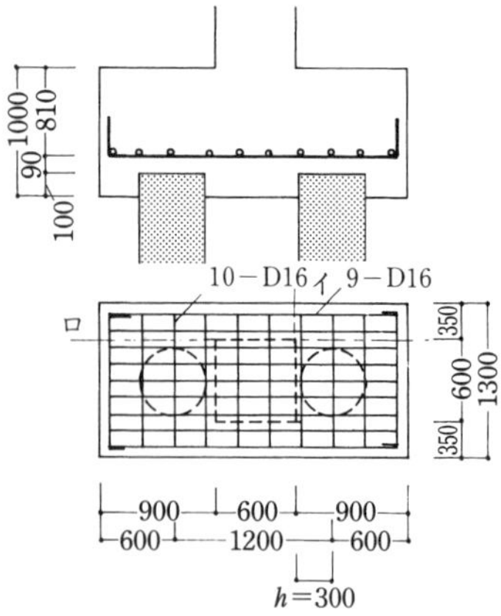

図 **9・35**　設計例 16・F_3 基礎設計詳細図［mm］

③　基礎スラブ底面の設計

図 9・29 より $l\times l'=2.4$ m$\times1.2$ m と仮定する.

④　基礎スラブ筋の設計（図 9・35）

①杭反力算定

$$R'=\frac{{}_{L}N'}{n}=\frac{1243.8}{2}=622 \text{ kN/本}$$

②応力算定

${}_{イ}Q_F=n'R'=622$ kN

${}_{イ}M_F=n'R'h=622\times0.3=186.6$ kN・m

③断面算定

基礎スラブ厚 $D=1000$ mm，$d=1000-100-90=810$ mm，$j=\dfrac{7}{8}\times810=708.8$ mm

$${}_{イ}\psi=\frac{{}_{イ}Q_F}{{}_{L}f_a j}=\frac{622000}{2.1\times708.8}=417.9 \text{ mm}$$

$${}_{イ}a_t=\frac{{}_{イ}M_F}{{}_{L}f_t j}=\frac{186600000}{195\times708.8}=1350 \text{ mm}^2$$

設計　9-D16（450 mm，1791 mm²）

⑤　せん断力およびパンチングシヤーの検討

①せん断力の検討

$$\frac{{}_{イ}Q_F}{l'j}=\frac{622000}{1200\times708.8}=0.731 \text{ N/mm}^2>{}_{L}f_s=0.7 \text{ N/mm}^2 \rightarrow \text{NO}$$

$l'=1300$ mm に変更.

$$\frac{{}_{イ}Q_F}{l'j}=\frac{622000}{1300\times708.8}=0.675 \text{ N/mm}^2<{}_{L}f_s=0.7 \text{ N/mm}^2 \rightarrow \text{OK}$$

②パンチングシヤーの検討

杭は柱表面より 45° の範囲内 → 検討不要

③短辺方向は応力が生じないので配筋は約 250 mm ピッチ，設計 10-D16 とする.

936

設計例 17　偏心杭独立基礎の設計

【a】 基本事項（共通事項）

・使用材料　：SD 295，$F_c=21$ N/mm²

・許容応力度：${}_{L}f_t=195$ N/mm²，${}_{L}f_c=7$ N/mm²，${}_{L}f_a=2.1$ N/mm²，${}_{L}f_s=0.7$ N/mm²

${}_{s}f_t=295$ N/mm²，${}_{s}f_c=14$ N/mm²，${}_{s}f_a=3.15$ N/mm²，${}_{s}f_s=1.05$ N/mm²

【b】 F_2

①　設計条件（短期応力について検討）

${}_{s}N'=1840+\underset{}{\overset{\text{基礎梁自重(桁行)}}{38.5}}=1878.5$ kN

${}_{s}M=230$ kN・m，${}_{s}Q=100$ kN，$D_f=1.8$ m

$_sM_{基} = {}_sM + {}_sQ \times D_f = 230 + 100 \times 1.8 = 410$ kN•m

PHC杭，$_sR_a = 680 \times 2 = 1360$ kN/本，$D_f = 1.8$ m，杭径 $d = 0.45$ m

2 杭本数の設計

杭２本と仮定すると

- 杭ピッチ：$2.5d = 1.125 \rightarrow 1.2$ m，柱心から杭心までの距離：$C = 0.6$ m
- へりあき：$1.25d = 0.5625 \rightarrow 0.6$ m
- 基礎スラブ寸法：$l \times l' = 2.4$ m$\times 1.2$ m と仮定
- 有効杭許容支持力：$_sR_a' = {}_sR_a - 20 \times (2.5d)^2 \times D_f = 1360 - 20 \times 1.2^2 \times 1.8 = 1308$ kN/本
- 杭反力算定（(9•47)，(9•42) 式参照）

$$R_1' = \frac{_sN'}{2} \pm \frac{_sM_{基}}{2 \times C} = \frac{1878.5}{2} \pm \frac{410}{2 \times 0.6}$$

$$= 939.3 \pm 341.7 = 1281 \rightarrow 1300 \text{ kN/本} < {}_sR_a' \rightarrow \text{OK}$$

3 基礎スラブ筋の設計（図 9•36）

①応力算定（(9•48)，(9•49) 式より）

$$_イQ_F = R_1' \times 1 = 1300 \text{ kN}$$

$$_イM_F = R_1' \times h \times 1 = 1300 \times 0.3 \times 1 = 390 \text{ kN•m}$$

②断面算定

基礎スラブ厚 $D = 1300$ mm,

$$d = 1300 - 100 - 90 = 1110 \text{ mm},$$

$$j = \frac{7}{8} \times 1110 = 971.3 \text{ mm}$$

$$_イ\psi = \frac{_イQ_F}{_sf_aj} = \frac{1300000}{3.15 \times 971.3} = 424.9 \text{ mm}$$

$$_Ia_t = \frac{_イM_F}{_Lf_tj} = \frac{390000000}{295 \times 971.3} = 1361 \text{ mm}^2$$

設計 9-D16 $\left(\begin{array}{c}450 \text{ mm} \\ 1791 \text{ mm}^2\end{array}\right)$

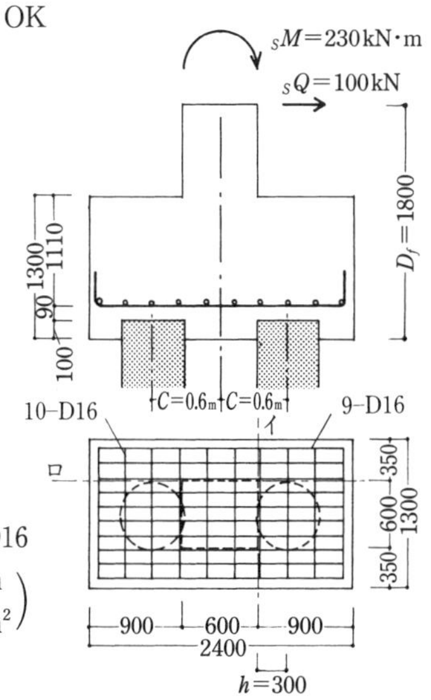

図 9•36　設計例 17・F_2 基礎設計詳細図［mm］

4 せん断力およびパンチングシヤーの検討

①せん断力の検討

$$\frac{_イQ_F}{l'j} = \frac{1300000}{1200 \times 971.3} = 1.12 \text{ N/mm}^2 > {}_sf_s = 1.05 \text{ N/mm}^2 \rightarrow \text{NO}$$

$l' = 1300$ mm に変更.

$$\frac{_イQ_F}{l'j} = \frac{1300000}{1300 \times 971.3} = 1.03 \text{ N/mm}^2 < {}_sf_s = 1.05 \text{ N/mm}^2 \rightarrow \text{OK}$$

②パンチングシヤーの検討

杭は柱表面より 45° の範囲内 → 検討不要

③短辺方向は応力が生じないので配筋は約 250 mm ピッチ，設計 10-D16 とする.

937　場所打ちコンクリート杭の基礎スラブ設計

場所打ちコンクリート杭を柱直下に築造する場合には，柱からの軸方向力が直接場所打ちコンクリート杭に伝わるので，特にベース筋の算定は必要なく，フーチングは下記の条項によって設計する．なお，２本打ち以上の場合には，当然，フーチングに応力が生じるので，杭基礎の計算方法にてベース筋等を設計しなければならない．

【a】 杭とフーチングの接合

地震力による杭設計では，杭とフーチングの接合は固定として設計する．したがって，杭体の主筋をフーチングに定着するとともに，杭体を100 mm以上埋め込む(p. 153，図8•29)．

【b】 フーチング厚

フーチング厚は，杭主筋の定着長さ，杭の埋め込み長さ（100 mm以上）およびかぶり厚さ等（70 mm以上）の寸法より厚さが決まる．主筋の定着長さは35d以上（フックなし）必要であり，杭主筋径別のフーチング最低厚さは実務図表9•6のとおりとなる．

【c】 フーチング寸法と形状

フーチングの形状には，通り心に対して45°ふる方法の45°型と直角型がある．前者の型式が経済的で施工性もよい．なお，杭基礎のベース筋の周囲筋は閉鎖形にする必要があるため，20dの継手を設けるか，またはベース筋を基礎梁に定着させる（p. 183，図9•8），

1 45°型（図9•37）

45°型の場合には，45°方向で，杭の有効へりあきが200～300 mm確保できるようにフーチング寸法を取る．

2 直角型（図9•38）

直角方向に，杭の有効へりあきを200～300 mm確保できるフーチング寸法を取る．

【d】 配筋（図9•39）

柱直下に杭を築造する場合，またはフーチングと柱面の交点から2：1の勾配の中に杭が納まる場合には，フーチングのベース筋等の算出計算は行わないで，D16，D19，D22のいずれかを200 mmピッチ以下に配筋する．フーチングと柱面の交点から2：1の勾配の中に場所打ち杭が納まらない場合には，既製杭のスラブ配筋に準ずる（立上げフックが必要，p. 183，図9•7）．

次に，はかま筋は杭頭の処理筋（定着筋，補強筋）を拘束するために，通常，D13，D16を200 mmピッチ以下に配筋する．

実務図表9•6　場所打ちコンクリート杭(柱直下)のフーチング厚さの最小寸法 D

	$l_d=35d$ フックなし：$F_c=21\sim24$ N/mm^2			
鉄筋径	D19	D22	D25	D29
l_d	665	770	875	1015
D	900	1000	1100	1300

d：鉄筋径［mm］
D，l_d：図9•38による［mm］

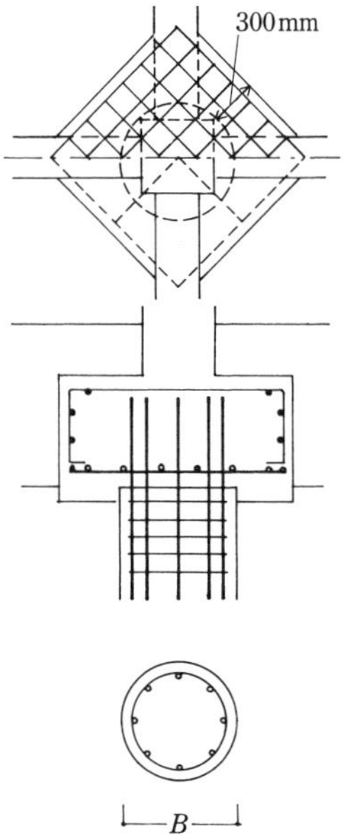

図9•37　45°型配筋設計詳細図

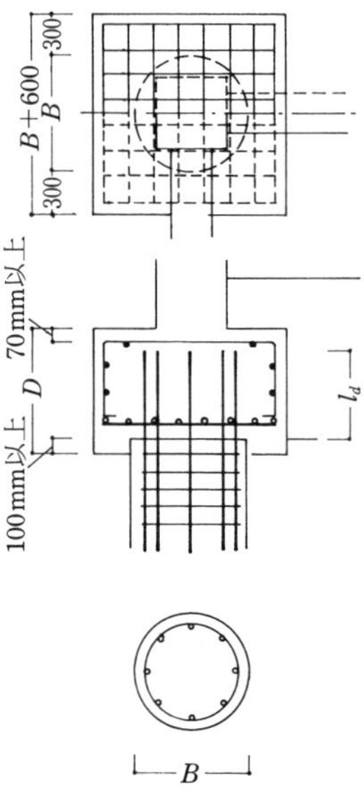

図9•38　直角型配筋設計詳細図

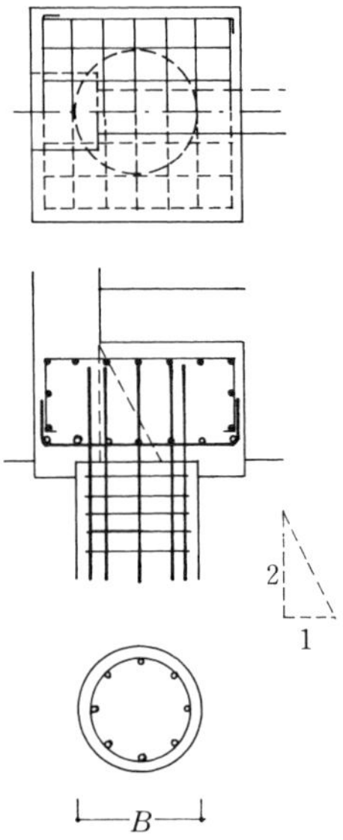

フーチングと柱面の交点から2:1の勾配の中に場所打ち杭が納まらない場合には既製杭のスラブ配筋に準ずる（立上げフック必要）．

図9•39　偏心型配筋設計詳細図

940 基礎スラブ設計のための定石

941 構造設計の定石 基礎各部の荷重・反力の取り方

杭基礎の設計で，杭本数の設計および基礎ベース筋の設計に当って，基礎自重，基礎梁自重および床荷重を柱軸方向力に加算すべきか迷う．以下で，各種の基礎構造別に設計上のポイントと荷重・反力の扱い方について，実務設計上の見地から解説する．なお，一般的な基礎について総括したのが前掲の実務図表 8•9（p. 154）である．

1．用語

この項で使用する用語を解説する．

土間　：土間用コンクリートで，基礎梁と縁を切ったもの

スラブ：鉄筋コンクリート造スラブで，基礎梁と一体となっているもの

W_3　：土間の固定荷重（DL）と積載荷重（LL）の合計

$W_3=(23\ \mathrm{kN/m^3}\times t+LL)\times$負担面積　　t：土間の厚さ

W_4　：スラブの固定荷重（DL）と積載荷重（LL）の合計

$W_4=(24\ \mathrm{kN/m^3}\times t+LL)\times$負担面積　　t：スラブ厚さ

W_5　：接地板（耐圧板）の固定荷重

W_6　：最下階柱の下部重量（図 9•40）

W_1　：基礎および基礎スラブ上の土の重量（図 9•40）

直接基礎の場合は，RC と土の平均値として 20 kN/m³ を採用する．

$W_1=20\ \mathrm{kN/m^3}\times l\times l'\times D_f$

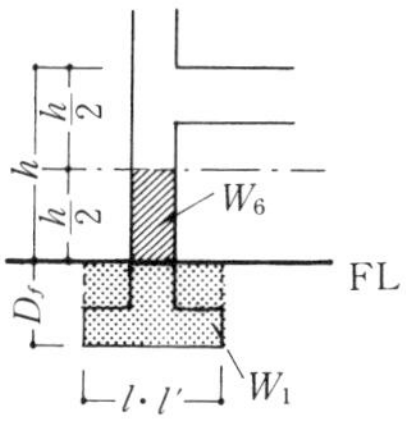

図 9•40　W_1，W_6

N'　：最下層柱の柱脚位置の柱軸方向力（W_6 を含む）

N　：基礎自重等を含む，基礎底面積設計用軸方向力

W_2　：基礎梁（FG）自重

$W_2=24\ \mathrm{kN/m^3}\times$幅$\times$せい$\times$長さ

W_{10}　：水圧による浮力（9.8 kN/m³ にて算定）

l，l'　：直接基礎の底面長さ

A　：直接基礎の底面積

D_f　：根入れ深さ

σ　：接地圧（基礎底面積設計用）

σ'　：地反力（基礎スラブ筋設計用）

σ_5'　：接地板（耐圧板）設計用地反力，水圧反力

R　：杭に作用する荷重（杭本数設計用）

R'　：杭反力（基礎スラブ筋設計用）

n　：杭本数

2．基礎各部の設計と荷重・反力

【a】 直接基礎

1 フーチング基礎と土間（図 9•41）

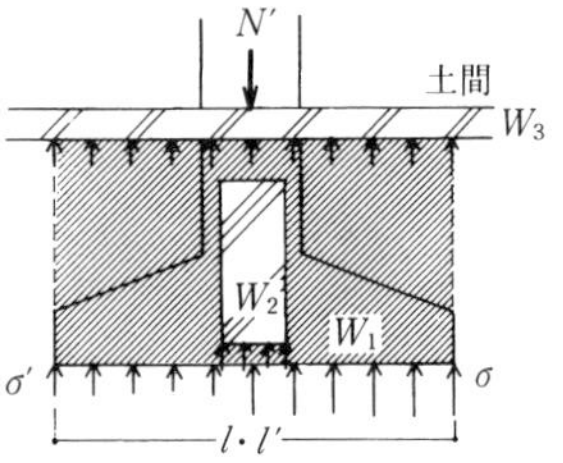

図 **9・41**　フーチング基礎と土間

フーチング基礎で床を土間とした場合には，土間荷重 W_3 は直接地盤に伝わるとする．したがって，土間の地業として良質な埋め戻し土で締固めや地業を入念に行う．次に基礎梁についても砂利敷等の地業を行い，自重 W_2 は直接地盤に伝わるとして設計する．

算定式

①接地圧：$\sigma = \dfrac{N' + W_1}{A}$

②地反力：$\sigma' = \dfrac{N'}{A}$

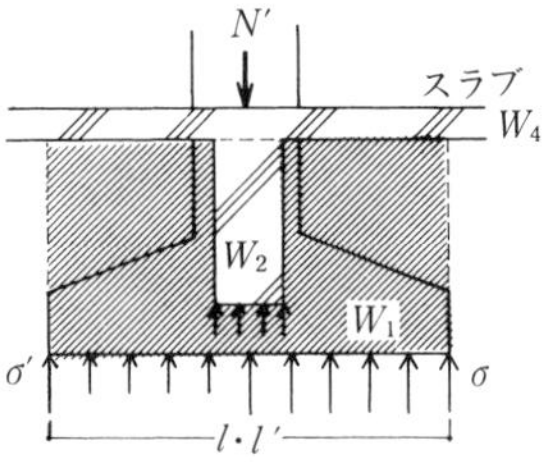

図 **9・42**　フーチング基礎とスラブ

2　フーチング基礎とスラブ（図 9・42）

フーチング基礎で床をスラブとした場合には，スラブ荷重 W_4 は基礎梁を通して基礎梁の接地面より基礎梁自重 W_2 も含めて直接地盤に伝わるものとして設計する．したがって，基礎梁接地面の地盤は，フーチングの接地面と同等の地盤であることが必要である．なお，基礎梁には砂利敷等の地業を行わなければならない．

算定式

①接地圧：$\sigma = \dfrac{N' + W_1}{A}$

②地反力：$\sigma' = \dfrac{N'}{A}$

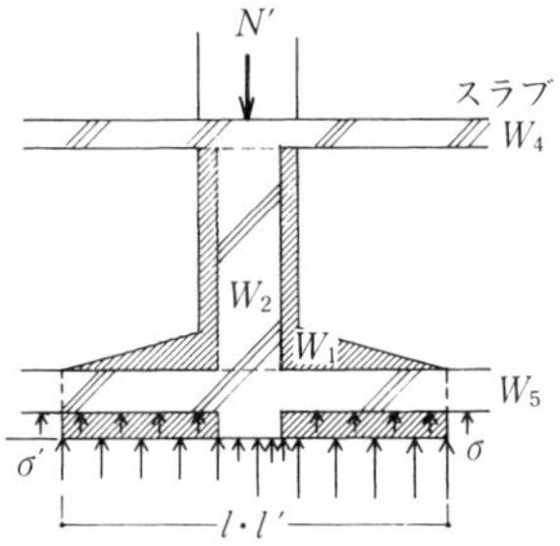

図 **9・43**　フーチング基礎と2重スラブ

3　フーチング基礎と2重スラブ（図 9・43）

良好な地盤であるため，べた基礎の必要がなく，フーチング基礎として設計し，ピット，トレンチ，水槽等の必要性より，2重スラブ構造とする設計が多々ある．

この場合の設計については，スラブ W_4 および基礎梁自重 W_2 については，前項 **2** と同じく直接地盤に伝わるとする．次に，接地板スラブ W_5 についても直接地盤に伝わるとし，地反力による応力は接地板には生じないものとする．したがって，スラブ W_5 の設計は厚さ 200～300 mm 程度で，ダブル配筋とする．なお，地反力を完全に作用させない方法として，接地板の下面に，強質発泡スチロール等を敷く事例もある．

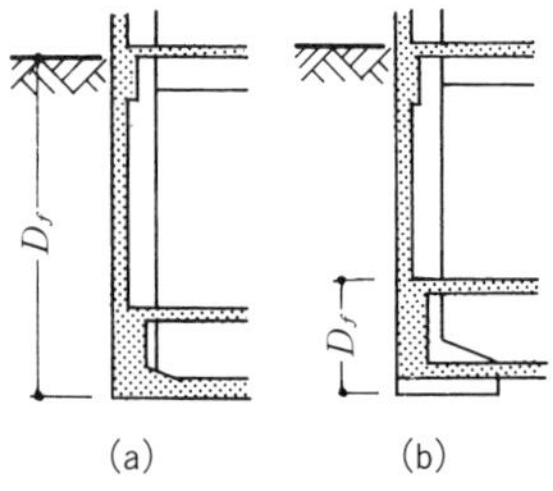

図 **9・44**

なお，この基礎形式を地階に採用した場合には，地盤の許容応力度算定式の D_f 効果（$i_q \gamma_2 D_f N_q$）の D_f の値は，図 9・44(a)の地階根切り深さでなく，図 9・44(b)の D_f を採用しなければならない．

算定式

①接地圧：$\sigma = \dfrac{N' + W_1}{A}$

②地反力：$\sigma' = \dfrac{N'}{A}$

接地板の設計：厚さ 200～300 mm 程度

配筋　　　　：ダブル配筋

4　フーチング基礎と2重スラブ＋水圧（図 9・45）

前項 **3** の基礎形式を地階基礎に採用し，地下水位の関係より接地板等に水圧が作用する場合の設計については，基本的には前項と同じである．ただし，水圧が

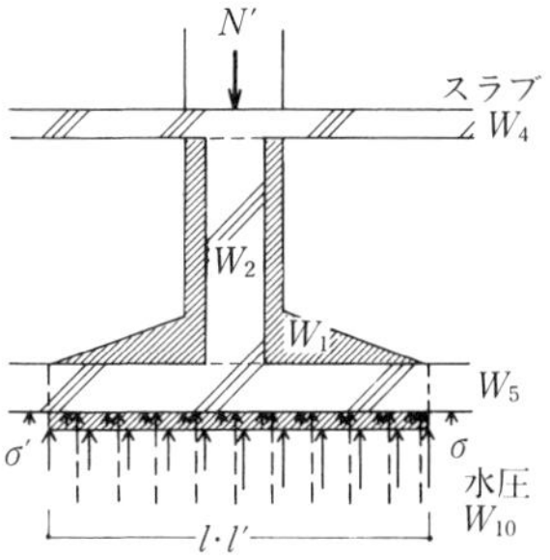

図 9•45　フーチング基礎と2 重スラブ＋水圧

接地板スラブ W_5 の荷重より大きい場合には，下記の算定式③にて設計する．

なお D_f 効果については前項 3 と同様である．

算定式

①接地圧：$\sigma=\dfrac{N'+W_1}{A}$

②地反力：$\sigma'=\dfrac{N'}{A}$

③水圧を考慮した接地板等の設計

- $W_{10}\leqq W_5$　　検討の必要なし
- $W_{10}>W_5$

$$\sigma_5'\uparrow=\frac{W_{10}-W_5}{A}$$

σ_5' にて接地板の設計が必要.

厚さ 200～300 mm 程度，配筋はダブル.

- $W_{10}>(W_5+W_2+W_4)$

$$\sigma_2'\uparrow=\frac{W_{10}-(W_5+W_2+W_4)}{A}$$

σ_2' にて基礎梁の検討が必要.

$$\sigma_5'\uparrow=\frac{W_{10}-W_5}{A}$$

σ_5' にて接地板の設計が必要.

5　べた基礎（2 重スラブ）（図 9•46）

べた基礎の場合には 2 重スラブ形式の基礎構造となる．接地圧 σ は，全荷重に偏心を考慮して求める．

接地板（基礎スラブ）の設計用 σ' は，接地圧 σ から接地板 W_5 の荷重を差し引いた地反力 σ_5' にて設計する．基礎梁 FG については，スラブ W_4，基礎梁 W_2 および接地板 W_5 の荷重が，接地圧 $\sigma\uparrow$ を押える力↓として作用する．したがって，基礎梁設計用地反力については，柱軸方向力 $\Sigma N'$ をべた基礎底面積で除した値を地反力として設計する．

算定式

①接地圧：$\sigma=\dfrac{\Sigma N'+W_2+W_4+W_5}{A}\times\alpha$

α：偏心係数

②地反力：

- 基礎スラブの設計用地反力

$$\sigma_5'=\sigma-\frac{W_5}{A}$$

- 基礎梁 FG の設計用地反力（通常，偏心係数 α は考慮しない）

$$\sigma_2'=\frac{\Sigma N'}{A}$$

$\Sigma N'$：全柱軸方向力［kN］

A　：べた基礎の底面積［m^2］

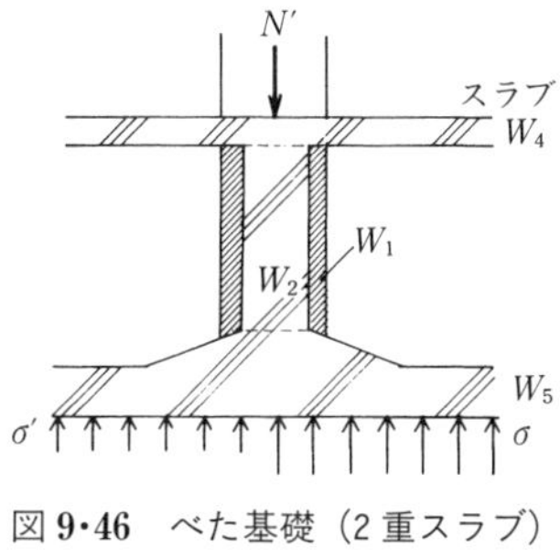

図 9•46　べた基礎（2 重スラブ）

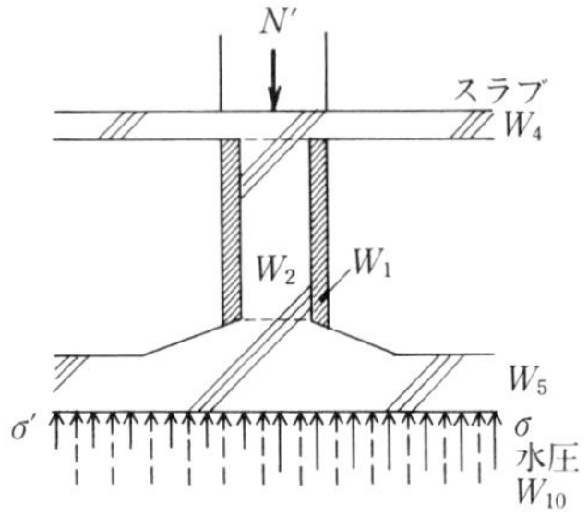

図 9·47　べた基礎（2 重スラブ）＋水圧

6 べた基礎（2 重スラブ）＋水圧（図 9·47）

前項 5 の基礎形式を地階基礎に採用し，かつ地下水位の関係から接地板（基礎スラブ）等に水圧が作用する場合の設計については，基本的には前項と同じである．ただし，水圧 W_{10} が接地板スラブ W_5 の荷重より大きい場合には，下記の算定式③で設計する．

算定式

①接地圧：$\sigma=\dfrac{\sum N'+W_2+W_4+W_5}{A}\times\alpha$

α：偏心係数

②地反力：

・基礎スラブ W_5 の設計用地反力 σ_5'

$$\sigma_5'=\sigma-\frac{W_5}{A}=\frac{\sum N'+W_2+W_4+W_5-W_5}{A}=\frac{\sum N'+W_2+W_4}{A}$$

・基礎梁 FG の設計用地反力 σ_2'（通常，偏心係数 α は考慮しない）

$$\sigma_2'=\frac{\sum N'}{A}$$

$\sum N'$：全柱軸方向力［kN］

A　：べた基礎の底面積［m^2］

③水圧を考慮した接地板等の設計

・$W_{10}\leqq W_5$　　検討の必要なし

・$W_{10}>W_5$

$$\sigma_5'\uparrow=\frac{\sum N'+W_2+W_4+W_{10}}{A}$$

σ_5' にて接地板の設計が必要．

・$W_{10}>(W_5+W_2+W_4)$

$$\sigma_2'\uparrow=\frac{\sum N'+W_{10}}{A}$$

σ_2' にて基礎梁の検討が必要．

$$\sigma_5'\uparrow=\frac{\sum N'+W_2+W_4+W_{10}}{A}$$

σ_5' にて接地板の設計が必要．

【b】 杭基礎

1 杭基礎と土間（図 9·48）

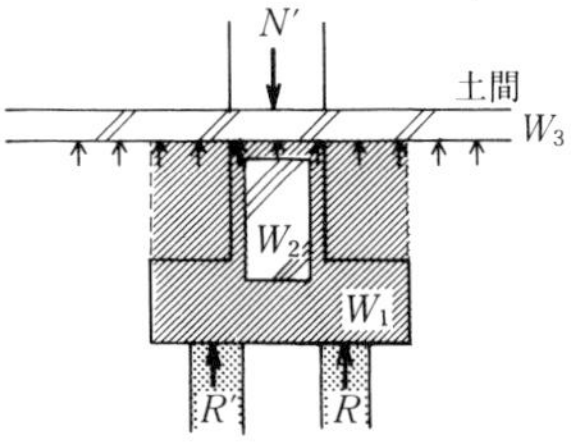

図 9·48　杭基礎と土間

杭基礎で床を土間とした場合には，土間荷重 W_3 のみ直接地盤に伝える場合と，土間荷重 W_3，基礎梁自重 W_2 とも直接地盤に伝える方法がある．この項では，前者について解説する．後者については次項による．

土間荷重を直接地盤に伝えるため，土間地業として良質な埋め戻し土で，締固めや地業を入念に行う必要がある．

算定式

①杭荷重：$R=\dfrac{N'+W_1+W_2}{n}$

②杭反力：$R'=\dfrac{N'+W_2}{n}$

③基礎梁応力：基礎梁自重による応力は無視する．

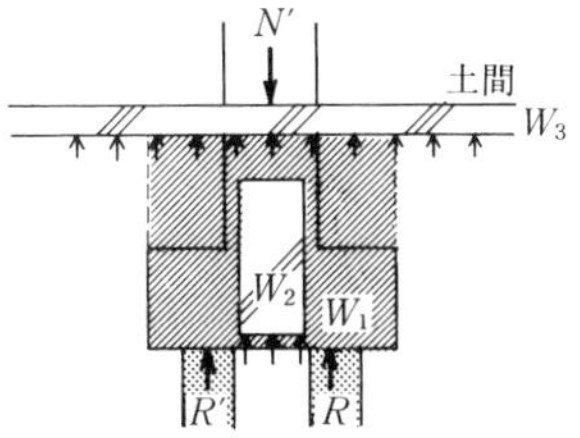

図 9•49　杭基礎と土間，基礎梁

② 杭基礎と土間，基礎梁（図 9•49）

杭基礎で床を土間とした場合に，土間荷重 W_3 および基礎梁自重 W_2 を直接地盤に伝える場合の条件として，地盤の沈下のおそれがなく，かつ土間，基礎梁の接地地盤は良質の埋め戻し土で締固めや地業を入念に行う心要がある．

算定式

①杭荷重：$R=\dfrac{N'+W_1}{n}$

②杭反力：$R'=\dfrac{N'}{n}$

③基礎梁応力：基礎梁自重または地反力による応力は無視する．

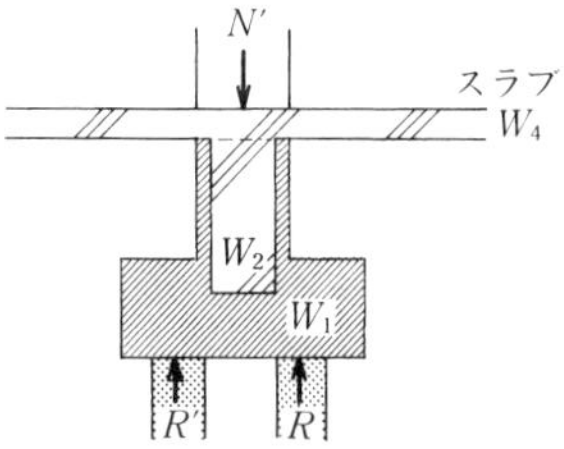

図 9•50　杭基礎とスラブ

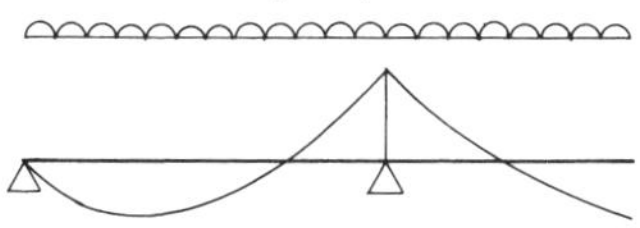

図 9•51　基礎梁の M 図

③ 杭基礎とスラブ（図 9•50）

杭基礎で床をスラブとした場合には，スラブ荷重 W_4 および基礎梁自重 W_2 は，基礎梁を通してフーチングに伝わり，杭に荷重として作用するものとして設計する．

算定式

①杭荷重：$R=\dfrac{N'+W_1+W_2+W_4}{n}$

②杭反力：$R'=\dfrac{N'+W_2+W_4}{n}$

③基礎梁応力：$W=W_2+W_4$（図 9•51）

基礎梁には基礎梁自重 W_2 とスラブ荷重 W_4 によって応力が生じるので検討が必要である．

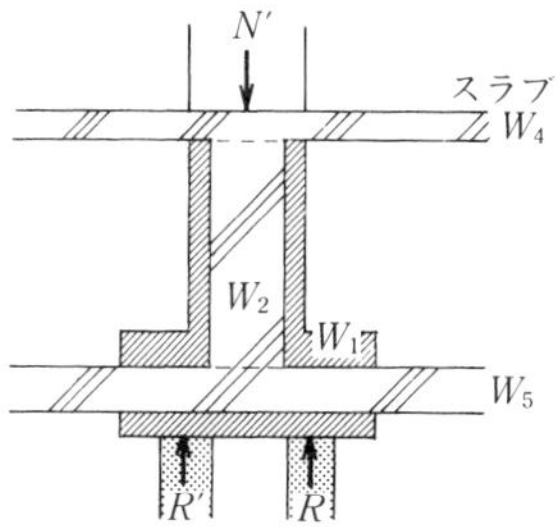

図 9•52　杭基礎と 2 重スラブ

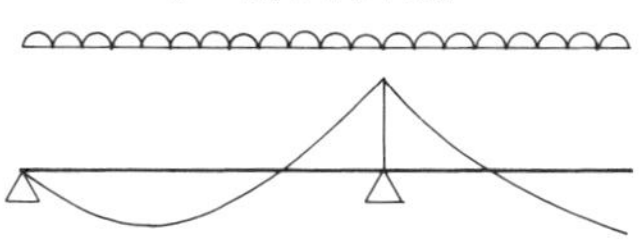

図 9•53　基礎梁の M 図

④ 杭基礎と 2 重スラブ（図 9•52）

杭基礎で，ピット，トレンチ，水槽等の必要性より，2 重スラブ構造とする場合には，接地板として W_5 スラブを設けるが，この荷重も基礎梁に作用して，前項③と同じように杭に荷重として作用する．

算定式

①杭荷重：$R=\dfrac{N'+W_1+W_2+W_4+W_5}{n}$

②杭反力：$R'=\dfrac{N'+W_2+W_4+W_5}{n}$

③接地板の設計：厚さ 200～300 mm，配筋はダブル配筋．

④基礎梁応力：$W=W_2+W_4+W_5$（図 9•53）

基礎梁には基礎梁自重 W_2，スラブ荷重 W_4 および接地板スラブ W_5 によって応力が生じるので検討が必要である．

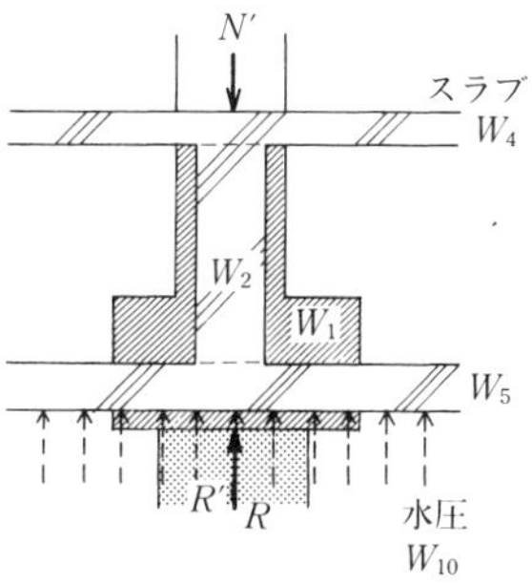

図 9•54　杭基礎と 2 重スラブ＋水圧

⑤ 杭基礎と 2 重スラブ＋水圧（図 9•54）

前項④の基礎形式を地階基礎に採用し，地下水位の関係より，接地板（基礎スラブ）等に水圧が作用する場合の設計については，基本的には前項と同じである．ただし，水圧が接地板スラブ W_5 の荷重より大きい場合には，下記の算定式⑤にて設計する．

算定式

①杭荷重：$R=\dfrac{N'+W_1+W_2+W_4+W_5}{n}$

②杭反力：$R'=\dfrac{N'+W_2+W_4+W_5}{n}$

③接地板の設計：厚さ 200～300 mm，配筋はダブル配筋.

④基礎梁応力：$W=W_2+W_4+W_5$（図 9•55）

基礎梁には基礎梁自重 W_2，スラブ荷重 W_4 および接地板スラブ W_5 によって応力が生じるので検討が必要である.

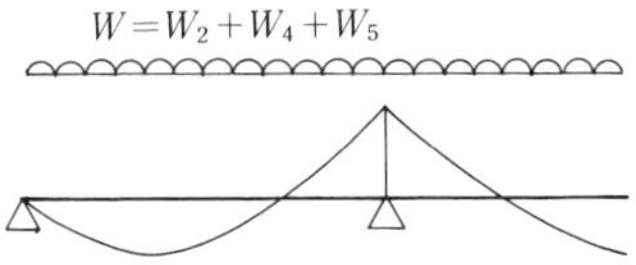

図 9•55　基礎梁の M 図

⑤水圧を考慮した接地板等の設計

- $W_{10}\leqq W_5$　　検討の必要なし
- $W_{10}>W_5$

  $\sigma_5'\uparrow=\dfrac{W_{10}-W_5}{A}$

  σ_5' にて接地板の設計が必要.
- $W_{10}>(W_2+W_4+W_5)$

  $\sigma_2'\uparrow=\dfrac{W_{10}-(W_2+W_4+W_5)}{A}$（図 9•56）

  σ_2' にて基礎梁の検討が必要.

  $\sigma_5'\uparrow=\dfrac{W_{10}-W_5}{A}$

  σ_5' にて接地板の設計が必要.

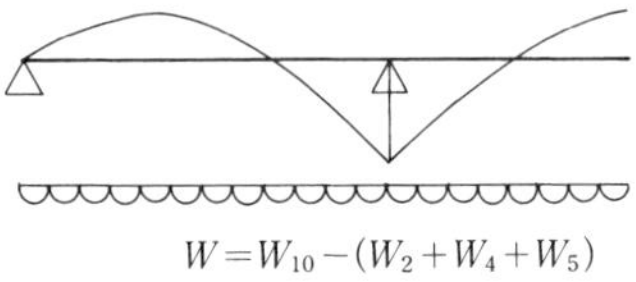

図 9•56　基礎梁の M 図

942　構造設計の定石　基礎自体が偏心した独立偏心（杭）基礎の設計ポイント

鉄骨造等の基礎で基礎梁を設けない基礎で，柱心と基礎スラブの心が一致せず偏心距離 ε を生じる独立偏心（杭）基礎には，図 9•57，9•58 に示すような外力・偏心が作用する．この偏心基礎の設計手順を説明する.

なお，実務図表 9•7「独立偏心（杭）基礎の偏心距離 ε と M」は各架構別に偏心距離 ε と外力による M の方向（合成のための±）を示したものである.

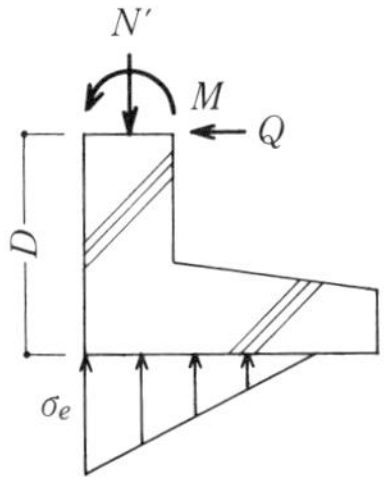

図 9•57　独立偏心基礎への外力

【a】 記号

N'　：柱軸方向力（基礎自重を含まない，短期の場合 $_SN'$）

$_HN'$　：水平荷重により生じる柱軸方向力

N　：柱軸方向力（基礎自重を含む，短期の場合 $_SN$）

W_1　：基礎自重

$M_{脚}$　：柱脚位置のモーメント

$M_{基}$　：基礎底面位置のモーメント

$\sum M$　：杭群または基礎スラブ心に対するモーメントの総和

Q　：柱脚に作用するせん断力（水平力）

ε　：偏心基礎自体の偏心距離

杭基礎　─杭群心と柱心との偏心距離

直接基礎─基礎スラブ心と柱心との偏心距離

$N'\cdot\varepsilon$：柱軸方向力による偏心モーメント

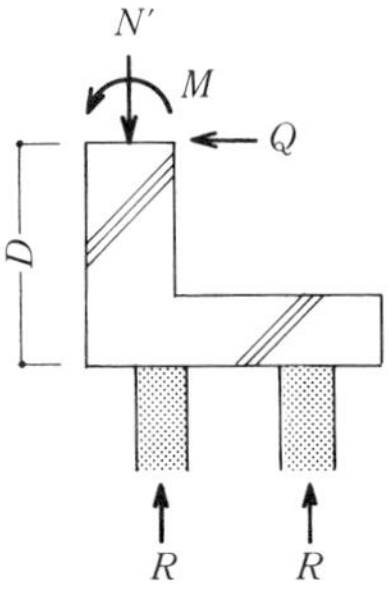

図 9•58　独立偏心杭基礎への外力

実務図表 9・7　独立偏心（杭）基礎の偏心距離 ε と M

	柱脚ピン	柱脚固定
鉛直荷重時	$M_基 = Q \cdot D$	$M_基 = M_脚 + Q \cdot D$
水平荷重時	$M_基 = Q \cdot D$	$M_基 = M_脚 + Q \cdot D$

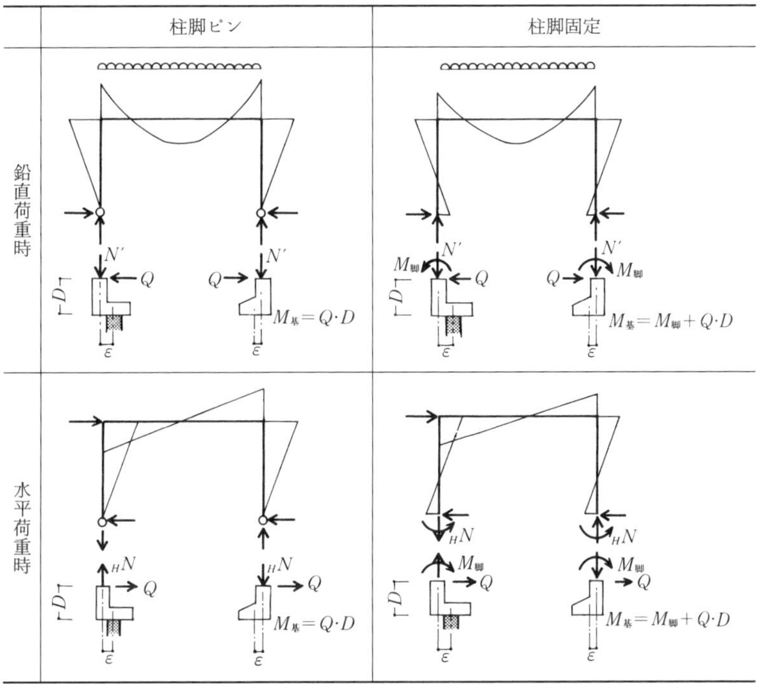

- e　：偏心距離　$e = \dfrac{M_基 + N' \cdot \varepsilon}{N}$
- D　：基礎せい
- n　：杭本数
- R　：杭に作用する荷重
- R'　：杭反力（基礎スラブ筋算定用）
- σ_e　：接地圧
- σ_e'　：地反力（基礎スラブ筋算定用）

【b】　独立偏心基礎（図9・59，☞ 923　943）

① 基礎底面位置のモーメント

$$M_基 = M_脚 + \underbrace{Q \cdot D}_{\text{柱脚に作用するせん断力によるモーメント}} \quad \cdots\cdots\cdots (9 \cdot 50) \text{式}$$

② 基礎スラブ心に対するモーメントの総和

$$\sum M = M_基 + \underbrace{N' \cdot \varepsilon}_{\text{偏心基礎に対する柱軸方向力の偏心モーメント}} \quad \cdots\cdots\cdots (9 \cdot 51) \text{式}$$

③ 基礎自重を含む柱軸方向力

・長期荷重時軸方向力

$$N = N' + W_1$$

・短期荷重時軸方向力

$$_sN = {_sN'} + W_1 = (N' \pm {_HN}) + W_1$$

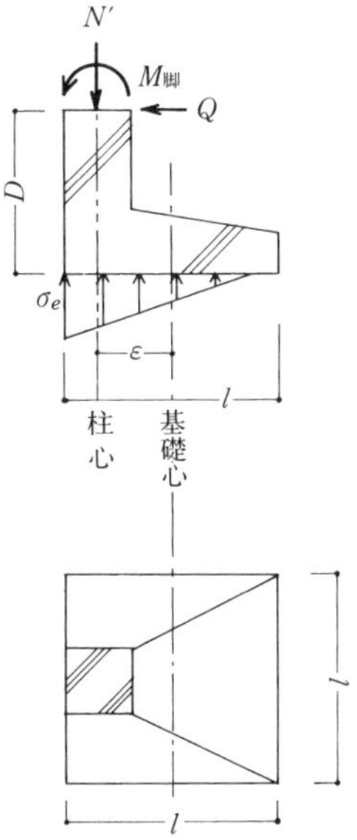

図 9・59　独立偏心基礎への外力と偏心距離 ε

④ 偏心距離

$$e=\frac{\sum M}{N}=\frac{M_{基}+N'\cdot\varepsilon}{N}$$ （接地圧用）……………………………（9•52）式

$$e'=\frac{\sum M}{N'}=\frac{M_{基}+N'\cdot\varepsilon}{N'}$$ （地反力用）……………………………（9•53）式

⑤ 接地圧および地反力

① $\frac{e}{l}\leqq\frac{1}{6}$ の場合

接地圧	地反力
$_{\max}\sigma_e=\frac{N}{l\times l'}\left(1+\frac{6e}{l}\right)$	$_{\max}\sigma_e'=\frac{N'}{l\times l'}\left(1+\frac{6e'}{l}\right)$
$_{\min}\sigma_e=\frac{N}{l\times l'}\left(1-\frac{6e}{l}\right)$	$_{\min}\sigma_e'=\frac{N'}{l\times l'}\left(1-\frac{6e'}{l}\right)$

② $\frac{e}{l}>\frac{1}{6}$ の場合，ただし $\frac{e}{l}\leqq\frac{1}{3}$ を限度とする

接地圧	地反力
$_{\max}\sigma_e=\frac{N}{l\times l'}\times\frac{2}{3\left(\frac{1}{2}-\frac{e}{l}\right)}$	$_{\max}\sigma_e'=\frac{N'}{l\times l'}\times\frac{2}{3\left(\frac{1}{2}-\frac{e'}{l}\right)}$
$x_n=3l\left(\frac{1}{2}-\frac{e}{l}\right)$	$x_n'=3l\left(\frac{1}{2}-\frac{e'}{l}\right)$

基礎スラブ筋算定に当っても，通常は安全側の σ_e（接地圧）にて設計している.

【c】 独立偏心杭基礎（図 9･60，☞ **934**）

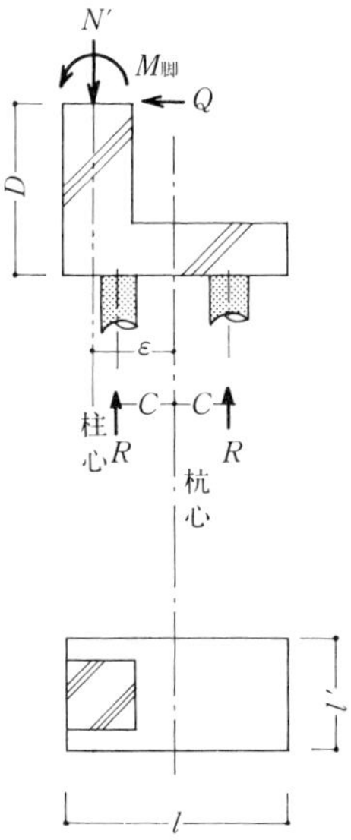

図 9･60　独立偏心杭基礎への外力と偏心距離 ε

① 基礎底面位置のモーメント

$$M_{基}=M_{脚}+Q\cdot D$$

↑柱脚に作用するせん断力モーメント

② 杭群に対するモーメントの総和

$$\sum M=M_{基}+N'\cdot\varepsilon$$

↑杭群心に対する柱軸方向力の偏心モーメント

③ 基礎自重を含む柱軸方向力

・長期荷重時軸方向力

$$N=N'+W_1$$

・短期荷重時軸方向力

$$_sN=(N'\pm{}_HN)+W_1={}_sN'+W_1$$

④ 杭反力の計算式

$$R=\frac{N}{n}\pm\frac{MC}{\sum C^2}$$ ……………………………………………（9•41）式

$$R'=\frac{N'}{n}\pm\frac{MC}{\sum C^2}$$ ……………………………………………（9•41）′ 式

基礎スラブ設計に当っても，通常は安全側の R にて設計している.

⑤ 2本杭の場合（$n=2$）

$$R=\frac{N}{2}\pm\frac{M}{2C} \quad \cdots\cdots (9\cdot42)\text{式}$$

$$R'=\frac{N'}{2}\pm\frac{M}{2C} \quad \cdots\cdots (9\cdot42)'\text{式}$$

R がマイナスの場合は，杭に引抜き力が作用する．すなわち基礎が転倒するのでその対策が必要である．

943

構造設計の定石 鉄骨造基礎に作用する M の取扱い

【a】 基礎に作用するモーメント

① 偏心独立基礎の場合

偏心独立基礎の設計用モーメントは，基礎底面のモーメントによらなければならない．基礎梁のない独立基礎の場合，たとえば図9•61(b)のように柱脚が固定で柱脚のモーメントが $M_{脚}$ であっても，基礎にはせん断力 Q と基礎せい D によるモーメント $Q\cdot D$ も作用する．したがって，設計に当ってはこの $Q\cdot D$ への考慮が必要である．なお，Q が小さい場合は，土間に鉄筋を配筋して負担させる事例が多いようである．

② 基礎をピンと仮定する場合

RC造，あるいは柱脚を根巻きしたS造の基礎で基礎梁を設けることができない場合に，基礎をピンと仮定して設計することがある．その場合，フーチングには地盤による固定度が働くので，ピンの位置はフーチングの上と仮定，基礎は図9•62のように $M_{基}=Q\cdot D$ を考慮

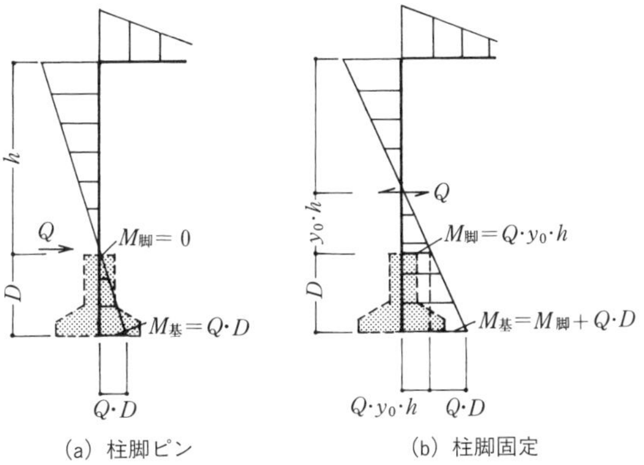

(a) 柱脚ピン　(b) 柱脚固定

図9•61 基礎設計用モーメント（$M_{基}=M_{脚}+Q\cdot D$）

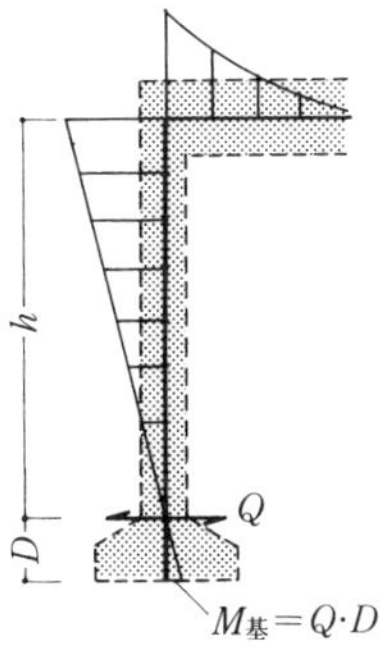

図9•62 鉄骨造のピン基礎への外力

して設計する．

【b】 水平反力 Q を土間鉄筋に負担させる設計方法

【a】で述べたように「土間に鉄筋を配筋し，その鉄筋を基礎にアンカーする」場合には，水平反力 Q を負担させて $Q \cdot D=0$ として基礎を設計している事例が多い．次に，その設計方法のポイントを解説しておく．なお，大スパン架構等の場合には，水平反力 Q が大きくなるので，$Q \cdot D$ を考慮して慎重に設計する必要がある．

1 鉛直荷重時（図 9•63）

Q に耐えるだけの鉄筋を土間コンクリートに配筋し，その鉄筋を基礎にアンカーする．この場合，鉄筋はタイロットの役目を果たす．

2 水平荷重時（図 9•64）

鉄筋を配した土間コンクリートと埋め戻し土との摩擦力によって Q を負担させる．ただし $Q>\mu_0 N$ の場合は，Q のすべてを土間に負担させることができないので注意を要する．なお配筋方法は 1 と同じである．

μ_0：土間コンクリートと埋め戻し土との摩擦係数　$\mu_0=0.3\sim0.45$

N：土間コンクリートの重量

【c】 独立偏心（杭）基礎に作用する M と偏心距離 ε との関係

風圧力を受ける妻間柱の基礎は，最初から偏心基礎として設計しておくと有利である．ただ，そのことが分かっていても，一体どちらの側にどれだけ偏心をさせておけばよいかの判断はむずかしい．そんな場合の手引きとして，偏心距離 ε と M との関係を実務図表 9•8 にまとめておく．

なおこの場合，基礎は偏心距離の合計 e に基づいて設計する．

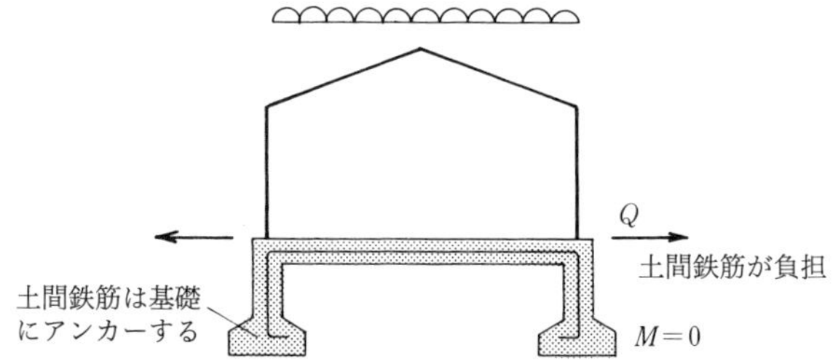

図 9•63　土間鉄筋へ水平反力 Q を負担させる設計方法（鉛直荷重時）

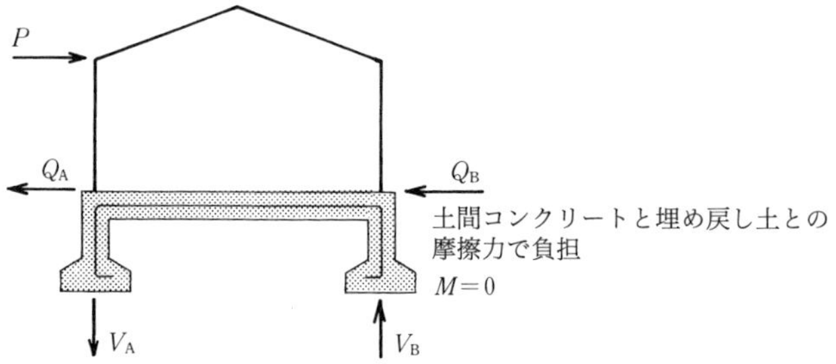

図 9•64　土間鉄筋へ水平反力 Q を負担させる設計方法（水平荷重時）

実務図表 9・8　鉄骨造の各種架構の基礎を基礎自体が偏心した独立偏心基礎とする場合の偏心距離 ε の取り方

架構	間　柱	片持梁	山形架構	一般架構
荷重	水平荷重	鉛直荷重	鉛直荷重	水平荷重
架構, 外力状態, 反力	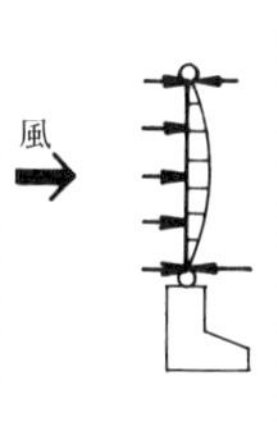	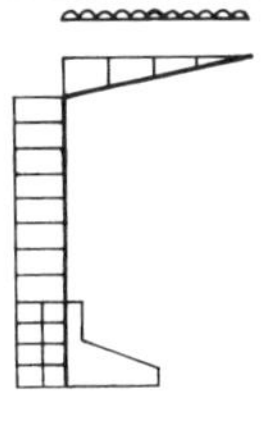	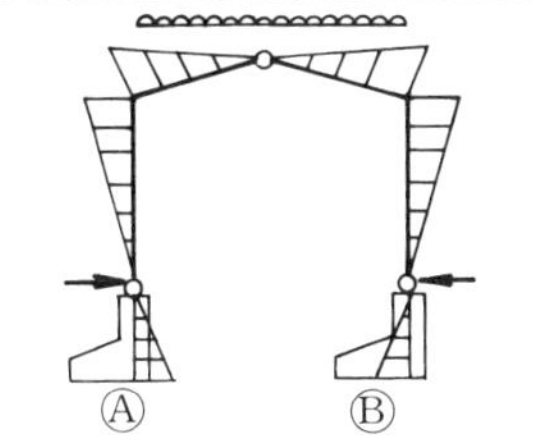	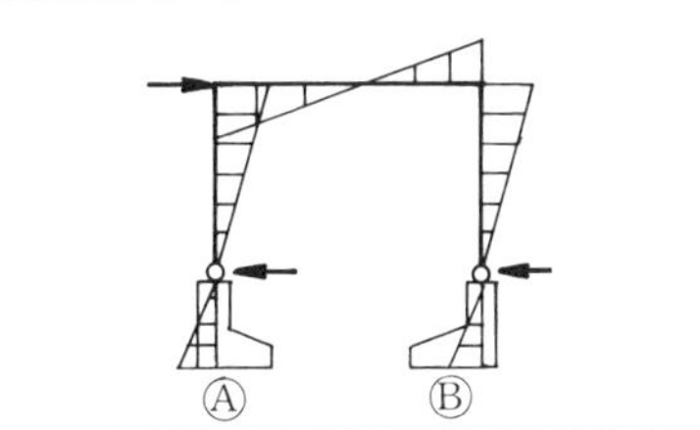
基礎底面位置のモーメント	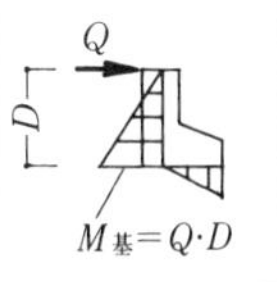	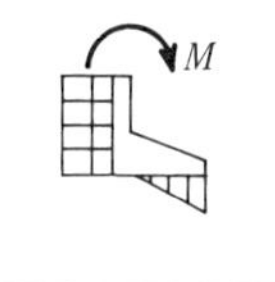	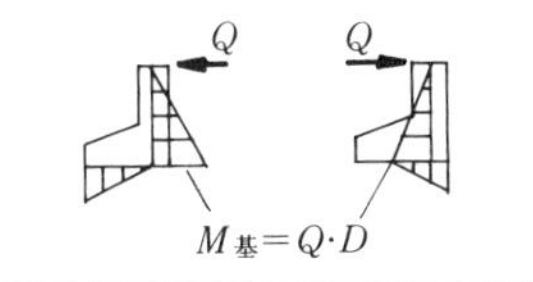	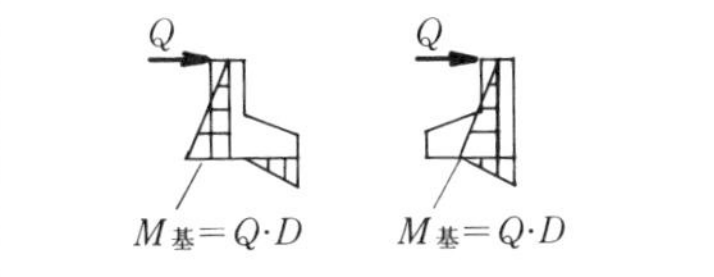
基礎自体の偏心距離	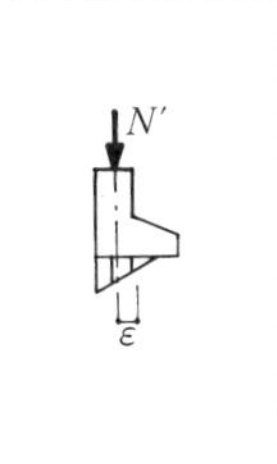	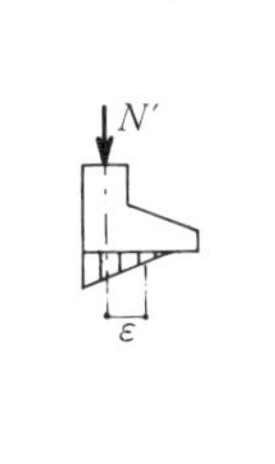	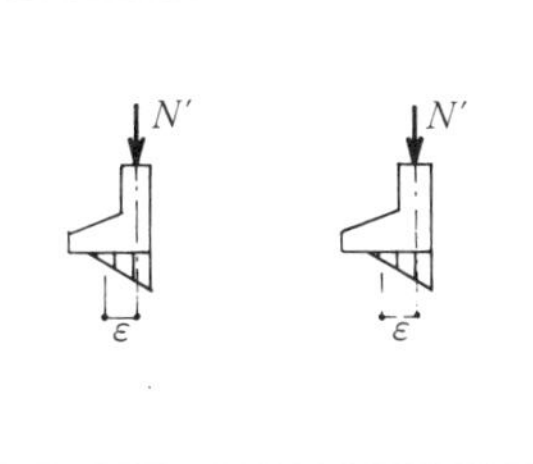	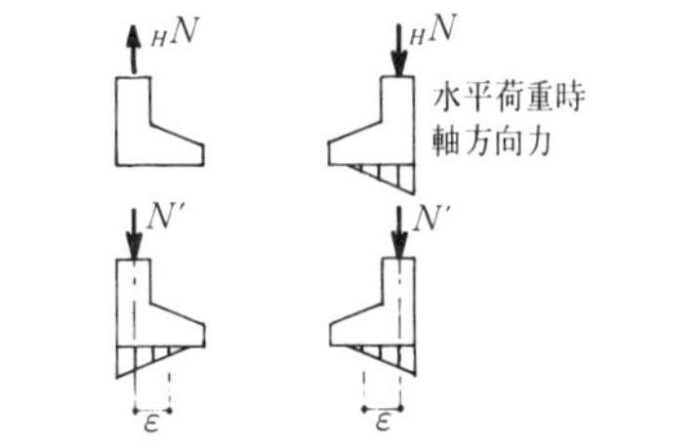
偏心距離の合計	$e=\dfrac{M_{基}-N'\cdot\varepsilon}{N}$ (有利)	$e=\dfrac{M-N'\cdot\varepsilon}{N}$ (有利)	Ⓐ $e_A=\dfrac{M_{基}-N'\cdot\varepsilon}{N}$ (有利) Ⓑ $e_B=\dfrac{M_{基}+N'\cdot\varepsilon}{N}$ (不利)	Ⓐ $e_A=\dfrac{M_{基}-{}_HN\cdot\varepsilon-N'\cdot\varepsilon}{N}$ (有利) Ⓑ $e_B=\dfrac{M_{基}+{}_HN\cdot\varepsilon+N'\cdot\varepsilon}{N}$ (不利)

$M_{基}$：水平反力 Q による基礎底面位置の設計用モーメント

N'：柱軸方向力（基礎自重を含まない）

N　：柱軸方向力（基礎自重を含む）

ε　：偏心基礎自体の偏心距離

D　：基礎せい

1000　基礎梁付偏心杭基礎

市街地での基礎は，敷地境界に接して設けることが多いが，基礎スラブを柱面より外側に出せない場合や，杭基礎で施工上の条件により柱心位置に杭を打設できない場合には，基礎自体が偏心した偏心基礎となる．当然，偏心モーメントが大きな値となるので，その応力は基礎梁に負担させることになる．

この章では，杭基礎についての設計例を示すことにするが，設計式の基本は直接基礎であるので，まず日本建築学会『鉄筋コンクリート構造計算規準・同解説（1988年版）』（以下「RC規」と略す）19条「基礎」の解説に基づき直接基礎の場合の基本式を 1010 に示し，これを基にして杭基礎の設計式および設計例を 1020 1030 に示すことにする．

また，外柱が基礎梁の先端に乗っていて，基礎スラブ（杭）を支点として支えている状態になっていることから，片持梁式フーチング基礎と呼ばれている偏心基礎の解法を解説し（☞ 1021），次いで両側が対称となっている両側偏心杭基礎の解法を示す（☞ 1023）．

なお，900 ではモーメントによって生じる偏心距離 e に対し，基礎自体が偏心している場合の偏心距離を ε と定義したが，本章では「RC規」にしたがい，基礎自体が偏心している場合の偏心距離も e と定義しているので注意していただきたい．基礎梁付偏心杭基礎の実務設計においては，柱脚のモーメントは基礎梁が負担するとする．そのためモーメントによる偏心は生じない．したがって，偏心距離といえば基礎自体の偏心を指す．また，基礎梁付偏心基礎の設計詳細および直接基礎の設計例については，『改訂版　実務から見たRC構造設計』を参照いただきたい．

1010　構造設計の定石　直接基礎の基礎梁付偏心基礎の設計ポイント

1 前提条件

①外柱A点，内柱B点はピン支持と仮定する．ただし，外柱の柱脚にも偏心基礎モーメントが作用するので，柱の柱脚は余裕を見て設計すること．

②内柱は，外柱から受ける影響でⓇだけ荷重が減少するが，通常の場合はこの減少分を無視して．内柱基礎の底面積を算定する．

2 計算プロセス（図10•1）

①基礎底面積を計算する．

$$A=\frac{N'_1}{f_e'} \quad \cdots\cdots (10•1)式$$

f_e'：有効許容地耐力［kN/m²］

なお，$A(=l\times l')$は余裕を見て仮定すること．

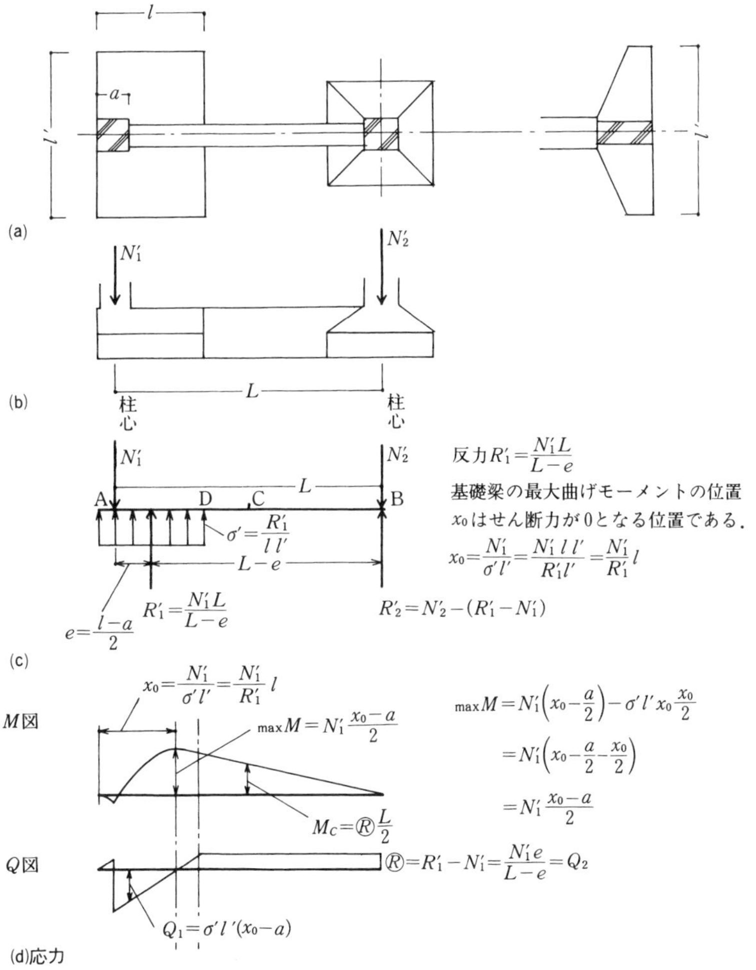

図 **10・1**　基礎自体が偏心した基礎梁付偏心基礎のポイント

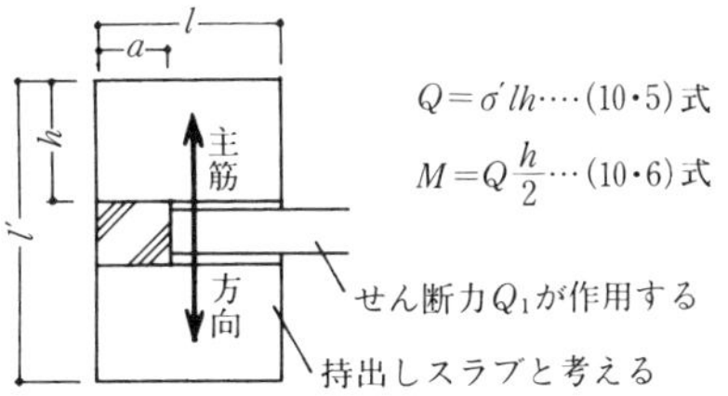

図 **10・2**　基礎スラブの設計

②偏心距離 e を計算する.

$$e=\frac{l-a}{2} \quad\cdots\cdots\cdots\cdots \text{(10・2) 式}$$

③反力 R'_1 を計算する.

$$R'_1=\frac{N'_1L}{L-e} \quad\cdots\cdots\cdots\cdots \text{(10・3) 式}$$

④基礎底面積を再検討する.

$$\frac{R'_1}{ll'}=\sigma'\leqq f_e' \quad\cdots\cdots\cdots\cdots \text{(10・4) 式}$$

⑤基礎スラブを設計する（図 10•2）.

基礎梁からの持出しスラブとして設計する.

⑥基礎梁の最大曲げモーメント ${}_{\max}M$ とその位置 x_0（$Q=0$ の位置）を求める.

$$x_0=\frac{N'_1}{\sigma' l'}=\frac{N'_1}{R'_1}l \quad \cdots\cdots (10•7) 式$$

$$_{\max}M=N'_1\frac{x_0-a}{2} \quad \cdots\cdots (10•8) 式$$

⑦基礎梁のせん断力 Q_1，Q_2，Ⓡ および基礎梁中央の M_C を求める.

$$Ⓡ=\frac{N'_1 e}{L-e} \quad \cdots\cdots (10•9) 式$$

$$M_C=Ⓡ\times\frac{L}{2} \quad \cdots\cdots (10•10) 式$$

$$Q_1=\sigma' l'(x_0-a) \quad \cdots\cdots (10•11) 式$$

$$Q_2=Ⓡ$$

Q_1：反力によるせん断力［kN］

Q_2：偏心モーメントによるせん断力［kN］

3 その他

①偏心側端部の曲げモーメントに対する主筋は上端に入れ，長さを約 $\frac{L}{3}$ まで延ばしておくのがよい.

②偏心側端部の下端筋については，次の事項を検討する（表 10•1 の下端筋の算定参照）.

- せん断力による付着鉄筋所要量 ψ を満たすか.
- $a_t=0.004bd$ を満たすか.
- ${}_{下}a_t={}_{上}a_t\times\gamma$ を満たすか（複筋比 $\gamma=0.5\sim0.6$）.

1020 基礎梁付偏心杭基礎の設計

1021 基礎梁付偏心杭基礎の設計ポイント

【a】 前提条件

①杭反力は集中荷重として作用する．柱軸方向力 N' には基礎自重を含まない.

②基礎スラブ設計用のせん断力，曲げモーメントは，柱面または基礎梁面からの持出しスラブとして応力を算定する（図 10•3）．なお，せん断力について基礎梁面からの持出板として設計した場合には，反力によるせん断力 Q_1 が基礎梁に作用することになるので注意しなければならない.

③杭基礎のパンチングシヤーの検討は，柱面より 45° の範囲に杭がある場合には必要ない（図 10•4）.

④杭の偏心によって生じる偏心モーメントは，基礎梁に負担させる.

- 偏心距離 e は，杭反力の合力作用点（重心）と柱心の距離とする.
- 偏心モーメント M_e は，柱軸方向力 N'（基礎自重，基礎梁自重等を含まない）と偏心距離 e を乗じて求める.

$$M_e=N'e$$

・水平荷重によって生じる柱軸方向力が大きい場合には，その軸方向力に長期軸方向力を加えた短期軸方向力 ${}_{S}N$（${}_{S}N={}_{L}N\pm{}_{H}N$）による短期偏心モーメントによっても検討しなければならない．

・基礎スラブを基礎梁からの持出し板として設計した場合，または基礎梁に直接杭反力を作用させる場合には，杭反力によるせん断力 Q_1 が基礎梁に作用する．一方，偏心モーメント M_e によって生じるせん断力 Q_2 も生じる．ただし，この値は小さい（図10•5）．

$$Q_2=\text{Ⓡ}=R'-N'=\frac{M_e}{L-e}=\frac{N'e}{L-e} \quad \cdots\cdots(10•16)\text{式}$$

⑤偏心モーメントにより，柱軸方向力 Ⓡ が生じるので，杭の設計に当っては，その Ⓡ を加算した軸方向力にて設計しなければならない．

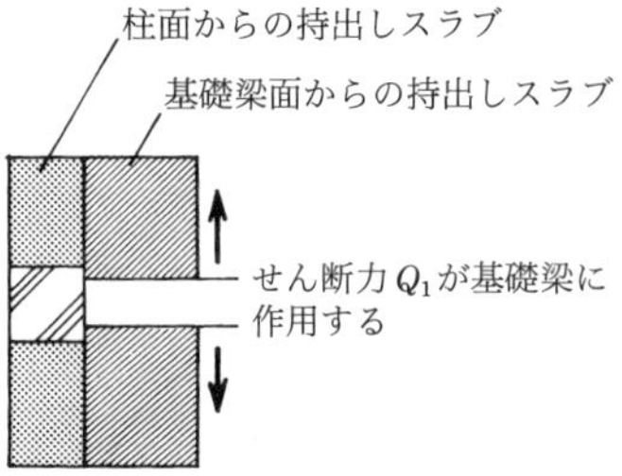

図 **10•3**　基礎梁からの持出しスラブと考える

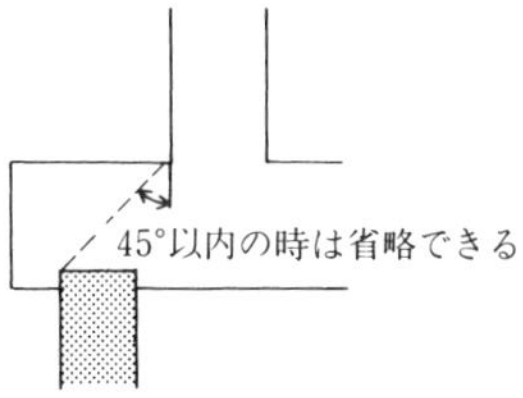

図 **10•4**　パンチングシヤーの検討省略可能範囲

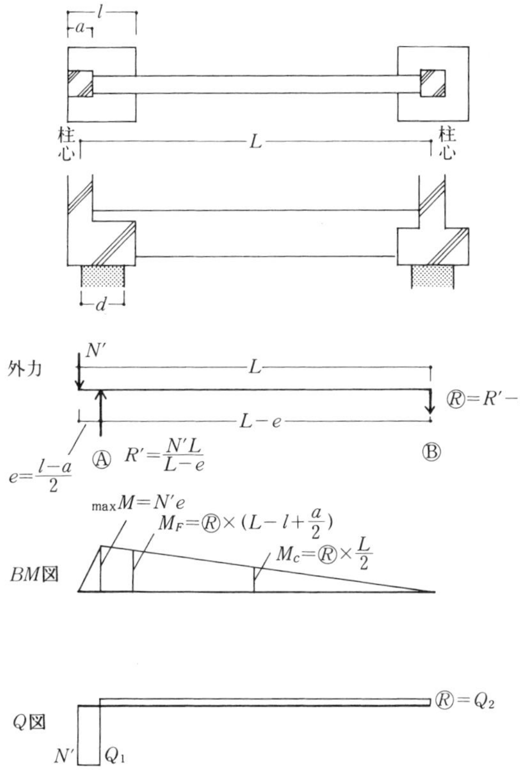

図 **10•5**　基礎梁付偏心杭基礎（片側）の応力

【b】 計算プロセス（図 10•5）

1 杭径，杭本数の設計

$$n=\frac{N}{R_a} \cdots\cdots (10•12)式$$

n：杭本数［本］

nは後で杭径を変更することも考えられるので，余裕を見て仮定する．

N：軸方向力（基礎自重等を含む）［kN］

$N=N'+W_1+W_2+W_4$

N'：柱脚位置の柱軸方向力（基礎自重等を含まない）［kN］

W_1：基礎自重（nの予想値に応じた値を仮定する）［kN］

W_2：基礎梁自重［kN］

W_4：スラブ荷重［kN］

R_a：杭1本当りの許容支持力［kN/本］

2 基礎スラブ寸法仮定

①既製杭（図 10•6）

②場所打ち杭（図 10•7）

3 偏心距離eの算定（図 10•8，10•9）

$$e=\frac{l-a}{2} \quad (n=1\text{ の場合}) \cdots\cdots (10•13)式$$

$$e=r-\frac{a}{2} \quad (n\geqq 2\text{ の場合}) \cdots\cdots (10•14)式$$

4 反力 R'，Ⓡの算定（図 10•10）

$$R'=\frac{N'L}{L-e} \cdots\cdots (10•15)式$$

$$Ⓡ=R'-N' \quad \text{または} \quad Ⓡ=\frac{N'e}{L-e} \cdots\cdots (10•16)式$$

5 杭の耐力の再検討

$$\frac{N+Ⓡ}{n}\leqq R_a \cdots\cdots (10•17)式$$

場所打ち杭の杭体の断面設計用軸方向力にはⓇを加算する．

6 基礎スラブ設計応力（持出しスラブとして設計，図 10•11，10•13，☞ **1022**）

杭反力：R'

応力　：柱面または基礎梁面からの距離による応力

①曲げモーメント

$$M=R'\times c \cdots\cdots (10•18)式$$

②せん断力

$$Q=\frac{b'}{d}R' \cdots\cdots (10•19)式$$

7 基礎梁の応力算定（図 10•5，☞ **1022**）

$$_{\max}M=N'e \cdots\cdots (10•20)式$$

$$M_F=Ⓡ\times\left(L-l+\frac{a}{2}\right) \cdots\cdots (10•21)式$$

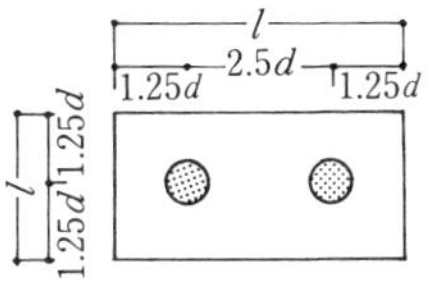

図 10·6 既製杭のへりあき，杭間隔と基礎スラブ寸法

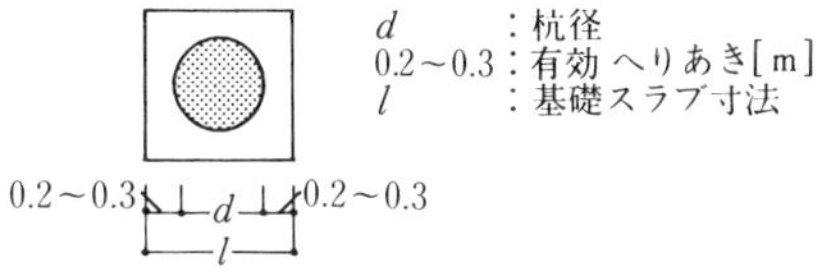

図 10·7 場所打ち杭のへりあきと基礎スラブ寸法
d ：杭径
$0.2～0.3$ ：有効へりあき [m]
l ：基礎スラブ寸法

図 10·8 $n=1$ の場合
$e=\dfrac{l-a}{2}$

図 10·9 $n≧2$ の場合
合力位置計算式
$Rr=n_1Pa_1+n_2Pa_2$ … 力の釣合い式
$\therefore r=\dfrac{n_1Pa_1+n_2Pa_2}{R}$
n_1：a_1 位置の杭本数
n_2：a_2 位置の杭本数
n ：杭本数
$R=nP$

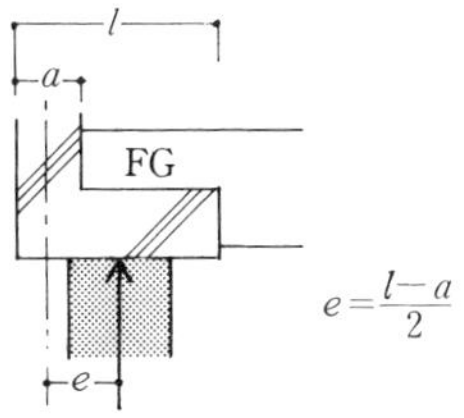

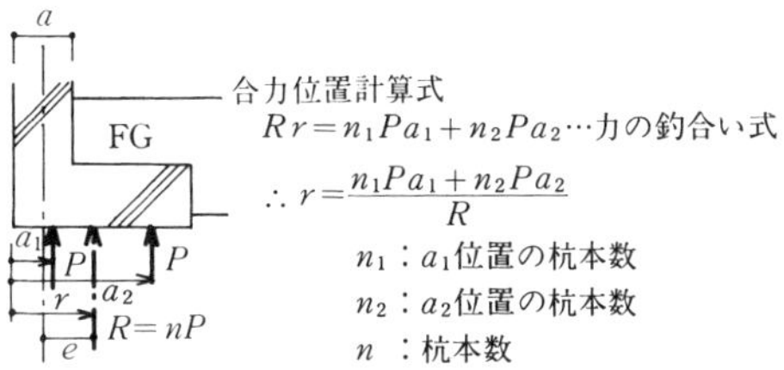

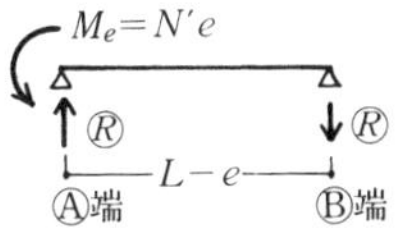

図 10·10 偏心モーメントによる軸方向力　Ⓡは偏心モーメント $M_e=N'e$ によって生じる軸方向力で，Ⓐ端にはⓇを加算し，Ⓑ端ではⓇを引き算する．

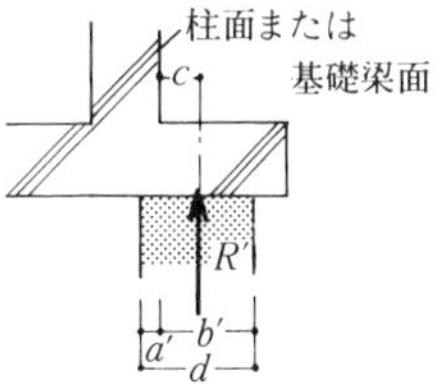

図 10·11 基礎スラブの応力

$$M_c=Ⓡ\times\dfrac{L}{2} \quad\cdots\cdots\cdots\cdots (10\cdot22)\text{式}$$

$$Q_2=Ⓡ \quad\cdots\cdots\cdots\cdots (10\cdot23)\text{式}$$

$$Q_1=N' \quad \text{または} \quad Q_1=\dfrac{b'}{d}R' \;(\text{図}10\cdot14) \quad\cdots\cdots\cdots\cdots (10\cdot24)\text{式}$$

【c】その他

①偏心側端部の曲げモーメントに対する主筋は上端に入れ，長さを約 $\dfrac{L}{3}$ まで延ばしておく．

②偏心側端部の下端筋については，次の事項を検討する（表 10·1 の下端筋の算定参照）．

- せん断力による付着鉄筋所要量 ψ を満たすか．
- $a_t=0.004bd$ を満たすか．
- $_下a_t=_上a_t\times\gamma$ を満たすか（複筋比 $\gamma=0.5～0.6$）．

1022 構造設計の定石　杭反力とせん断力

　杭基礎の基礎スラブ設計用せん断力，曲げモーメント，および基礎梁に作用するせん断力，偏心モーメントの算定において，杭が応力算定断面位置より外側か内側かにより杭反力の値が変わる．基礎スラブと基礎梁の場合に分けて，算定方法を図に示す．

1 基本事項（図 10·12）
2 基礎スラブ設計用応力（図 10·13）
3 基礎梁設計用応力（図 10·14）

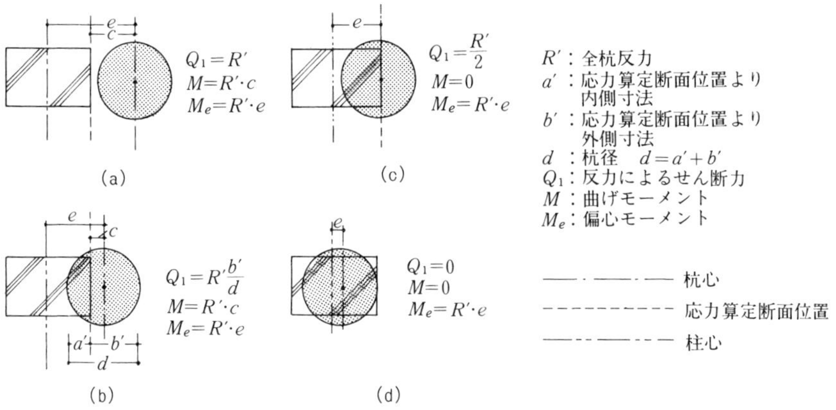

図 10·12　基礎自体が偏心した杭基礎の Q_1, M, M_e（基本事項）

(a) $Q_1 = R'$, $M = R' \cdot c$, $M_e = R' \cdot e$

(b) $Q_1 = R' \cdot \dfrac{b'}{d}$, $M = R' \cdot c$, $M_e = R' \cdot e$

(c) $Q_1 = \dfrac{R'}{2}$, $M = 0$, $M_e = R' \cdot e$

(d) $Q_1 = 0$, $M = 0$, $M_e = R' \cdot e$

R'：全杭反力
a'：応力算定断面位置より内側寸法
b'：応力算定断面位置より外側寸法
d：杭径　$d = a' + b'$
Q_1：反力によるせん断力
M：曲げモーメント
M_e：偏心モーメント

—·—·—　杭心
— — — —　応力算定断面位置
—··—··—　柱心

図 10·13　杭基礎の基礎スラブ設計用応力

$Q_1 = R'$, $M = R' \cdot c$

$Q_1 = R' \cdot \dfrac{b'}{d}$, $M = R' \cdot c$

$Q_1 = \dfrac{R'}{2}$, $M = 0$

$Q_1 = R' \cdot \dfrac{b'}{d}$, $M = 0$

図 10·14　偏心杭基礎の基礎梁設計用応力

$Q_1 = R'$, $M_e = R' \cdot e$

$Q_1 = R' \cdot \dfrac{b'}{d}$, $M_e = R' \cdot e$

$Q_1 = \dfrac{R'}{2}$, $M_e = R' \cdot e$

$Q_1 = R' \cdot \dfrac{b'}{d}$, $M_e = R' \cdot e$

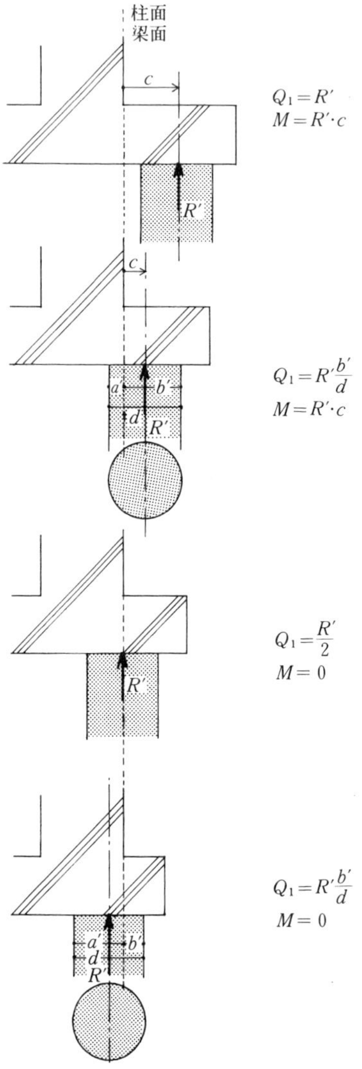

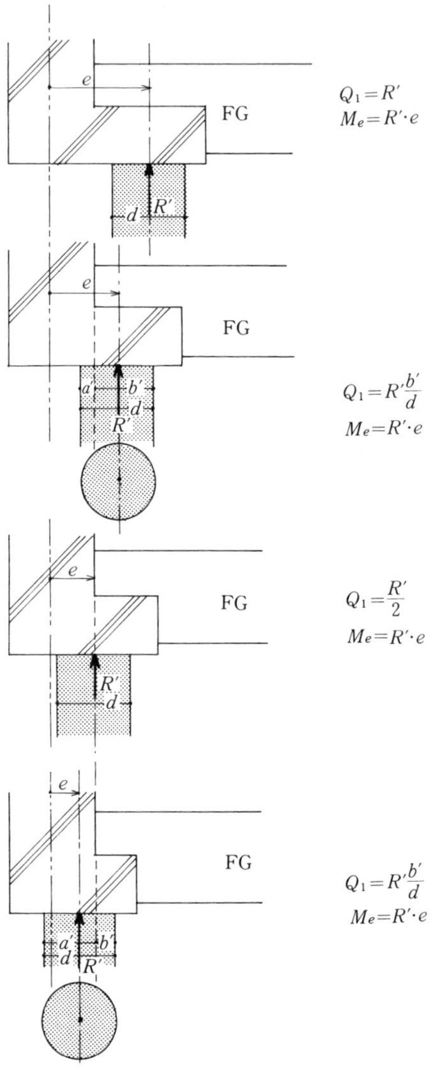

1023　両側偏心杭基礎の計算プロセス

両側が対称になっている基礎自体が偏心した偏心基礎の計算プロセスを示す．

1　前提条件
1021 による．

2　計算プロセス（図 10・15）

①杭径，杭本数の設計

$$n = \frac{N}{R_a} \quad \cdots\cdots\cdots\cdots\cdots\cdots\cdots\cdots\cdots\cdots\cdots\cdots (10\cdot12)\text{式}$$

　　n ：杭本数［本］
　　N ：軸方向力（基礎自重等を含む）［kN］
　　　　$N = N' + W_1 + W_2 + W_4$
　　　　　　N', W_1, W_2, W_4 ☞ 1021【b】①
　　R_a：杭1本当りの許容支持力［kN/本］

②基礎スラブ寸法 ☞ 1021 と同じ

③偏心距離 e を計算する ☞ 1021 と同じ

④反力を計算する

$$R = N' \quad \cdots\cdots\cdots\cdots\cdots\cdots\cdots\cdots\cdots\cdots\cdots\cdots (10\cdot25)\text{式}$$

⑤基礎スラブ設計 ☞ 1021 と同じ

　　杭反力　$R' = N'$

⑥基礎梁の設計応力

　　$_{max}M = N'e$ ……杭支点から梁中央まで一定値である（上端引張り）．

　　$Q_1 = N'$…………基礎スラブまたは基礎梁で負担．中央部のせん断力 Q_2 は0となる．

⑦その他

　上端筋は，端部，中央とも同じ配筋となる．

　下端筋については，次の事項を検討する．

　・せん断力による付着鉄筋所要量 ψ を満たすか．

　・$a_t = 0.004bd$ を満たすか．

　・$_下a_t = _上a_t \times \gamma$ を満たすか（複筋比 $\gamma = 0.5\sim0.6$）．

$e = \dfrac{l-a}{2}$　$n=1$の場合

$e = r - \dfrac{a}{2}$　$n \geq 2$の場合

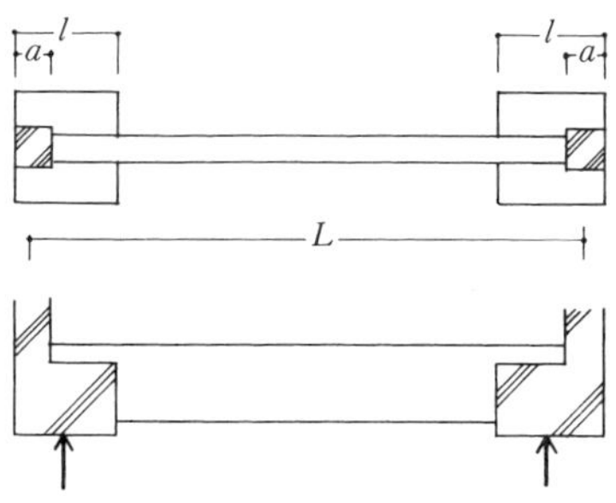

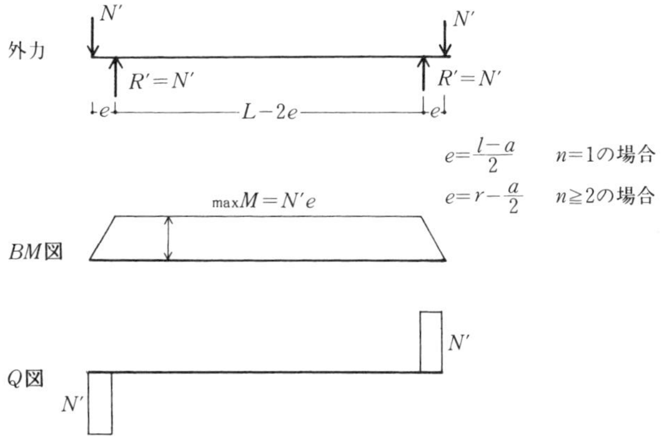

図 10・15　両側偏心杭基礎の応力

1030	基礎梁付偏心杭基礎の設計例

1031	設計例 18　基礎梁付偏心杭基礎の設計（場所打ちコンクリート杭）

1 設計条件（図 10•16，他は 852 と同じ）

$_LN'=1400$ kN，$_SN'=1920$ kN

2 略図，応力図（図 10•17）

3 計算プロセス

①杭径，杭本数の設計

杭径 $d=1.0$ m（$R_a=2300$ kN/本），1 本を仮定.

基礎スラブは，根入れ深さ 2 m，1.6 m×1.6 m と仮定し，基礎梁断面（$b\times D$）は 0.45 m×1.2 m，0.4 m×0.8 m の 2 通りとする.

$$N=N'+W_1+W_2=1400+102.4+90.2=1592.6\text{ kN}$$

基礎自重　：$W_1=20\times2\times1.6\times1.6=102.4$ kN

基礎梁自重：$W_2=24\times0.45\times1.2\times4+24\times0.4\times0.8\times5=90.2$ kN

$$n=\frac{N}{R_a}=\frac{1592.6}{2300}=0.69\ \rightarrow\ 1\text{ 本}$$

②基礎スラブ寸法

$$l=d+2\times0.3=1.6\text{ m}$$

③偏心距離 e の計算

$$e=\frac{l-a}{2}=\frac{1.6-0.6}{2}=0.5\text{ m}$$

④反力 R'，Ⓡの計算

長期

$$_LR'=\frac{_LN'L}{L-e}=\frac{1400\times8}{8-0.5}=1493\text{ kN}$$

$$_LⓇ={}_LR'-{}_LN'=1493-1400=93\text{ kN}$$

短期

$$_SR'=\frac{_SN'L}{L-e}=\frac{1920\times8}{8-0.5}=2048\text{ kN}$$

$$_SⓇ={}_SR'-{}_SN'=2048-1920=128\text{ kN}$$

⑤杭耐力の再検討

$$\frac{N+{}_LⓇ}{n}=\frac{1592.6+93}{1}=1685.6\text{ kN/本}<R_a=2300\text{ kN/本}\ \rightarrow\ \text{OK}$$

⑥基礎スラブの設計

杭反力は直接基礎梁に作用するとして設計.

・杭体の鉄筋に D22 を使用すると，実務図表 9•6（p. 208）よりフーチングの最小厚さは 1000 mm となるが，せん断力をフーチングに負担させるので 1150 mm とする.

・スラブ筋：8-D16 とする.

⑦基礎梁の応力算定

・長期軸方向力による応力

$$_{\max L}M=N'e=1400\times0.5=700\text{ kN•m}$$

$$_LM_F={}_LⓇ\times\left(L-l+\frac{a}{2}\right)=93\times(8-1.6+0.3)=93\times6.7=623.1\text{ kN•m}$$ （p. 233 へ続く）

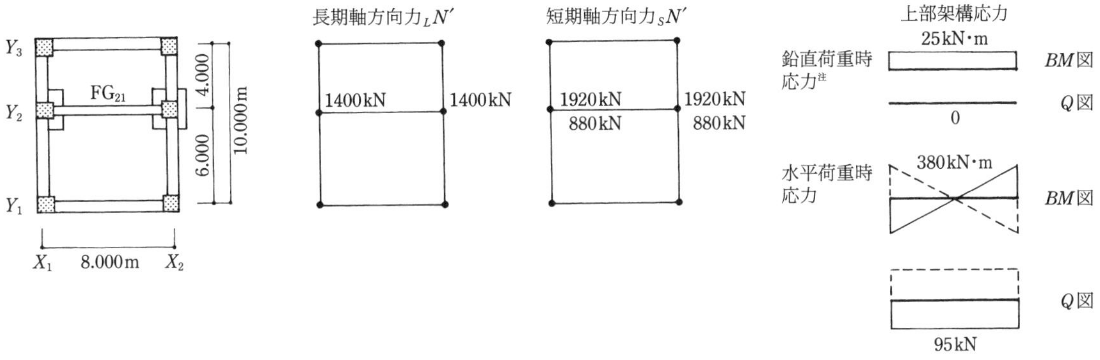

図 10・16　設計例 18・設計条件

注）断面算定においては偏心モーメントに比べて値が小さいことと柱脚をピンと仮定しているので，通常の場合には無視する．

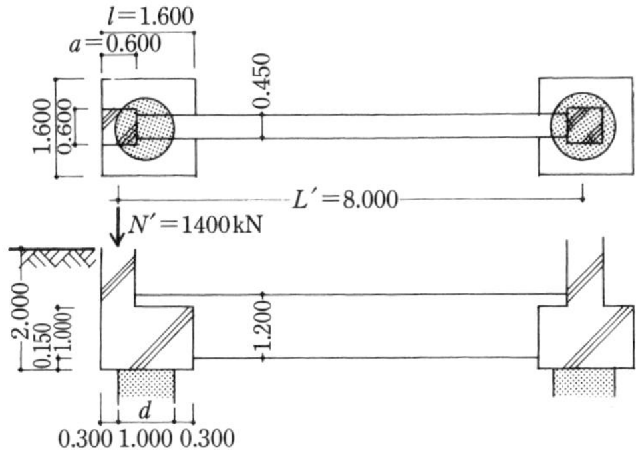

(a) 略図

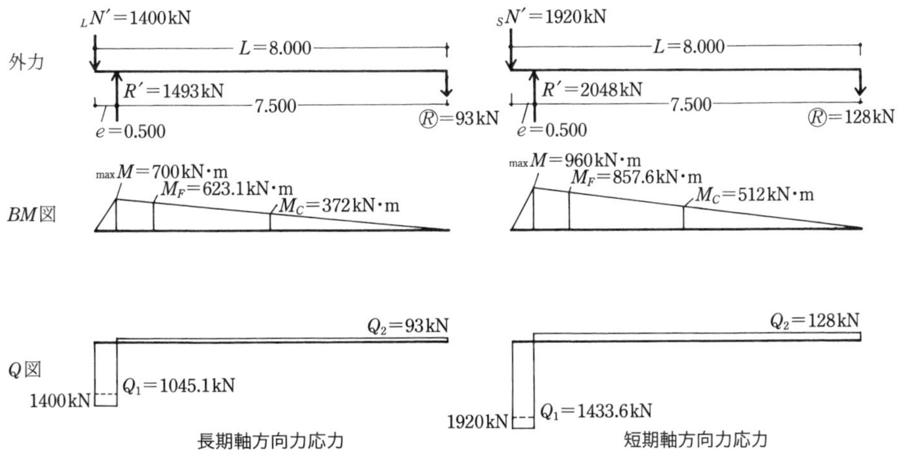

(b) 応力図

図 10・17　設計例 18・応力図［m］

表 10・1　設計例 18・基礎梁断面算定表

項目	内容
使用材料	SD295，F_c＝21 N/mm²
材料の許容応力度	（上端筋）　（下端筋） $_Lf_t$＝195 N/mm²，$_Lf_s$＝0.7 N/mm²，$_Lf_a$＝1.4 N/mm²，2.1 N/mm² $_sf_t$＝295 N/mm²，$_sf_s$＝1.05 N/mm²，$_sf_a$＝2.1 N/mm²，3.15 N/mm²
梁符号	**FG₂₁**
断面 断面諸係数	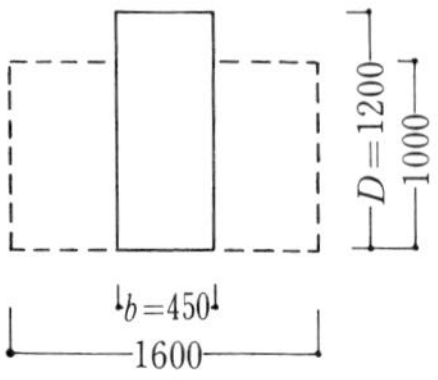 b：梁幅　D：梁せい X_1 端）D＝1200 mm，$d＝D－90$＝1110 mm，$j=\frac{7}{8}d$＝971.3 mm，bd^2＝554.4×10⁶ mm³，bd＝4995×10² mm²，0.4% bd＝1998 mm²，bj＝437×10³ mm² フーチング　D＝1000 mm，d＝1000－90＝910 mm，j＝796.3 mm，b＝1600 mm，bj＝1274×10³ mm²

設計応力の集計

曲げモーメント M [kN・m]

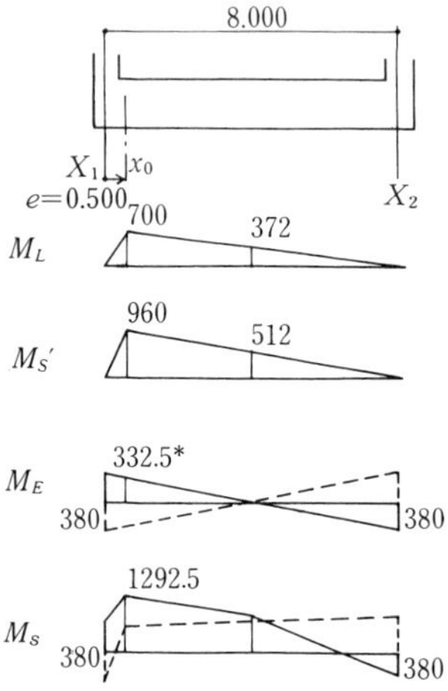

偏心　長期 M_L

短期 M_S'

地震荷重による応力 M_E

短期応力 M_S →

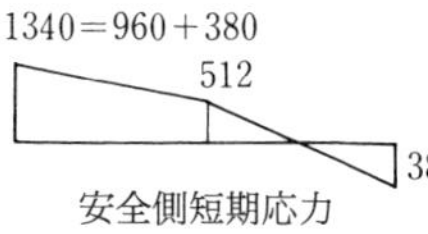

安全側短期応力

＊ $332.5=380-Q_E\times e$
$=380-95\times0.5$

せん断力 Q [kN]

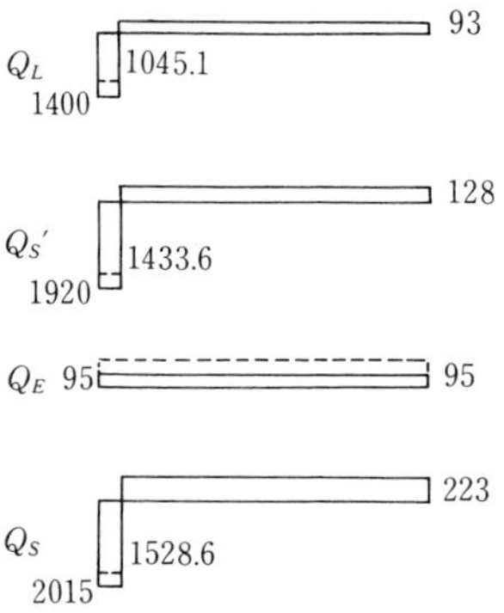

偏心　長期 Q_L

短期 Q_S'

地震荷重による応力 Q_E

短期応力 Q_S

$Q_D=Q_S'+2Q_E$
X_1 端）Q_{D1}＝1433.6＋2×95＝1623.6
X_2 端）Q_{D2}＝128＋2×95＝318

注 1）設計応力の集計の記号
　M_L，Q_L：長期荷重時応力（長期軸方向力 $_LN'$ による応力）
　M_S，Q_S：短期荷重時応力
　　$M_S=M_S'+M_E$，$Q_S=Q_S'+Q_E$
　　M_S'，Q_S'：短期軸方向力（$_SN'={}_LN+{}_HN$）による応力
　　M_E，Q_E：地震荷重により生じる応力
　　Q_D：短期設計用せん断力
　　　Q_D は $Q_L+1.5Q_E$ 以上必要．
　　　$Q_D=Q_L+2Q_E$ または $Q_D=Q_S'+2Q_E$ とする．

注 2）単位について
　応力算定時の M は kN・m 単位であるので，1000 倍して kN・mm に換算する．

注 3）主筋の算定の記号
　a_t：引張り鉄筋の断面積
　a_c：圧縮鉄筋の断面積
　γ：複筋比（a_c/a_t，$a_c=\gamma a_t$）

注 4）主筋の算定式
　上端筋：
　$c=\frac{M}{bd^2}$ →「RC 規（1988 年版）」付図 15・5 より γ，p_t を求める → $a_t=p_tbd$
　γ＝0.4～0.6 程度
　下端筋，中央筋：
　$a_t=\frac{M}{f_tj}$

主筋の算定	X_1端	上端筋	①長期応力 $C_L=\dfrac{M_L}{bd^2}=\dfrac{700\times10^6}{554.4\times10^6}=1.263\ \mathrm{N/mm^2}$　「RC規（1988年版）」付図15•5より　$\gamma=0.4$，$p_t=0.7\%$
			②短期応力 $C_S=\dfrac{M_S}{bd^2}=\dfrac{1292.5\times10^6}{554.4\times10^6}=2.331\ \mathrm{N/mm^2}$　「RC規（1988年版）」付図15•6より　$p_t=0.88\%$ ${}_{上}a_t=p_tbd=0.88\times10^{-2}\times4995\times10^2=4396\ \mathrm{mm^2}$ 付3「鉄筋の断面積および周長」より　9-D25（4563 mm²）
			③短期応力（安全側短期応力） $C_S=\dfrac{{}_{安}M_S}{bd^2}=\dfrac{1340\times10^6}{554.4\times10^6}=2.417\ \mathrm{N/mm^2}$　「RC規（1988年版）」付図15•6より　$p_t=0.91\%$ ${}_{上}a_t=p_tbd=0.91\times10^{-2}\times4995\times10^2=4545\ \mathrm{mm^2}$ 付3より　9-D25（4563 mm²）
			①②③のうち③を採用　設計 9-D25
		下端筋	①短期応力 $a_t=\dfrac{M_S}{{}_sf_tj}=\dfrac{380\times10^6}{295\times971.3}=1326\ \mathrm{mm^2}$　3-D25（1521 mm²）
			②$a_t=0.004bd=0.4\%bd=1998\ \mathrm{mm^2}$　4-D25（2028 mm²）
			③$\gamma=0.5\sim0.6$ を目安にする． $\gamma=0.5$ 目安　${}_{下}a_t={}_{上}a_t\times0.5=4545\times0.5=2273\ \mathrm{mm^2}$　5-D25（2535 mm²）
			④せん断力による付着鉄筋の検討 $\psi=\dfrac{Q_D}{{}_sf_aj}=\dfrac{1623.6\times10^3}{3.15\times971.3}=530.7\ \mathrm{mm}$　7-D25（560 mm）
			①②③④より　設計 7-D25（560 mm / 3549 mm²）
	中央		$a_t=\dfrac{M_L}{{}_Lf_tj}=\dfrac{372\times10^6}{195\times971.3}=1964\ \mathrm{mm^2}$ → 4-D25（2028 mm²） → 設計 5-D25（2535 mm²）　上下筋共
	X_2端		$a_t=\dfrac{M_S}{{}_sf_tj}=\dfrac{380\times10^6}{295\times971.3}=1326\ \mathrm{mm^2}$ → 設計 4-D25（2028 mm²）　上下筋共
あばら筋の算定	X_1端		$Q_D=1623.6\ \mathrm{kN}$ ${}_sf_sbj=1.05\times437\times10^3=458.9\times10^3\ \mathrm{N}=458.9\ \mathrm{kN}<Q_D$ → NO αを求める $\dfrac{M}{Q_Dd}=\dfrac{1292.5\times10^3}{1623.6\times1110}=0.72$　「RC規（1988年版）」図16•5より　$\alpha=2$ $\alpha_sf_sbj=2\times458.9=917.8\ \mathrm{kN}$ $\Delta Q=Q_D-\alpha_sf_sbj=1623.6-917.8=705.8\ \mathrm{kN}$ ・あばら筋の設計 $\dfrac{\Delta Q}{bj}=\dfrac{705.8\times10^3}{437\times10^3}=1.615\ \mathrm{N/mm^2}$　「RC規（1988年版）」図16•10より　$p_w>1.2\%$ → NO せん断力をフーチングに負担させる ${}_sf_sbj=1.05\times1274\times10^3=1337.7\times10^3\ \mathrm{N}=1337.7\ \mathrm{kN}$　$\alpha=2$ $\alpha_sf_sbj=2\times1337.7=2675.4\ \mathrm{kN}>Q_D$ → OK $p_w=0.2\%$　$x=\dfrac{a_w}{bp_w}=\dfrac{127\times7}{1600\times0.002}=277.8\ \mathrm{mm}$ → 250 mm　設計 □ D13-@250 / □ D13-@250
	X_2端		$Q_D=318\ \mathrm{kN}$ ${}_sf_sbj=1.05\times437\times10^3=458.9\times10^3\ \mathrm{N}=458.9\ \mathrm{kN}>Q_D$ → OK $p_w=0.2\%$　$x=\dfrac{a_w}{bp_w}=\dfrac{127\times3}{450\times0.002}=423\ \mathrm{mm}$ → 250 mm　設計 □ D13-@250

注5）あばら筋の算定の記号

α：せん断スパン比 $\dfrac{M}{Qd}$ による割増し係数

M：最大曲げモーメント（M_S）

p_w：あばら筋比

$p_w=\dfrac{a_w}{bx}$

a_w：1組のあばら筋の断面積

b：梁幅

x：あばら筋の間隔

表 10·2　設計例 18・梁の断面算定リスト

F_c=21N/mm²　$_Lf_t$=195N/mm², $_Sf_t$=295N/mm²,　$_Lf_s$=0.7N/mm², $_Sf_s$=1.05N/mm²,　(上端筋) $_Lf_a$=1.4N/mm², $_Sf_a$=2.1N/mm²,　(下端筋) 2.1N/mm², 3.15N/mm²

梁符号		FG_{21}											
位置		X_1 端		中央		X_2 端		フーチング					
d [mm]	j [mm]	1110	971.3					910	796.3				
bd^2(×10⁶)	bd (×10²)	554.4	4995										
0.4%bd	bj (×10³)	1998	437						1274				
断面・配筋	上端筋	9—D25		5—D25		4—D25		—		—		—	
	D	1200		1200		1200		1000					
	b	450		450		450		1600					
	下端筋	7—D25		5—D25		4—D25		—		—		—	
	あばら筋	D13—@250		D13—@250		D13—@250		D13—@250		—		—	
M [kN·m]	M_L	700		*372									
	M_E	380				380							
M_S	上M_S	$\genfrac{}{}{0pt}{}{960}{380}$)*1340		512		*380							
	下M_S	*380				*380							
L	S	L	S	L	S	L	S	L	S	L	S	L	S
主筋	C	1.263	2.417										
	γ		0.5										
	p_t [%]	0.7	0.91										
a_t	上a_t		4545	1964			1326						
	下a_t		2273				1326						
	$\psi=Q/f_aj$		530.7										
Q [kN]	Q_L	1045.1				93		1045.1					
	Q_E	95				95		95					
	Q_S	$\genfrac{}{}{0pt}{}{1433.6}{95}$)1528.6				$\genfrac{}{}{0pt}{}{128}{95}$)223		$\genfrac{}{}{0pt}{}{1433.6}{95}$)1528.6					
	$Q_D=Q_S'+2.0Q_E$	$\genfrac{}{}{0pt}{}{1433.6}{2\times95}$)*1623.6				$\genfrac{}{}{0pt}{}{128}{2\times95}$)*318		$\genfrac{}{}{0pt}{}{1433.6}{2\times95}$)*1623.6					
あばら筋	f_sbj		458.9				458.9		1337.7				
	M/Qd		0.72						0.87				
	α		2						2				
	αf_sbj		917.8						2675.4				
	$\Delta Q/bj$												
	p_w [%]		NO				0.2		0.2				

＊印は設計応力

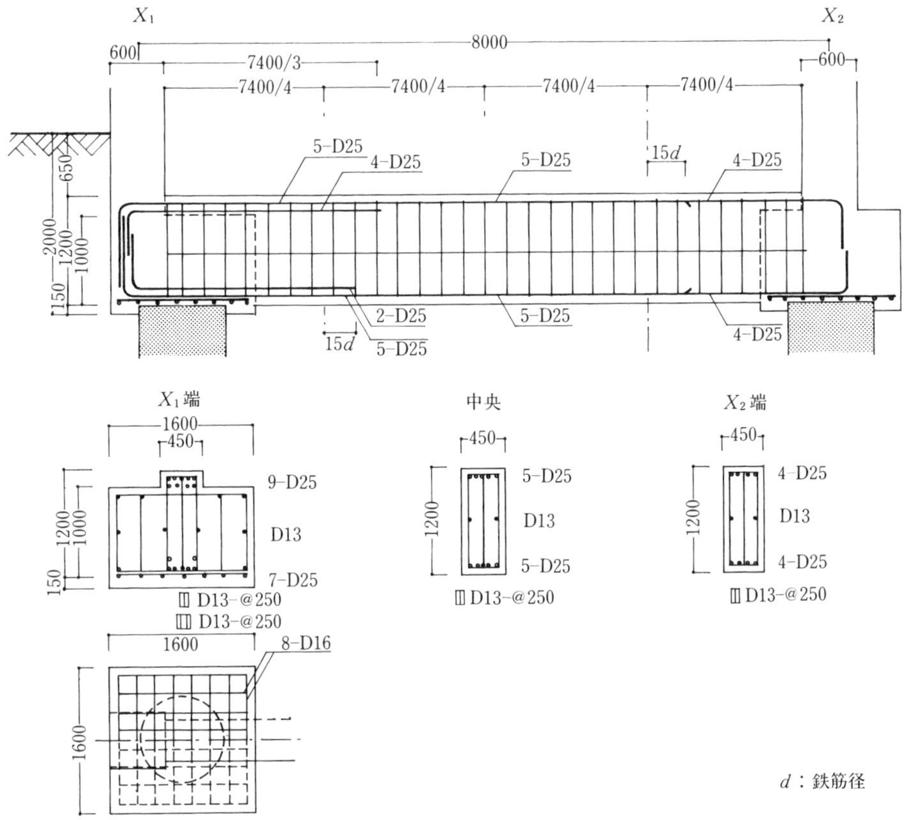

図 **10•18**　設計例 18・FG_{21} 断面リスト，配筋詳細図［mm］

$${}_{L}M_{C}={}_{L}Ⓡ\times\frac{L}{2}=93\times4=372\ \mathrm{kN{\bullet}m}$$

$${}_{L}Q_{2}={}_{L}Ⓡ=93\ \mathrm{kN}$$

$${}_{L}Q_{1}={}_{L}R'\frac{b'}{d}=1493\times\frac{(0.3+1.0)-0.6}{1.0}=1493\times\frac{0.7}{1.0}=1045.1\ \mathrm{kN}$$

・短期軸方向力による応力

$${}_{\max S}M=1920\times0.5=960\ \mathrm{kN{\bullet}m}$$

$${}_{S}M_{F}=128\times6.7=857.6\ \mathrm{kN{\bullet}m}$$

$${}_{S}M_{C}=128\times4=512\ \mathrm{kN{\bullet}m}$$

$${}_{S}Q_{2}=128\ \mathrm{kN}$$

$${}_{S}Q_{1}={}_{S}R'\frac{b'}{d}=2048\times\frac{0.7}{1.0}=1433.6\ \mathrm{kN}$$

4　基礎梁断面算定

①断面算定の手順（表 10•1）……断面算定の方法は『改訂版　実務から見た RC 構造設計』にて解説している．なお記号は「RC 規」によるものであり，本書の記号とは異なるので注意されたい．

②断面リスト・配筋詳細図（図 10•18）

③梁の断面算定リスト（表 10•2）……詳細は『改訂版　実務から見た RC 構造設計』で解説している．表 10•1 と同様，記号は本書のものとは異なる．

1032　設計例 19　基礎梁付偏心杭基礎の設計（PHC 杭）

1　設計条件（図 10•19，他は 851 と同じ）

$_LN'=1400\ \mathrm{kN}$，$_sN'=1920\ \mathrm{kN}$

2　略図，応力図（図 10•20）

3　計算プロセス

①杭径，杭本数の設計

杭径 $d=0.45\ \mathrm{m}$（$_LR_a=680\ \mathrm{kN}$/本，$_sR_a=1360\ \mathrm{kN}$/本），3 本と仮定.

根入れ深さ 1.8 m，基礎スラブ寸法 2.25 m×2.4 m と仮定.

基礎自重については，基礎梁設置位置の地盤が良好であることと，地盤沈下のおそれがないことから無視する.

$$_LN={}_LN'+W_1=1400+194=1594\ \mathrm{kN}$$

基礎自重：$W_1=20\times1.8\times2.4\times2.25=194\ \mathrm{kN}$

$$n=\frac{_LN}{R_a}=\frac{1594}{680}=2.3\ \rightarrow\ 3\ 本$$

②基礎スラブ寸法（実務図表 9•4，図 9•29，☞ 932 ）

・杭ピッチ：$P_2=2.5d=1.125\ \mathrm{m}\ \rightarrow\ 1200\ \mathrm{mm}$

$0.87P_2=0.87\times1200=1044\ \mathrm{mm}\ \rightarrow\ 1050\ \mathrm{mm}$

・へりあき：$1.25d=0.5625\ \mathrm{m}\ \rightarrow\ 600\ \mathrm{mm}$

・ピッチ，へりあき寸法よりスラブ寸法を決める（図 10•21）.

③偏心距離 e の計算（図 10•21）

$$e=r-\frac{a}{2}=0.95-0.3=0.65\ \mathrm{m}$$

④反力 R'，Ⓡの計算

長期

$$_LR'=\frac{_LN'L}{L-e}=\frac{1400\times8}{8-0.65}=1524\ \mathrm{kN}$$

$$_LⓇ={}_LR'-{}_LN'=1524-1400=124\ \mathrm{kN}$$

短期

$$_sR'=\frac{1920\times8}{8-0.65}=2089.8\ \mathrm{kN}$$

$$_sⓇ=2089.8-1920=169.8\ \mathrm{kN}$$

（p. 239 へ続く）

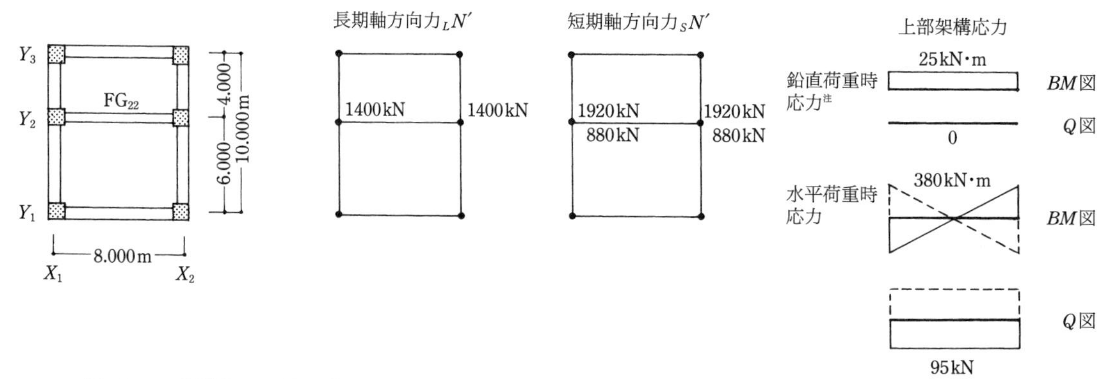

図 10•19　設計例 19・設計条件

注）断面算定においては偏心モーメントに比べて値が小さいことと柱脚をピンと仮定しているので，通常の場合には無視する.

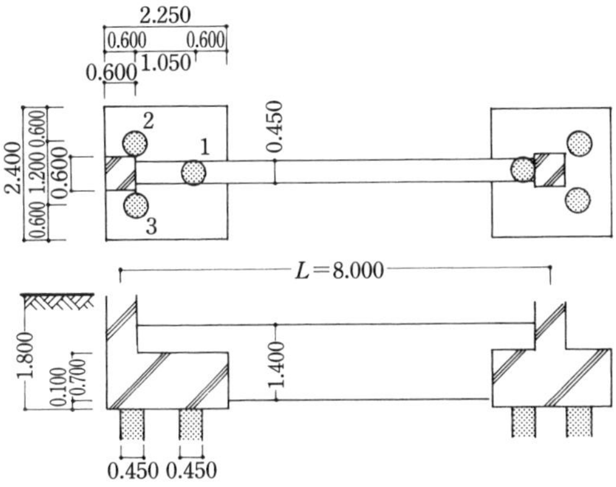

(a) 略図

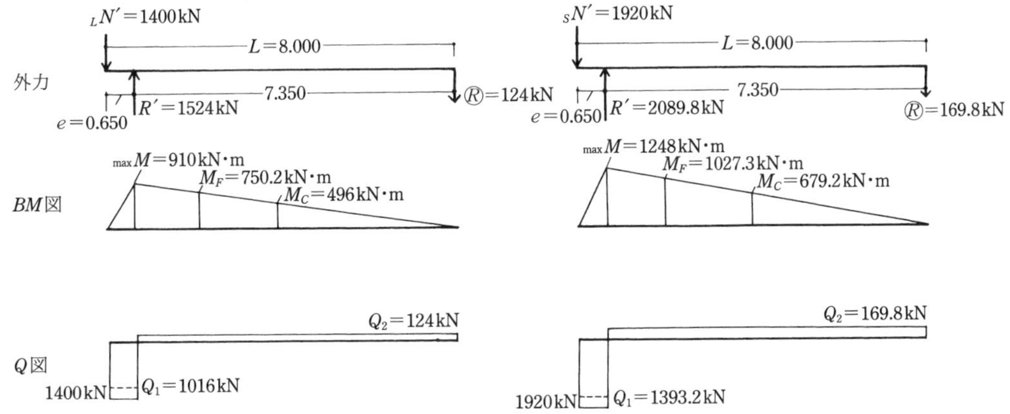

長期軸方向力応力

短期軸方向力応力

(b) 応力図

図 **10·20** 設計例 19 [m]

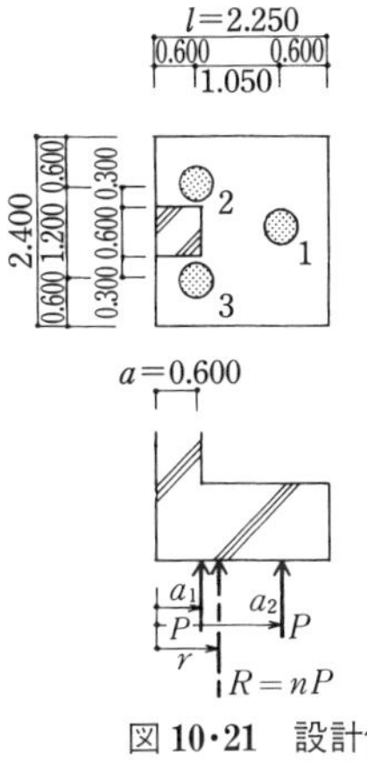

●合力位置の計算

$$r=\frac{n_1Pa_1+n_2Pa_2}{R}\quad(図10\cdot9)$$

$$=\frac{2\times P\times0.6+P\times1.65}{3P}=0.95\text{m}$$

図 **10·21** 設計例 19・合力位置の計算 [mm]

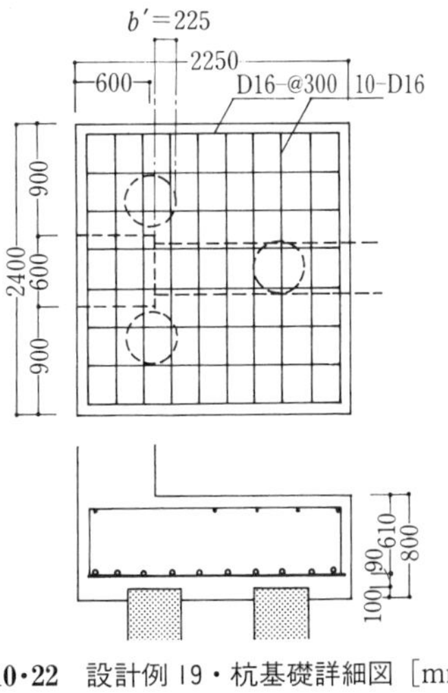

図 **10·22** 設計例 19・杭基礎詳細図 [mm]

表 **10·3**　設計例 19・基礎梁断面算定表

使用材料	SD295, F_c=21 N/mm²
材料の許容応力度	(上端筋)　(下端筋) $_Lf_t$=195 N/mm², $_Lf_s$=0.7 N/mm², $_Lf_a$=1.4 N/mm², 2.1 N/mm² $_sf_t$=295 N/mm², $_sf_s$=1.05 N/mm², $_sf_a$=2.1 N/mm², 3.15 N/mm²
梁符号位置	**FG₂₂**
断面 断面諸係数	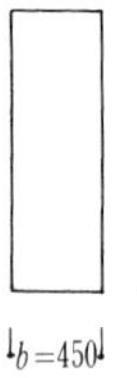 X_1 端) $d=D-90=1310$ mm $j=\frac{7}{8}d=1146.3$ mm $bd^2=772.2\times10^6$ mm³ $bd=5895\times10^2$ mm $0.4\%\,bd=2358$ mm² $bj=516\times10^3$ mm²
設計応力の集計　曲げモーメント [kN·m]	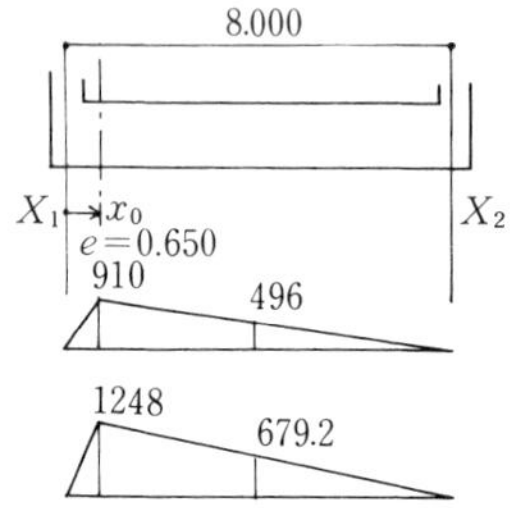 偏心　長期 M_L 短期 M_S' ＊ 318.3＝380－$Q_E\times e$ ＝380－95×0.65 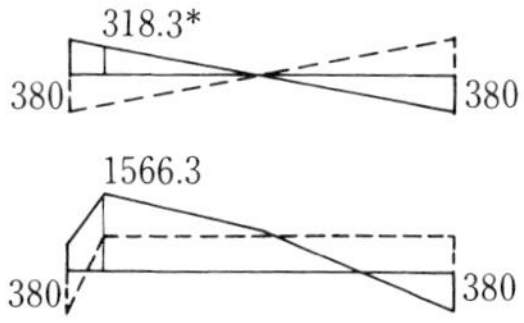 地震荷重による応力 M_E 短期応力 M_S → 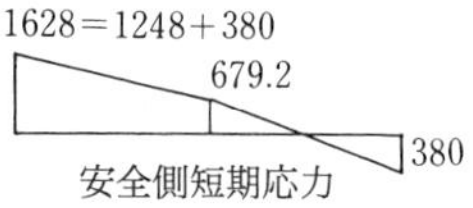
設計応力の集計　せん断力 [kN]	偏心　長期 Q_L 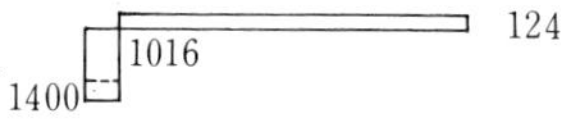 短期 Q_S' 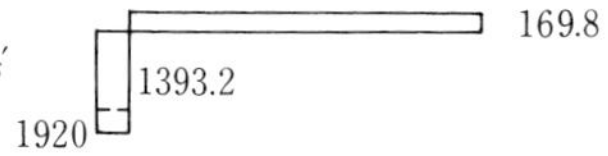 地震荷重による応力 Q_E 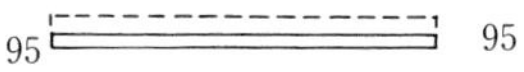 短期応力 Q_S 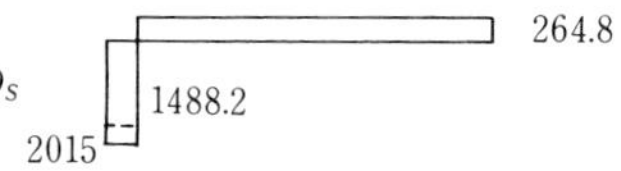 $Q_D=Q_S'+2Q_E$ X_1 端) Q_{D1}=1393.2+2×95=1583.2 X_2 端) Q_{D2}=169.8+2×95=359.8

主筋の算定	X_1 端	上端筋	①長期応力 $C_L=\dfrac{M_L}{bd^2}=\dfrac{910\times10^6}{772.2\times10^6}=1.178\ \mathrm{N/mm^2}$　「RC 規（1988 年版）」付図 15•5 より　$p_t=0.64\%$
			②短期応力 $C_S=\dfrac{M_S}{bd^2}=\dfrac{1566.3\times10^6}{772.2\times10^6}=2.028\ \mathrm{N/mm^2}$　「RC 規（1988 年版）」付図 15•6 より　$p_t=0.76\%$ ${}_{上}a_t=p_tbd=0.76\times10^{-2}\times5895\times10^2=4480\ \mathrm{mm^2}$ 付 3「鉄筋の断面積および周長」より　9-D25（4563 mm²）
			③短期応力（安全側短期応力） $C_S=\dfrac{{}_{安}M_S}{bd^2}=\dfrac{1628\times10^6}{772.2\times10^6}=2.108\ \mathrm{N/mm^2}$　「RC 規（1988 年版）」付図 15•6 より　$\gamma=0.4$，$p_t=0.8\%$ ${}_{上}a_t=p_tbd=0.8\times10^{-2}\times5895\times10^2=4716\ \mathrm{mm^2}$ 付 3 より　10-D25（5070 mm²）
			①②③のうち②を採用　設計 9-D25
		下端筋	①短期応力 $a_t=\dfrac{M_S}{{}_sf_tj}=\dfrac{380\times10^6}{295\times1146.3}=1124\ \mathrm{mm^2}$　3-D25（1521 mm²）
			②$a_t=0.004\,bd=0.4\%\,bd=2358\ \mathrm{mm^2}$　5-D25（2535 mm²）
			③$\gamma=0.5$ 目安 ${}_{下}a_t={}_{上}a_t\times0.5=4480\times0.5=2240\ \mathrm{mm^2}$　5-D25（2535 mm²）
			④せん断力による付着鉄筋の検討 $\phi=\dfrac{Q_D}{{}_sf_aj}=\dfrac{1583.2\times10^3}{3.15\times1146.3}=438.5\ \mathrm{mm}$　6-D25（480 mm）
			①②③④より　設計 6-D25 $\left(\begin{matrix}480\ \mathrm{mm}\\3042\ \mathrm{mm^2}\end{matrix}\right)$
	中央		$a_t=\dfrac{M_L}{{}_Lf_tj}=\dfrac{496\times10^6}{195\times1146.3}=2219\ \mathrm{mm^2}$　→　5-D25（2535 mm²）
	X_2 端		$a_t=\dfrac{M_S}{{}_sf_tj}=\dfrac{380\times10^6}{295\times1146.3}=1124\ \mathrm{mm^2}$　→　4-D25（2028 mm²）　上下筋共
あばら筋の算定	X_1 端		$Q_D=1583.2\ \mathrm{kN}$ ${}_sf_sbj=1.05\times516\times10^3=541.8\times10^3\ \mathrm{N}=541.8\ \mathrm{kN}<Q_D$ → NO $\dfrac{M}{Q_Dd}=\dfrac{1566.3\times10^3}{1583.2\times1310}=0.76$　「RC 規（1988 年版）」図 16•5 より　$\alpha=2$ $\alpha_sf_sbj=2\times541.8=1083.6\ \mathrm{kN}$ $\Delta Q=Q_D-\alpha_sf_sbj=1583.2-1083.6=499.6\ \mathrm{kN}$ $\dfrac{\Delta Q}{bj}=\dfrac{499.6\times10^3}{516\times10^3}=0.97\ \mathrm{N/mm^2}$　「RC 規（1988 年版）」図 16•10 より　$p_w=0.84\%$ $x=\dfrac{a_w}{bp_w}=\dfrac{127\times4}{450\times0.0084}=134.4\ \mathrm{mm}$ → 125 mm　設計 ▥D13-@125
	X_2 端		$Q_D=359.8\ \mathrm{kN}<{}_sf_sbj$ → OK　$p_w=0.2\%$　$x=\dfrac{a_w}{bp_w}=\dfrac{127\times3}{450\times0.002}=423\ \mathrm{mm}$ → 250 mm　設計 ◫D13-@250

表 **10・4** 設計例 19・梁の断面算定リスト

$F_c = 21\text{N/mm}^2$　$_Lf_t = 195\text{N/mm}^2$, $_sf_t = 295\text{N/mm}^2$,　$_Lf_s = 0.7\text{N/mm}^2$, $_sf_s = 1.05\text{N/mm}^2$,　(上端筋) $_Lf_a = 1.4\text{N/mm}^2$, $_sf_a = 2.1\text{N/mm}^2$,　(下端筋) 2.1N/mm^2, 3.15N/mm^2

梁符号		FG22											
位置		X_1 端		中央		X_2 端							
d [mm]	j [mm]	1310	1146.3										
$bd^2(\times10^6)$	$bd\ (\times10^2)$	772.2	5895										
0.4%bd	$bj\ (\times10^3)$	2358	516										
断面・配筋	上端筋	9 — D25		5 — D25		4 — D25		—		—		—	
	D, b	1400, 450		1400, 450		1400, 450							
	下端筋	6 — D25		4 — D25		4 — D25		—		—		—	
	あばら筋	D13 — @125		D13 — @250		D13 — @250		—		—		—	
M [kN·m]	M_L	910		*496									
	M_E	380				380							
	M_S 上M_S	1248 / 318.3)*1566.3		679.2		*380							
	M_S 下M_S	*380				*380							
L	S	L	S	L	S	L	S	L	S	L	S	L	S
主筋	C	1.178	2.028										
	γ												
	p_t [%]		0.76										
	a_t 上a_t		4480	2219			1124						
	a_t 下a_t		2240				1124						
	$\psi=Q/f_aj$		483.5										
Q [kN]	Q_L					124							
	Q_E	95				95							
	Q_S	1393.2 / 95)1488.2				169.8 / 95)264.8							
	$Q_D=Q_S'+2.0Q_E$	1393.2 / 2×95)*1583.2				169.8 / 2×95)*359.8							
あばら筋	f_sbj		541.8				541.8						
	M/Qd		0.76										
	α		2										
	αf_sbj		1083.6										
	$\Delta Q/bj$		0.97										
	p_w [%]		0.84				0.2						

＊印は設計応力

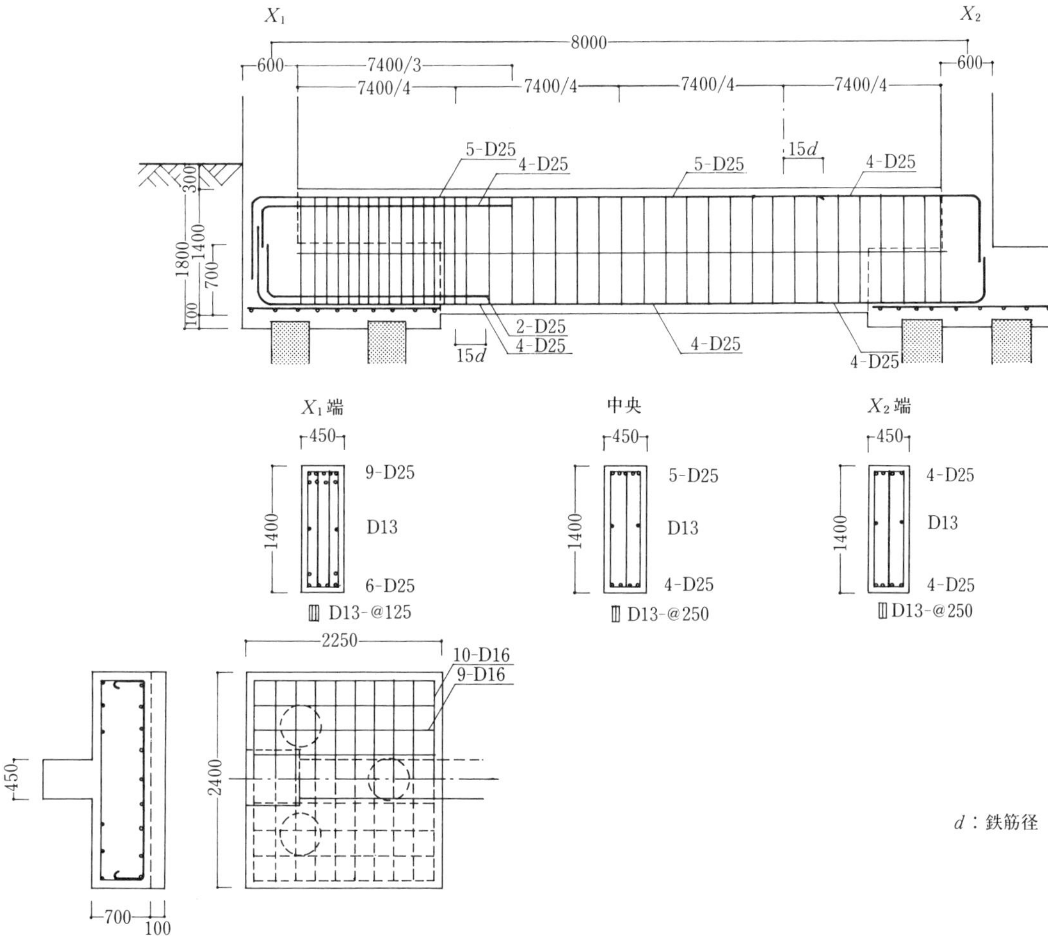

図 **10・23**　設計例 19・FG_{22} 断面リスト，配筋詳細図［mm］

⑤杭耐力の再検討

$$\frac{{}_LN+{}_L\text{Ⓡ}}{n}=\frac{1594+124}{3}=573\text{ kN}<{}_LR_a=680\text{ kN/本}\ \rightarrow\ \text{OK}$$

⑥基礎スラブの設計（基礎梁からの持出しスラブとして設計，p. 235，図 10•22）

$${}_LR'=1524\text{ kN}$$

$${}_LR'_1(={}_LR'_2={}_LR'_3)=\frac{{}_LR'}{n}=\frac{1524}{3}=508\text{ kN/本}$$

$${}_LM={}_LR'_2\times\frac{P_2-b}{2}=508\times\frac{1.2-0.45}{2}=508\times0.375=190.5\text{ kN・m}$$

b ：基礎梁幅

P_2：杭ピッチ

$${}_LQ={}_LR'_2={}_LR'_3=508\text{ kN}$$

R'_1 は基礎梁に直接作用する．

フーチングのせい $D=800$ mm，有効せい $d=800-100-90=610$ mm，

$$j=\frac{7}{8}d=533.8\text{ mm}$$

$$a_t=\frac{{}_LM}{{}_Lf_tj}=\frac{190500000}{195\times533.8}=1830\ \text{mm}^2$$
$$\psi=\frac{{}_LQ}{{}_Lf_aj}=\frac{508000}{2.1\times533.8}=453.2\ \text{mm}$$

設計 10-D16 （1990 mm², 500 mm）

$$\frac{{}_LQ}{lj}=\frac{508000}{2250\times533.8}=0.423\ \text{N/mm}^2<{}_Lf_s=0.7\ \text{N/mm}^2\ \rightarrow\ \text{OK}$$

⑦基礎梁の応力算定

・長期軸方向力による応力

$${}_{\max L}M=N'e=1400\times0.65=910\ \text{kN}\cdot\text{m}$$

$${}_LM_F=Ⓡ\times\left(L-l+\frac{a}{2}\right)=124\times(8-2.25+0.3)=124\times6.05=750.2\ \text{kN}\cdot\text{m}$$

$${}_LM_C=Ⓡ\times\frac{L}{2}=124\times4=496\ \text{kN}\cdot\text{m}$$

$${}_LQ_2={}_LⓇ=124\ \text{kN}$$

$${}_LQ_1=({}_LR'_2+{}_LR'_3)\frac{b'}{d}+{}_LR'_1=2\times508\times\frac{0.225}{0.45}+508=1016\ \text{kN}$$

・短期軸方向力による応力

$${}_{\max S}M=1920\times0.65=1248\ \text{kN}\cdot\text{m}$$

$${}_SM_F=169.8\times6.05=1027.3\ \text{kN}\cdot\text{m}$$

$${}_SM_C=169.8\times4=679.2\ \text{kN}\cdot\text{m}$$

$${}_SQ_2=169.8\ \text{kN}$$

$${}_SR'_1(={}_SR'_2={}_SR'_3)=\frac{{}_SR'}{n}=\frac{2089.8}{3}=696.6\ \text{kN/本}$$

$${}_SQ_1=2\times696.6\times\frac{0.225}{0.45}+696.6=1393.2\ \text{kN}$$

4 基礎梁断面算定

①断面算定の手順（表 10•3）……断面算定の方法は『改訂版　実務から見た RC 構造設計』にて解説している．なお記号は「RC 規」によるものであり，本書の記号とは異なるので注意されたい．

②断面リスト，配筋詳細図（図 10•23）

③梁の断面算定リスト（表 10•4）……詳細は『改訂版　実務から見た RC 構造設計』で解説している．表 10•3 と同様，記号は本書のものとは異なる．

1040 構造設計の定石 M_e 算定時に基礎梁自重を加算しない理由

基礎自体が偏心した偏心基礎の偏心モーメント $M_e=N'e$ を求めるに当っては，基礎梁自重等を加算しない柱軸方向力 N' の値にて計算する．その理由を解説する．

1 直接基礎の場合（図 10•24）

基礎梁自重等は基礎梁下に地業を施し，直接地盤に伝えるのが原則である．したがって，基礎梁自重による偏心モーメントは生じないので，基礎偏心モーメントを求めるための柱軸方向力は，基礎自重（偏心モーメントは生じない），基礎梁自重を含まない柱軸方向力 N' にて計算する．

2 杭基礎の場合（図 10•25）

杭設計（杭本数）に当っては，基礎自重，基礎梁自重等を加算した柱軸方向力 N にて計算する．一方，基礎偏心モーメント算定用の柱軸方向力 N' には，基礎自重（偏心なし），基礎梁自重を含めない．その理由は，基礎梁自重によって生じる偏心モーメントが，図 10•26 に示すように $M_{e1}=\dfrac{we^2}{2}$ となるのに対して，N' によって生じる偏心モーメントは $M_{e2}=N'e$ であり（図 10•27），この応力と比較して基礎梁自重による応力は軽微だからである．

なお，図 10•28 に示すように，フーチングのみを下げる場合には，当然基礎梁自重等を加算した柱軸方向力 N にて偏心モーメントを求めなければならない．

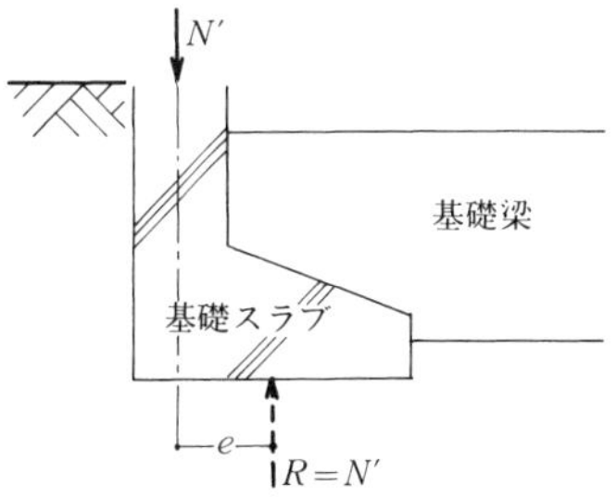

図 10•24 偏心モーメントの算定で基礎梁自重は無視（直接基礎の場合）

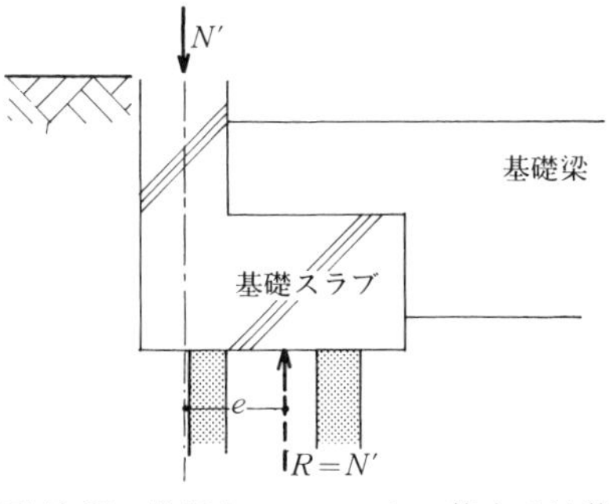

図 10•25 杭偏心モーメントの算定では基礎梁自重は無視する（杭基礎の場合）

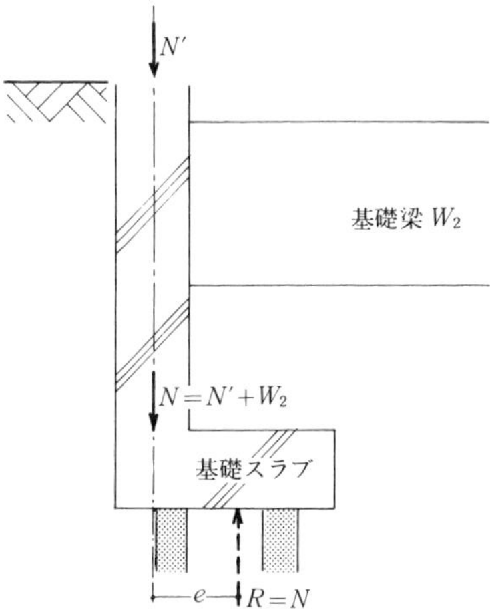

図 10•28 フーチングのみが下がっている場合には，偏心モーメントの算定も N にて行う

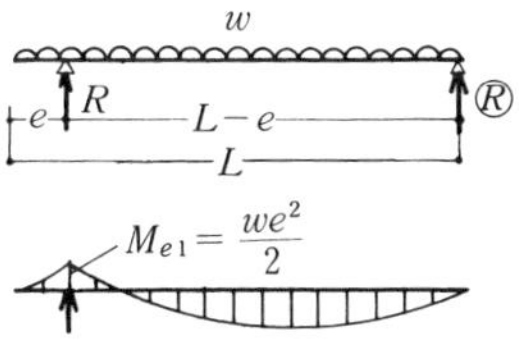

図 10•26 基礎梁自重による応力

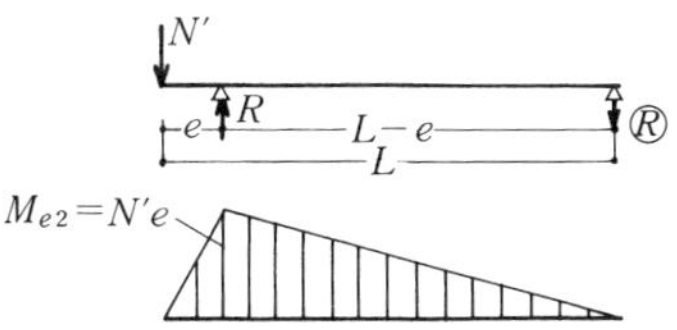

図 10•27 N' による偏心モーメント

1100　栗コン・自立広告塔

1110　栗石コンクリート地業（栗コン）

地盤調査の資料に基づいて，建設する建物の基礎形式および支持地盤を決めることになるが，その支持地盤が杭地業では浅すぎる，基礎フーチングを下げるには深すぎる，という地盤の場合に採用するのがこの地業である．

一般的には，その支持地盤の深さが地盤面より3～4 m以内であれば，支持地盤上部の軟弱な土を排土して，そのあとに栗石コンクリート等を打設する．したがって，この地業は地盤改良地業の一種である．なお，近年はセメント系固化材による地盤改良が主流となっている（☞500）．

1　工法について

栗石コンクリート（Rubble concrete）の定義は「割栗や玉石の大型の粗骨材を加えたコンクリート」である．工法は玉石や割栗を混入しながらコンクリートを打設する．この栗石コンクリートは，建築工事では主にこの地盤改良の地業にしか使用されないので，栗石コンクリートを使用するこの地業を通称「栗石コンクリート」，略して「栗コン」と呼ぶようになった．

しかし現在では，労務賃金の上昇等により，栗石を混入した栗石コンクリートを打設するよりも，貧調合のコンクリートを打設した方が経済的で，設計基準強度 F_c=12～13.5 N/mm^2 程度のコンクリートを採用している．スランプは120 mm程度，最大骨材寸法は土木用に使用されている40 mmである．コンクリートポンプ車で打設する場合には，その性能と照合して骨材寸法を決める．

なお，「ラップルコンクリート」は，栗石コンクリートの英語Rubble concreteがなまったものである．

2　栗コンの耐力

「栗コン」は，柱軸方向力を支持地盤に伝達させるのが目的なので，圧縮力のみ作用するとして設計する．F_c=13.5 N/mm^2 の場合，13.5×10^6 N/m^2（13500 kN/m^2）×1/3=4500 kN/m^2 の長期許容設計耐力があり，「密実な礫層」地盤の長期地耐力 300 kN/m^2 と比較して栗コン（人工地盤）は15倍の耐力があることになる．

1111　構造設計の定石　栗コンの設計法（長期）

栗コンの底面 $L \times L'$ の設計は，柱軸方向力（フーチング自重含む）に栗コン重量を加算した軸方向力と支持地盤の地耐力によって設計する．次に，フーチングの底面 $l \times l'$ はフー

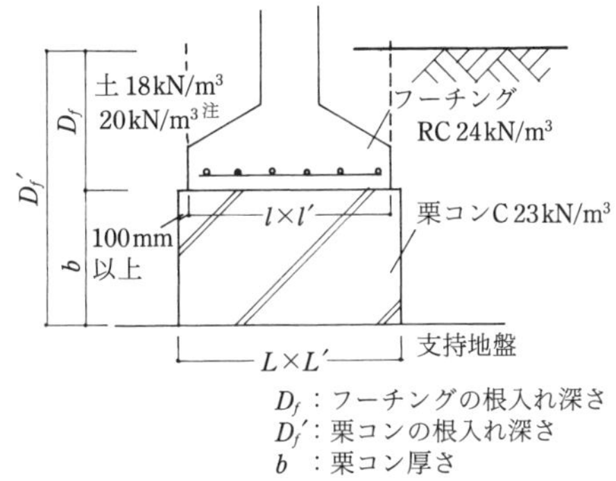

図 **11・1**　栗コンの設計　注）土と RC の平均値（基礎自重）

チングの仮枠設置等の施工寸法に両端 100 mm 以上を見込んだ寸法を標準にして設計する（図 11・1）.

1112　設計例 20　栗コンの設計例（長期）

1　設計条件

- 柱軸方向力：N'＝1400 kN（基礎自重を含まない）
- 使用材料　：栗コン F_c＝12 N/mm², 躯体 F_c＝21 N/mm², SD 295
- 許容応力度：$_Lf_a$＝2.1 N/mm², $_Lf_s$＝0.7 N/mm², $_Lf_t$＝195 N/mm²

2　栗コン底の地盤の許容応力度（☞ 410）

ボーリング資料

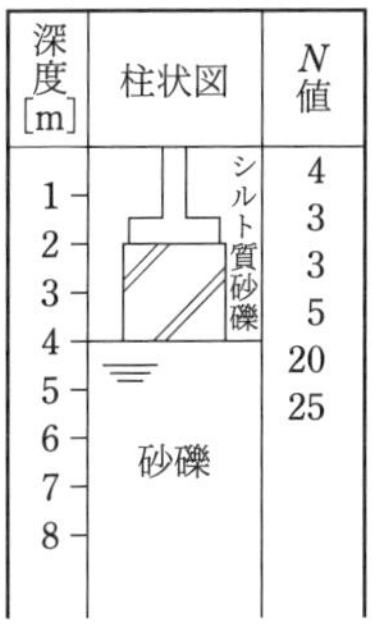

図 **11・2**　設計例 20

砂質土地盤（ボーリング資料，図 11・2）

GL－4 m，N＝20（図 11・2）

$\phi=\sqrt{20N}+15=35°$（実務図表 4・2）

$N_\gamma=37.8$，$N_q=33.6$（実務図表 4・3）

$\gamma_1=18$ kN/m³，$\gamma_2=16$ kN/m³（実務図表 4・1）

正方形，$B=2.2$ m を仮定

$\beta=0.3$（表 4・3）

$D_f'=4.0$ m

$i_\gamma=i_q=1.0$（$\theta=0$）

$$_Lq_a=\frac{1}{3}(i_\gamma\beta\gamma_1BN_\gamma+i_q\gamma_2D_f'N_q) \quad \cdots\cdots（4・3）式$$

$$=\frac{1}{3}\times(1.0\times0.3\times18\times2.2\times37.8+1.0\times16\times4.0\times33.6)$$

$$=866\ \mathrm{kN/m^2}$$

なお，4，5 階建程度の設計地耐力は，大きくても 300～400 kN/m² 以下で設計するのが一般的である．この事例では，安全側に 400 kN/m² にて設計する．

3　有効地耐力

栗コン自重 ↓　フーチング自重 ↓

$$_Lf_e'=400\ \mathrm{kN/m^2}-23\ \mathrm{kN/m^3}\times2\ \mathrm{m}-20\ \mathrm{kN/m^3}\times2\ \mathrm{m}=314\ \mathrm{kN/m^2}$$

④ 栗コン底面の設計

$$A=\frac{N'}{{}_Lf_e'}=\frac{1400}{314}=4.46\ \mathrm{m}^2<2.2\ \mathrm{m}\times2.2\ \mathrm{m}\ \rightarrow\ \text{仮定OK}$$

⑤ フーチング底面の設計

フーチング底面は，栗コン底面より両端 100 mm（0.1 m）を差引いた寸法とする（図 11•3）.

$l=l'=L-0.1\times2=2.2-0.2=2.0\ \mathrm{m}$

$l\times l'=2\times2=4\ \mathrm{m}^2$

チェック：

$N=1400\ \mathrm{kN/m^3}+20\ \mathrm{kN/m^3}\times2\ \mathrm{m}\times4\ \mathrm{m}^2=1560\ \mathrm{kN}$

$$\frac{N}{l\times l'}=\frac{1560}{4}=390\ \mathrm{kN/m^2}<F_c\times\frac{1}{3}\ \rightarrow\ \mathrm{OK}$$

ここで，$F_c\times\dfrac{1}{3}=4\ \mathrm{N/mm^2}=4000\ \mathrm{kN/m^2}$

⑥ 基礎スラブ筋の設計（図 11•4）

①応力算定

$$\sigma'=\frac{N'}{l\times l'}=\frac{1400}{2\times2}=350\ \mathrm{kN/m^2}$$

$Q_F=\sigma' l' h=350\times2\times0.7=490\ \mathrm{kN}$（$=490000\ \mathrm{N}$）

$M_F=Q_F\dfrac{h}{2}=490\times0.7\times\dfrac{1}{2}=171.5\ \mathrm{kN\cdot m}$（$=171500000\mathrm{N\cdot mm}$）

②断面算定

$D=700\ \mathrm{mm},\ d=700-90=610\ \mathrm{mm},\ j=\dfrac{7}{8}d=533.8\ \mathrm{mm}$

$\psi=\dfrac{Q_F}{f_a j}=\dfrac{490000}{2.1\times533.8}=437.1\ \mathrm{mm}$

$a_t=\dfrac{M_F}{f_t j}=\dfrac{171500000}{195\times533.8}=1648\ \mathrm{mm}^2$

設計　9-D16 $\left(\begin{array}{l}450\ \mathrm{mm}\\1791\ \mathrm{mm}^2\end{array}\right)$ 注

注）付 3「鉄筋の断面積および周長」(p. 253) 参照

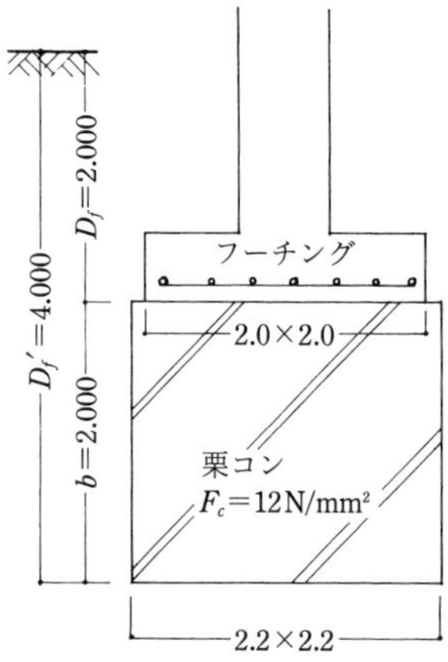

図 11•3　設計例 20・フーチング底面の設計［m］

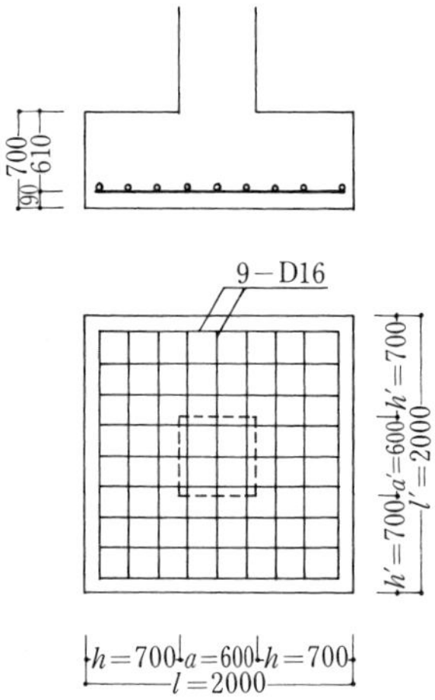

図 11•4　設計例 20・基礎スラブ配筋図［mm］

⑦ せん断力およびパンチングシヤーの検討

$$\frac{Q_F}{lj}=\frac{490000}{2000\times533.8}=0.459\ \text{N/mm}^2<{}_Lf_s=0.7\ \text{N/mm}^2\ \rightarrow\ \text{OK}$$

$$\frac{Q_{PD}}{1.5b_0j}=\frac{917000}{1.5\times4300\times533.8}=0.266\ \text{N/mm}^2<{}_Lf_s=0.7\ \text{N/mm}^2\ \rightarrow\ \text{OK}$$

$$Q_{PD}=N'\frac{A-A_0}{A}=1400\times\frac{2\times2-1.38}{2\times2}=917\ \text{kN}\ (=917000\ \text{N})$$

$$A_0=\frac{\pi}{4}d^2+(a+a')d=aa'=\frac{\pi}{4}\times0.61^2+(0.6+0.6)\times0.61+0.6\times0.6$$

$$=1.38\ \text{m}^2$$

$$b_0=2(a+a')+\pi d=2\times(0.6+0.6)+\pi\times0.61=4.3\ \text{m}\ (=4300\ \text{mm})$$

1120 自立広告塔の基礎設計

鋼柱等に広告板を取り付け，独立基礎にて設置する自立広告塔について解説する．平 12 建告 1449 で構造計算方法が，平 12 建告 1347 で基礎設計方法が示されている．

1121 設計方針

【a】 転倒設計について（図 11・5）

転倒の検討方法は，基礎底面位置（FL）からの転倒モーメント $M=P\times(H+D_f)$ が，地盤の抵抗モーメント（地耐力によるもの＋受働土圧によるもの）より小さければ転倒しないものと考える．しかしながら，この計算で地盤の抵抗モーメントの地耐力負担と受働土圧負担の割合，特に受働土圧の求め方が不明である．そのため，通常は受働土圧は無視して，地耐力のみに負担させて設計する．このような条件によって設計すると基礎は大きくなる．なお，中小規模のものについては，転倒モーメント M を GL からの高さ，すなわち $M=P\times H$ の値を採用するのが一般的であり，$M=P\times D_f$ 分は受働土圧が負担すると考える．通常 GL 面に，鉄筋を配筋した土間スラブを設ける．

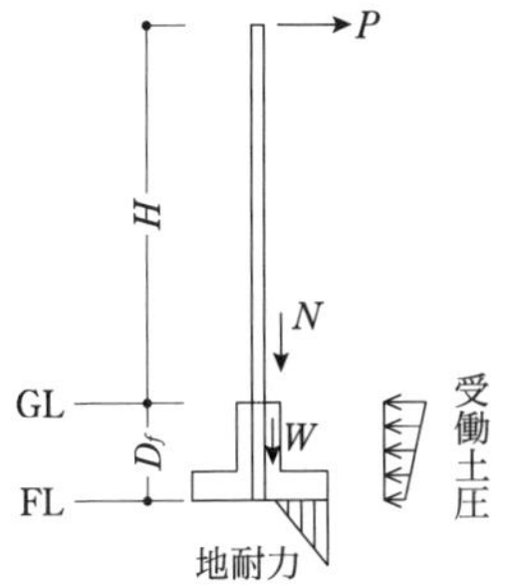

図 11・5 転倒の基本事項

【b】 設計式

① 記号（図 11・6）

- M ：転倒モーメント
- N ：柱軸方向力（基礎自重含む）
- N' ：柱軸方向力（基礎自重含まない）
- f_e ：許容地耐力
- D_f ：基礎深さ
- e ：偏心距離 $e=\dfrac{M}{N}$
- A ：基礎底面積
- $l,\ l'$：基礎の一辺長さ
- σ ：接地圧 $\sigma=\alpha\dfrac{N}{A}$
- σ' ：地反力

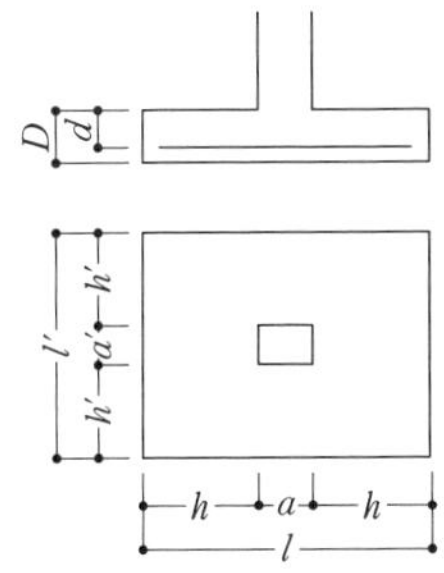

図 11・6 基礎記号

α　：$\dfrac{e}{l}$ から求める係数

x_n　：圧縮縁から中立軸までの距離

2 基礎底面積の算定式

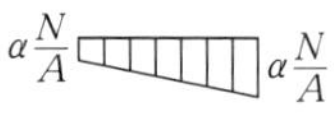

図 **11・7**　接地圧 $\left(\dfrac{e}{l}\leqq\dfrac{1}{6}\right.$ の場合$\left.\right)$

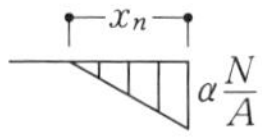

図 **11・8**　接地圧 $\left(\dfrac{e}{l}>\dfrac{1}{6}\right.$ の場合$\left.\right)$

$\dfrac{e}{l}$ の値により算定式が違うので注意する．通常 α は（11•3）式によって算定することが多い．

$$\sigma=\alpha\frac{N}{A}\leqq f_e \qquad e=\frac{M}{N}<0.5 \quad\cdots\cdots\text{（11•1）式}$$

e が 0.5 を超えると転倒する．

$$\frac{e}{l}\leqq\frac{1}{6}\text{ の場合（図 11•7）}\quad \alpha=1\pm6\times\frac{e}{l} \quad\cdots\cdots\text{（11•2）式}$$

$$\frac{e}{l}>\frac{1}{6}\text{ の場合（図 11•8）}\quad \alpha=\frac{2}{3\left(\dfrac{1}{2}-\dfrac{e}{l}\right)} \quad\cdots\cdots\text{（11•3）式}$$

$$x_n=3l\left(\frac{1}{2}-\frac{e}{l}\right) \quad\cdots\cdots\text{（11•4）式}$$

3 基礎スラブの応力算定式（図 11•9）

基礎スラブに生じる応力は，基礎自重を除いた柱軸方向力 N' による地反力 σ' によって，曲げモーメント，せん断力を算定する．広告塔程度の規模の場合は，基礎自重を含めた柱軸方向力 N による接地圧 σ によって基礎スラブ応力を求めても不経済とならないので，通常①の方法によっている．

①接地圧 σ による場合（図 11•10，11•11）

$$\text{せん断力}\quad Q_F=\left(\frac{{}_h\sigma+{}_{\max}\sigma}{2}\right)hl' \quad\cdots\cdots\text{（11•5）式}$$

$$\text{曲げモーメント}\quad M_F=Q_F\times\frac{h}{3}\times\frac{2_{\max}\sigma+{}_h\sigma}{{}_{\max}\sigma+{}_h\sigma} \quad\cdots\cdots\text{（11•6）式}$$

②地反力 σ' による場合（図 11•10）

・地反力（図 11•12）

$$x_n'=\frac{\sigma'}{\sigma}\times x_n \quad\cdots\cdots\text{（11•7）式}$$

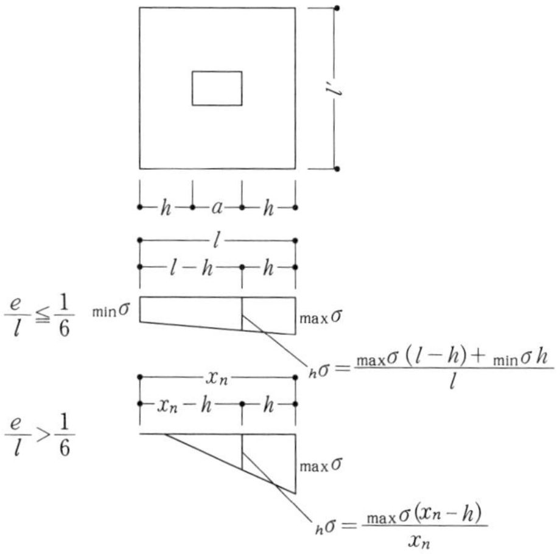

図 **11・9**　応力算定式

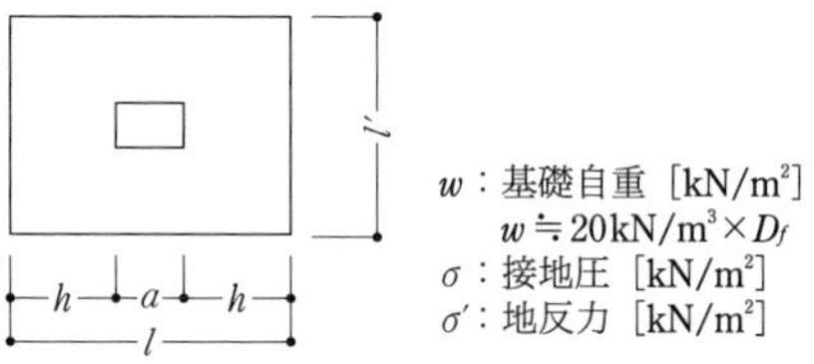

図 **11・10**　基礎スラブ応力

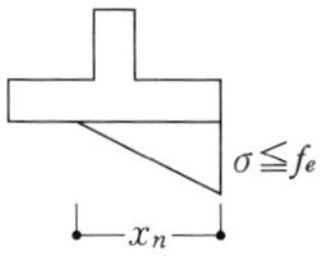

図 **11・11**　接地圧

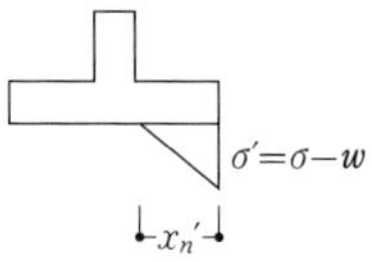

図 **11・12**　地反力

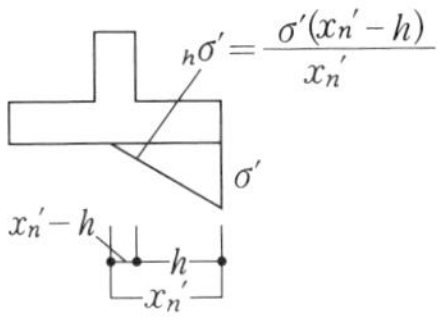

図 **11•13**　地反力
（$x_n'>h$ の場合）

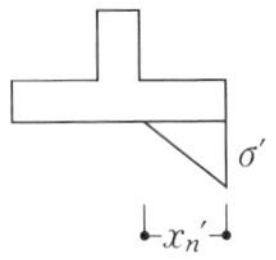

図 **11•14**　地反力
（$x_n'\leqq h$ の場合）

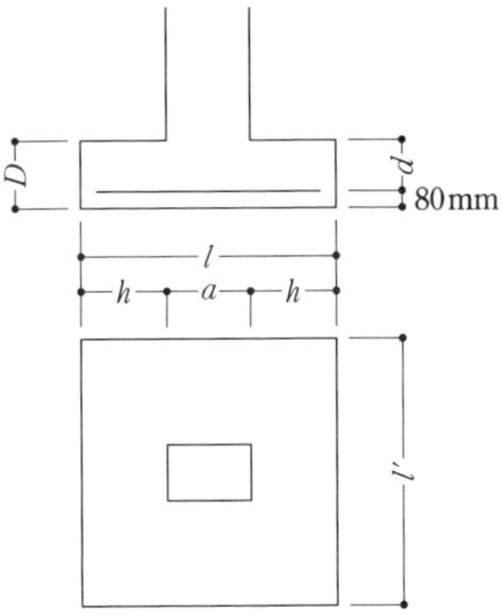

図 **11•15**　基礎スラブ主筋

・Q_F，M_F の算定

$x_n'>h$ の場合（図 11•13）　$Q_F=\left(\frac{{}_h\sigma'+\sigma'}{2}\right)hl'$ ……（11•8）式

$M_F=Q_F\times\frac{h}{3}\times\frac{2\sigma'+{}_h\sigma'}{\sigma'+{}_h\sigma'}$ ……（11•9）式

$x_n'\leqq h$ の場合（図 11•14）　$Q_F=\frac{1}{2}\sigma' x_n' l'$ ……（11•10）式

$M_F=Q_F\left\{(h-x_n')+\frac{2}{3}x_n'\right\}$ ……（11•11）式

④　基礎スラブの断面算定

基礎スラブ厚 D は 250 mm 以上とる．有効厚は $d=D-80$ mm で，基礎スラブ底より主筋までの距離，すなわちかぶり 60 mm に 20 mm を加えた 80 mm を差し引いて求める（図 11•15）．

必要鉄筋周長　：$\psi=\frac{Q_F}{f_a j}$

必要鉄筋断面積：$a_t=\frac{M_F}{f_t j}$

ψ，a_t が決まれば，付 3「鉄筋の断面積および周長」(p. 254) より必要鉄筋本数を求める

せん断力による検討：$\frac{Q_F}{l' j}\leqq f_s$

f_a：コンクリートの許容付着応力度

f_t：鉄筋の許容引張り応力度

f_s：コンクリートの許容せん断応力度

j　：$j=\frac{7}{8}d$（$d=D-80$ [mm]）

1122　設計例 21　自立広告塔の基礎設計

【a】 工作物概要

図 11•16 に示す．基礎底面位置の地盤はローム層で，${}_sf_e=100$ kN/m^2（表 4•1，p. 61）．

【b】 使用材料の許容応力度

表 11•1 に示す．

【c】 使用材料の断面性能

表 11•2 に示す．本設計例では角型鋼管 □−200×200×6 を使用する．

【d】 荷重および外力算定

1 固定荷重

①広告板荷重 W_1

仕上材両面 $100\ \mathrm{N/m^2}\times 2=200\ \mathrm{N/m^2}$ ⎤ $400\ \mathrm{N/m^2}$
骨組 $200\ \mathrm{N/m^2}$ ⎦

$W_1=400\ \mathrm{N/m^2}\times 0.9\ \mathrm{m}\times 5\ \mathrm{m}=1800\ \mathrm{N}$

②柱荷重 W_2

表 11•2 より鋼管 1 m 当りの重量は 358 N/m.

$W_2=358\ \mathrm{N/m}\times 9\ \mathrm{m}=3222\ \mathrm{N}$

③固定荷重 W

$W=W_1+W_2=1800+3222=5022\ \mathrm{N}$

2 風圧力

「令」87 条，平 12 建告 1454 に基づき，下式により求める.

風圧力＝速度圧 q×風力係数 C_f×見付面積

なお，速度圧 q に関しては，「令」87 条 3 項において「建築物に近接してその建築物を風の方向に対して有効にさえぎる他の建築物，防風林その他これらに類するものがある場合においては，その方向における速度圧は，$q=0.6EV_0^2$ の規定による数値の 1/2 まで減らすことができる」と規定されている．したがって，市街地で建築物に近接した広告塔は，風圧力×1/2 にて設計できる.

①速度圧

$q=0.6EV_0^2=0.6E_r^2G_fV_0^2=0.6\times 0.576^2\times 3.1\times 32^2=631\ \mathrm{N/m^2}$

E_r：平均風速の高さ方向の分布係数

$H\leqq Z_b$ のとき　$E_r=1.7\left(\dfrac{Z_b}{Z_G}\right)^{\alpha}=1.7\left(\dfrac{10}{550}\right)^{0.27}=0.576$

広告塔の高さ $H=9\ \mathrm{m}$

地表面粗度区分IV（市街地）の場合　$Z_b=10\ \mathrm{m}$，$Z_G=550\ \mathrm{m}$，$\alpha=0.27$

G_f：ガスト影響係数

地表面粗度区分IV，$H=9\ \mathrm{m}$ の場合　$G_f=3.1$

V_0：基準風速（平 12 建告 1454 第 2 に定められた数値，表 11•3）

京都府の場合　$V_0=32\ \mathrm{m/s}$

②風力係数（算定方法については S361【c】参照）

・広告板

$C_f=0.8+0.4=1.2$

風上面　$0.8\ k_z=0.8$（$H\leqq Z_b$ のとき $k_z=1.0$）

風下面　-0.4

・柱

円筒形の構造物の C_f を適用する（B は柱径）.

$\dfrac{H}{B}=\dfrac{9}{0.2}=45>8$ のとき　$C_f=0.9\ k_z=0.9$（$H\leqq Z_b$ のとき $k_z=1.0$）

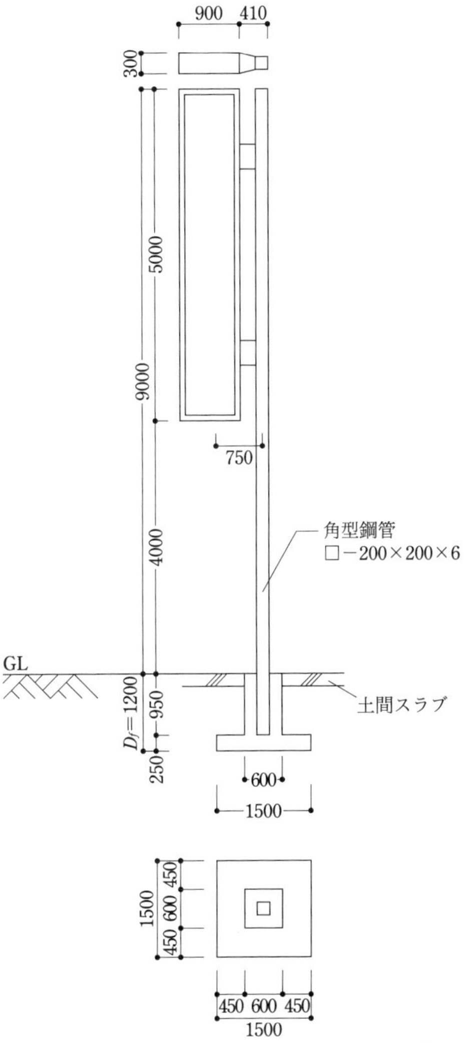

図 11·16　設計例 21・○○社自立広告塔設計図［mm］

表 11·1　設計例 21・材料の許容応力度

材　料	長期許容応力度［N/mm²］					短期許容応力度［N/mm²］				
	圧縮 $_Lf_c$	引張り $_Lf_t$	せん断 $_Lf_s$	付着 $_Lf_a$ 上端筋	付着 $_Lf_a$ その他	圧縮 $_sf_c$	引張り $_sf_t$	せん断 $_sf_s$	付着 $_sf_a$ 上端筋	付着 $_sf_a$ その他
普通コンクリート F_c=18 N/mm²	6	—	0.6	1.2	1.8	12	—	1.2	2.4	3.6
鋼材 SS400	156	156	90	—		235	235	135	—	
鉄筋 SD295	196	196	195	—		295	295	295	—	

表 11·2　使用材料の断面性能表

採用	部材寸法	断面積 A [mm²]	重量 W [N/m]	断面 2 次モーメント $I_x=I_y$ [cm⁴]×10⁴ mm⁴	断面 2 次半径 $i_x=i_y$ [mm]	断面係数 $Z_x=Z_y$ [cm³]×10³ mm³
○	□−200×200×6	4563	358	2830	78.8	283
	□−250×250×6	5763	452	5670	99.2	454
	□−300×300×6	6963	547	9960	120	664

表 11・3　その地方の台風の記録より定められた基準風速 V_0

	V_0[m/s]	
(1)	30	(2)～(9)の地方以外
(2)	32	札幌市，久慈市，秋田市，鶴岡市，水戸市，川越市，八王子市，相模湖町，両津市，敦賀市，富士吉田市，多治見市，静岡市，豊橋市，大津市，京都府，高槻市，姫路市，奈良市，鳥取市，益田市，岡山市，広島市，山田市，山鹿市，大分市，高千穂町
(3)	34	函館市，青森県，二戸市，能代市，土浦市，川口市，市川市，東京都23区，横浜市，岐阜市，沼津市，名古屋市，三重県，彦根市，大阪市，神戸市，五條市，和歌山県，津和野町，呉市，山口県，三好町，香川県，愛媛県，大川村，北九州市，佐賀県，長崎市，熊本市，延岡市
(4)	36	山越郡，鹿嶋市，千葉市，横須賀市，伊東市，徳島市，宿毛市，福江市，宮崎市，川内市
(5)	38	銚子市，大島町，鷲敷町，高知市，鹿児島市
(6)	40	室戸市，枕崎市，指宿市
(7)	42	八丈町，中種子町
(8)	44	屋久町
(9)	46	名瀬市，沖縄県

（平 12 建告 1454 より抜粋）

③風圧力

・広告板

$P_1=631\times1.2\times0.9\times5=3407\ \mathrm{N}$

・柱

$P_2=631\times0.9\times0.2\times9\times\dfrac{1}{2}=511\ \mathrm{N}$

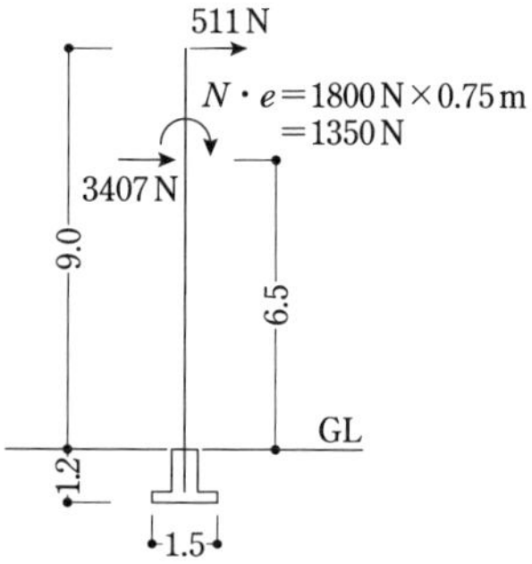

図 11・17　設計例 21・外力と各寸法［m］

3　広告板自重によるモーメント（図 11・17）

$M=1800\times0.75=1350\ \mathrm{N\cdot m}$

4　転倒モーメント（図 11・17）

GL からの転倒モーメント M_0 を求める．

$M_0=P\times H+M=\underbrace{3407\times6.5}_{\text{広告板への風圧力によるモーメント}}+\underbrace{511\times9}_{\text{柱への風圧力によるモーメント}}+\underbrace{1350}_{\text{広告板自重によるモーメント}}=28094\ \mathrm{N\cdot m}$

5　地震力

水平震度 $k=0.3$（最大値）にて算定．

地震力 $Q=kW=0.3\times5022=1506\ \mathrm{N}<$ 風圧力 $P=3407+511=3918\ \mathrm{N}$

したがって，風圧力にて設計する．

【e】　断面算定（算定方法については S900 を参照）

部材　角型鋼管 □－200×200×6

表 11・2 より　$A=4563\ \mathrm{mm^2}$，$i=78.8\ \mathrm{mm}$，$Z=283\times10^3\ \mathrm{mm^3}$

看板荷重の作用点における座屈長さ $l_k=2l=2\times6.5=13\ \mathrm{m}$

有効細長比 $\lambda=\dfrac{l_k}{i}=\dfrac{13000}{78.8}=164$

『第三版実務から見た鉄骨構造設計』付 5 より $f_c=34.7\ \mathrm{N/mm^2}$

$$\sigma_c=\frac{W}{A}=\frac{5022}{4563}=1.1\ \mathrm{N/mm^2}$$

$$\sigma_b=\frac{M_0}{Z}=\frac{28094\times10^3}{283\times10^3}=99\ \mathrm{N/mm^2}$$

$$\frac{\sigma_c}{f_c}+\frac{\sigma_b}{f_b}=\frac{1.1}{34.7}+\frac{99}{156}=0.031+0.634=0.665<1.5\text{（短期）}$$

$$\tau=2\times\frac{P}{A}=2\times\frac{3918}{4563}=1.717\ \mathrm{N/mm^2}<{}_sf_s=135\ \mathrm{N/mm^2}\ \rightarrow\ \mathrm{OK}$$

【f】 基礎設計

1 応力算定

基礎自重　$20\ \mathrm{kN/m^3}\times1.2\times1.5\times1.5=54\ \mathrm{kN}$

$$N=5.022+54=59.022\ \mathrm{kN}$$

$$e=\frac{M_0}{N}=\frac{28.094}{59.022}=0.475\ \mathrm{m}$$

$$\frac{e}{l}=\frac{0.475}{1.5}=0.316>\frac{1}{6}$$

$$\alpha=\frac{2}{3\left(\frac{1}{2}-\frac{e}{l}\right)}=\frac{2}{3\left(\frac{1}{2}-0.316\right)}=3.62$$

$$x_n=3l\left(\frac{1}{2}-\frac{e}{l}\right)=3\times1.5\times\left(\frac{1}{2}-0.316\right)=0.828\ \mathrm{m}$$

$$\sigma=\alpha\frac{N}{A}=3.62\times\frac{59.022}{1.5\times1.5}=94\ \mathrm{kN/m^2}<{}_sf_e=100\ \mathrm{kN/m^2}\text{（ローム層）}\rightarrow\ \mathrm{OK}$$

2 断面算定

${}_{\max}\sigma=94\ \mathrm{kN/m^2}$,　$x_n=0.828\ \mathrm{m}$

$$_h\sigma=\frac{{}_{\max}\sigma(x_n-h)}{x_n}=\frac{94\times(0.828-0.45)}{0.828}=42.913\ \mathrm{kN/m^2}$$

$$Q_F=\left(\frac{{}_h\sigma+{}_{\max}\sigma}{2}\right)hl'=\left(\frac{42.913+94}{2}\right)\times1.5\times0.45=46.208\ \mathrm{kN}$$

$$M_F=Q_F\times\frac{h}{3}\times\frac{2{}_{\max}\sigma+{}_h\sigma}{{}_{\max}\sigma+{}_h\sigma}=46.208\times\frac{0.45}{3}\times\frac{2\times94+42.913}{94+42.913}=11.689\ \mathrm{kN\cdot m}$$

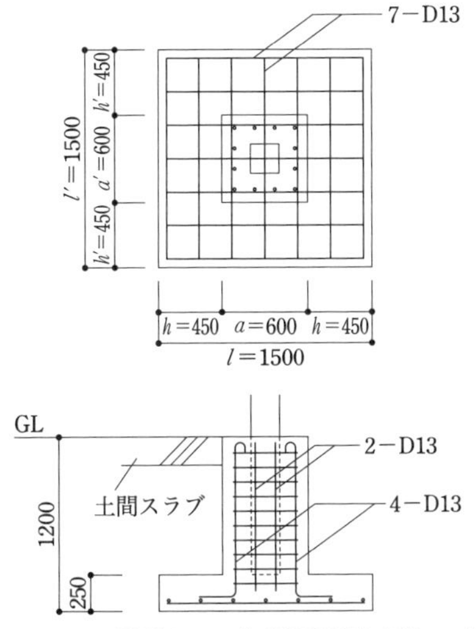

図 11·18　設計例 21・基礎設計詳細図[mm]

基礎スラブ厚 $D=250\ \mathrm{mm}$,　$d=250-80=170\ \mathrm{mm}$,　$j=\frac{7}{8}d=148\ \mathrm{mm}$

$$\psi=\frac{Q_F}{{}_sf_aj}=\frac{46208}{3.6\times148}=86\ \mathrm{mm}\qquad\text{3-D13(120 mm)}$$

$$a_t=\frac{M_F}{{}_sf_tj}=\frac{11689000}{295\times148}=267\ \mathrm{mm^2}\qquad\text{3-D13(381 mm}^2\text{)}$$

設計　7-D13[注1]

$$\tau=\frac{Q_F}{l'j}=\frac{46208}{1500\times148}=0.208\ \mathrm{N/mm^2}<{}_sf_s=1.2\ \mathrm{N/mm^2}$$

柱 $D'=600\ \mathrm{mm}$,　$d'=600-70$[注2]$=530\ \mathrm{mm}$,　$j'=\frac{7}{8}d'=463\ \mathrm{mm}$

$$a_t=\frac{M_0}{{}_sf_tj'}=\frac{28094000}{295\times463}=205\ \mathrm{mm^2}$$　設計　4-D13(508 mm²)[注3]

帯筋は D13 □-@100 とする[注4].

注 1）ピッチ 200～300 mm 以下とする
　2）50（かぶり）+13（帯筋）+13（主筋）×1/2≒70 mm
　3）主筋をピッチ 200 mm 程度で配筋する
　4）帯筋の間隔は 100 mm 以下とする

付1　単位のバリエーション

種類	記号	単位			
長さ	l	1 m 1 cm 1 mm	1×10^2 cm 10 mm 1×10^{-1} cm	1×10^3 mm 1×10^{-2} m 1×10^{-3} m	
面積	A	1 m^2 1 cm^2 1 mm^2	1×10^4 cm^2 1×10^2 mm^2 1×10^{-2} cm^2	1×10^6 mm^2 1×10^{-4} m^2 1×10^{-6} m^2	
体積	V	1 m^3 1 cm^3 1 mm^3	1×10^6 cm^3 1×10^3 mm^3 1×10^{-3} cm^3	1×10^9 mm^3 1×10^{-6} m^3 1×10^{-9} m^3	
荷重 力	P, W	1 kN 1 N	1×10^3 N 1×10^{-3} kN		
モーメント	M	1 kN•m 1 N•m 1 N•mm	1×10^3 N•m 1×10^{-3} kN•m 1×10^{-3} kN•mm	1×10^6 N•mm 1 kN•mm 1×10^{-6} kN•m	1×10^3 kN•mm 1×10^3 N•mm 1×10^{-3} N•m
単位荷重 応力度	w f, σ	1 kN/m^2 1 N/mm^2	1×10^3 N/m^2 1×10^{-3} kN/mm^2	1×10^{-3} N/mm^2 1×10^3 kN/m^2	1×10^{-6} kN/mm^2 1×10^6 N/m^2
単位幅荷重	w'	1 kN/m	1×10^3 N/m	1 N/mm	1×10^{-3} kN/mm
鋼材のヤング係数	$_sE$	2.05×10^5 N/mm^2	2.05×10^2 kN/mm^2	2.05×10^8 kN/m^2	2.05×10^{11} N/m^2
鋼材の許容応力度 (SD 295)	$_Lf_t$	195 N/mm^2 (1.95×10^2 N/mm^2)	0.195 kN/mm^2 (1.95×10^{-1} kN/mm^2)	1.95×10^5 kN/m^2	1.95×10^8 N/m^2
コンクリートのヤング係数 (F_c=21 N/mm^2)	$_cE$	2.15×10^4 N/mm^2	2.15×10 kN/mm^2	2.15×10^7 kN/m^2	2.15×10^{10} N/m^2
コンクリートの許容応力度 (F_c=21 N/mm^2)	$_Lf_c$	7 N/mm^2	7×10^{-3} kN/mm^2	7×10^3 kN/m^2	7×10^6 N/m^2
断面2次モーメント	I	1 m^4 1 mm^4	1×10^8 cm^4 1×10^{-4} cm^4	1×10^{12} mm^4 1×10^{-12} m^4	

付2　材料の単位体積重量

材料名			単位重量 [kN/m³]	備考
人工軽量コンクリート骨材	細骨材		9～12	
	粗骨材		7～8	
砂	乾燥		17	
	飽水		20	
砂利	乾燥		17	最大寸法 25 mm　17 kN/m³ 最大寸法 20 mm　16.5 kN/m³
	飽水		21	
砕石	乾燥		15	最大寸法 20 mm 14.5～15.5 kN/m³ (14.0～15.5 kN/m³) (　) 内 高炉スラグ砕石
	飽水		19	
砂混じり砂利	乾燥		20	
	飽水		23	
パーライト	乾燥		0.2～5	単位容積質量より F.S.L. の区分有
	飽水		3	植栽用
普通コンクリート			23	
軽量コンクリート	1種	F_c ≧200	19	軽量コンクリート 2 種で，軽量骨材に砂，砕砂またはスラグ砂を加えた場合は，左記重量に 1～2 kN/m³ を加えた値とする．
		F_c ＜200	18.5	
	2種	F_c ≧200	16	
		F_c ＜200	15.5	
遮蔽用コンクリート			22～60	単位体積重量は特記による
普通モルタル			20	
パーライトモルタル			10	セメント 1：パーライト 3
鉄筋コンクリート			24	普通コンクリート＋鉄筋
鉄骨鉄筋コンクリート			25	普通コンクリート＋鉄筋＋鉄骨
板ガラス			25	網入りガラス（25 kN/m³）
タイル			22～24	内装用陶器質タイル：20 kN/m³ 未満
軽量気泡コンクリートパネル（ALC パネル）			5～6	構造計算用重量 6.5 kN/m³ (補強鉄筋・目地モルタル・取付金具を含む)
集成材			5	
土	乾燥		13	粘土，ロームの類
	通常状態		16	
	飽水		18	

（日本建築学会『建築物荷重指針・同解説』より作成）

付3　鉄筋の断面積および周長

(a) 丸鋼（太字は断面積［mm²］，細字は周長［mm］）

ϕ [mm]	重量 [N/m]	1	2	3	4	5	6	7	8	9	10	11	12	13	14	15
6	2.177	**28** 18.8	**56** 37.6	**85** 56.4	**113** 75.2	**141** 94.0	**169** 112.8	**198** 131.6	**225** 150.4	**254** 169.2	**282** 188.0	**311** 207.3	**339** 226.2	**368** 245.0	**396** 263.9	**424** 282.7
9	4.893	**64** 28.3	**127** 56.5	**191** 84.8	**254** 113.1	**318** 141.4	**382** 169.6	**445** 197.9	**509** 226.2	**573** 254.5	**636** 282.7	**700** 311.0	**763** 339.3	**827** 367.6	**891** 395.8	**954** 424.1
13	10.198	**133** 40.8	**265** 81.7	**398** 122.5	**531** 163.4	**664** 204.2	**796** 245.0	**929** 286.0	**1062** 326.7	**1195** 367.5	**1327** 408.4	**1460** 449.2	**1593** 490.1	**1726** 530.9	**1858** 571.8	**1991** 612.6
16	15.494	**201** 50.3	**402** 100.5	**603** 150.8	**804** 201.1	**1005** 251.3	**1206** 301.6	**1407** 351.9	**1608** 402.1	**1809** 452.4	**2011** 502.7	**2212** 552.9	**2413** 603.2	**2614** 653.5	**2815** 703.7	**3016** 754.0
19	21.868	**284** 59.7	**567** 119.4	**851** 179.1	**1134** 238.8	**1418** 298.5	**1702** 358.1	**1985** 417.8	**2268** 477.5	**2552** 537.2	**2835** 596.9	**3119** 656.6	**3402** 716.3	**3686** 776.0	**3969** 835.7	**4253** 895.4
22	29.223	**380** 69.1	**760** 138.2	**1140** 207.3	**1521** 276.5	**1901** 345.6	**2281** 414.7	**2661** 483.8	**3041** 552.9	**3421** 622.0	**3801** 691.2	**4181** 760.3	**4562** 829.4	**4942** 898.5	**5322** 967.6	**5702** 1036.7
25	37.755	**491** 78.5	**982** 157.1	**1473** 235.6	**1963** 314.2	**2454** 392.7	**2945** 471.2	**3436** 549.8	**3927** 628.3	**4418** 706.9	**4909** 785.4	**5400** 863.9	**5890** 942.5	**6381** 1021.0	**6872** 1099.6	**7363** 1178.1

(b) 異形棒鋼（太字は断面積［mm²］，細字は周長［mm］）

呼び名	重量 [N/m]	1	2	3	4	5	6	7	8	9	10	11	12	13	14	15
D6	2.441	**32** 20	**64** 40	**96** 60	**128** 80	**160** 100	**192** 120	**224** 140	**256** 160	**288** 180	**320** 200	**348** 220	**380** 240	**412** 260	**443** 280	**475** 300
D10	5.491	**71** 30	**143** 60	**214** 90	**285** 120	**357** 150	**428** 180	**499** 210	**570** 240	**642** 270	**713** 300	**785** 330	**856** 360	**927** 390	**999** 420	**1070** 450
D13	9.757	**127** 40	**254** 80	**381** 120	**508** 160	**635** 200	**762** 240	**889** 280	**1016** 320	**1143** 360	**1270** 400	**1394** 440	**1520** 480	**1647** 520	**1774** 560	**1901** 600
D16	15.298	**199** 50	**398** 100	**597** 150	**796** 200	**995** 250	**1194** 300	**1393** 350	**1592** 400	**1791** 450	**1990** 500	**2185** 550	**2383** 600	**2582** 650	**2780** 700	**2979** 750
D19	22.064	**287** 60	**574** 120	**861** 180	**1148** 240	**1435** 300	**1722** 360	**2009** 420	**2296** 480	**2583** 540	**2870** 600	**3152** 660	**3438** 720	**3725** 780	**4011** 840	**4298** 900
D22	29.812	**387** 70	**774** 140	**1161** 210	**1548** 280	**1935** 350	**2322** 420	**2709** 490	**3096** 560	**3483** 630	**3870** 700	**4258** 770	**4645** 840	**5032** 910	**5419** 980	**5807** 1050
D25	39.03	**507** 80	**1014** 160	**1521** 240	**2028** 320	**2535** 400	**3042** 480	**3549** 560	**4056** 640	**4563** 720	**5070** 800	**5574** 880	**6080** 960	**6587** 1040	**7094** 1120	**7601** 1200
D29	49.425	**642** 90	**1284** 180	**1926** 270	**2568** 360	**3210** 450	**3852** 540	**4494** 630	**5136** 720	**5778** 810	**6420** 900	**7066** 990	**7709** 1080	**8351** 1170	**8994** 1260	**9636** 1350
D32	61.095	**794** 100	**1588** 200	**2382** 300	**3176** 400	**3970** 500	**4764** 600	**5558** 700	**6352** 800	**7146** 900	**7940** 1000	**8736** 1100	**9530** 1200	**10325** 1300	**11119** 1400	**11913** 1500

付4　平成13年7月2日国土交通省告示第1113号［地盤の許容応力度及び基礎ぐいの許容支持力を求めるための地盤調査の方法並びにその結果に基づき地盤の許容応力度及び基礎ぐいの許容支持力を定める方法等を定める件］

建築基準法施行令（昭和25年政令第338号）第93条の規定に基づき，地盤の許容応力度及び基礎ぐいの許容支持力を求めるための地盤調査の方法を第1に，その結果に基づき地盤の許容応力度及び基礎ぐいの許容支持力を定める方法を第2から第6に定め，並びに同令第94条の規定に基づき，地盤アンカーの引抜き方向の許容応力度を第7に，くい体又は地盤アンカー体に用いる材料の許容応力度を第8に定める．

第1　地盤の許容応力度及び基礎ぐいの許容支持力を求めるための地盤調査の方法は，次の各号に掲げるものとする．

一　ボーリング調査
二　標準貫入試験
三　静的貫入試験
四　ベーン試験
五　土質試験
六　物理探査
七　平板載荷試験
八　載荷試験
九　くい打ち試験
十　引抜き試験

第2　地盤の許容応力度を定める方法は，次の表の(1)項，(2)項又は(3)項に掲げる式によるものとする．ただし，地震時に液状化するおそれのある地盤の場合又は(3)項に掲げる式を用いる場合において，基礎の底部から下方2m以内の距離にある地盤にスウェーデン式サウンディングの荷重が1kN以下で自沈する層が存在する場合若しくは基礎の底部から下方2mを超え5m以内の距離にある地盤にスウェーデン式サウンディングの荷重が500N以下で自沈する層が存在する場合にあっては，建築物の自重による沈下その他の地盤の変形等を考慮して建築物又は建築物の部分に有害な損傷，変形及び沈下が生じないことを確かめなければならない．

	長期に生ずる力に対する地盤の許容応力度を定める場合	短期に生ずる力に対する地盤の許容応力度を定める場合
(1)	$q_a=\frac{1}{3}(i_c\alpha CN_c+i_\gamma\beta\gamma_1BN_\gamma+i_q\gamma_2D_fN_q)$	$q_a=\frac{2}{3}(i_c\alpha CN_c+i_\gamma\beta\gamma_1BN_\gamma+i_q\gamma_2D_fN_q)$
(2)	$q_a=q_t+\frac{1}{3}N'\gamma_2D_f$	$q_a=2q_t+\frac{1}{3}N'\gamma_2D_f$
(3)	$q_a=30+0.6\overline{N_{sw}}$	$q_a=60+1.2\overline{N_{sw}}$

この表において，q_a，i_c，i_γ，i_q，α，β，C，B，N_c，N_γ，N_q，γ_1，γ_2，D_f，q_t，N' 及び $\overline{N_{sw}}$ は，それぞれ次の数値を表すものとする．

q_a　地盤の許容応力度［単位：kN/m²］

i_c，i_γ 及び i_q　基礎に作用する荷重の鉛直方向に対する傾斜角に応じて次の式によって計算した数値

$i_c=i_q=(1-\theta/90)^2$

$i_\gamma=(1-\theta/\phi)^2$

これらの式において，θ 及び ϕ は，それぞれ次の数値を表すものとする．

θ　基礎に作用する荷重の鉛直方向に対する傾斜角（θ が ϕ を超える場合は，ϕ とする．）［単位：度］

ϕ　地盤の特性によって求めた内部摩擦角［単位：度］

α 及び β　基礎荷重面の形状に応じて次の表に掲げる係数

係数＼基礎荷重面の形状	円形	円形以外の形状
α	1.2	$1.0+0.2\dfrac{B}{L}$
β	0.3	$0.5-0.2\dfrac{B}{L}$
この表において，B 及び L は，それぞれの基礎荷重面の短辺又は短径及び長辺又は長径の長さ［単位：m］を表すものとする.		

C　基礎荷重面下にある地盤の粘着力［単位：kN/m²］
B　基礎荷重面の短辺又は短径［単位：m］
N_c，N_γ 及び N_q の地盤内部の摩擦角に応じて次の表に掲げる支持力係数

支持力係数＼内部摩擦角	0 度	5 度	10 度	15 度	20 度	25 度	28 度	32 度	36 度	40 度以上
N_c	5.1	6.5	8.3	11.0	14.8	20.7	25.8	35.5	50.6	75.3
N_γ	0	0.1	0.4	1.1	2.9	6.8	11.2	22.0	44.4	93.7
N_q	1.0	1.6	2.5	3.9	6.4	10.7	14.7	23.2	37.8	64.2
この表に掲げる内部摩擦角以外の内部摩擦角に応じた N_c，N_γ 及び N_q は，表に掲げる数値をそれぞれ直線的に補間した数値とする.										

γ_1　基礎荷重面下にある地盤の単位体積重量又は水中単位体積重量［単位：kN/m³］
γ_2　基礎荷重面より上方にある地盤の平均単位体積重量又は水中単位体積重量［単位：kN/m³］
D_f　基礎に近接した最低地盤面から基礎荷重面までの深さ［単位：m］
q_t　平板載荷試験による降伏荷重度の $\frac{1}{2}$ の数値又は極限応力度の $\frac{1}{3}$ の数値のうちいずれか小さい数値［単位：kN/m²］
N'　基礎荷重面下の地盤の種類に応じて次の表に掲げる係数

係数＼地盤の種類	密実な砂質地盤	砂質地盤（密実なものを除く.）	粘土質地盤
N'	12	6	3

$\overline{N_{SW}}$　基礎の底部から下方 2 m 以内の距離にある地盤のスウェーデン式サウンディングにおける 1 m あたりの半回転数（150 を超える場合は 150 とする.）の平均値［単位：回］

第 3　セメント系固化材を用いて改良された地盤の改良体（セメント系固化材を改良前の地盤と混合し固結したものをいう．以下同じ.）の許容応力度を定める方法は，次の表に掲げる改良体の許容応力度によるものとする．この場合において，改良体の設計基準強度（設計に際し採用する圧縮強度をいう．以下第 3 において同じ.）は，改良体から切り取ったコア供試体若しくはこれに類する強度に関する特性を有する供試体について行う強度試験により得られた材齢が 28 日の供試体の圧縮強度の数値又はこれと同程度に構造耐力上支障がないと認められる圧縮強度の数値以下とするものとする.

長期に生ずる力に対する改良体の許容応力度［単位：kN/m²］	短期に生ずる力に対する改良体の許容応力度［単位：kN/m²］
$\frac{1}{3}F$	$\frac{2}{3}F$
この表において，F は，改良体の設計基準強度［単位：kN/m²］を表すものとする.	

第 4　第 2 及び第 3 の規定にかかわらず，改良された地盤の許容応力度を定める

方法は，適用する改良の方法，改良の範囲及び地盤の種類ごとに，基礎の構造形式，敷地，地盤その他の基礎に影響を与えるものの実況に応じた平板載荷試験又は載荷試験の結果に基づいて，次の表に掲げる式によることができるものとする．

長期に生ずる力に対する改良された地盤の許容応力度を定める場合	短期に生ずる力に対する改良された地盤の許容応力度を定める場合
$q_a=\frac{1}{3}q_b$	$q_a=\frac{2}{3}q_b$

この表において，q_a 及び q_b は，それぞれ次の数値を表すものとする．
q_a　改良された地盤の許容応力度［単位：kN/m²］
q_b　平板載荷試験又は載荷試験による極限応力度［単位：kN/m²］

第5　基礎ぐいの許容支持力を定める方法は，基礎ぐいの種類に応じて，次の各号に定めるところによるものとする．

一　支持ぐいの許容支持力は，打込みぐい，セメントミルク工法による埋込みぐい又はアースドリル工法，リバースサーキュレーション工法若しくはオールケーシング工法による場所打ちコンクリートぐい（以下「アースドリル工法等による場所打ちぐい」という．）の場合にあっては，次の表の(1)項又は(2)項の式（基礎ぐいの周囲の地盤に軟弱な粘土質地盤，軟弱な粘土質地盤の上部にある砂質地盤又は地震時に液状化するおそれのある地盤が含まれる場合にあっては(2)項の式），その他の基礎ぐいの場合にあっては，次の表の(1)項の式（基礎ぐいの周囲の地盤に軟弱な粘土質地盤，軟弱な粘土質地盤の上部にある砂質地盤又は地震時に液状化するおそれのある地盤が含まれない場合に限る．）によりそれぞれ計算した地盤の許容支持力又はくい体の許容耐力のうちいずれか小さい数値とすること．ただし，同表の(1)項の長期に生ずる力に対する地盤の許容支持力は，同表の(1)項の短期に生ずる力に対する地盤の許容支持力の数値未満の数値で，かつ，限界沈下量（載荷試験からくい頭荷重の載荷によって生ずるくい頭沈下量を求め，くい体及び建築物又は建築物の部分に有害な損傷，変形及び沈下が生じないと認められる場合におけるくい頭沈下量をいう．以下同じ．）に対応したくい頭荷重の数値とすることができる．

	長期に生ずる力に対する地盤の許容支持力	短期に生ずる力に対する地盤の許容支持力
(1)	$R_a=\frac{1}{3}R_u$	$R_a=\frac{2}{3}R_u$
(2)	$R_a=q_pA_p+\frac{1}{3}R_F$	$R_a=2q_pA_p+\frac{2}{3}R_F$

この表において，R_a，R_u，q_p，A_p 及び R_F は，それぞれ次の数値を表すものとする．
R_a　地盤の許容支持力［単位：kN］
R_u　載荷試験による極限支持力［単位：kN］
q_p　基礎ぐいの先端の地盤の許容応力度（次の表の左欄に掲げる基礎ぐいにあっては右欄の当該各項に掲げる式により計算した数値とする．）［単位：kN/m²］

基礎ぐいの種類	基礎ぐいの先端の地盤の許容応力度
打込みぐい	$q_p=\frac{300}{3}\overline{N}$
セメントミルク工法による埋込みぐい	$q_p=\frac{200}{3}\overline{N}$
アースドリル工法等による場所打ちぐい	$q_p=\frac{150}{3}\overline{N}$

この表において，$\overline{N}$ は，基礎ぐいの先端付近の地盤の標準貫入試験による打撃回数の平均値（60を超えるときは60とする．）［単位：回］を表すものとする．

A_p　基礎ぐいの先端の有効断面積［単位：m^2］

R_F　次の式により計算した基礎ぐいとその周囲の地盤（地震時に液状化するおそれのある地盤を除き，軟弱な粘土質地盤又は軟弱な粘土質地盤の上部にある砂質地盤にあっては，建築物の自重による沈下その他の地盤の変形等を考慮して建築物又は建築物の部分に有害な損傷，変形及び沈下が生じないことを確かめたものに限る．以下この表において同じ．）との摩擦力［単位：kN］

$$R_F=\left(\frac{10}{3}\overline{N_s}L_s+\frac{1}{2}\overline{q_u}L_c\right)\psi$$

この式において，$\overline{N_s}$，L_s，$\overline{q_u}$，L_c 及び ψ は，それぞれ次の数値を表すものとする．

$\overline{N_s}$　基礎ぐいの周囲の地盤のうち砂質地盤の標準貫入試験による打撃回数（30を超えるときは30とする．）の平均値［単位：回］

L_s　基礎ぐいがその周囲の地盤のうち砂質地盤に接する長さの合計［単位：m］

$\overline{q_u}$　基礎ぐいの周囲の地盤のうち粘土質地盤の一軸圧縮強度（200を超えるときは200とする．）の平均値［単位：kN/m^2］

L_c　基礎ぐいがその周囲の地盤のうち粘土質地盤に接する長さの合計［単位：m］

ψ　基礎ぐいの周囲の長さ［単位：m］

二　摩擦ぐいの許容支持力は，打込みぐい，セメントミルク工法による埋込みぐい又はアースドリル工法等による場所打ちぐいの場合にあっては，次の表の(1)項又は(2)項の式（基礎ぐいの周囲の地盤に軟弱な粘土質地盤，軟弱な粘土質地盤の上部にある砂質地盤又は地震時に液状化するおそれのある地盤が含まれる場合にあっては(2)項の式），その他の基礎ぐいの場合にあっては，次の表の(1)項の式（基礎ぐいの周囲の地盤に軟弱な粘土質地盤，軟弱な粘土質地盤の上部にある砂質地盤又は地震時に液状化するおそれのある地盤が含まれない場合に限る．）によりそれぞれ計算した基礎ぐいとその周囲の地盤との摩擦力又はくい体の許容耐力のうちいずれか小さい数値とすること．ただし，同表の(1)項の長期に生ずる力に対する基礎ぐいとその周囲の地盤との摩擦力は，同表の(1)項の短期に生ずる力に対する基礎ぐいとその周囲の地盤との摩擦力の数値未満の数値で，かつ，限界沈下量に対応したくい頭荷重の数値とすることができる．

	長期に生ずる力に対する基礎ぐいとその周囲の地盤との摩擦力	短期に生ずる力に対する基礎ぐいとその周囲の地盤との摩擦力
(1)	$R_a=\frac{1}{3}R_u$	$R_a=\frac{2}{3}R_u$
(2)	$R_a=\frac{1}{3}R_F$	$R_a=\frac{2}{3}R_F$

この表において，R_a は，基礎ぐいとその周囲の地盤との摩擦力［単位：kN］を，R_u 及び R_F は，それぞれ前号に掲げる数値を表すものとする．

三　基礎ぐいの引抜き方向の許容支持力は，打込みぐい，セメントミルク工法による埋込みぐい又はアースドリル工法等による場所打ちぐいの場合にあっては，次の表の(1)項又は(2)項の式（基礎ぐいの周囲の地盤に軟弱な粘土質地盤，軟弱な粘土質地盤の上部にある砂質地盤又は地震時に液状化するおそれのある地盤が含まれる場合にあっては(2)項の式），その他の基礎ぐいの場合にあっては，次の表の(1)項の式（基礎ぐいの周囲の地盤に軟弱な粘土質地盤，軟弱な粘土質地盤の上部にある砂質地盤又は地震時に液状化するおそれのある地盤が含まれない場合に限る．）によりそれぞれ計算した地盤の引抜き方向の許容支持力又はくい体の許容耐力のうちいずれか小さい数値とすること．

	長期に生ずる力に対する地盤の引抜き方向の許容支持力	短期に生ずる力に対する地盤の引抜き方向の許容支持力

(1)	${}_tR_a=\frac{1}{3}{}_tR_u+w_p$	${}_tR_a=\frac{2}{3}{}_tR_u+w_p$
(2)	${}_tR_a=\frac{4}{15}R_F+w_p$	${}_tR_a=\frac{8}{15}R_F+w_p$
この表において，${}_tR_a$，${}_tR_u$，R_F 及び w_p は，それぞれ次の数値を表すものとする． ${}_tR_a$　地盤の引抜き方向の許容支持力［単位：kN］ ${}_tR_u$　引抜き試験により求めた極限引抜き抵抗力［単位：kN］ R_F　第一号に掲げる R_F［単位：kN］ w_p　基礎ぐいの有効自重（基礎ぐいの自重より実況によって求めた浮力を減じた数値をいう．）［単位：kN］		

第 6　（略）

第 7　地盤アンカーの引抜き方向の許容応力度は，鉛直方向に用いる場合に限り，次の表に掲げる式により計算した地盤の引抜き方向の許容支持力又は地盤アンカー体の許容耐力のうちいずれか小さな数値を地盤アンカー体の種類及び形状により求まる有効面積で除した数値によらなければならない．

長期に生ずる力に対する地盤の引抜き方向の許容支持力	短期に生ずる力に対する地盤の引抜き方向の許容支持力
${}_tR_a=\frac{1}{3}{}_tR_u$	${}_tR_a=\frac{2}{3}{}_tR_u$
この表において，${}_tR_a$ 及び ${}_tR_u$ は，それぞれ次の数値を表すものとする． ${}_tR_a$　地盤の引抜き方向の許容支持力［単位：kN］ ${}_tR_u$　第 1 に定める引抜き試験により求めた極限引抜き抵抗力［単位：kN］	

第 8　くい体又は地盤アンカー体に用いる材料の許容応力度は，次に掲げるところによる．

一　場所打ちコンクリートぐいに用いるコンクリートの許容応力度は，くい体の打設の方法に応じて次の表の数値によらなければならない．この場合において，建築基準法施行令（以下「令」という．）第 74 条第 1 項第二号に規定する設計基準強度（以下第 8 において単に「設計基準強度」という．）は 1 mm² につき 18 N 以上としなければならない．

くい体の打設の方法		長期に生ずる力に対する許容応力度［単位：N/mm²］			短期に生ずる力に対する許容応力度［単位：N/mm²］		
		圧縮	せん断	付着	圧縮	せん断	付着
(1)	掘削時に水若しくは泥水を使用しない方法によって打設する場合又は強度，寸法及び形状をくい体の打設の状況を考慮した強度試験により確認できる場合	$\frac{F}{4}$	$\frac{F}{40}$ 又は $\frac{3}{4}\left(0.49+\frac{F}{100}\right)$ のうちいずれか小さい数値	$\frac{3}{40}F$ 又は $\frac{3}{4}\left(1.35+\frac{F}{25}\right)$ のうちいずれか小さい数値	長期に生ずる力に対する圧縮の許容応力度の数値の 2 倍とする．	長期に生ずる力に対するせん断又は付着の許容応力度のそれぞれの数値の 1.5 倍とする．	
(2)	(1)以外の場合	$\frac{F}{4.5}$ 又は 6 のうちいずれか小さい数	$\frac{F}{45}$ 又は $\frac{3}{4}\left(0.49+\frac{F}{100}\right)$ のうちいずれか	$\frac{F}{15}$ 又は $\frac{3}{4}\left(1.35+\frac{F}{25}\right)$ のうちいずれか			

		値	小さい数値	小さい数値		
この表において，F は，設計基準強度［単位：N/mm²］を表すものとする．						

二　遠心力鉄筋コンクリートくい及び振動詰め鉄筋コンクリートくいに用いるコンクリートの許容応力度は，次の表の数値によらなければならない．この場合において，設計基準強度は 1 mm² につき 40 N 以上としなければならない．

長期に生ずる力に対する許容応力度［単位：N/mm²］			短期に生ずる力に対する許容応力度［単位：N/mm²］		
圧縮	せん断	付着	圧縮	せん断	付着
$\frac{F}{4}$ 又は 11 のうちいずれか小さい数値	$\frac{3}{4}\left(0.49+\frac{F}{100}\right)$ 又は 0.7 のうちいずれか小さい数値	$\frac{3}{4}\left(1.35+\frac{F}{25}\right)$ 又は 2.3 のうちいずれか小さい数値	長期に生ずる力に対する圧縮の許容応力度の数値の 2 倍とする．	長期に生ずる力に対するせん断又は付着の許容応力度のそれぞれの数値の 1.5 倍とする．	
この表において，F は，設計基準強度［単位：N/mm²］を表すものとする．					

三　外殻鋼管付きコンクリートくいに用いるコンクリートの圧縮の許容応力度は，次の表の数値によらなければならない．この場合において，設計基準強度は 1 mm² につき 80 N 以上としなければならない．

長期に生ずる力に対する圧縮の許容応力度［単位：N/mm²］	短期に生ずる力に対する圧縮の許容応力度［単位：N/mm²］
$\frac{F}{3.5}$	長期に生ずる力に対する圧縮の許容応力度の数値の 2 倍とする．
この表において，F は，設計基準強度［単位：N/mm²］を表すものとする．	

四　プレストレストコンクリートくいに用いるコンクリートの許容応力度は，次の表の数値によらなければならない．この場合において，設計基準強度は 1 mm² につき 50 N 以上としなければならない．

長期に生ずる力に対する許容応力度［単位：N/mm²］			短期に生ずる力に対する許容応力度［単位：N/mm²］		
圧縮	曲げ引張り	斜め引張り	圧縮	曲げ引張り	斜め引張り
$\frac{F}{4}$ 又は 15 のうちいずれか小さい数値	$\frac{\sigma_e}{4}$ 又は 2 のうちいずれか小さい数値	$\frac{0.07}{4}F$ 又は 0.9 のうちいずれか小さい数値	長期に生ずる力に対する圧縮又は曲げ引張りの許容応力度のそれぞれの数値の 2 倍とする．		長期に生ずる力に対する斜め引張りの許容応力度の数値の 1.5 倍とする．
この表において，F 及び σ_e は，それぞれ次の数値を表すものとする． F　設計基準強度［単位：N/mm²］ σ_e　有効プレストレス量［単位：N/mm²］					

五　遠心力高強度プレストレストコンクリートくい（JIS A5373（プレキャストプレストレストコンクリート製品）-2004　附属書 5　プレストレストコンクリートくいに適合するものをいう．）に用いるコンクリートの許容応力度は，次の表の数値によらなければならない．この場合において，設計基準強度は 1 mm² につき 80 N 以上としなければならない．

長期に生ずる力に対する許容応力度［単位：N/mm²］			短期に生ずる力に対する許容応力度［単位：N/mm²］		
圧縮	曲げ引張り	斜め引張り	圧縮	曲げ引張り	斜め引張り

$\frac{F}{3.5}$	$\frac{\sigma_e}{4}$ 又は2.5のうちいずれか小さい数値	1.2	長期に生ずる力に対する圧縮又は曲げ引張りの許容応力度のそれぞれの数値の2倍とする.	長期に生ずる力に対する斜め引張りの許容応力度の数値の1.5倍とする.

この表において，F 及び σ_e は，それぞれ次の数値を表すものとする.
F　設計基準強度［単位：N/mm²］
σ_e　有効プレストレス量［単位：N/mm²］

六　（略）

七　くい体又は地盤アンカー体に用いる緊張材の許容応力度は，平成13年国土交通省告示第1024号第1十七号の規定を準用しなければならない.

八　くい体又は地盤アンカー体に用いる鋼材等の許容応力度は，令第90条に定めるところによらなければならない．ただし，鋼管ぐいにあっては，腐食しろを除いたくい体の肉厚をくい体の半径で除した数値が0.08以下の場合においては，圧縮及び曲げに対する許容応力度に対して，次に掲げる式によって計算した低減係数を乗じるものとする.

$$R_c = 0.80 + 2.5\frac{t-c}{r}$$

（この式において，R_c，t，c 及び r は，それぞれ次の数値を表すものとする.
R_c　低減係数
t　くい体の肉厚［単位：mm］
c　腐食しろ（有効な防食措置を行なう場合を除き，1以上とする.）［単位：mm］
r　くい体の半径［単位：mm］）

2　くい体に継手を設ける場合にあっては，くい体に用いる材料の長期に生ずる力に対する圧縮の許容応力度は，継手部分の耐力，剛性及び靱（じん）性に応じて低減させなければならない．ただし，溶接継手（鋼管ぐいとする場合にあっては，日本工業規格A 5525（鋼管ぐい）—1994に適合するものに限る.）又はこれと同等以上の耐力，剛性及び靱（じん）性を有する継手を用いる場合にあっては，この限りでない.

附　則

1　（略）

2　昭和46年建設省告示第111号は，廃止する.

引用・参考文献

1) ㈳日本建築学会『建築基礎構造設計指針』(1988, 2001改定)
2) ㈳日本建築学会『建築基礎設計のための地盤調査計画指針』(1985, 1995改定)
3) ㈳日本建築学会『鉄筋コンクリート構造計算規準・同解説』(1988, 1999改定)
4) ㈳日本建築学会『建築物荷重指針・同解説』(2004改定)
5) ㈳日本建築学会『小規模建築物基礎設計の手引き』(1988)
6) 日本建築センター『地震力に対する建築物の基礎の設計指針』(1985)
7) 日本建築センター『改訂版　建築物のための改良地盤の設計及び品質管理指針―セメント系固化材を用いた深層・浅層混合処理工法―』(2002)
8) 日本建築センター『構造計算指針・同解説』(1986)
9) 日本建築センター『埋込み杭施工指針・同解説　セメントミルク工法』(1979)
10) 建設大臣官房官庁営繕部監修『建築工事施工監理指針（昭和56年版，上巻)』(㈳営繕協会，1982)
11) ㈳日本建築学会関東支部『基礎構造の設計―学びやすい構造設計』(2003)
12) ㈳日本建築士事務所協会連合会『建築基礎の耐震設計の実務的考え方と設計例』(1986)
13) 東京都建築構造行政連絡会『建築構造設計指針』(2001)
14) 大阪府内建築行政連絡協議会監修『建築基準法構造関係規定取扱集2004年版』(㈳大阪建築士事務所協会，2004)
15) 総合土木研究所『基礎工』「N値とその利用」(1982.6),「支持層に頼らない基礎工法」(1983.6)
16) 電気技術基準調査委員会編『配電規程』(㈳日本電気協会，1982)
17) 『建築構造問題快答集1，2，9』(㈱建築技術，1987)
18) 清田清司，高須治男著『新　建築土木　構造マニュアル』(㈱理工学社，2004)
19) ㈳土質工学会『杭基礎の調査・設計から施工まで』(1983)
20) ㈳日本道路協会『杭基礎設計便覧』(1986)
21) 大橋完著『土質と基礎』(槇書店，1977)
22) ㈳土質工学会『土質試験法』(1984)
23) ㈳土質工学会『土質調査法』(1982)
24) ㈳地盤工学会『土質試験―基本と手引き』(2001)
25) 日本コンクリート工業株式会社『TECHNICAL NOTE 2004』
26) ㈳コンクリートパイル建設技術協会『COPITA 2004』
27) 川鉄建材工業株式会社『川建コラムデザインマニュアル』

上野　嘉久（うえの　よしひさ）
1958年　大阪工業大学建築学科卒業
株式会社吉村建築事務所，京都市住宅局建築課建築主事，
構造審査係長，営繕部等の主幹を経て
1989年　上野建築構造研究所設立，同所長
1990年　大阪工業大学講師
一級建築士，建築主事
著　書『行政からみた建築構造設計 PART I』
『行政からみた建築構造設計 PART II』
『行政からみた建築構造設計 PART III』
『行政からみた建築構造設計 PART IV』
『行政からみた建築構造設計別冊』
『行政からみた建築構造設計 I 基本事項』（以上㈱建築知識刊）
『実務からみたコンクリートのポイント10・ノウハウ20』（㈱オーム社刊）
『第三版　実務から見た鉄骨構造設計』（㈱学芸出版社刊）
『第三版　構造計算書で学ぶ鉄骨構造』（㈱学芸出版社刊）
『改訂版　実務から見たRC構造設計』（㈱学芸出版社刊）
『改訂版　構造計算書で学ぶ鉄筋コンクリート構造』（㈱学芸出版社刊）
『改訂版　実務から見た木造構造設計』（㈱学芸出版社刊）
『構造計算書で学ぶ木構造―金物設計の手引き』（㈱学芸出版社刊）
現住所　〒610-1102 京都市西京区御陵大枝山町4丁目27-1
事務所　〒612-8428 京都市伏見区竹田西桶ノ井町39　光ビル

改訂版　実務から見た基礎構造設計

1989年5月30日　第1版第1刷発行
1999年2月20日　第1版第8刷発行
2006年1月30日　改訂版第1刷発行
2009年3月20日　改訂版第4刷発行
2011年5月20日　改訂2版第1刷発行
2024年6月20日　改訂2版第6刷発行

著　者　上野嘉久
発行者　井口夏実
発行所　株式会社　学芸出版社
京都市下京区木津屋橋通西洞院東入
〒600-8216 電話 075-343-0811
創栄図書印刷㈱・新生製本

ISBN978-4-7615-4077-7